北京市哲学社会科学重点课题
北京市社会科学院重大课题

北 京 专 史 集 成

主 编 王 岗

北京农业史

于德源 著

人 民 出 版 社

《北京专史集成》课题组成员

总 顾 问：谭维克

总 策 划：周 航

主 编：王 岗

特聘学术顾问（以姓氏笔划排序）：陈高华、陈祖武、林甘泉、曹子西、蔡美彪、戴 逸

名誉顾问：王祥武

执行策划：王 岗、吴文涛、刘仲华、章永俊

编委会主任：李宝臣

编 委：王 玲、尹钧科、阎崇年、王灿炽、吴建雍、于德源、李宝臣、孙冬虎、袁 熹、王 岗、吴文涛、郑永华、刘仲华

分卷主编：（见各卷）

课题组成员：王 岗、尹钧科、吴建雍、于德源、李宝臣、袁 熹、邓亦兵、孙冬虎、吴文涛、郑永华、刘仲华、张雅晶、赵雅丽、章永俊、何岩巍、许 辉、张艳丽、董 焱、王建伟、程尔奇、高福美、靳 宝

课题组特邀成员（以姓氏笔划排序）：马建农、邓瑞全、李建平、宋大川、宋卫忠、杨共乐、赵志强、郗志群、姚 安、黄兴涛、韩 朴、谭烈飞

丛书主编：王　岗
本卷作者：于德源

编写说明

2006 年，历史所在北京市社科院领导的大力支持下，《北京专史集成》作为院内重大课题立项。8 年来已经出版了 12 部专著。这些专著是在全所同事的共同努力和所外专家的大力支持下陆续编写、出版的，并得到了从事北京史研究同行们的认可。

谭维克院长在主持社科院工作之后，对已经出版的 12 部专史给予了充分肯定，并鼓励历史所的同事们继续坚持这一有着一定学术价值的研究工作。于是，我们将已经出版的 12 部专史编为"第一辑"，又确定了《北京专史集成》第二辑新的 12 部专史书目，并得到了北京市哲学社会科学规划办公室领导的大力支持，再次把《北京专史集成》第二辑列为北京市哲学社会科学重点课题，我们在此深表感谢。同样，《北京专史集成》第二辑的出版也得到了人民出版社的领导和负责编辑工作的专家们的大力支持。我们在此也深表感谢。

在《北京专史集成》课题立项之后，我们特别聘请了一批著名历史学家作为课题的学术顾问，他们为专史第一辑的撰写工作提出了很多宝贵的意见，我们在此表示深深的敬意与感激。在专史第一辑的撰写过程中，有些著名专家因年事已高而辞世，我们在此也深表悼念之情。学术研究是全社会的事情，这些年事已高的著名专家在学术上的无私帮助给我们今后的研究工作树立了榜样，激励着我们做好专史第二辑的研究工作。我们相信，在院领导的大力支持下，在著名历史学家们的无私帮助下，在出版社领导和责编的积极配合下，特别是在全所科研人员的共同努力下，北京专史第二辑的编写和出版工作一定会顺利完成。

王岗　于 2014 年 9 月

前　言

　　农业生产的出现，是人类从蒙昧走向文明的必然产物，也是人类由此产生较为发达之文明的基础。被许多人公认的四大文明古国（即埃及、印度、两河流域及中国），就都是从农业生产的基础上发展起来的。在人类早期的活动中，农业生产是以自然环境所能提供的便利条件为依据的，越是适合于农业生产的环境，人们的生产效益也就越高。因此，在人类古代社会中，自然环境的优劣直接影响到农业生产的发达程度，四大文明古国皆是发源于较为优越的自然环境中。

　　在中国古代，农业生产带来了发展繁荣的文明，主要集中在黄河流域与长江流域等地区。而在不适宜农业生产的地区，如北方的草原及森林茂密的地区，则会出现游牧生产和渔猎生产等不同的生产方式，以及由此产生的游牧文化和渔猎文化等。不同的生产环境产生了不同的文明模式，在中国幅员辽阔的大地上，各种不同的自然环境必然影响到各地居民的生产和生活方式，从而形成文化上的差异，而这种差异在不同文化相互交流的过程中则会产生冲突与融合，共同促进了历史的发展。

　　综观中华民族几千年的文明发展史，主要可以分为三大类，即农耕文明、游牧文明，和渔猎文明。而这三种文明在古代的发展，表现出较为明显的不平衡性。其中，以农耕文明的发展最为繁盛，而游牧文明和渔猎文明次之。这种生产发展状态在文化方面的表现，则是农耕文明居于主导地位，而游牧文明与渔猎文明居于从属地位。换言之，在中国古代，农耕文明的发展一直处于领先地位，而游牧文明和渔猎文明皆处于不断向农耕文明学习的地位。

中国古代的农业生产创造了辉煌的文明，在人文方面的结晶是儒家学说的产生及发展。先秦时期的农业迅速发展最终归结为百家争鸣局面的出现，而在众多的学术思想派别中，只有儒家学说最能够代表农业生产的社会结构特征和伦理道德体系，故而最终取代百家（或者说汇总百家）成为统治思想。儒家学说中的许多典型论断，如国家要以农为本、重农抑商，统治者要以德治国、以仁为本，百姓则要以忠孝立身，以勤俭持家，等等。这些文化理念的传承，延续了几千年，也就是涵盖了整个农业生产为主体的时代。

而农业生产在科技方面的结晶则是高度发达的天文历法的运用。中华民族的祖先在艰辛的农业生产中，认识到大自然的变化给生产带来的巨大影响是人们的主观能动性所无法左右的。因此，如何预先了解大自然的变化（即风、雨、霜、雪、雾、雹等）是非常重要的，甚至是决定一年农业耕作是丰产还是歉收的一个重要因素。在这种情况下，人们对天体运行规律进行了特别细致的观察，通过测算天体运行的轨迹而把握大自然的变化，并将历代积累下来的经验编成天文历法，又在总结历代经验的基础上不断加深自己的认识，修订行用的历法。封建政府把每年颁行历法的活动作为最重要的政治活动之一。

与农业生产关系同样密切的又有水利技术的高度发展。其一，是对农田的灌溉及排泄体系的建设。其大型代表作品有成都的都江堰、关中的郑白渠，以及北京地区的戾陵堰等。其二，是对运输体系提供的有力支持，即各地运河的开凿。其最具代表性的则是京杭大运河的形成。水利技术的不断革新，对农业生产和社会发展带来了巨大的动力，有些水利工程的完成（如隋唐大运河及京杭大运河等）甚至对整个中国历史的发展都产生了不可估量的重要影响。

北京地区位于华北平原，是由永定河等五大水系冲积形成的一片平原，有着十分优越的自然环境，是进行农业生产的较好区域，因此被著名史学家司马迁称为"天府之国"。早在先秦时期，这里的农业生产已经相当发达，宜种五谷，又有枣、栗之饶。古人称：有千株栗树之产者富比"千户侯"。北京地区又正好位于农耕区域与游牧区域的结合部，这种自然环境也就带来了畜牧业生产的便利，从而使得这里又成为农业产品与畜牧业产品进行交换的贸易中心之一。

这里有一种特殊的自然环境（即农耕与游牧的交界处），而这种特殊的环境又导致了这里的特殊发展历程。在几千年的农耕区域与游牧区域的冲突与交往过程中，这个地方的政治地位得到不断提升，从中央王朝的北方军事重镇变为游牧政权的陪都、再到北方少数民族政权的首都，最后成为全国一统王朝的首都。这个特殊的发展历程，对整个区域的各个方面都产生了巨大影响，农业生产、手工业生产、畜牧业生产、商业贸易等等，皆不例外。其中，对农业生产的影响也表现出了它的特殊性。

例如，在中国古代的大多数农耕区域，从事农业生产的主要是世代居住在当地的农民。而北京地区在成为都城之后，农业生产方面就出现了一些变化。金朝统治者在把都城从金上京（今黑龙江阿城）迁到这里之后，随之把大量女真族部落民众也迁移到这里安置，进行农业生产。而这些女真族部落的民众是按照猛安谋克的军事建置加以编制的，在生产上也就形成了"军屯"的规制。又如元世祖在营建大都城后，在都城周围驻扎了大量军队。为了解决军队的粮食供给问题，也采用了"军屯"的方式，一半军队执行军事行动，另一半军队从事农业生产。这时的"军屯"占据了大量京畿地区的农田。到了此后的清代，旗人占地在京畿地区也成为一种普遍现象。

此外，北京特殊的政治环境还要兼及农业生产与畜牧业生产的关系。我们仍以成为全国首都的元代为例，元朝统治者是从北方大草原上迁都到这里的，同时采用的是两都制度，即大都（今北京）与上都（今内蒙古正蓝旗境内）并行，每年春天，从大都前往上都度夏，到了秋天再回到大都过冬。这种生活方式在农业生产方面的影响是，第一，每年秋天从大草原上带回到大都地区的马、驼、羊等牲畜以数十万头计，这些牲畜都要在大都地区饲养，要耗费大量粮草。第二，为了这些牲畜在秋冬有庄稼杆吃，政府禁止大都地区的农民秋后翻耕农田，使庄稼杆不能再成为土地的再生肥料。第三，农田不能秋耕会使田中的害虫安全过冬，并带来以后虫害的加剧。由此可见，农业生产不仅仅是一个耕作问题，在不同的社会环境中，会带来完全不同的结果。

于德源先生在历史所多年从事北京历史文化研究，是历史所的资深研究员，研究范围较为广泛，科研成果十分丰富。他在退休以后，仍然坚持科研工作，笔耕不辍，这种勤勤恳恳、把科研作为一项事业、追求不倦的精神，是我们每一个科研人员学习的榜样。随着改革开放的不断深入，整体国力迅速提高，我们的科研环境也得到了很大改善。但是，有些社会不正之风（包括学术腐败）却也有了不停滋长的势头。于德源先生的研究工作遵循科研规律，以收集、整理史料为基础，不使用哗众取宠的新名词，论从史出，这种朴实的学风更是值得我们今天从事科研工作的同事们学习的。最后，对于德源先生的这项科研成果问世表示诚挚的祝贺。

王岗

2014 年 8 月

目　录

编写说明 ·························· 王　岗（1）

前　言 ···························· 王　岗（1）

概　论 ······························（1）

第一章　北京地区的地理环境 ···············（4）

　　第一节　地形、地貌和土壤 ··············（4）

　　第二节　河流水系 ··················（5）

　　第三节　气候 ····················（13）

第二章　北京地区原始农业的起源 ·············（22）

　　第一节　北京转年遗址的农业考古意义 ········（23）

　　第二节　对东胡林遗址的再认识 ···········（26）

　　　一、关于对石制农具的认识 ············（27）

　　　二、关于对晚更新世与全新世之际北京

　　　　地区古环境变化的认识 ············（27）

　　　三、关于东胡林人的生活方式 ···········（29）

　　　四、关于东胡林原始农业问题的推测 ········（31）

　　第三节　北京地区新石器中晚期遗址 ·········（33）

第三章　商、周时期北京地区的农业 ···········（44）

　　第一节　夏家店下层文化对北京地区社会经济的影响 ·······（44）

　　第二节　商、西周时期北京地区的农业 …………………………（47）

第四章　春秋、战国时期北京地区的农业 …………………………（52）
　　第一节　春秋时期生产关系落后的燕国 …………………………（52）
　　第二节　战国时期燕国强盛及农业发展 …………………………（53）

第五章　秦、汉时期北京地区的农业 ………………………………（61）
　　第一节　秦、汉时期北京地区农业技术的进步 …………………（61）
　　　一、秦苛政对社会经济的破坏 …………………………………（61）
　　　二、两汉时期北京地区农业技术的进步 ………………………（62）
　　　三、屯田 …………………………………………………………（67）
　　第二节　两汉时期地主的剥削 ……………………………………（68）

第六章　魏、晋、北朝时期北京地区的农业 ………………………（73）
　　第一节　人口的流动 ………………………………………………（73）
　　　一、西晋末年幽州人口的消长 …………………………………（74）
　　　二、十六国、北朝时期幽州流散的人口 ………………………（76）
　　　三、魏、晋、北朝时期进入幽州的胡、汉人口 ………………（78）
　　第二节　著名水利工程——戾陵堰和车箱渠 ……………………（81）
　　第三节　农业经济状况 ……………………………………………（84）
　　　一、魏、晋之世幽州的农业生产 ………………………………（84）
　　　二、十六国时期幽州的农业生产 ………………………………（87）
　　　三、北魏时期幽州的农业生产 …………………………………（90）

第七章　隋、唐、五代时期北京地区的农业 ………………………（100）
　　第一节　隋炀帝发动辽东之役对农业生产的破坏 ………………（100）
　　第二节　唐代幽州地区的农业 ……………………………………（103）
　　　一、唐代幽州及周边各州县的农业发展水平 …………………（103）
　　　二、唐代幽、檀、妫、蓟屯田 …………………………………（108）
　　　三、唐代幽州农作物种类 ………………………………………（110）
　　　四、唐代幽州自然灾害 …………………………………………（114）
　　第三节　五代时期幽州农业的凋敝 ………………………………（115）

第八章　辽、金时期北京地区的农业 ………………………………（121）
　　第一节　辽代燕地农业经济的恢复 ………………………………（121）

一、辽代燕地农业恢复的有利因素 ……………………… （121）

二、辽代燕地水稻种植业的倒退 ………………………… （123）

三、辽代燕地田制 ………………………………………… （124）

四、辽代燕地的自然灾害 ………………………………… （124）

五、辽南京栗园司 ………………………………………… （126）

六、辽代燕地的赋役 ……………………………………… （127）

七、辽南京寺院经济和二税户 …………………………… （128）

第二节 金中都的农业经济 ………………………………… （129）

一、金朝前期大量搜括燕地民田 ………………………… （129）

二、金代燕地的寺院经济和二税户 ……………………… （131）

三、金代燕地的"租"和"税" ………………………… （131）

四、金中都的水利资源 …………………………………… （133）

五、金中都区田法 ………………………………………… （134）

六、金中都的自然灾害 …………………………………… （135）

第三节 辽、金时期幽燕地区农业生产工具 ……………… （136）

第四节 隋、唐、辽、金时期北京地区

农业发展的总趋势 ………………………………… （138）

第九章 元大都的农业 ………………………………………… （144）

第一节 元大都军队屯田 …………………………………… （145）

第二节 元大都贵族和寺庙的田产 ………………………… （148）

第三节 元大都的畜牧业 …………………………………… （151）

第四节 元大都的农作物种类 ……………………………… （152）

第五节 元大都的赋税 ……………………………………… （153）

第六节 元代大都地区农业生产工具的制造 ……………… （154）

第七节 元大都的自然灾害 ………………………………… （157）

第十章 明代北京地区的农业 ……………………………… （164）

第一节 屯田和移民 ………………………………………… （164）

一、洪武年间的军、民屯田 ……………………………… （164）

二、永乐年间的军、民屯田 ……………………………… （167）

三、商屯 …………………………………………………… （176）

第二节 明代北京地区农业的恢复和发展 ………………… （177）

一、明初额外垦荒永不起课 ……………………………… （177）

二、明万历中的京畿水利营田 …………………………… （180）

第三节　明代北京农业的赋役 ……………………………（181）

　　一、明代北京的田赋 ……………………………………（182）

　　二、明代北京的徭役 ……………………………………（190）

　　三、明代北京的马政 ……………………………………（194）

第三节　明代北京的庄田 ……………………………………（202）

　　一、皇庄 …………………………………………………（202）

　　二、宗室、勋戚庄田 ……………………………………（208）

　　三、权势、太监庄田 ……………………………………（212）

　　四、明代北京寺庙庄田 …………………………………（222）

第四节　明代北京的农产品 …………………………………（225）

第五节　明代北京地区的自然灾害 …………………………（227）

第十一章　清代北京地区的农业 ……………………………（252）

第一节　清代北京的旗地 ……………………………………（252）

　　一、圈地 …………………………………………………（252）

　　二、投充户 ………………………………………………（257）

　　三、圈占的结束 …………………………………………（260）

　　四、旗地制度的瓦解 ……………………………………（262）

　　五、典卖 …………………………………………………（264）

　　六、旗民交产 ……………………………………………（273）

　　七、八项旗租 ……………………………………………（275）

第二节　清代北京寺庙庄田 …………………………………（281）

第三节　清代北京地区农业的恢复和发展 …………………（287）

第四节　清代北京农业的赋役 ………………………………（293）

　　一、清代北京的田赋 ……………………………………（293）

　　二、清代北京的徭役 ……………………………………（300）

第五节　清代北京的农产品 …………………………………（308）

第六节　清代北京地区的自然灾害 …………………………（316）

　　余　论 ……………………………………………………（333）

主要参考文献 …………………………………………………（345）

后　记 …………………………………………………………（351）

概　论

　　今北京地区的农业，发展较早。根据考古学者在北京平谷县上宅村新石器时代遗址的有关发现，我们推测可能早在距今 10000 年以前的新、旧石器交替之际，今北京地区已经出现了原始农业的萌芽；距今 8000 年前的新石器早期今北京地区已经出现了原始农业。

　　在距今 5000 年至 2000 年以前，今北京地区气候温暖、湿润，水源丰富，沼泽密布，自然条件比较优越，这为古代农业的发展创造了良好的客观环境。1975 年在北京通州的泥炭层中曾发现角镞，这说明当时的古人类除狩猎之外也开始从事比较简单的采掘活动[1]。在文献资料方面，《禹贡》、《周礼》中都有关于今北京地区早期农业经济情况的记载。虽然关于这两部书的成书年代史学界长期聚讼纷纭，未有定论，但一般的看法，认为《禹贡》大约是战国时期的作品，《周礼》大约是战国晚期的作品。《禹贡》云："冀州厥土白壤，厥田中中，厥赋上上错。"古冀州包括今河北、山西两省。著名农史学家辛树帜先生认为，在《禹贡》的记载中，冀州土壤的肥力（中中，属第 5 等）与向周天子纳赋的等级（上上，间出上中之赋）不相符。简而言之，就是田劣而赋重。这说明冀州土地开发得早，利用率高[2]。辛先生的这一判断，被后来河北磁山和河南裴李岗新石器早期遗址发现的大量农业工具所证实是完全正确的。关于白壤，从来就有几种解释。笔者认为以《尚书》中（汉）孔安国的解释较为贴切。孔安国传云："无块曰壤，水去，土复其性，色白而壤。"[3]白壤实际就是盐碱土，这和北京远古时期"池沼广布的水泽之乡"的自然环境是相符的。

　　我国劳动人民在长期的农业生产实践中认识到，白壤宜于种植旱稻。北魏贾思勰《齐民要术》云："旱稻用下田，白土胜黑土。"旱稻与水稻对称，又称陆稻，是一种宜于在旱地种植的稻类品种。现在北京地区虽然没有旱稻，但在推广水稻旱种方面却曾取得过可喜成绩。据1982年9月24日《人民日报》报道，当时北京、河北、河南、天津、辽宁等省、市水稻旱种面积共有10多万亩，其中仅北京地区就有8万多亩，亩产量一般在300公斤以上，最多可达450公斤以上。

关于我国水稻起源，目前还是一个有争论的问题。一般认为它起源于南方，是由野生稻驯化而来。大约在商、周时期，水稻逐渐扩展到黄河以北地区，甲骨文和《诗经》中有很多关于北方种稻的记载。《周礼》一书中记述了中国古代宜于种稻的几个地区，包括今北京地区在内的幽州即为其一。《周礼·职方氏》云："幽州……谷宜三种。"（汉）郑玄注云："黍、稷、稻。"（唐）贾公彦疏云："幽州西与冀州相接，冀州皆黍、稷，幽州见宜稻，故知三种，黍、稷、稻也。"[4]贾公彦是唐朝人，他所指的幽州即包括今北京地区在内的河北北部地区；冀州则是今河北南部地区。冀州属二种之区；幽州属三种之区。幽州在冀州之北而宜种稻，这恐怕和幽州拥有较丰富的水资源不无关系。

关于中国古代粟、黍、稷的区分，历来各家解说纷纭，没有一定的解释。不过，一般认为粟指的是小米，又称谷子，古称稷；黍指的是粘黄米，所以又有黍、稷就是指的谷类，质粘的是黍，质不粘的是稷的说法。同时把粟作为黍、稷之类谷物的总称。

北京地区的原始农业虽然略迟于今河北、河南同在太行山东麓的磁山、裴李岗地区——那里在距今7000年以前就拥有较发达的原始农业——但在其后的发展速度却并不慢。就本地区农业耕作技术和生产水平而论，与中原其他地区大体保持在同一水平上。考古发现的实物证明，战国时期，铁农具在今北京地区已得到广泛使用，它促使了农业生产水平的大幅度提高。以农业为基础的封建社会经济的发展，使得当时的燕国（都蓟，今北京）由一个积弱的小国最终发展成为战国七雄之一。秦汉时期，中原地区先进的生产工具也很快传播到今北京地区，这主要是由于当时国家统一、交通方便、经济往来频繁的缘故。魏晋南北朝时期，虽然战乱曾一度造成北京地区人口的严重流失、土地荒芜，但频繁的人口流动又使劳动人民得到交流生产经验的机会。由于中原战乱而涌入相对来说属于东北边地的幽州的人口又给本地区增加了不少劳动力。东汉和西晋末年，从今北京地区流入辽西、辽东和内蒙古地区的劳动力，对于汉族和乌丸、鲜卑族的民族融合，促进该地区社会经济的发展，都发挥了巨大作用。自秦汉至唐末的1000余年间，虽然今北京地区长期处于东北边镇地位，但由于其重要的地理位置，历代统治者大多派出重兵驻守，因而促进了该地区屯田的发展。元代，今北京地区上升为全国的政治、文化中心，社会经济十分繁荣。当然，这主要是指商业经济而言。在农业生产方面，由于成为首都这一特殊地位，今北京与各地的生产经验交流十分便利，农业生产技术有了很大进步，农产品的品种也比过去丰富得多。但是，由于蒙古统治者为了适应守卫京城军队饲养马匹的需要，规定在今北京地区秋收后将一半耕地作为临时牧场，不许翻耕，使得当时的蝗灾十分严重。明代自永乐以后，出于军事目的，实行养马于民的政策，农民常因为赔偿和马匹走失而倾家荡产。同时，在今京郊通州、朝阳、顺义也有数十处皇家马、牛、羊、驼厩房，占有大面积牧地。明代皇庄和贵族、太监庄田规模很大，这在北京农业史中是一个非常特殊的现象。明代的北京农民，其田地除了被握有特权的地主非法兼并之外，沉重的徭役也往往迫使他们或离开土地，辗转流离；或投入豪门之下成为庄户。清初，统治集团以今北京所在的顺天府为中心，在河北地区推行圈地政策，这对于在明代发展起来的封建地主经济是一次沉重的打击。大批土地成为旗地，不少中、小地主只好带地投靠旗人奴主而成为庄头，大批农民沦为旗地庄户。但是，随着封建经济的发展，从乾隆时代起旗地制度就陷于瓦解，封建地主租佃经济重新占据了统治地位。

在几千年的封建社会里，北京地区的劳动人民一方面反抗着地主阶级的剥削压迫，一方面在和自然界的顽强斗争中，辛勤地开垦着这块土地。随着社会的发展和生产力水平的不断提高，明、清两代北京地区的土地得到广泛的开发，农作物的品种也增加到近百种。正是广大农民在与自然和社会几千年的奋斗过程中，胼手胝足，用他们勤劳的双手和智慧，书写出北京农业发展史的光辉篇章。

注释：

1　贾兰坡等：《北京东郊泥炭层中的动物遗骸和角制工具》，载《古脊椎动物与古人类》第 15 卷第 2 期。

2　辛树帜：《禹贡新解》，农业出版社 1964 年。

3　（汉）孔安国传《尚书正义·夏书·禹贡》。

4　（汉）郑玄注、（唐）贾公彦疏《周礼注疏·夏官·职方氏》。

第一章 北京地区的地理环境

第一节 地形、地貌和土壤

北京平原地区三面环山，西面是太行山的北端，统称西山，北面和东面是燕山山脉，其交界处即今北京西北山区居庸关的关沟。北京地形受太行山和燕山的影响，西北高，东南低。这决定了永定河、潮白河、温榆河、大石河、拒马河在出山以后分别向东南方向流淌，汇聚在北京东南的通州及其以南地区。通州是北京地势最低的地区，自通州东南至天津地区就是古代所谓的"九河下尾"。北京地貌分为山地和平原两部分，其中包括中山、低山、丘陵、台地、平原5种类型。在山地环绕之中的北京小平原，历史上是由永定河、潮白河、温榆河、拒马河和沟河、错河洪积、冲积形成的。北京西北延庆县的山间平原——妫水平原，主要是由妫水河洪冲积而成。今北京行政区全境面积为16427.2平方公里，其中平原地区面积为6808.97平方公里，约占全市面积的41.44%。平原地区和山谷、河流阶地大都是有利于农业发展的农耕区。在平原地区，地貌分为洪积扇、洪冲积平原、洼地、决口扇和砂丘、平原河道滩地5种类型。其中，洪冲积扇为砾石地带，决口扇和砂丘属砂带地区，均不利于农业生产。平原河道滩地虽然可以开发利用，但由于历史上这些河流经常泛滥，所以历史上该地区的农业生产极不稳定。北京地区洪冲积平原面积为4299.5平方公里，占全市平原面积的63.14%。其中分布于北京平原北部的高位洪冲积平原（昌平县马池口南至大兴县凉水河以北、房山区大紫草坞至琉璃河之间；顺义县杨各庄东至平谷县云峰寺；顺义县龙王头南至通州徐辛庄镇）土质既肥沃，又可避免水患，是历史上农业发展独具优势的地区。北京南部的大兴县南部和东南的通州属低位冲积平原，历史上经常遭受河流泛滥、改道之害。这里也是洼地集中分布的地区。除此之外，北京西北延庆县山间盆地面积为 520 平方公里，其地势四周高、中间低，中部为妫水平原，地势平缓，土质肥厚，历史上也是重要的耕种区之一。

北京地区高位平原土壤以褐土、潮褐土、褐潮土为主；低位平原土壤以潮土为主；洼地因排水不畅，易盐碱化。

褐土是暖温带半湿润地区的地带性土壤，占北京地区土壤一半以上，大致分布在海拔 700 米—1000 米以下低山、丘陵至海拔 40 米以上的山间平原之间。其中，普通褐土普遍分布在海拔 500 米以下至 40 米以上的低山、丘陵及冲积扇形地的中上部的山前坡地，占褐土类的 21.8%。普通褐土的腐殖层较薄，肥力较差，水土流失也较严重，因此它不是理想的农业土壤。但是，处于低山阳坡及灌木丛草植被下的石灰性褐土，古代称为"堘土"，因其大多有深厚的黄土层为母质，保水保肥性能较好，而宜于耕作。今北京延庆县妫水平原及门头沟山区的河谷台地即多属此类。潮褐土壤大多分布在北京洪冲积扇的中下部，属于褐土向潮土过渡的类型，占全市土壤面积的 4.23%。褐潮土壤在今北京各县几乎都有分布，土壤层厚，保水保肥能力强，是农业生产理想的土壤。潮土主要分布在今北京东南的冲积平原及山区河谷的一级阶台地及沿河漫滩，是北京平原中面积最大的土壤类型，占全市土壤的 13.8%。今北京大兴、通州、顺义、昌平 4 县为该类土壤的主要分布区。其中，褐潮土主要分布在冲积扇南端及冲积平原缓岗地带，土壤肥沃，保肥保水能力强，属于农业高产土壤。

前已述之，北京地区的地貌包括山区、丘陵、平原、台地等多种类型。山区宜发展林业；平原宜发展农业；洼地可以发展水稻；高寒地区可以发展成熟期短的耐旱作物。这为北京地区历史上农业发展的多样性创造了条件。

第二节　河流水系

如前所述，今北京地区在古代之所以号称"三种"地区，与当时该地区拥有比较丰富的水资源有密切关系。北京平原在历史上属于海河水系的大清河、永定河、温榆河、潮白河和蓟运河 5 大水系洪冲积而形成的。在北京地区纵横着属于 5 大水系的河流达 200 余条，是北京水资源的基本组成部分。除此之外，还有丰富的地下水资源，有些涌出地面的便形成了泉流，今北京北部和西北部、西南部的大小汤山、温泉、玉泉山、冷泉、甘池等地名就是这些泉流在历史上存在的证明。

  位于北京西南房山区境内的大清河水系包括大清河的支流拒马河，以及拒马河的支流大石河、小清河等。拒马河自河北涞水县都衙村向东进入北京境内，在山区沿山谷曲折东南流，经大沙地、下刘财、平峪、后石门、西河、九渡、八渡、七渡、六渡、西关上、四渡岭、穆家口而南至张坊南，分为南、北两派。北派称北拒马河，经王家磨、塔照、西堡、南河村，从东南出北京境外。南派则自张坊南出北京境外。大石河发源于房山区百花山南麓，古称圣水。北魏郦道元《水经·圣水注》云："圣水……出（上谷）郡西南圣水谷，东南流迳大防岭之东首……圣水又东迳玉石山，谓之玉石口。其水伏流里余，潜源东出，又东，颓波泻涧一丈有余，屈而南流也。圣水南流，历（良乡）县西，转又南迳良乡县故城西，有防水注之。（防）水出县西北大防山南而东南流迳羊头阜下，俗谓之羊头溪。其水又东南流至县东入圣水。圣水又东南与乐水合，（乐）水出县西北大防山南，东南流，历县西，而东南流注圣水。圣水又东迳其故城南，又东迳圣聚（今北京房山区琉璃河董家林）南，盖藉水而怀称也。又东与侠河合。（侠河）水出良乡县西甘泉原东谷，东迳西乡县故城北，又东迳良乡城南，又东北注圣水，世谓之侠活河，又名之曰非理之沟也。圣水自涿县东与桃水合。"据此所述，圣水自发源地曲折东南流，沿途吸纳了防水、乐水、侠（活）河，然后至涿县（今河北涿州）东与桃水相合。防水即今房山区丁家洼河。今丁家洼水库南有地名羊头岗，即古防水所经之羊头阜。乐水即今房山区周口店河，该河附近有著名的周口店旧石器时代遗址，这是一条非常古老的河流，其在丁家洼河之南流注大石河。侠（活）河，今名夹括河，其上游为牤牛河。桃水即今北拒马河。圣水所流经的圣聚即今房山区琉璃河镇董家林村。近年在其地已发现距今3000年以前的西周燕国遗址。北魏时其地虽然已成废墟，但人们仍然知道其为先人聚居之地，故称圣聚，圣水因此而得名，即所谓"藉水而怀称也"。今大石河自发源地东南流，沿途吸纳峪子沟、大堰台沟、白石口沟、中窖沟、南窖沟，出山后又吸纳马刨泉河、周口店河（古乐水）、夹括河（古侠活河），至涿州市东入北拒马河。北拒马河自此以下至白沟镇的河段称白沟河。小清河发源于今北京门头沟区马鞍山东麓，大部分河道为古广阳水旧河道。《水经·圣水注》云：

"（广阳）水出小广阳西山，东迳广阳县故城北，又东，福禄水注焉。
（福禄）水出西山，东南迳广阳县故城南，东入广阳水。乱流东南，至
阳乡县，右注圣水。"所谓"广阳县故城"即汉广阳县遗址，其地在今
房山区良乡广阳城村，小清河今在其东。福禄水即今刺猬河，今在广
阳村之南注入小清河。阳乡县亦为汉县，属涿郡，其地即今河北涿州
市东长安城。北魏时，拒（巨）马河以南派为正流，北派称桃水。圣
水在涿郡东依桃水后，其以下至安次（治今河北廊坊市西北）与拒马
河南派相会之前的河段也统称圣水。所以，广阳水右（西）注的圣水，
实际就是今北拒马河。北拒马河是大清河的支流。圣水、小清河先后
注入北拒马河，它们与北拒马河在北京境内的河段共同构成了北京西
南地区的大清河水系网。

　　流经今北京西南部的永定河起源于山西，其上游称桑干河，东南流
至怀来、延庆境内，先后与洋河、妫河相汇后称永定河。永定河古称㶟
水，今北京南部大兴县凉水河曾是㶟水故道，当时称清泉河。《水经·
㶟水注》（以下简称《注》）云："㶟水自南出山谓之清泉河。……㶟
水又东南迳良乡县之北界，历梁山南，高梁水出焉。"梁山即今北京西
郊的石景山。北魏时，永定河自良乡县北界折向东南，流迳石景山南，
趋今凉水河方向。《水经·㶟水》云："（㶟水）过广阳蓟县北。"《注》
云："……㶟水又东北迳蓟县故城南。《魏土地记》曰：'蓟城南七里
有清泉河'而不迳其北，盖《经》误证矣。"北京古称蓟城，北魏蓟
城遗址在今北京城区西南的广安门内外。《水经》大约成书于东汉，据
郦道元对《水经》的批注，可知东汉时㶟水河道偏北，至迟北魏时已
改道南趋，自蓟城南部沿今凉水河、凤河（即古清泉河河道）东南流。
所以郦道元会误以为东汉时的《水经》写错了。当时进入永定河水系
的还有洗马沟水和高梁水，《注》云："㶟水又东与洗马沟水合，水上
承蓟水，西注大湖。湖有二源，水俱出县西北。平地导源，流结西
湖。湖东西二里，南北三里，盖燕之旧池也。绿水澄澹，川亭望远，
亦为游瞩之胜所也。湖水东流为洗马沟，侧城南门东流，昔桃期奋戟
处也。其水又东入㶟水。"侯仁之先生早已指出，洗马沟水即今北京
广安门外莲花河，洗马沟上承的蓟水今已无考，而蓟水西注的大湖即
今广安门外莲花池。莲花池水系（蓟水、洗马沟、西湖）在 1000 余
年中始终是今北京城的前身——燕都蓟城生存的基础，直至 1267 年元
世祖忽必烈才因其"土泉疏恶"放弃该城，而在其东北的今北京城址
依凭高梁河水系建造大都城。关于高梁河，《注》云："㶟水又东南，
高梁之水注焉。水出蓟城西北平地，泉流东注，迳燕王陵北，又东迳

蓟城北，又东南流。《魏土地记》曰：'蓟城东十里有高梁之水者也。'其水又东南入㶟水。"该河源头的"蓟城西北平地"就是今北京西郊紫竹院公园。紫竹院公园以东的南长河河道就是古高梁河故道。直至明朝前后，从紫竹院公园北至海淀都是一片湖泽遍布之地，今紫竹院公园东门所对的首都体育馆所在地名白石桥即是明证，而海淀一地更是由此得名。北魏前后，高梁河自今紫竹院公园发源，东流入今积水潭，经今什刹海、北海、中海（即所谓三海大河）一线东南流，注入㶟水。然而，前引《注》文又云：㶟水经良乡县北界，又经梁山（今石景山）南，"高梁水出焉"。似乎在蓟城东十里的高梁水之外，在蓟城西数里之外的梁山下另有一条高梁水。其实，此处所说的高梁水是一条人工河，只不过因其下流与高梁水在紫竹院相接，所以也称高梁水。高梁河的本身，如上文所说，是发源于今紫竹院公园的天然河流；而在梁山下的高梁水却是出自㶟水，其产生是缘于曹魏时的一项水利工程，并且它不注于㶟水而是东注于潞水（今潮白河）。同书《鲍丘水注》云："鲍丘水入潞，通得潞河之称矣。高梁水注之。（高梁）水首受㶟水于戾陵堰。"戾陵堰的具体位置今已不可考知，大致应在今石景山西南的永定河东岸。据《水经·鲍丘水注》引西晋元康五年（295年）《刘靖碑》云：曹魏嘉平二年（250年），征北将军、建成乡侯刘靖为引水种田，亲自登上梁山勘测地势，令部下丁鸿率1000军士在㶟水上建造戾陵堰，开凿车箱渠引水东流，历石景山南，经八宝山，入今紫竹院与高梁水混同东流至今积水潭。发源于紫竹院的高梁水自此向东南沿"三海大河"一线东南流注㶟水下游，而在石景山附近开凿引入的高梁水却自此分出，继续东流，其下有些河段即今北京东郊坝河河道，直至今通州入潮白河。其大致走向，据《刘靖碑》云："乘车箱渠，自蓟西北迳昌平，东尽渔阳潞县（治今北京通州）"，入于今潮白河。这条新开凿的高梁河的东端在北齐时又稍有改变。《北齐书·斛律羡传》载：北齐河清三年（564年），幽州刺史斛律羡"导高梁水北合易荆，东会于潞"。易荆水即今温榆河。北齐时，"东尽渔阳潞县"的高梁水不是直接入潮白河，而是先向北入温榆河，然后混同入潮白河。这条人工开凿的高梁河虽然入于潮白河，可是在北魏时却与入于永定河的高梁河属于同一水系，因为北魏时㶟水（今永定河）下游东流今武清县境内入于笥沟，"笥沟，潞水之别名也"。[1]

　　根据地理学者野外考察的结果，可知自北魏至明、清时㶟水（今永定河）在北京地区的主要河道曾有数次变化：北魏至隋代，㶟水主河道自今石景山区衙门口村以下，东南经丰台区小井、马家堡、大兴县旧宫、鹿圈、留民营。其西段有部分是今凉水河河道，东段有部分是今凤河河道。自留民营以下分为众多支流，正如《水经·㶟水注》所云："㶟水东入渔阳（治今北京通县），所在枝分。故谚云：'高梁无上源，清泉无下尾。'盖以……清泉至潞（治今北京通州），所在枝分，更为微津，散漫难寻故也。"隋代以后，㶟水自衙门口村以下分为两派，东南派循故道仍然东南流，新分出的南派则自衙门口村继续南流，至固安县城北转而东流，大致即今永定河道。直至辽代以前，永定河在北京地区的这两条分支始终以东南派为主。辽代时，东南派水源逐渐萎缩，在今大兴县、漷县镇（属通州）一带出现了不少沼泽，其中最著名的就是位于今通州、大兴县之交的延芳淀。那里是辽皇室贵族游猎之地，并为此专门设立了漷阴县（治今北京通州漷县镇）。这说明当时㶟水的主流已转移到南派。

明、清时代，㶟水东南派已和㶟水本身断绝，形成了独立的以莲花池和丰台水头庄诸泉为源头的凉水河、凤河水系[2]。造成这种现象的原因，就是由于㶟水（今永定河）流经北京小平原洪冲积扇南部时，受地势影响，河道自北向南摆动的结果。今永定河自北京西北入境后，在官厅水库与洋河、妫水相汇后，沿山谷曲折而行，东南至门头沟区三家店，沿途吸纳了湫河、清水河、下马岭沟、清水涧、苇甸沟、樱桃沟等山水。它自三家店出山后，先后经丰台、房山、大兴等区县南流，自大兴县石佛寺附近出境。

永定河在隋唐以前，对北京地区农业生产的发展发挥着巨大作用。魏、晋时戾陵堰、车箱渠引永定河水东入高梁河，极大地推动了当地的水稻生产。金、元以后，由于水土保持遭到破坏，永定河浑浊不堪，河底淤垫，常常泛滥成灾，对农业生产造成巨大破坏。这种局面直到解放后修建了官厅水库才得以改变。

位于现在的北京小平原中部和东南部的温榆、北运河水系，在北京境内的流域面积大于大清河、永定河水系，仅次于潮白河水系。温榆河古称湿余水，因繁体"湿"与"温"字形相近而讹做温余水。《汉书·地理志》军都县（治今北京昌平县西）条下注云："温余水东至路（治今北京通州东），南入沽（今白河）。"此后该水又名榆（余）河，今则名温榆。其实，该河正称本应为"㶟余水"，这是因为古人认为该水是㶟水潜源重出而形成的缘故。《水经·湿余水》云："湿余水出上谷居庸关东。"《注》云："关在沮阳城（治今河北怀来县大古城）东南六十里居庸界。其水导源关山，南流，历故关下。其水历山南，迳军都县界，又谓之军都关。其下南流出关，谓之下口（今北京昌平县南口）。水流潜伏十许里也。湿余水故渎东迳军都县故城南，又东，重源潜发，积而为潭，谓之湿余潭。又东流，易荆水注之。……又东南流，左合芹城水……又东南流，迳安乐故城（在今北京顺义县西）西……（又北屈东南流）于（狐奴）县西南，东入沽河（今白河）。"今北京西北的八达岭青龙桥以南有一道山涧称关沟，是太行山脉与燕山山脉的结合部，至今仍是一条季节河。关沟水经居庸关、南口（古称下口），东南入北沙河，复东汇入温榆河。易荆水是温榆河的主要支流，《注》云：易荆水"导源西北千蓼泉，亦曰丁蓼水，东南流迳郁山西，谓之易荆水。易荆水又东，左合虎眼泉……又东南与孤山之水合。"据麻兆庆《昌平州外志》所考，千蓼泉即昌平一亩泉，其址在今昌平县城西南小亭子庄南。易荆水即双塔河，其下游为北沙河。虎眼泉在今昌平县城西旧县村西北。孤山之水即今昌平白浮泉水。由于易荆水是温榆河的主要支流，所以北齐时它竟成了温榆河的别名。《北齐书·斛律羡传》述云：河清三年（564年）幽州刺史斛律羡修整戾陵堰工程，"导高梁水北合易荆，东会于潞（今潮白河）"。这里所说的易荆水就是温榆河。芹城，今名秦城。芹城水发源于今秦城西北之神岭下，南流为今西峪沟，又东南流，沿途吸纳杨家巷水、惠泽龙潭水、桃谷水，南至蔺沟村西南入温榆河。安乐县故城在今北京顺义县城西南、温榆河东岸之古城村，狐奴县故址在今顺义县东北。《光绪顺天府志·地理志二·山川》顺义县条下载云："城东北二十五里曰狐奴山，一名呼奴山。"《注》云："山西南百步有汉狐奴县故址。"今温榆河上源除吸纳西山、燕山诸山水外，主要有东沙河、北沙河、南沙河。温榆河自今沙河水库东南流，在北马坊南吸纳孟祖沟，在曹碾东吸纳蔺沟，复东南流，在沙子营东吸纳清河，东南流，在通州北先后吸纳坝河、小中河，至通州与北运河相接。北运河是一条人工河，其前身是北魏时潞水（今潮白河）的下游河道笥沟。

位于今北京东部地区的潮白河水系是北京地区最大的一条水系，流域面积达全市的33.4%。潮白河的两大支流是潮河和白河，两水会合后称潮白。由于隋、唐及其以前潮河和白河会于古潞县（治今北京通州），所以潮白河古称潞水。辽代时两河会于今北京顺义县牛栏山，明代时两河交会点北移至今密云县河槽村之西。白河古称沽水，又称西潞水；潮河古称鲍丘水，又称东潞水。

白河（沽水）发源于今河北张家口市沽源县大马群山东南，经赤城西，在今北京延庆县白河堡西北进入北京境内。《水经·沽水注》云："沽水又东南与鹊谷水合……又西南流出山，迳渔阳县故城西而南合七度水。水出北山黄颁谷，故亦谓之黄颁水，东南流注于沽水。沽水又南，渔水注之。水出（渔阳）县东南平地泉流，西迳渔阳县故城南，渔水又西南入沽水。沽水又南与螺山之水合。水出渔阳城南小山。《魏土地记》曰：'城南三里有螺山。'其水西南入沽水。沽水又南迳安乐县故城东，俗谓之西潞水也。沽水又西南迳狐奴山西，又南迳狐奴县故城西。沽水又南，阳重沟水注之。水出狐奴山南，转迳狐奴城西，侧城南注，右会沽水。沽水又南，湿余水注之。沽水又南，左会鲍丘水，世谓之东潞也。沽水又南，迳潞县为潞河。《魏土地记》曰：'城西三十里有潞河'是也。又东南至雍奴县（治今天津武清县境内）西为笥沟。"鹊谷水即今河北赤城市境内的红土河下游河段。沽水与鹊谷水相会后东南流，在今北京延庆县境内沿山间河谷曲折而行，两岸高山，河道数千年来没有变化。沽水自今北京密云县之北出山后，南流，则有七度水自西来会。七度水（河）即今北京怀柔县怀沙河，今注入怀柔水库，出水库后东南流称怀河，注入潮白河。郦道元所谓古渔阳县治在今怀柔县梨园庄，渔水出其东南平地泉，螺山之水出其城南小山，下与沽水相会，今其迹皆不可寻。安乐县故城在今北京顺义县城西北，狐奴县故城及狐奴山在城东北。阳重沟今已不存，顺义县箭杆河有部分河段是其故道。

潮河（鲍丘水）发源于今河北丰宁县草碾沟南山，东南流，自今北京密云县古北口进入北京境内，潮河古称鲍丘水，其上游称大榆河。《水经·鲍丘水》云："鲍丘水从塞外来，南过渔阳县东。"其进入北京地区的河道路线，《注》云："（鲍丘水）又南迳傂奚县故城东。鲍丘水又西南迳犷平县故城东，又南合三城水……鲍丘水又东南迳渔阳县故城南。鲍丘水又西南流。鲍丘水又西南历狐奴城东，又西南流注于沽河，乱流而南。鲍丘水入潞，通得潞河之称矣。"据王仲荦先生《北周地理志》，汉傂奚县故城在今北京密云县古北口内附近之潮河西岸，潮河在此进入北京境内。犷平县故城在傂奚县故城西南，据尹钧科先生考证即今密云石匣村附近[3]。三城水即今安达木河，今在密云城子村西注潮河。渔阳县故城、狐奴县故城，均前已述之，兹不赘。

今河北大厂、宝坻两县东部有西北趋东南方向河流亦名鲍丘河，其下流注入沟河，这是鲍丘河在北魏以前的下游河道的遗存。据《水经·鲍丘水注》云：鲍丘水过潞县以后，"又东南入夏泽，泽南，纡曲渚十余里；北，佩谦泽，渺望无垠也"。夏泽和佩谦泽合称夏谦泽，在今河北大厂附近。鲍丘水又自夏谦泽南至雍奴县，《注》云："鲍丘水自雍奴县故城西北旧分笥沟水东出，今笥沟水断，众川东注，混同一渎，东迳其县北，又东与洵河合。"在北魏以后，鲍丘水东移，这段河道改以发源于顺义县东南的河水为源，成为独立的断头河。后世，真正的鲍丘水改名潮河，而这段河道的旧名鲍丘河反而保存下来，今日成为蓟运河水系的一条支流。

潮白河滋润着北京东部地区的土地，使得该地区自古至今一直是北京的重要产粮区。东汉初渔阳太守张堪曾引潮白河水广开稻田，劝督民耕。现在，北京顺义县始终稳居产粮大县的地位也不能说不是得益于潮白河之利。潮白河水系不但是北京地区流域面积最大的一条水系，而且自五十年代凿通京密引水渠以后，今日已成为北京城市供水的主要来源。

蓟运河水系主要分布在河北宝坻、香河、玉田、大厂境内。北京平谷县位于该水系的上游。蓟运河水系的两条主要支流是洵河和州河。洵河之名自古至今始终未改，可见是一条比较稳定的河流。洵河发源于今河北兴隆县黄崖关，西南流，在蓟县泥河村南进入北京平谷县境内。《水经·鲍丘水注》云："（洵河）水出右北平无终县（治今天津蓟县）西山白杨谷，西北流，迳平谷县，屈西南流，独乐水入焉。水出北抱犊固，南迳平谷县故城东，其水南注入于洵。洵水又左合盘山水……洵水又东南迳平谷县故城东南与泃河会。水出北山，东南流迳博陆故城北，又屈迳其城东。泃水又东南流迳平谷县故城西而东南流，注于洵河。洵河又南迳缭城东而南合五百沟水。水出七山北，东迳平谷县之缭城南，东入于洵河。洵河又东南迳临洵城北……"洵河在今北京境内先后与独乐水、盘山水、泃水、五百沟水相会。今北京平谷县有北独乐河村、南独乐河镇地名，黄松峪石河在其中间自东北向西南流过，在平谷县城东南注入洵河，这应当是古独乐水。盘山水出自今蓟县盘山。《水经·鲍丘水注》称盘山"水出山上，其山峻险，人迹罕交。去山三十许里，望山上水可高二十余里，素湍皓然，颓波历溪，沿流而下，自西北转注于洵水"。盘山水自山上发源，形成瀑布，出山后西北流，自洵河东侧注入。该河注入洵河处与独乐水和洵河相会处不远，今豹子峪石河位置正与之相当。泃水即今错河，五百沟水即今金鸡河。缭城，今名英城。博陆故城即今平谷县城西北之古城子。临洵城则在今河北三河县城西，因位临洵河而得名，此时的洵河早已流出今北京境外。

由于洵河是一条比较稳定的河流．对于农业生产几乎可以说是有利无害，更由于洵河流域有着得天独厚的气候条件，所以根据目前的考古资料，可以说该流域是北京最早产生原始农业萌芽的地区。北京地区发现的平谷县上宅和北埝头两处重要新石器文化遗址都分布在泃河流域。

第三节　气候

北京属暖温带半湿润季风大陆性气候区。受大气环流的影响，冬季多西北风，夏季多东南风，春、秋两季则是季风转变过渡时期。由于北京地势西北高、东南低，除南面敞向平原外，其他三面被太行山、燕山环绕，所以冬季能削弱来自蒙古高原的寒冷空气，气温高于北京西北的张家口地区。夏季时，东南季风带来的潮湿空气又受西北山势挤压爬升，成云致雨，在怀柔、密云、平谷等地形成山前迎风坡降雨中心区域。同时，降水量集中在夏季，占全年总降水量的70%左右。

从总的趋势观察，冬、春干旱，夏、秋雨涝是北京地区气候的主要特点。

北京西北部延庆、门头沟、昌平山区，由于地势复杂，夏季热空气对流作用较强，容易形成冰雹和暴雨。明、清史籍中关于该地区冰雹和雷雨的记载数不胜数。

关于历史气候的情况，竺可桢先生根据考古资料和历史文献的记载，绘制出了我国大陆近5000年各个历史时期气候变迁曲线图。根据这条曲线，可以把近5000年以来我国大陆的气候变化分为4个温暖期和4个寒冷期。

第一温暖期：前3000年—前1000年左右，相当于仰韶、安阳殷墟文化期。

第一寒冷期：前1000年—前850年左右，相当于西周时期。

第二：温暖期：前770年—公元初年，相当于春秋、战国、秦、西汉时期。

第二寒冷期：公元初年—600年，相当于东汉、三国和南朝后期。

第二温暖期：600年—1000年，相当于隋唐、宋初时期。

第三寒冷期：1000年—1200年，相当于宋朝时期，长江北是辽、金时期。

第四温暖期：1200年—1300年，相当于南宋后期和元朝前期。

第四寒冷期：1400年—1950年[4]。

就今北京地区具体而言，金、元以前有关气候的资料很少。金朝在今北京建中都；元朝建大都，开始有较多的记载，但也很不完整。明、清两代开始有较详细的记载，特别是有关灾害性气候的记载更为突出。但是，由于封建帝王的忌讳和愚昧，有些气候上的变异也没能全部如实记录下来。

我们根据竺可桢先生的研究结论和本人搜集的有关资料，试对北京地区历史气候分析如下。

关于西汉时期今北京地区的气候资料只见 2 条：

（1）汉武帝时。广阳县雨麦[5]。

（2）汉昭帝元凤元年（前 80 年）燕王都蓟（治今北京），大风雨，拔蓟宫中树七围以上十六株，坏城楼[6]。

西汉时期相当于中国近 5000 年来气候变迁中第二温暖期的末期。这个时期仅见的两条材料中，一条是关于特大暴风雨的记载；另一条是自天空落下麦子，这应是龙卷凤尾势过境时的现象。可以推测，在第二温暖期间，今北京地区的气候是以多雨为特征的，而且有时为狂风暴雨。

东汉至南北朝时期，今北京地区气候变化比较剧烈。特别是西晋、北朝时期，天旱、雨雹等灾象频繁交替，气候条件相当恶劣[7]。这一时期正是中国近 5000 年来气候变迁中的第二寒冷期。史书记载，晋成帝咸康二年（336 年）冬，渤海湾至此连续 3 年冰冻，前燕军队自昌黎践冰而行，直袭浦口（治今辽宁营口）[8]。

这一时期，今北京地区气候干燥，不时发生旱灾：

（1）东汉末年，公孙瓒占据幽州（193 年—199 年），时旱蝗谷贵，人相食[9]。

（2）晋武帝太康六年（285 年）二月，幽州（治今北京）天旱[10]。

（3）晋惠帝永宁元年（301 年），幽州大旱[11]。

（4）北魏孝明帝正光二年（521 年），裴延俊为幽州刺史，时值干旱[12]。

（5）隋炀帝大业四年（608 年），燕、代沿边诸郡旱[13]。

另外，值得注意的是，这一时期今北京地区首次出现了大旱风的记载：

（1）北魏宣武帝景明元年（500 年）二月癸巳，幽州暴风，死一百六十一人[14]。

（2）景明三年（502 年）九月丙辰，幽州暴风昏雾，树倒屋塌[15]。

北魏宣武帝景明元年二月癸巳（500 年 4 月 7 日），正值春末夏初；景明三年九月丙辰（502 年 10 月 17 日），正值秋末冬初。此虽仅为二例，但很有典型意义。将这两条记载与前面关于这一时期旱象的记载相印证，更可以说明在第二寒冷期中今北京地区的气候寒冷而且干燥。

干燥的气候形成春、秋季的大旱风，并且由于连年干旱，造成地表土壤干松，每逢大风便沙尘飞扬，"暴风昏雾"。从文献记载上看，当时干旱气候遍于北方，这恐怕也是促使北方民族南下中原地区的原因之一。

以隋代为过渡，唐代时今北京地区气候趋于稳定，历史文献中没有过多的异常气候的记载。隋大业四年（608年）幽州干旱，似乎是东汉至南北朝时期干旱气候的余波。至于水灾，则分别发生在唐德宗建中元年（780年）、贞元八年（792年）七月、唐宪宗元和元年（806年）夏、元和十二年（817年）六月、大中十二年（858年）八月[16]。这些水灾大多发生在夏、秋季节，显然是由于降水量过于集中所致。但是我们应该看到，隋、唐300余年间，幽州地区只有5次大水灾的记录，与历史上其他时期相比，发生密度还是小的。隋、唐时代处于第三温暖期，幽州地区气候比较稳定且偏湿润是这一时期的显著特点。

五代和辽、金时期，今北京地区的气候又趋于寒冷。后唐时，今山东惠民县及河北邢台市以南的棣、澶、濮、邢、名、磁、魏等州，田赋均从六月一日起征，八月十五日纳足。幽（治今北京）、定（治今河北定县）、镇（治今河北正定）、沧（治今河北沧州）……等7处，大、小麦和豌豆六月十日起征，至九月纳足，比起上述地区要晚半个月左右[17]。金代，一般地区夏税起止是六月至八月，秋税起止是十月至十二月；而中都（治今北京）以北及大同、陕西等地因"地寒，稼穑迟熟，夏税限以七月为初"[18]，比一般地区要晚一个月左右。气候寒冷导致庄稼迟熟，所以征收田赋的期限也随之推迟。还有一个例证，这就是竺可桢先生曾列举过的，金世宗大定十年（1170年）九月初六日，中都地区降雪。南宋诗人范成大作为政府使者出使金国，于当年九月初九日适至中都（今北京），赋《燕宾馆》诗云："九月朝天种落欢，也将佳节劝杯盘。苦寒不似东篱下，雪满西山把菊看。"自注云："（燕宾馆）燕山城外馆也。至是适以重阳，房重此节，以其日祭大。伴使把菊酌酒相劝，西望诸山皆缟，云初六日大雪。"金世宗大定十年九月初六日是1170年10月17日。北京地区这时降雪，在今天看来当属罕见。但是，遍查《金史》"本纪"、"五行志"均不见记载。可以想见，在当时金人看来，此乃寻常之事，只有从南方北上的范成大才会感到惊奇，发出"苦寒不似东篱下"的感叹。以上种种记载说明，今北京地区此时已进入寒冷气候，这一时期正是近5000年来气候变迁中的第三寒冷期。

这一时期的北京地区气候仍以干燥为主要特征，而且早自辽圣宗统和二十六年（1008年）以后，北京地区就出现了旱象记载。是岁，由于气候干旱，今北京地区冬小麦春季返青疏缺，辽朝遣使者往北宋求购麦种，补种春小麦以度荒[19]。在这一时期虽然也曾多次发生水灾，但有相当一部分是发生在正月和二月，显然与降雨关系不大，可能与凌汛有关。金世宗大定十六年（1176年）以后，今北京地区旱象开始加剧，有时还伴以大旱风。甚至在寒冷期中还出现酷热的异常气候。南宋淳熙三年即金大定十六年（1176年），周辉随宋使往金国，"回辕当三月中下旬，一路红尘涨天，热不可耐，若江南五六月气候"[20]。自金世宗大定十六年（1176年）至金宣宗贞祐二年（1214年）的39年中，今北京地区共有5个发生大旱或大旱风的年份[21]，这在相对密度上已超过了隋、唐、辽和金初。由于气候干旱，蝗害也有嚣张之势。但是，综合这一时期总的气候情况，我们也可以发现，在气候干旱的主要倾向下，也还时有雨雹、阴雨发生。而呈现出水旱交替的趋势。

元代，今北京称大都。据《元史》记载，自成吉思汗二十二年（1227年）至元顺帝至正二十七年（1367年）的140余年间，大都地区发生水灾、雹灾、阴雨共有55个年份，而发生旱灾只有14个年份。据此可以认为，元代今北京地区的气候应是以多雨为主。这一时期恰恰处于第四温暖期向第四寒冷期转变的过渡期中。值得注意的是，这时期今北京地区的气候虽然也经常表现为水旱交替，但水、旱灾发生在同一年份的情况有显著增加。如：

（1）元世祖至元二十三年（1286年）五月，京畿旱。六月，涿（治今河北涿州）、漷（治今天津河西务）、檀（治今北京密云）、顺（治今北京顺义）、蓟（治今天津蓟县）五州水[22]。

（2）元成宗大德十年（1306年）五月，大都旱复蝗，漷州水害稼[23]。

（3）元仁宗皇庆二年（1313年）六月，涿州范阳县（治今河北涿州）、东安州（治今河北廊坊西）、宛平县（治今北京）、固安州（治今河北固安）雨，水害田稼。九月，京畿大旱[24]。

（4）元仁宗延祐二年（1315年）春，檀、蓟二州旱。七月，京师大雨，漷州、昌平、香河、宝坻等县水没民田庐[25]。

（5）元英宗延祐七年（1320年）四月，左卫屯田（在东安州南、永清县东荒地）旱蝗。七月，后卫屯田（在昌平太平庄）水[26]。

（6）元文宗天历二年（1329年）七月戊午，先是，大都之东安、蓟州、通州潞县春夏旱，麦苗枯；六月壬子始雨，至是日方止。皆成水灾[27]。

（7）元顺帝至元六年（1340年）二月，京畿五州十一县大水。

冬，京师无雪[28]。

（8）元顺帝至正十八年（1.358年）春，蓟州旱；秋，京师及蓟州皆大水[29]。

（9）至正二十年（1360年）七月，通州初旱，后大水[30]。

这种在同一年份内旱涝交错的灾象，在明、清时期更为加剧，直至今日仍是北京地区气候的显著特点。

此外，元代今北京地区旱灾持续时间长，也是一个值得特别注意的特点。例如：元仁宗皇庆二年（1313年）九月，京畿大旱。十二月，大都以久旱，人多饥疫。转至次年（1314年），大都檀、蓟二州冬无雪。后年（1315年）春，檀、蓟二州旱，草木枯焦[31]。今北京地区的这次大旱从皇庆二年（1313年）九月，一直延续到延祐二年（1315年）春，跨过3个年度，这是以前的文献记载中没有过的现象。据《晋书·苻坚载记》记载，十六国前秦时期幽州（治今北京）曾发生过一次大旱蝗，那也只不过是从头年秋至次年春，跨过2个年度。元代这种连续多年大旱的灾象，在明代时继续加剧。

综上所述，今北京地区在这一时期的气候特点是以多雨为主，但旱涝发生在同一年份中的情况显著增加，旱象持续的时间也有延长。

从1400年开始，中国大陆气候进入了近5000年来气候变迁中的第四寒冷期，至今已有500余年。据竺可桢先生绘制的五千年来中国温度变迁图，这500余年间的气候波动，又大致可细分为3个冷期和3个暖期，其称为温暖冬季和寒冷冬季。北京市气象台则根据北京地区近500余年降雨资料绘出了自1470年以来每10年偏旱年份数量和30年滑动平均曲线图[32]。根据旱涝曲线，可以知道近500余年以来北京地区降水情况曾有6次大的起伏，可划分出6个少雨期和多雨期，其界限如下：

北京近五百年旱涝区划表

少雨期：	多雨期：
（1）1484年—1535年	（1）1536年—1580年
（2）1581年—1643年	（2）1644年—1657年
（3）1658年—1692年	（3）1693年—1727年
（4）1728年—1769年	（4）1770年—1825年
（5）1826年—1870年	（5）1871年—1894年
（6）1895年—1948年	（6）1949年—1964年

如果试将竺可桢先生划分的第四寒冷期中近 500 余年的冷期、暖期年限与以上北京气象台测定的 6 个少雨、多雨期对照一下，就可以发现：虽然这个寒冷期中的冷、暖期和少雨、多雨期互相交错，但一般说来，处于冷期中的气候以少雨为主，暖期气候以多雨为主。例如：竺文近 500 余年中的第一冷期（1470 年—1520 年）共有 51 年，其中北京气象台所测这一期间少雨期占 37 年。竺文近 500 余年中的第一暖期（1550 年—1600 年）共有 51 年，其中北京气象台所测多雨期占 32 年。竺文第二冷期（1620 年—1720 年）共有 101 年，其中北京气象台所测少雨期占 59 年。特别值得注意是，明末遍及中国北方的连续大旱年份全部包括在这一冷期之内。见诸史籍记载的如：崇祯元年（1628 年）夏，畿辅旱，赤地千里；五年（1632 年），令顺天府祈雪；六年（1633 年），北京旱[33]；九年（1636 年），东安县旱，自是年至十二年（1639 年），四年无麦[34]。十年（1637 年）夏，北京不雨，旱。十一年（1638 年）六月，北京大旱，蝗。十三年（1640 年）北京大旱[35]，昌平风霾亢旱，密云、东安、良乡等地饿殍遍野，人相食[36]。十四年（1641 年），北京大旱，蝗[37]。至于自清顺治十五年（1658 年）至康熙三十一年（1692 年）的 35 年中，共有 17 个旱和偏旱的年份，而涝和偏涝的年份却只有 3 个[38]。从整体情况观察，气候干燥的趋势是十分明显的。

又据竺可桢先生的研究，处于第四寒冷期中的 17 世纪中叶的北京冬季气温要比 20 世纪 50 年代低 2℃ 左右。这时期的寒冷气候在地方志书的记载中也有反映。如康熙《通州志·灾异》载："顺治七年（1650 年）冬，大雪深三尺，民饥；九年（1652 年）冬，大雪五尺……民有僵死者；十三年（1656 年）冬，大雪，民饥。"平原地区深达三尺、五尺的大雪，象征着当时北京地区的严寒气候。竺文第四寒冷期中的第二暖期（1720 年—1830 年）共有 111 年，其中多雨期占 67 年。第四寒冷期中第三冷期（1840 年—1890 年）共有 51 年，其中少雨期占 31 年。只有第三暖期（1916 年—1945 年）有些例外，该时期北京地区气候全部处于少雨期内，这恐怕是近数百年来干旱气候周期逐渐延长造成的。根据北京市气象台的统计，近 500 余年的后 250 年中，少雨周期由 42 年（1728 年—1769 年），依次为 45 年（1826 年—1870 年）、54 年（1895 年—1948 年），周期逐渐增长；而多雨周期却由 56 年（1770 年—1825 年），依次为 24 年（1871 年—1894 年）、16 年（1949 年—1964 年），周期逐渐缩短。北京地区气候在竺文中第三暖期反而处于北京气象台的少雨期中，笔者认为这应该解释为北京地区自 18 世纪初以来气候日益趋于干燥的表现。

与干旱相伴而来的是风害。北京地区由于正处在内陆和海洋冷暖空气对流的通道，所以自古以来气候就有多风的特点。在干旱条件下风害就更为突出。如前所述，北魏时今北京地区就有大旱风造成严重生命财产损失的记载。就近 500 年而言，自明朝万历三十八年（1610年）以后，北京地区旱风显著增加，"风霾经旬"、"暴风扬沙"、"拔木毁屋"的记载，史不绝书。清代，北京地区旱风现象更加引人注目。如：

（1）康熙十五年（1676 年）五月初一日，京师大风，昼晦[39]。

（2）康熙十八年（1679 年）三月，延庆大风，禾稼吹没殆尽[40]。

（3）康熙二十四年（1685 年）正月二十一日，通州雨红沙，昼晦……自辰刻至明晚乃止，家家輦沙十数石[41]。

（4）康熙五十四年（1717 年）春、夏，延庆恒风拔木[42]。六月，顺义县大风，树木尽拔[43]。

（5）嘉庆二十三年（1818 年）七月，平谷大风，有黑云起于天望山，若旋舞之状，自山而西，复折而东，过西阁村，屋皆倒，拔其椽盘空而舞，屋瓦翩翩如燕子[44]。

（6）道光十五年（1835 年）八月庚午，延庆大风损禾稼[45]。

（7）道光十七年（1837 年）八月己未，昌平县大风，拔木伤稼[46]。

（8）咸丰十年（1860 年）二月，昌平怪风伤人[47]。

从风灾发生的时间来看，主要是春季和夏秋之际。春、秋风沙较大也是近 500 余年来北京地区显著的气候特征之一。由于狂风常作，往往黄尘漫天，路人难行，所以北京商人特制眼罩出售，"正阳门前多卖眼罩，轻纱为之，盖以蔽烈日风沙"[48]。旱风发生不但和北京的地理位置有关，而且和北京气候干燥的趋势有着更为直接的关系。气候干燥是产生旱风的重要条件；旱风常作又反过来会加速地表水分的蒸发，加重旱情。旱与风是相互作用、相互影响的两个因素。此外，人类活动对环境的影响也不容忽视。辽、金以前，今北京地区森林植被虽然也因人类生产、生活需要而有所破坏，但还不十分严重。可以说，当时人类的破坏活动还没有超过森林植被自然更新的速度。因此，自北京西北部山区出山后流经北京平原西南部的永定河当时还被称为清泉河。然而，辽、金时代，这种破坏活动由于契丹、女真贵族的畋猎、营建宫殿、营造战舰，以及人类生产活动规模的扩大而加剧。当时的永定河称为卢沟河。"卢"是燕方言，表示水黑之貌。从"卢沟河"一称可以了解，当时的永定河水还不是十分浑浊。但是由于上游山区森林植被破坏，水土流失现象比较严重，《金史·河渠志》已称这条河"水性浑浊"，所含泥沙已足以淤塞引水漕渠。时至元代，大都（治今北京）成为全国政治中心，人口稠密，生产规模更加扩大。元朝建造大都城和宫殿所需木材都是取自今北京西山。当时自西山砍伐的木材即顺永定河而下，在卢沟桥附近上岸。今北京故宫博物院所藏《元人运筏图》生动地表现出当时通过永定河运送西山木材的情景。这种情况进一步造成北京地区森林植被的破坏，永定河的含沙量剧增，以致于时称"小黄河"、"浑河"。元初，郭守敬曾一度引浑河水以济大都漕运，后因该河含沙量太大而将引水口堵塞，改凿白浮、瓮山引水渠，引昌平白浮村神山泉和瓮山泊（今北京西郊颐和园昆明湖）诸清水。明初，建立大量军屯、民屯开垦农田，平原地区的森林植被进一步遭到破坏。明嘉靖年间，为了所谓军事防边的需要，又大量砍伐了沿边长城内外的森林。所以自明代以后，北京地区风沙日益严重，史书中常有"风霾蔽日"、"黄尘涨天"的记载。这种情况到了清代以后更为加剧[49]。

注释：

1 《水经·灅水注》。

2 见孙承烈、李保田等：《灅水及其变迁》，载《环境变迁研究》第 1 辑。

3 尹钧科：《北京百科辞典·历代建置》，北京燕山出版社 1987 年。

4 竺可桢：《中国近五千年来气候变迁的初步研究》图二，载《考古学报》1972 年第 1 期。

5 《古今图书集成·方舆汇编·职方典·顺天府部·纪事》引《述异志》。

6 《汉书》卷二十七下之上《五行志下之上》。

7 有专家指出，这是太阳黑子活动引起的全球性气候变化。

8 《资治通鉴》卷九十五《晋纪十七》晋成帝咸康三年。

9 《后汉书》卷七十三《公孙瓒传》。

10 11 《晋书》卷十八《五行志中》。

12 《魏书》卷六十九《裴延俊传》。

13 《隋书》卷二十二《五行志上》。

14 15 《魏书》卷一百一十二上《灵征志上》。

16 《新唐书》卷三十六《五行志三》。

17 《文献通考》卷三《田赋考三》。

18 《金史》卷四十七《食货志二》。

19 《宋史》卷七《真宗纪二》。

20 周辉：《清波杂志》卷三"朔北气候"。

21　见《金史》"五行志"、"章宗纪"、"卫绍王纪"。

22　《元史》卷五十《五行志一》；《元史》卷十四《世祖纪十一》。

23　《元史》卷五十《五行志一》；《元史》卷二十一《成宗纪四》。

24　《元史》卷五十《五行志一》；《元史》卷二十四《仁宗纪一》。

25　《元史》卷五十《五行志一》；《元史》卷二十五《仁宗纪二》。

26　《元史》卷二十七《英宗纪一》。

27　《元史》卷三十三《文宗纪二》。

28　《元史》卷四十《顺帝纪二》。

29　《元史》卷五十一《五行志二》；《元史》卷四十五《顺帝纪八》。

30　《元史》卷五十一《五行志二》。

31　《元史》卷二十四《仁宗纪一》；《元史》卷五十《五行志一》。

32　38　北京气象台：《北京市近五百年旱涝分析》，载《气候变迁和超长期预报文集》，科学出版社 1977 年。

33　《明史》卷三十《五行志三》。

34　《古今图书集成·方舆汇编·职方典·顺天府部·纪事》引《东安县志》。

35　37　《明史》卷二十八《五行志一》。

36　《古今图书集成·方舆汇编·职方典·顺天府部·纪事》引《昌平州志》、《东安县志》、《密云县志》、《良乡县志》。

39　（清）王士祯：《池北偶谈》卷十五。

40　乾隆《延庆县志》卷一《星野》附灾祥。

41　康熙《通州志》卷十一《禊祥》。

42　45　乾隆《延庆县志》卷六《星野》附灾祥。

43　康熙《顺义县志》卷二《祥异》

44　（清）赵翼：《竹叶亭杂记》卷七。

46　47　《光绪昌平州志》卷六《大事表》。

48　（清）朱一新：《京师坊巷志稿》卷下引《水曹清暇录》。

49　本章地质、地貌部分内容参考霍亚贞主编《北京自然地理》，北京师范学院出版社 1989 年。

第二章　北京地区原始
农业的起源

　　根据目前我国考古学发现的资料，学术界一般认为我国古人类由狩猎、采集生活方式过渡到定居的农业生产的生活方式是始于新石器时代。因此，想要探讨北京地区原始农业起源，就必须对本地区新石器时代从不同角度进行研究。只有当我们对诸如当时的气候条件、古人类生活的地理环境、农业生产工具等情况有所了解之后，才有可能大致勾勒出当时农业生产活动产生和发展的真实面貌。非常幸运的是，时至今日北京地区已发现有旧石器早、中、晚期和新石器早、中、晚期的文化遗址，在一定程度上形成一个较完整的考古学序列，为探讨这一问题提供了基础。

　　今北京西南部房山区依傍西山山脉的周口店遗址是举世闻名的"北京人"、"新洞人""山顶洞人"旧石器文化遗址。据测定，"北京人"年代在距今 50 万年—23 万年，属旧石器早期文化；"新洞人"年代为距今 20 多万年—10 万年，属旧石器中期文化；"山顶洞人"年代为距今 4 万年—1 万年，属旧石器晚期文化。根据对"北京人"遗址土壤进行的化学分析，可以判断在距今 70 万年—23 万年的"北京人"生活期间，北京地区的气候总的说来比现在略为温暖，其间虽经历短暂的干凉期，但温暖期间大致相当于现代淮河流域的气候[1]。这对于"北京人"的生活、繁衍具有重大意义。除房山周口店外，1990 年 5 月在北京东北部密云县上甸子乡又发现一处与"北京人"遗址同属于中更新世的旧石器早期遗存，出土 10 余件石器[2]。根据对"新洞人"遗址中动物化石种类及孢子花粉的分析，当时北京地区气候温暖，林木茂盛，有灌木草原。北京地区与"新洞人"同时期的遗址，还有周口店河东岸太平山遗址和房山区半壁店附近房山第二水泥厂采石场遗址。

后者发现的灰烬层厚达 2 米[3]。根据对"山顶洞人"遗址中动物化石的分析，可以发现当时北京地区的气候由温暖向干寒转变。当时气温可能比现代低 5℃ 左右[4]。这对古人类的生存十分不利。近年北京地区发现的与"山顶洞人"同期的遗址还有房山区上方山云水洞及其西北的河北涞水县北边桥村遗址[5]。

迄今为止，北京地区的旧石器早、中、晚期遗址中均只发现动物化石，其中食草类动物和鸟类应当是古人类狩猎的主要对象。生产工具则有一些简单的打击石器，可分为砍砸器和刮削器两大类。这充分说明，北京地区旧石器时代的古人类处于依靠狩猎、采集为生的生活状态，原始农业还没有发生。

北京地区众多旧石器时期遗址的发现，充分说明这一地区是人类重要发源地之一。

根据对房山区坟庄村（周口店以南 12 公里）钻孔取得的孢子花粉进行的分析，可知在距今 11000 年—10000 年的新、旧石器时代转变之际，今北京地区气候由暖干转为暖湿，湖泊增加，森林减少，草原扩大。距今 10000 年以后，今北京地区植被进入草原和森林兼而有之的类型。距今 10000 年—8000 年期间，气候比现代略为低湿；距今 8000 年—2000 年期间，气候又转温暖，但其间有短期的气温下降[6]。北京东部平谷县上宅村遗址是一处新石器中期文化遗址，整个地层堆积可分为 8 层 3 期。根据考古学者对各文化层木炭、孢粉、器物进行的测定和分析：第一期（第 8 层）年代约距今 7500 年，气候偏凉湿；第二期（第 7 层至第 4 层）年代约距今 8000 年—6500 年，气候转温和、湿润。这一时期文化层可分为早（第 7 层至第 6 层）、晚（第 5 层至第 4 层）两个阶段；第三期（第 3 层）年代约距今 6000 年左右，气候凉干。引人注意的是，正是在气候温和、湿润的第二期中的第 5 文化层上层发现了禾本科作物花粉。这说明最迟在距今 6000 余年以前今北京地区已存在原始农业[7]。

根据以上分析，探讨今北京地区原始农业的起源应重点考察已发现的新石器文化遗址。

第一节　北京转年遗址的农业考古意义

北京转年遗址位于北京北部怀柔县宝山寺乡转年村，是一处新石器早期遗址。转年村位于怀柔县北部山区，白河从西向东蜿蜒而过，在转年村折向东北。该遗址就位于转年村西、白河北岸的二级阶地上。

1992 年北京市文物研究所和中科院古脊椎动物与古人类研究所的联合考古队发现了这处遗址。迄今为止，这里是北京地区能够确认的与门头沟区东胡林村遗址年代相近的唯一新石器早期遗址。所以转年遗址的发现及出土物就显得非常珍贵。考古学者于 1995 年和 1996 年的正式发掘表明，该遗址共分四个文化层，其中第二层为商、周文化层，第三层为黄色土，第四层为新石器早期文化层，土质灰黑色。考古学者在该遗址共发现文化遗物 1800 余件。打制石器有：石核、石片、刮削器、尖状器。细石器有：石核、石叶、刮削器、雕刻器。磨制石器有：石斧、石磨棒、石磨盘和石容器残片。陶器的种类简单，以夹砂褐陶为主，火候不均，质地疏松，呈现出明显的原始早期陶器面貌。经碳十四测定，转年遗址的年代在距今 9200 年到 9800 年，如经树轮校正，均可达到距今 10000 年左右的新石器早期阶段[8]。笔者于 1993 年发表的《北京地区农业起源初探》一文中，曾指出北京平谷县上宅新石器中期遗址，表明当时社会经济结构已处于原始农业比较发展的时期。并认为北京地区原始农业的萌芽时期大约可以追溯到新石器早期末段或中期初段，即距今 8000 年左右。因为古气候的研究表明，北京地区距今 10000 年至 8000 年的气候比今日略为低湿；自距今 8000 年以后复转为温暖[9]。国际农业考古学的研究成果表明，原始农业起源的一种重要类型是由于环境强烈变化而形成的严酷生活环境对古人类的压力。就北京地区而言，距今 8000 年以前的低湿气候迫使古人类不得不去尝试种植；距今 8000 年以后的温暖气候又为这种尝试的成功创造了良好的自然条件。这种情况和中美洲高地和南美洲安第斯地区的原始农业起源的类型比较相似[10]。因此，北京地区原始农业萌芽时期大概可以追溯到新石器早期末段或中期早段，即距今 8000 年以前，而其最初出现，大约在距今 10000 年—8000 年前的气候剧变期间的推断和转年遗址的发现不谋而合。

转年遗址的出土石器中最引起笔者注意的是"石容器残片"。众所周知，陶器的生产是和农业经济的发展联系在一起的，一般是先有了原始农业，然后才有了陶器。这已是史学界常识性的观点。但是，正如青铜器是脱胎于陶器一样，陶器又是从何而来的呢？照道理推测，显然应是从石器生产中脱胎而来，但是迄今为止，所见的出土石器多为砍砸器和刮削器，绝少见到与陶器类型近似的容器。在北方地区，河北易县和迁西县曾发现出土石容器的新石器时代遗址，但年代比转年遗址要晚 2000 年左右，且共存的陶器也呈现出较高的制造水平[11]。显然这两处遗址所处应是陶器制造技术已经比较成熟的时代即晚于原始农业刚刚产生的新石器早期。只不过大约由于地理环境的原因，如比较容易取得硬度较低的石材料，从而陶器制作虽然盛行但石容器还处于残留阶段。转年遗址中石容器残片不但和制作技术原始的陶器共存，而且作为农业经济象征的石磨棒、石磨盘也和大量作为狩猎经济象征的细石器共存，这就充分表明了其原始性。其实，大家之所以认为石磨棒、石磨盘是农业加工工具，那是因为这两种石器经常和原始农业经济特征十分明显的陶器、石镰等农业工具一同出土的缘故。笔者认为，在原始农业刚刚发源的时期乃至于在此以前，石磨盘、磨棒应该是采集经济中加工草籽一类野生食物的工具，只不过在原始农业产生以后由于加工的材料变为谷物，这才成为农业加工工具。也就是说，笔者认为在原始农业起源的时期并没有专门的农业生产工具或加工工具，甚至没有专门煮食的用具。石斧既可以用来狩猎也可以用来垦荒，早期的石镰应当和狩猎经济中的刮削器有某种关系。原始农业起源时期的农业生产工具应该同时也是狩猎和采集工具，只是在原始农业进一步发展以后它们才转化为农业生产工具，并在以后的农业生产活动中根据需要对器形加以改进，从而使农业生产工具的种类更加丰富。举例来说，中国早期的刀币和布币的造型是刀和耒耜，这说明在中国商品交换的起源时期作为价值体现的一般等价物是武器和农具。铜制的刀币、布币是脱胎于实物武器和农具而来。当然，这是商业经济已经十分成熟的时期的事情。至于圜钱则是更以后的事情，器型已经抽象化，完全洗脱了武器和农具的痕迹。过去人们一般认为在出现陶器以前古人类只能烧或烤食肉类或果类，石制容器的发现证明这种看法有些失之片面。实际的情况是在出现陶器以前古人类已经能够制造石容器煮食物品。在原始农业产生以后，这些石容器又和部分狩猎、采集加工工具如石斧、石磨棒、磨盘一样，转变为最初煮食农产品的炊具。随着原始农业的进步，古人类对石容器的需求越来越大，各种特殊要求（如蒸食）也越来越多，由此产生了用黏土仿造石容器烧制而成的简陋的原始陶器。转年遗址中出土的原始陶器，不但制造技术简单，属于手工捏制一次成型，质量低劣，而且用料也不加筛选，其中夹有大量砂粒和贝壳且颗粒粗大。个别陶片中夹的大砂粒几乎与陶片厚度相等。这些情况为笔者的以上判断提供了证据。综上所述，笔者认为北京怀柔县转年新石器早期遗址的发现对北京地区的农业考古有以下几点意义：

（1）转年遗址出土物体现出原始农业、狩猎、采集几种文化共存的特征可以确定北京地区原始农业起源于距今 10000 年以前。石容器则是由狩猎、采集向以原始陶器为代表的原始农业过渡的器物。石容器是陶器的祖型。

（2）转年遗址位于北京北部山间盆地中白河二级阶地。这似乎也可以证明笔者过去对北京原始农业发展的一个推断：即北京地区原始农业是在山区发源并进一步向山前丘陵地带和山前平原台地发展，进而移徙到平原地区的发展轨迹。

第二节　对东胡林遗址的再认识

北京的东胡林新石器时期早期遗址，位于门头沟山区东胡林村西侧清水河北岸的马兰黄土台地上，年代在距今 10000 年左右。这处遗址最早是在 1966 年初被在当地劳动的北京大学郝守刚先生发现，后经中国科学院古脊椎动物与古人类研究所周国兴、尤玉柱先生前往鉴定，确定是一处新石器早期的 3 具尸骨的合葬墓；一具女性尸骨属一次葬，两具男性尸骨属二次葬。除出土少量贝壳装饰品外，只发现 8 件石片，其中 6 件有明显加工打击痕迹。当时，这个遗址的年代就确定为距今 10000 年左右的新石器早期。郝守刚教授文革后在美国所做的碳十四鉴定，也确认其年代在距今 10000 年至 9000 年之间[12]。

过去笔者根据该墓葬中不见任何陶器，只有经打击加工的石片的现象，认为当时北京地区远古人类社会经济生活中还没有出现原始农业，或者虽然已出现了原始农业的萌芽，但仍以采集、狩猎为生活的主要经济来源。不过，根据这处墓葬中，女性尸骨为一次葬，两男性尸骨均为二次葬的现象，笔者认为当时人类社会已经进入母系社会，而众所周知，母系社会的出现和原始农业的诞生和发展是密不可分的。东胡林新石器早期遗址中只发现少量石片，没有显示出原始农业文化的丝毫迹象，这正是长期以来令笔者困惑不解的地方。

2001 年北京市文物研究所和北京大学考古文博学院联合组成东胡林考古队对东胡林遗址进行了深入发掘，有了惊人的新发现，还出土了大量反映当时文化的石器、陶器、骨器、兽骨、人骨、螺壳等极具价值的遗物及烧火遗址。2003 年对该遗址进行第二次发掘，除又发现大量石器、陶器、骨器、蚌器及烧火遗址外，还又发现一处完整的新石器早期墓葬。2005 年进行的第三次发掘，发现更为丰富，有烧火遗址、灰坑、房址和又一处完整墓葬。但是，除了 1966 年发现的第一处墓葬由于尸骨排列杂乱而无法判断外，2003 年发现的墓葬和 2005 年发现的墓葬的葬式不同，一为仰面直肢葬，一为侧身屈肢葬。笔者认为，这或者与墓主的性别、年龄或身份有关。由于东胡林遗址有着考古学、环境学、人类学等多方面的内涵，因此东胡林考古队在这里进行了继上个世纪 80 年代北京周口店猿人生活遗址综合研究以来的又一次考古学、年代学、人类学、环境科学、古生物学等多学科的综合研究，取得了丰硕的成果，为探讨北京地区原始农业的起源提供了更可靠的依据。据报道，2003 年发掘的墓葬遗址，文化层自上而下多达 7 层，新石器时期早期遗物大多出土在距今最早的第 7 层中，这无疑为人们认识北京地区新石器早期文化提供了丰富而确凿的资料。在前后 3 次发掘出土的石器中，除了狩猎用的石片、石核、石叶及打制的砾石块外，还有原始农业时期常见的石磨盘、磨棒和小型磨制石斧和石容器，均有使用痕迹。出土的陶器为夹砂粗陶，质地疏松，火候不均，制作技术原始，具有早期陶器的显著特征[13]。1992 年北京文物研究所郁金城等先生和中国科学院古脊椎动物及古人类研究所的先生们联合发掘北京怀柔境内山区白河北岸转年乡新石器早期遗址时，除发现早期的夹砂粗陶器外，还曾发现石容器残片，这应该是后世陶器的原型[14]。东胡林新石器早期遗址中发现大量加工方法简陋的夹砂粗陶碎片，并且发现了完整的石容器，表明东胡林人与转年遗址的主人处于同一时期，已经完成了从旧石器时代向新石器时代的过渡。

目前披露的资料已足以说明东胡林遗址的文化性质，笔者仅根据已经发表的资料并结合本人对北京地区原始农业的研究，试对东胡林遗址的重大发现分析如下：

一、关于对石制农具的认识

笔者曾著文认为，石磨盘、磨棒在其初期并不能肯定就是农业工具，也可能是加工采集的植物果实的工具，但是在原始农业产生以后，其作为原始农业工具的性质就确定下来了。因此，笔者认为，判断出土石磨盘、磨棒的遗址的社会经济性质，还应当参考同时伴随出土的其他物品。现在东胡林遗址的新发现中，石磨盘、磨棒是伴随着标志原始农业文明的夹砂粗陶一同出土，这无疑证明当时已经进入了原始农业社会。

二、关于对晚更新世与全新世之际北京地区古环境变化的认识

地质学上的第四纪包括更新世（距今 280 万年至 1.1 万年）和全新世（距今 1.1 万年至 1 万年）两个阶段。考古学上人类社会的旧石

器时代（距今约 170 万年至 1 万年）正处于地质学上的更新世中、晚期，而新石器时代（距今约 1 万年至 4000 年）正处于地质学上的全新世早、中期。因此，根据对更新世中、晚期和全新世早、中期地质环境的研究，我们可以了解到古人类在远古时期的生活状况和经济水平。尤其是更新世晚期与全新世交替的距今 1 万年前后之际，正是人类社会由旧石器向新石器时代发生飞跃性质变的时期，也是人类母系社会和农业文明产生的关键时期。这个时期自然环境的变化及其对人类社会的影响历来是学术界重视的重大课题。地质学已有的研究成果证明，在更新世阶段出现了全球性的大冰期，有广泛的冰川堆积。我国地质学界将中国大陆第四纪更新世冰期（自距今 120 万年至 1 万年），分为鄱阳冰期、鄱阳—大姑间冰期、大姑冰期、大姑—庐山间冰期、庐山冰期、庐山—大理间冰期、大理冰期[15]。在最后一次冰期结束之后，即距今约 1 万年前后，全球气候回暖，冰川消融，进入全新世时代。人类社会的生产方式和社会性质发生重大变化，在这个时期完成了从旧石器向新石器时代的过渡。在东胡林遗址的发掘中，考古学者重点研究了文化堆积的地层关系，发现在全新世周原黄土层与更新世晚期马兰黄土层之间有侵蚀不整合接触关系。环境考古学家周昆叔先生指出，这种现象在我国华北地区普遍存在，说明我国在更、全新世之间存在着与欧洲同样的气候地质事件，但我国有特殊性。他认为这种现象具有以下意义：一是东胡林遗址为今后识别更新世与全新世地层提供了标志；二是遗物发现的地层关系表明了全新世周原黄土的存在是构成华夏文明的物质基础；三是说明了在旧石器文化向新石器文化转变的过程中有环境的动力，并暗示了新石器早期遗址稀少的环境原因[16]。马兰黄土是发现于东胡林村附近马兰台而得名的原生黄土层。1966 年第一次发现的东胡林墓葬就是在马兰黄土之上的次生黄土底部堆积中。马兰黄土是由疏松黄土和底部砾石层构成。目前，东胡林考古队发现的东胡林遗址地层中马兰黄土上层面的侵蚀现象，应该是第四纪最后一次冰期结束后，冰川消融时水流作用下的产物；而厚度超过 1 米左右的周原黄土覆盖在马兰黄土侵蚀面之上，显示了北京地区在最后一次冰期结束之后的全新世早期，曾有过长时期的温暖多风气候。

根据对东胡林遗址早期文化层中孢粉的分析，可以得出以下结论：一是北京地区在全新世早期木本植物明显增多，达到 55%，与更新世晚期的马兰黄土时期相比，草本植物明显减少，表明当时气候已趋温暖。二是从发现的植物种类中可以肯定，在全新世早期，当地是针、阔叶树木混交林植被类型。但是，草本中豆科、莎草科的集中出现也反映了山地草甸的存在。三是在发现的树种中有现代生长在亚热带的铁杉树，说明在全新世早期北京地区气候回暖时的气温曾大幅度升高，自然环境发生了巨大变化[17]。东胡林遗址反映出的更新世、全新世之际自然环境的这种变化，在北京地区并不是孤立的。上世纪 80 年代对周口店中国猿人遗址地区进行综合考察过程中，环境考古学者在对北京房山坟庄（周口店以南 12 公里）钻孔采取的孢粉样本进行分析时，就发现距今 1.1 万年至 1 万年的更新世晚期与全新世早期交替之际，北京地区气候转暖，湖泊增加，但草原仍占较大优势。在距今 1 万年以前，北京地区植被成为森林、草原混合类型，也就是前述东胡林遗址中反映出来的针、阔叶混交林植被，同时也存在草甸植被的混合情况[18]。坟庄和东胡林两地孢粉资料的分析结果，可以互为证明其结论的准确性。综合以上资料，特别是坟庄的资料，从前后时期物种的不同，笔者认为可以推测从更新世晚期冰川消融到全新世早期气候全面转暖，是经历了距今 1.1 万年至 1 万年的约 1000 年时间。正是在这个时间段中，北京地区的古人类社会发生了质的飞跃，从旧石器晚期进入新石器早期时代。这正是周昆叔先生所说的，在旧石器文化向新石器文化转变的过程中有环境的动力。

三、关于东胡林人的生活方式

2005 年在东胡林遗址发现了房屋居住遗址，充分说明东胡林人已经过渡到定居生活方式。自 2001 年以来进行的 3 次发掘中都发现了烧火遗迹。这些烧火遗迹值得注意，因为这些遗迹都是些较具规模的火塘。其平面呈不规则圆形，深 30 厘米，自下而上用石块堆砌为圆环状，更准确地说应该是简陋的灶塘[19]。这种火塘出现得比较早，其深 30 厘米，底部即为马兰黄土层，可以肯定其出现在全新世早期。笔者认为，这些火塘发现的意义并不在于知道当时人类已经用火，因为早在旧石器时期古人类就已经掌握了用火技术，这并不需要在新石器遗址中去证明。我们需要注意的是，这些烧火遗址都是圆坑状、底部和四壁都衬以石块的灶塘，从而便于在上面放置煮食物的石制或陶制的容器（见图一）。

图一　门头沟区东胡林新石器遗址发现的火塘（引自东胡林考古队：《北京东胡林遗址的新发现》，《北京文博》2004 年第 1 期）

　　这说明东胡林人已经不单纯烧烤食物，而是更多的吃煮食食物。由此也可以判断，东胡林人的食物已经不再单纯是兽肉，更多的是必须放在容器中煮食的植物果实颗粒。否则，东胡林人没有必要把火的使用方法从简单的火堆改造成相对来说比较复杂的灶塘。无论是在自然界还是人类社会，任何改变过程肯定都需要外在或内在的因素作为推动力，才可能产生并完成这种改变。东胡林遗址中马兰黄土上的灶塘的出现，说明在更新世晚期冰期结束之后，很快在全新世早期地面植被就发生了巨大的变化，古人类采集植物果实种籽变得非常容易，以至于煮食成为主要的食物加工方式。这不但促使石容器和陶器的产生，而且也促使新的用火方式——灶塘的产生。当然，狩猎也仍然是古人类获取食物的另一个来源。东胡林遗址中出土的兽骨以鹿骨、猪骨等动物骨骼为多，特别是鹿骨[20]。鹿的性格温顺，便于圈养。猪在远古时代也是较早被驯养的动物。北京平谷县上宅新石器中期早段遗址中就曾经出土过陶制猪首，造型上显示其驯化未久，还带有野猪的某些特征。其出土地为第二期文化层，距今 7000 年—6500 年[21]。从上宅遗址的发现，如果反方向推测距今 1 万年以前的东胡林人时期就已经出现家养驯化猪的话，那么经过 3000 年的时间，上宅时期的驯化猪就不应该再具有那么明显的野生形象。因此，应该说东胡林人时期还没有驯化猪出现。不过，东胡林遗址出土的兽骨以鹿、猪为主，说明这两种动物当时已经成为新石器早期人类主要的肉食动物，并且不排除在某种情况下被圈养的可能性。

　　另外，还发现在新石器早期，东胡林地区蜗牛生长十分繁盛，并成为东胡林人的重要食物之一。这也应该被认为是促进煮食方式发展的原因之一。北京大学吕遵谔先生指出，东胡林人的牙齿磨损情况并不严重，当时人类应是主要吃煮熟的兽肉和植物果实[22]。这也是人类社会从旧石器时代到新石器时代的一个重要进步。

四、关于东胡林原始农业问题的推测

国内外关于农业起源问题比较有代表性的看法，大致有以下 3 种：（一）沼地农业说，认为原始农业起源于河流两岸的低平沼地。（二）大河理论说，认为河流泛滥的洪冲积平原是原始农业产生的关键。（三）山前理论说，认为山区与平原过渡的丘陵和山前地带既无沼泽，又无茂密森林，易于开垦，是采集经济向栽培经济过渡的适宜环境[23]。北京地区发现的门头沟区东胡林和怀柔县转年乡两处新石器早期遗址，均位于山间河谷台地；平谷县的上宅、北埝头两处新石器中期早段遗址则均位于山前地带，分别在洵河北岸和错河南岸的黄土台上。

据此笔者认为，北京地区原始农业的起源应该是属于第 3 种类型即山前理论说。

目前，经过 2001 年至 2005 年的 3 次发掘，在东胡林遗址尚没有关于发现粟类和禾本科植物的遗物、遗迹的报道；2003 年考古学者也慎重地认为当时东胡林人是否已发明了农业，尚待进一步研究[24]。这种慎重的科学态度是可取的。但是，笔者认为，根据已有的发现，我们也可以就这一问题进行一些有根据的推测和判断。这对于进一步的发掘也不无益处。

笔者认为：其一，首先可以肯定东胡林人生活的全新世早期，冰川已经全部消融，气候回暖，气温大幅度上升，地面植被发生巨大变化。从自然条件方面来看，当时全部生物面貌和现代基本相似，因此在客观上已经具备了禾本科植物生长的环境。

其二，在 2005 年的发掘中发现房址遗址，这说明由于气候变暖，可以得到的食物相对于冰期来说方便得多，所以东胡林人已经采取了定居的生活方式。众所周知，人类的定居是原始农业产生的基本条件之一。因为，只有古人类较长时间地固定在一处生活，才可能从年复一年的植物生长过程中发现其枯而复荣的规律，并进一步有意识地栽培对自己生活有用的植物即禾本科植物，从而发生和完成从采集到农业栽培的转变过程。

其三，在 2005 年发现的东胡林墓葬遗物中有一件小型磨光石斧，郁金城先生认为该物是墓主的随葬品[25]，是十分正确的。以往的考古报

告表明，在旧石器和新石器时期的墓葬中都有随葬品。因为在古人类的概念中，死去的人也和活着的人一样在另外一个空间中生活，所以也需要各种生活、生产用具。这就是随葬品的由来。最初的随葬品都是墓主生前生活、生产密不可分的实用物品和装饰品。旧石器时期的墓葬中经常可以发现打击制成的石斧和石片，新石器时期的墓葬中经常可以发现磨制石器和各种骨制装饰品，如 2005 年在东胡林遗址发现的小型磨制石斧和穿孔螺壳串成的项链，以及 1966 年在第 1 次发现的墓葬中的用牛肋骨磨制成的骨镯、穿孔螺壳串成的项链等物。在过去的考古实践中，石斧在旧、新石器时期的遗址中都有发现。笔者认为两者之间不仅仅是加工技术的区别，更重要的是器物性质的转变。同石磨盘、石磨棒一样，随着时代的进步，石斧的用途也发生了变化。在旧石器时期，打击制成的石斧是狩猎的武器；但在新石器时期，制作得更加精良的磨制石斧却是古人类开辟荒芜之地，发展原始农业的得力工具。笔者认为，结合东胡林遗址的其他发现，这件小型磨制石斧应该属于开荒的农业工具。

其四，东胡林遗址中出土石制容器和大量夹砂粗陶器，以及圆坑状、周壁衬以石块的灶塘，说明东胡林人的食物加工方式发生了巨大变化，煮食成为主要的饮食方式。这种变化暗示着东胡林人的食物内容发生了变化。饮食方式由过去吃烧烤兽肉为主，变成以吃煮食兽肉和植物果实种籽为主；食物成分中植物的果实种籽和小的水生动物如蜗牛等物占的比重也愈来愈大。

综上所述，东胡林遗址目前发现的各种迹象，如具有适宜的自然环境、具有发生原始农业的定居生活方式、具有较旧石器时代更为进步的磨光石斧等生产工具和生产技术水平、拥有食用农产品必不可少的煮食技术和工具——灶塘、石制和陶制容器，等等，都表明这个时期是人类社会的重大转变时期，也是原始农业产生的时期。笔者认为，原始农业的产生可以分为两个阶段：一是古人类从无意识的重复到有兴趣的探索阶段，可称之为蒙昧时期。二是古人类初步认识到禾本科植物的生长现象到开始有意识播种阶段，可称之为萌芽时期。原始农业的诞生是从第一个阶段开始，到第二个阶段结束。再往后则是原始农业的成熟期，古人类大面积的开荒，有规律的播种和收割，并且出现了很多专用的石制农具，如石镰等物。

就东胡林遗址而言，笔者认为原始农业毫无疑问是发源于距今 1 万年以前，理由已经如上所述，当时环境发生了根本变化，东胡林人的生活方式也发生了巨大变化，有条件产生原始农业。但这是一个不自觉的阶段，即所谓蒙昧时期。根据前述房山坟庄钻孔取得的花粉样本分析，北京地区在全新世早期的距今 10000 年—8000 年期间曾一度气候转冷，气温较今低湿。

这时古人类的生活环境虽然不像冰期那样严酷，但在迎来了全新世的气温大幅度上升之后，确实又面临着一个较为艰难的时期。这个时期持续了 2000 年，直至距今 8000 年以后才又转暖[26]。

笔者认为，正是在这 2000 年期间，东胡林人由于严酷环境的压力，不自觉地度过了原始农业诞生的蒙昧阶段，而在距今 8000 年时开始进入萌芽时期。

因此，笔者认为，有理由期待东胡林遗址在距今 8000 年左右的文化层中，发现较多的粟或禾本科植物的籽粒、花粉。

第三节　北京地区新石器中晚期遗址

新石器中期遗址目前已发现的有北京东部平谷上宅、北埝头，北部密云燕落寨，西北部昌平林场、雪山一期、马坊，西南部房山县镇江营等 7 处。其中上宅、北埝头遗址的年代可确定为新石器中期的早期阶段。

上宅遗址位于平谷县韩庄乡上宅村西北高地，南临沟河，高出河床 10 米—13 米[27]。在该处发现的生产工具绝大多数为石器，数量达 2000 余件，种类有石斧、凿、锛、盘状磨石、磨盘、磨棒（见图二）、铲、锄形器、砧石、石球、柳叶形石刀等。

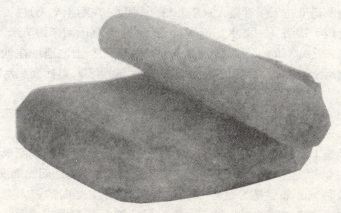

图二　北京平谷上宅新石器遗址出土的石磨盘和磨棒（北京市文物研究所提供）

还有陶制的球（弹丸）、网坠等。石器制法，分别采用打制、琢制、磨制、压剥等技术。陶器大多为生活用品，可复原的达 800 余件，种类有罐、钵、碗、杯、勺等。此外，还有石制或陶制的装饰艺术品，其中陶猪头（见图三）、石羊头、陶羊头、陶蚕（一说为蛇）特别引人注目。该遗址是一条深达 4 米的大灰沟，应是古人类制造陶、石器的窑址和场所。笔者认为，如果参考河南姜寨遗址的布局，这条灰沟应当是位于"上宅人"居住区之外。考古学者根据现场判断，大灰沟的南面似是居住中心，可惜已被现代砖窑破坏。

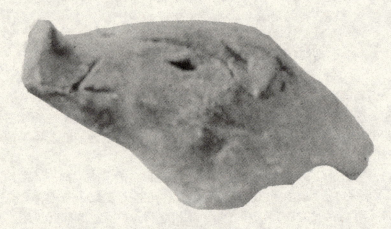

图三　北京平谷上宅新石器遗址出土的陶猪首（北京市文物研究所提供）

北埝头遗址位于平谷县大兴庄北埝头村西，东距上宅遗址约 30 公里。遗址位于错河（古洳水）南岸黄土台地上，高出河床约 7 米[28]。错河自古以来是洳河的一条重要支流，北埝头遗址和上宅遗址在地域上都处于洳河水系之内，这反映出新石器时代该地区人类社会生活的繁盛景象。

在北埝头遗址中发现 10 座新石器时代房址，系半地穴式建筑。这些房基位于北埝头遗址的西部，面积约 1500 平方米，布局密集。房基发现在地表 1 米以下，显现为一片一片的灰土圈，呈不规则圆形，长径一般在 4 米以上。复原的房屋应该是半地穴式，室内地面比周围低 5 厘米—30 厘米，表层是 5 厘米—6 厘米的红烧土。当时的古人类已经初步掌握了建筑方面的采光知识，所以屋门都开在东面或南面，以便更多的利用光照。屋门有向外延伸的门道，为了防止雨水倒灌，推测门道前段还应有泥埂，即后世户限的雏形。在每处居住遗址的中部或偏东部位置都埋有一个或两个较大的用来煮烧食物或保存火种的深腹罐，罐口高出地面6厘米左右。值得思考的是，陕西发现的仰韶遗址之中，烧灶一般也都是位于室内的东部或中部，这种相同性的后面应该有一定的道理。北埝头的一处居住遗址的南壁地面上还发现4个柱洞直径22厘米—24厘米，间距50厘米—60厘米，参考西安半坡遗址，可以断定这些柱洞原来树立的较粗的木柱，都是用来承担房顶主要重量的支柱。定居的生活形式和农业生产方式有不可分的关系，所以这些居住遗址在确定北京原始农业方面的意义是十分重要的。

北埝头遗址出土的石制工具约73件，大型的有盘状磨石、斧、铲、磨盘、磨棒、石锛、石坠等；细石器有镞、柳叶形石刀、尖状器、刮削器、石核等。石器制法分打击、琢制、磨3种技法。陶器93件，分别为罐、钵、盘、碗、杯、陶球、陶磨盘等。这里还发现与上宅遗址出土物相同的陶鸟首镂孔器，推测是祭祀用的器物，鸟首大约是部族崇拜物之属。如果以上推测不误，那么北埝头遗址的远古居民当与上宅遗址的远古居民属于同一部族。

与以上两处遗址性质相同的还有北埝头以南16公里的河北三河县孟各庄遗址。该遗址位于小清河与泃河交叉的台地上，亦属泃河流域[29]。孟各庄遗址的文化堆积自上而下可分3层，第2、3层属新石器时代。第一期文化（第3层）出土物中陶器以夹砂粗陶为主，手制，种类有罐、碗、钵、盂、异形器、瓶形器等。石器有石斧、凿和细石器。石斧3件，其中1件为琢、磨兼制，其余2件为磨制。细石器包括石核2件。此外，还有1件骨镞。第二期文化（第2层）出土物比第一期丰富，显示出社会文明的进步。陶器仍均为手制，种类与一期相同，但器形有所变化，其中有属北方新石器时代红山文化特有的红顶碗。石器以磨制为主，显示出加工技术的进步，种类和数量也都比一期有明显增加，有石斧、锤、凿、砧、磨棒、磨盘、耜和石镞、石核、石叶、尖状器、刮削器等细石器。另外还发现兽骨和野核桃，这说明当时人类除从事原始农业之外，也还从事狩猎和采集活动。近年来又发现同类性质的三河县刘白塔遗址。刘白塔遗址位于三河县埝头乡刘白塔村东，泃河南岸的台地上，在孟各庄遗址东南16公里左右，与平谷上宅、北埝头及孟各庄遗址同属泃河流域的新石器文化遗址。出土的石器有斧、铲、磨棒、磨盘、敲砸器和少量细石器，陶器以泥质红陶为主，间或有少量夹砂陶和夹蚌陶。考古学家判断，根据出土陶器的陶质、器形和加工方法，可以认为刘白塔遗址与上宅、北埝头、孟各庄遗址属于同一文化类型，而且年代比上述遗址较晚。该遗址中"出土的磨制规整的扁平石铲、石斧和琢制的石磨盘、石磨棒等工具表明，原始农业是当时主要的经济部门；发现的细石器极少（只有两件柳叶形刮削器），反映出狩猎在全部经济生活中所占比例已很有限"[30]。属新石器中期较晚阶段的遗址有北京密云燕落寨遗址和房山区镇江营遗址等。镇江营遗址位于房山区南尚乐乡镇江营村北，在北拒马河（古桃水）西岸的台地上，高出河床约 10 余米[31]。该处发现一座新石器时代的灰坑，出土若干陶器，种类有釜、鼎、盆、红顶碗、支座、钵等。还有用燧石打制的 2 件石片。根据考古类型学分析，该处遗址年代早于河南安阳后岗一期文化（仰韶文化晚期）。

燕落寨遗址位于密云西南 3 公里的河桥乡燕落寨村南的沙丘上，南临潮河（古鲍丘水）与白河（古沽水）交会处[32]。该处遗址发现的新石器时代石器有钵、碗、罐、壶、盆、红顶碗、杯等物，均为手制。遗址年代与上宅文化第三期相当。位于北京西北昌平县县城西 4 公里的雪山村古遗址包括战国、西周、夏家店下层和新石器时代等 4 个时期的文化层。其中，新石器时代的文化堆积又可分为两期。雪山一期文化层属于新石器中期较晚阶段，年代与密云燕落寨和上宅文化第三期相近[33]。在该文化层出土的陶器有罐、钵、壶、盆、豆、碗、纺轮等；石器有石斧、凿、刀、磨棒、杯、玛瑙、镞等，制法基本以磨制为主。出土的工具性质表明当时的人类除进行耕织之外，也还从事狩猎活动。昌平县林场、马坊发现的新石器时代遗址的年代也与雪山一期文化相同[34]。

关于新石器时代的家畜，考古学方面的证据可以肯定在该时代中期至少有猪、狗、鸡 3 种。黄牛、蚕可能也有，但不能完全确定[35]。根据上宅遗址出土石羊头、陶羊头的情况，可以肯定羊与当时人类的生活有密切关系。陶蚕一物如能得到确认，那么也可以认为当时人类已知养蚕。陶猪的造型，两耳较小且后背，拱嘴较长且两侧有獠牙，显示出野猪的特征，这或者是驯化未久，或者是属于当时狩猎的对象而并非家畜。这些动物饰件均出土在陶、石器最为丰富的第二期文化层中，具有特别重要的意义。这说明远古人类的社会经济生活在该时期发生了飞跃性的变化。

在北京地区目前发现的新石器晚期遗址中，以昌平县雪山二期文化最为丰富。雪山二期遗存包括房址 3 座，灰沟 1 条[36]。出土的陶器以褐陶为主，但出现黑陶，还有红陶、灰陶，种类有罐、鬲、甑、盆、碗、豆、鼎、杯、环等；石器有石斧、凿、锛、刀、环、镞、刮削器、石核等物。大型石器以磨制为主，且大多数通体磨光，显示出加工技术的日益成熟。该期文化层中陶器种类的明显增加，特别是"甑"的出现，显示出原始农业的进一步发展。但是，在石器工具中仍存在石核、石镞，反映出狩猎在当时社会经济中仍占有一定地位。昌平县曹碾、燕丹、平谷县刘家河 3 处新石器时代遗址的年代与雪山二期相同[37]。另外，海淀区清河镇出土 2 件磨光石斧，据判断也是新石器晚期遗物[38]。密云城东北坑子地村头高出河面 30 米左右的小山梁上，在一块巨石下面发现 4 件石斧，其中 3 件长约 33 厘米，磨制精细；1 件长约 10 厘米，较为粗糙[39]。根据其加工技术，我们认为也应属新石器晚期遗物。房山区丁家洼村商、周遗址处采集到 1 件磨光石斧，形制与雪山二期相同[40]。据此，昌平县曹碾、燕丹、平谷县刘家河、密云县坑子地、海淀区清河镇、房山区丁家洼等 6 处也应属新石器晚期遗址。

北京地区还零散发现一些新石器时代的石器，如海淀区中关村、西山和朝阳区立水桥出土柳叶形石刀、石片等细石器；怀柔县大榛峪村北砖窑发现石磨盘和磨棒；密云县南石城、怀柔县宝山寺、喇叭沟门和怀柔水库发现石铲、石锄、石镰；平谷县前吉山、顺义县大北坞、海淀区白家疃、怀柔县北干沟、密云县董各庄、龟脖子、山安口等地均出土过磨光石斧和凿；海淀区田村、门头沟区松树峪、顺义县魏家店、怀柔县汤河口、密云县老爷庙等地也都发现过磨制石器和细石器[41]。虽然石器工具一直到商和西周时期仍在使用，但从以上石器的加工手段（磨光）和类型，以及出土地点（大多为山区）来看，其中相当多的一部分应属新石器晚期遗存。另外，根据新石器早期的磁山、裴李岗遗址曾出土大量石铲、石镰的情况来推测，也不应排除以上石器中有些可能甚至属新石器早、中期遗物。这些石器出土地点的共同地理特征是："主要分布于山麓坡地和河流冲积扇台地上。"[42]

原始农业究竟起源于何种地理环境，前面笔者已经略有述及，兹再就北京地区旧石器和新石器遗址的空间位置进行进一步的探讨。

就北京地区而论，旧石器时代的周口店北京猿人是生活在平原与山脉过渡的山前丘陵地带。北京猿人时代的周口店地区的地貌与现代大体相似，仅山脉高度低数十米，坡度较陡而已。新石器早期的东胡林遗址处于山区河谷台地；中期的上宅、北埝头遗址分别位于山前地带和山前平原的河岸台地，燕落寨遗址位于山前丘陵地带的河岸沙丘上，镇江营遗址位于山前地带的河岸台地上，雪山遗址位于山前冲积平原古河道以西的雪山缓坡上；新石器晚期的坑子地遗址位于山区的河岸山梁上，丁家洼遗址位于山前地带的丁家洼河（古防水）西岸，曹碾、燕丹、清河镇遗址分别位于洪冲积平原上温榆河和清河河岸，刘家河遗址位于山前地带的北高南低的缓坡之上。其他在怀柔、密云、顺义、平谷、朝阳、海淀等区、县发现的零散石器的遗址也都位于山麓坡地或河流冲积扇台地上。通过对以上遗址的地理环境进行归纳、分类、比较，可以判断北京地区旧石器时代人类主要活动于山前丘陵地带的岩洞内；新石器早期的人类则活动于山区河谷台地上；中期则大多活动于山前地带或山前平原的河岸台地上。新石器晚期遗址除具有中期遗址相同的地理特征外，个别则向平陆发展，深入到洪冲积平原的河畔，如昌平县曹碾、燕丹、海淀区清河镇等处。由此，我们可以大致勾勒出北京地区新石器时代人类由山区向山前地带和山前平原台地，并进一步向内地洪冲积平原移动的轨迹。与人类这种逐渐脱离山区而向平原地区发展趋势相对应的，就是人类逐渐摆脱狩猎、采集的生活方式而向原始农业生产的生活方式转变。因为平原地区能为远古人类提供更多的便于开垦的肥沃土地。在生产水平十分低下、生产工具十分简陋的情况下，不断寻找便于耕作的土地亦即适宜的生活环境，才是促使远古人类不自觉地由山区向平原地区迁徙的真正原因。山前靠近河流的台地，本身既可以避免水患之害，四周又有肥沃松软的土地可供开垦，又有丰富的水源可供灌溉和交通，因此成为新石器时代人类首选的栖身之所。北京地区的新石器遗址，就其大多数位于河旁台地这一点来说，在我国带有普遍性。考古发现证明，黄河中游关中地区已发现的 600 余处新石器中期的仰韶文化遗址，大多分布在靠近河床的第一阶地上，可分 3 种类型：

（1）土丘式遗址。多分布在渭河以南的河流中游，比周围高出 3 米左右。

（2）发育较好的马兰黄土台地类型。多分布在渭河北岸黄土原地，上面平坦，下为陡岸，一般高出河床 20—50 米。

（3）泉源式遗址。以泾河沿岸较为典型，多分布在距河流较远的泉水旁边。其原因，一为河流两岸沟狭坡陡，不宜居住；二为泉水附近有较好的台地，高出河床约 9 米[43]。关于晚于仰韶文化、属新石器晚期的龙山文化遗址，梁思永先生在总结其地理特征时说："这个文化的占有者常常选择地面稍有倾斜的河谷做他们的村落。……这些村落的遗址，虽然有相隔几百里的，但它们的地形是相同的。它们往往带着一个平岗的形式，高出四周的平陆，老远就可以被人们看见。它们通常建在一个山麓的平坡之上，而且常是直接靠在河岸上或很靠近河岸。"[44]

北京地区的地理位置西傍太行山脉的西山山脉，北依燕山山脉，地貌分为山地、丘陵、台地、平原4种类型。平原地带主要是处于永定河、温榆河、潮白河、蓟运河等5大水系的洪冲积扇上。综前所述，可以发现北京地区新石器文化遗址，除具有河旁山麓缓坡和台地的特点外，从动态方面分析，还具有自山区向山前地带及平原地带发展的迁徙轨迹[45]。从这些方面观察，似乎更可以说明北京地区原始农业的起源与"山前理论"比较吻合。

在探索了北京地区新石器时代人类迁徙的轨迹及气候条件的变化之后，下一个问题就是：北京地区的原始农业究竟起源于新石器时代的哪个阶段？从我国考古发现的实例已经证明，在距今8000年前后的新石器时代早期，今河北磁山、河南裴李岗的太行山东麓一带已有较发展的原始农业[46]，在两处遗址都发现了数以千计的石镰等农业生产工具。因此，我们认为原始农业在这一地区的起源可能上溯到旧石器末期或新石器初期，即距今10000年左右。然而，北京地区迄今为止唯一有重大发现的东胡林新石器早期遗址虽然近年来有大量重要新出土器物，从各个方面显示出原始农业蒙昧时期的线索，但由于始终没有发现粟类及禾本科植物的遗迹，所以考古学者慎重地认为当时东胡林人是否已经发明了原始农业，应该尚待进一步的研究。

因此，是否可以据此认为当时北京地区远古人类社会经济生活中还没有出现原始农业，或者虽然已出现了原始农业的萌芽，但仍以狩猎、采集为生活的主要经济来源？在北京地区新石器中期的各处遗址中，惟有上宅遗址有比较完整的地层关系。根据发掘报告，在第8层（第一期）只出土极少陶片，均为黄褐色夹砂深腹罐。第7层出土的陶器有罐、钵、碗等，品质与前相同，但数量和种类均有所增加。还出上少量石器，多为打制、琢制。第6层出土较多陶、石器。陶器中出现泥质红陶。石器多为打制。第7层和第6层同属于第二期文化早段。第5层出土较多陶、石器。陶器中除夹砂褐陶的罐、钵、碗等外，还有泥质红陶钵、碗、杯、勺等物，纹饰也较丰富。石器有石斧、单面起脊斧状器、盘状磨石、磨盘、磨棒及柳叶形石刀等。正就是在这一层，除出土炭化果核外，还出土了重要的禾本科植物花粉。第4层出土较多陶器和少量石器。陶器有夹砂褐陶罐、钵、碗和泥质红陶碗、钵，纹饰图案丰富。第4、5层属第二期晚段。第3层（第三期）出土较多细泥质橘红色陶器，石器较少[47]。经过比较可以发现，第一期文化层中陶器数量很少，种类单一。第二期文化层早段，陶器中夹砂、滑石的陶器占绝大多数，泥质陶器较少；晚段，夹砂、滑石的陶器明显减少，泥质陶器成倍增加，还出现少量细泥陶器，显示出生产技术水平的大步提高。第三期文化层中陶器以细泥陶器为主，其次是夹砂褐陶和灰褐陶器，还有少量泥质陶器。另外，各期石器的加工方法和种类虽然无太大区别，但第二期文化层中，早段时期打制、琢制石器比例颇大，磨制石器较少；晚段时期磨制、琢制石器却明显增多，打制石器减少，这也同样显示了加工技术的进步。特别值得注意的是，第二期文化层中发现的敲砸果核的砧石，在早段文化层中多，晚段文化层中少[48]，这突出反映出上宅人社会经济生活中残留的采集活动逐渐为农业生产活动取代的事实。第二期文化层是上宅文化遗存中的主要内容，出土陶、石器最为丰富，反映出了上宅人社会经济生活在这一时期的飞跃。但是，从当时已具有磨盘、磨棒、锄形器等比较成熟的石制农具的情况来判断，当时恐怕已处于原始农业比较发展的阶段。因此，寻求北京地区原始农业的起源应当向更早的阶段去探索。美国考古学者马尼士博士在考察美洲农业起源时，归纳出 3 种农业起源模式，即：（一）进化型；（二）从经济发展中心地区向周边扩展型；（三）落后地区直接从经济中心地区移入型。其中第一种类型其存在的年代最早，从原始农业产生以后的发展过程是一个漫长而又缓慢的进化过程，在这个漫长的过程中，古人类由狩猎者变成粮食收集者，又转变成初期的农业部落亚群，再转变为农业部落亚群，最终转变成为从事农业生产的村落居民。在这种类型中，促使原始农业产生的动力是强烈的生态环境变化所形成的压力[49]。我们认为，过于优越的生态环境和过于恶劣的生态环境同样都不是产生原始农业的温床。因为在过于优越的自然环境中，古人类很容易通过狩猎、采集活动满足自己的生活需要，缺少迫使他们去尝试种植性质的农业生产的压力；而过于恶劣的自然环境，例如严寒的气候等，又使得古人类的这种尝试很难获得成功。综前所述，现北京地区在距今 1.1 万年—1 万年时气候由暖干转为暖湿，大面积草原，对古人类生存十分有利，但自距今 1 万年—8000 年期间，气候转寒，比今日略为低湿。我们认为，可能正是环境的这一变化使得野生动、植物减少，从而产生了古人类由狩猎、采集向种植的转变。此后，即距今 8000 年—2000 年间，北京地区气候重又转为温暖，则使得古人类从事种植的尝试有了获得成功的绝好机会。在上宅遗址第二期第 5 文化层发现的禾本科植物花粉，可以做为这种推测能够成立的一个证据。另外，值得注意的是，在上宅遗址第一期（第 8 层）文化层中虽然没有发现石制农业工具，但发现了夹砂、滑石质料的褐陶深腹罐。学术界一般认为陶器的产生是和农业经济的发展联系在一起的。一般是先有了农业，然后才出现陶器[50]。因此，可以认为上宅第一期文化时期北京地区已经存在原始农业活动。从这一时期文化层中出土陶器数量少、品种单一、火候较低等诸点来分析，当时的制陶技术也比较原始，或者就是原始农业刚刚发生不久。根据以上分析，北京地区原始农业萌芽时期大概可以追溯到新石器早期末段或中期早段。上宅一期文化的年代稍晚于磁山、裴李岗文化，大约在距今7500年。因此，北京地区原始农业的最初出现，大约应在距今1万年—8000年前的气候剧变期间。在距今8000年以前，当北京地区原始农业还处在萌芽时期的时候，以磁山、裴李岗文化为代表的，位于太行山东麓、黄河下游冲积扇地区的原始农业已经比较发达。因此，可以肯定今北京地区原始农业的产生和发展要稍晚于今河北、河南位于太行山东麓的山前平原地区。这种发展迟缓的局面，直至战国前期也没有改变。

注释：

1　谢又予、邢嘉明等：《周口店北京猿人生活时期的环境》，载《北京猿人遗址综合研究》，科学出版社1985年。

2　李大儒：《密云县发现旧石器地点》，见1990年5月20日《北京晚报》。

3　4　5　35　41　42　48　北京市文物研究所：《北京考古四十年》（以下简称《考古四十年》），燕山出版社1990年。

6　9　18　26　孔昭宸等：《根据孢粉资料讨论周口店地区北京猿人生活时期及其前后自然环境的演变》，载《北京猿人遗址综合研究》，科学出版社1985年。

7　据《上宅博物馆》陈列说明。

8　郁金城等：《北京转年新石器时代早期遗址的发现》，载《北京文博》1998年第3期。

10　拙著：《北京地区农业起源初探》，载《农业考古》1993年第3期。

11　郁金城等：《北京转年新石器时代早期遗址的发现》，载《北京文博》1998年第3期。

12　周国兴、尤玉柱：《北京东胡林人的新石器墓葬》，载《考古》1972年第6期；《北京大学教授郝守刚谈东胡林人及东胡林遗址的发现》，《中国文物报》2003年11月7日。

13　东胡林考古队：《北京新石器早期考古的重要突破》，《中国文物报》2003年11月7日；《记2005年中国重大考古新发现》，《光明日报》2006年1月27日。

14　郁金城等：《北京转年新石器时代早期遗址的发现》，载《北京文博》1998年第3期。

15　张家诚等编著：《气候变迁及其原因》，科学出版社1976年，第21—

24 页。

16　周昆叔：《东胡林遗址环境考古信息》，《中国文物报》2003 年 12 月 12 日。

17　赵朝洪、郁金城、王涛：《北京东胡林新石器时代早期遗址获重要发现》，《中国文物报》2003 年 5 月 9 日。

19　赵朝洪、郁金城、王涛：《北京东胡林新石器时代早期遗址获重要发现》，《中国文物报》2003 年 5 月 9 日；张慧军、刘可：《东胡林考古获重大突破，资料有助于东亚古人类研究》，《北京日报》2005 年 10 月 31 日。

20　赵朝洪、郁金城、王涛：《北京东胡林新石器时代早期遗址获重要发现》，《中国文物报》2003 年 5 月 9 日；《记 2005 年中国重大考古新发现》，《光明日报》2006 年 1 月 27 日。

21　27　47　北京文物研究所等：《北京平谷上宅新石器时代遗址发掘简报》，载《文物》1989 年第 8 期。

22　25　张慧军、刘可：《东胡林考古获重大突破，资料有助于东亚古人类研究》，《北京日报》2005 年 10 月 31 日。

23　冉光瑜：《谈谈我国原始农业遗存的重要发现和农业起源问题》，载《历史教学》1985 年第 7 期。

24　赵朝洪、郁金城、王涛：《北京东胡林新石器时代早期遗址获重要发现》，《中国文物报》2003 年 5 月 9 日

28　北京市文物研究所等：《北京平谷北埝头新石器时代遗址调查与发掘》，载《文物》1989 年第 8 期。

29　河北省文物管理处等：《河北三河县孟各庄遗址》，载《考古》1983 年第 5 期。

30　廊坊市文物管理所、三河县文物管理所：《河北三河县刘白塔新石器时代遗址试掘》，载《考古》1995 年第 8 期。

31　北京市文物研究所：《北京拒马河流域考古调查》，载《考古》1990 年第 3 期。

32　33　《文物考古工作三十年》（1949—1979），文物出版社 1979 年。

34　中国社科院考古研究所：《新中国的考古发现和研究》（以下简称《考古发现和研究》），文物出版社 1984 年。

36　《文物考古工作三十年》（1949—1979），文物出版社 1979 年。

37　《首都举行"北京出土文物展览"》，载《文物参考资料》1954 年第 5 期。

38　尤文远：《河北密云县坑子地发现新石器时代遗址》，载《文物参考资料》1954 年第 2 期。

39　40　北京市文物工作队：《北京房山县考古调查简报》，载《考古》1963 年第 3 期。

43　《西安半坡》，文物出版社 1963 年。

44　《梁思永考古论文集》，科学出版社 1959 年。

45　拙文《北京地区新石器时代的原始聚落》，载《北京史研究会成立二十周

年学术研讨会文集》，中国书店出版社 2001 年。

46　据《新中国的考古发现和研究》称：河北武安磁山遗址年代为前 6000 年至前 5600 年，河南裴李岗遗址年代为前 6000 年以前，与磁山文化年代相当或稍早。

49　《首届农业考古国际学术讨论会文集摘要》，打印本。

50　《中国陶瓷史》，文物出版社 1987 年。

第三章　商、周时期北京地区的农业

第一节　夏家店下层文化对北京地区社会经济的影响

　　早在20世纪60年代和70年代，考古学者在北京昌平县雪山、下苑和房山区琉璃河刘李店、丰台区榆树庄、平谷县刘家河等地先后发现了"夏家店下层文化"遗存。此后，又陆续在密云县凤凰山、房山区南尚乐乡、镇江营、塔照村、西营等地发现了同类性质的文化遗存。

　　"夏家店下层文化"是分布于燕山南北地区的北方文化类型，最早发现于河北唐山市附近，后又发现于赤峰市药王庙、夏家店，从而最终确定其为一种新的文化类型。"夏家店下层文化"的分布范围，北至今辽宁省西部和吉林省西南，南至今河北省北部和京津地区。根据器物特征的差异，考古学者又把这种文化类型细分为燕山以北和以南两种类型。"夏家店下层文化"的面貌目前还不是十分清楚。据天津市考古学者1983年发表的关于蓟县围坊遗址的发掘报告，该遗址的文化遗存可分三期，其中第一期第4层属新石器晚期的龙山文化时代，第二期则明显属于"夏家店下层文化"，"地层关系证明，它比龙山文化要晚"，"其年代大体与中原商中期或商前期相当"[1]。但是，在北京地区，考古学者却发现"夏家店下层文化"与龙山文化共存。也就是说，在北京地区"夏家店下层文化"和龙山文化可能是同时并存的两种文化[2]。关于北京地区"夏家店下层文化"与龙山文化究竟是属于前后继承关系，还是同时并存关系，由于目前发掘材料还不十分充分，难以确切判断。根据目前的发现，我们可以大致认为其属于龙山文化与夏和商前、中期文化之间的一种文化类型。

北京地区"夏家店下层文化"时代的居民已经拥有较高的生产力。目前已发掘的该时期的墓葬中大多有5—20余件陶器随葬，常见的有鬲、簋、甗。在平谷县刘家河村东南的海子北干渠发现的一处"夏家店下层文化"灰坑中，还发现罐、盆、盘、碗等物。从随葬陶器的数量和种类中，特别是作为蒸饭器的甗，可以看到原始农业经济已在当时社会经济生活中占有举足轻重的地位，以至于陶鬲、陶簋、陶甗成为随葬品中不可缺少之物。

陶器的质料，除仍有夹砂陶器外，还有大量的泥质黑衣陶、灰陶、红陶。陶制鼓腹鬲、筒腹鬲、折肩罐、高圈足簋和甗是这个时代的典型器物。如果以燕山为界，则包括现在北京在内的燕山以南地区发现的"夏家店下层文化"陶器，亦即"夏家店下层文化"燕南类型陶器，均为手制，用泥片贴接而成，但在今辽宁省地区发现的"夏家店下层文化"燕北类型陶器却采用更为先进的泥条盘筑法。此外，"夏家店下层文化"燕南类型遗存，以现在北京地区为例，虽然也发现石刀、石镰、鹿角镢等农具，但很少有石锄、石镐等大型石制农具，而这类大型石制农具在"夏家店下层文化"燕北类型遗存中数量和种类都很多。然而，若从加工技术方面观察，燕北类型石器多为打制，而包括现北京在内的燕南类型石器却以磨制为主，显然后者加工技术先进于前者。因此，我们认为，"夏家店下层文化"时期包括现北京在内的燕南地区受到燕北"夏家店下层文化"的巨大影响，在社会经济方面，两地区互有短长。

考古资料证明，"夏家店下层文化"已进入青铜器时代。1973年在房山区琉璃河刘李店村发现的"夏家店下层文化"墓葬中出土铜指环和铜耳环，年代属商代晚期。1977年在平谷县刘家河发现的商墓中，除出土了具有典型商代风格的青铜礼器外，还出土了具有典型"夏家店下层文化"特征的扁喇叭口金耳环和臂钏，年代属商代中期。这表明当时"夏家店下层文化"与商文化的交融。1987年在房山区塔照村、镇江营村遗址中，又发现"夏家店下层文化"遗存被叠压在殷商时期的先燕土著文化层之下，这就进一步证明了"夏家店下层文化"被后来的更先进的殷商文化吸收、继承的关系。北京地区"夏家店下层文化"的早期遗存物带有鲜明的龙山文化风格（如黑衣磨光陶器等），而在商朝中、晚期遗存物中又发现具有明显"夏家店下层文化"风格的器物（如扁喇叭口金臂钏、金耳环等），这似乎透露出"夏家店下层文化"时期，北京地区曾先后从北方和南方接受了先进的经济、文化影响的信息。具体而言，新石器晚期，中原地区龙山文化和北方"夏家店下层文化"在这里交融，形成"夏家店下层文化"燕南类型。先进的北方"夏家店下层文化"由于地理方面的优势而对这里的社会经济生活具有巨大影响。殷商时期，中原文化重新崛起，北京地区的"夏家店下层文化"遂逐渐被融入殷商青铜文化，并被北京地区的殷商文化所继承和取代。这里需要指出的是，北京地区的文化从来都是中原主体文化的一部分，只是在不同的时期接受了不同文化或强或弱的影响，从而形成自己独特的文化风格。这应是"夏家店下层文化"燕南型与燕北型的本质区别。

综上所述，北京地区"夏家店下层文化"，即"夏家店下层文化"燕南类型，是燕山以南土著民族和燕北诸族文化，以及中原夏、商文化的融合体。邹衡先生考证，夏、商时期，在现北京地区生活着以"玄鸟"为图腾的"矢（燕）"族，其北和东北，分别有肃慎、孤竹、不令支、不屠何、山戎等族。肃慎是一个古老的民族，即后世的靺鞨、夫余。《淮南子·原道训》云：舜"纳肃慎"。《国语·鲁语》云：武王克商，肃慎来贺，"贡桔矢石磐"。据邹衡先生考证，肃慎族的原居地即在今燕山长城附近，直至东周时期仍在今渤海湾附近的辽河流域，以后不断东迁，至西汉时已迁至今吉林、黑龙江境内[3]。近年来，辽西地区新石器时代考古不断有新的发现。1980 年和 1981 年考古学者先后在辽宁喀左县东山嘴和凌源县、建平县交界处牛河梁发现属新石器晚期红山文化的规模宏大的祭祀建筑群和"女神庙"，年代为距今 5000 年。如果邹衡先生所考古肃慎族地望不误，这些文化遗存当属肃慎族所有。

在两处遗址中发现的裸体鼓腹妇女泥塑像和女神头像，表明当时社会中流行着祖先崇拜和对大地母神崇拜的意识。这种意识只能形成于发达的原始农业经济基础之上。辽西远古社会经济的这种发展势头在进入"夏家店下层文化"期后并没有减弱。苏秉琦先生指出："距今4000 年前后，是辽西地区社会发展、文明昌盛的时期。（燕山以北）'夏家店下层文化'突出的特征是：村落密集分布在河谷地带；几乎都有防御设施；由'一大几小'土城堡聚落构成有机的群体。赤峰英金河岸岗丘上东西排列的小城堡带，同战国、秦汉长城大致平行，发人深思。"[4]在这种情况下，位于燕山南麓的北京地区受到发达的辽西地区社会经济、文化的影响正是理所当然之事。

第二节 商、西周时期北京地区的农业

现北京地区迄今为止发现的商代遗存的年代都在商代中、晚期，据此似乎可以初步推断商朝势力推进到现北京地区的时代。殷商势力推进到北京地区并融合了当地受北方"夏家店下层文化"强烈影响的土著文化以后，这里的社会经济、文化面貌发生了巨大变化。平谷县刘家河发现的商中期墓葬中出土金、铜、玉、陶器计 40 余件，其中一组铜礼器 16 件。特别值得注意的是 1 件铁刃铜钺，铁刃嵌入钺身，钺身为铜制。虽然经检验铁刃系利用陨铁锻制，但也反映出当时人们对铁已有了初步认识。除此之外，在房山区焦各庄发现过两座商代晚期墓葬，出土陶鬲、豆、罐和铜戈兵器；平谷县韩庄水库工地发现商代铜器残片；昌平县小北邵村发现商代灰陶器[5]；房山区琉璃河董家林燕国古城遗址西边发现商代灰坑，出土陶鬲、甑等器物；在刘李店商代遗址出土商代加工农作物的石杵及陶鬲、罐、甑、簋等物；在丁家洼发现商、周时期陶窑 6 处，出土石杵和陶鬲等物[6]。这些商代遗存分布范围北至昌平县，南至房山县，东至平谷县，说明北京地区在当时是商王朝统治疆域的一部分，其社会发展亦与中原地区同步，属奴隶社会性质。奴隶主驱使奴隶从事农业和手工业生产活动。根据北京地区出土的商代遗物中有石杵等农业工具及青铜祭器中的酒器，可以判断当时农业生产已经发展到一定水平，粮食加工技术已有长足进步，粮食的消费也比过去大为增加。但就生产力水平而言，这时仍较低下，农业生产工具仍大多停留在石器阶段。

商代时今北京地区居住的主要是以玄鸟为图腾的燕人。燕人与殷人的关系很密切。传世铜器中有一件商晚期的"玄妇方罍"，两耳内有"亚矢"铭文。据邹衡先生考证，"矢"即"燕"字。葛英会先生更认为"亚矢"系燕的国族徽号，其下又分出"冑""共"等支族。邹衡先生认为该铜器中的铭文含义是：燕国妇女出嫁给商人为妇。引人注意的是，这种有"矢"字铭文的商代铜器大多出在当时商王朝统治的中心区域即今河南安阳，说明当时殷地（今河南安阳）和燕地（今北京西南房山一带）的关系非常密切。这种密切的联系为北京地区的社会经济带来了发展和进步。今北京房山区琉璃河董家林发现的西周燕国都城，经勘察其存在年代早至商朝末年。由此可见，至迟商朝末年今北京地区已有奴隶制的国家组织，作为奴隶主阶级统治的中心城市的存在，更需要有雄厚的经济力量来支撑，其中最主要的经济力量就

是农业生产。

公元前 1045 年周武王伐商纣王, 消灭商王朝, 建立西周王朝。位于今北京地区的商朝属国燕亳降附了西周。《史记·周本纪》载: 商亡以后, 周武王追思先圣王, 乃 "封帝尧之后于蓟"; 同时又封功臣谋士, "封召公奭于燕"。燕国和蓟国都在今北京地区。关于蓟国的记载颇为混乱, 即以《史记》一书而言, 同书《乐书》中就又称 "封黄帝之后于蓟", "封帝尧之后于祝"。但无论如何, 西周灭商以后, 今北京地区已牢牢地被掌握在西周王朝统治之下却是毫无疑问的事实。召公奭是与周王室同姓的宗室重臣, 周武王死后, 他与周公旦共同辅佐成王。《诗经》中有《甘棠》一诗歌颂其德。今北京房山区琉璃河董家林村发现的古城遗址即为周初燕国都城。该城的北城墙长约 829 米, 东、西城墙北段残长约 300 米, 南城墙被大石河冲毁, 已无迹可寻。但仅从北城墙的长度和东、西城墙的残长来看, 也已具有一定规模。城内有排水管道与城外护城河相通。在董家林古城遗址以东的黄土坡村发现大规模西周燕国贵族墓葬。京广铁路从墓葬遗址中间南北穿过, 将遗址分为东、西两区。考古学者在发掘中发现, 东、西两区的墓葬在文化上存在明显差异: 西区墓葬在年代上可早至商朝末期, 有殉狗、殉人情况, 随葬器物组合为鬲、簋、罐, 与河南安阳殷墟发现的商代墓葬基本相同。东区墓葬在年代上最早不超过西周早期, 无殉人、殉狗情况, 且随葬器物组合为鬲、罐。两区内虽然都发现了附有车马坑的大型墓葬, 但西区为整车随葬, 东区则是将车拆散后殉葬, 且车马坑的位置也不同, 一在墓南, 一在墓北。这说明西区是商朝属国燕亳时期的贵族墓葬区, 而且在降附西周以后一直沿用到西周早期; 东区则是西周贵族的墓葬区。在东区发现的 "复尊"、"伯矩鬲"、"堇鼎"、"圉甗"、"圉方鼎" 中的铭文记述了复、伯矩、堇、圉等人受燕侯派遣, 或到成周参加庆典, 或去晋见召公, 因而受到赏赐的情况。1986年在东区发掘的 1193 号大墓, 出土了两件刻有长铭的铜器, 详细记述了周初武王封召公于燕的情况, 该墓主即召公受封后留辅王室而以长子就封燕国的第一代燕侯。据铭文记载, 召公就封的燕除统治燕地之外, 还同时统治燕地附近的旟、羌、马、敫、雩、驭、微、克、柲等 9个国族。这 9 个国族在商朝时就已经存在, 并且是商王朝的属国, 此时期辖地一并归入西周王朝的版图而成为燕国领地。由此可见, 在商代, 今北京地区存在着以燕国为首的众多小方国, 它们各自实行着奴隶制的统治, 同时又都奉商朝君王为共主。从黄土坡西区墓葬中殉人的情况分析, 商朝末期社会经济水平明显低于西周。殉人现象表明当时生产力水平落后，因此奴隶的使用价值不高，甚至在某种情况下成为奴隶主的负担，所以用奴隶殉葬成为风气。西周时期，生产力水平大力提高，奴隶的使用价值也就随之提高，因此不再随意用于殉葬，转而从事更能创造经济价值的农业生产。西周王朝重视农业生产，召公奭虽然让长子就封燕侯之位，但仍十分关心燕地的农业生产，传世的"小臣𫰛鼎"铭文中就有"召公耤匽（燕）"[7]的记载，说明召公本人也曾亲自参加燕地的农业活动，尽管只是仪礼性质的活动。1962 年在房山区琉璃河董家林商、周遗址曾发现西周陶鬲、甑、簋和作为农业工具的锯齿蚌刀、石刀、石镰等物。石刀系以砂岩磨制，石镰系以青石磨制，均与河北、河南、陕西等地西周遗址出土物相同[8]。这表明当时北京地区农业生产技术水平已与中原地区缩小差距。

北京地区的商、周遗址中虽然也多次出土铜器，但主要是礼器、兵器和车具等物，铜制工具只见铜刀、锛、斧、凿 4 种，不见锄、犁、镰等农业工具。这表明当时铜金属尚属贵重金属，大多用来制造祭祀用的礼器和作战的兵器。至于劳动工具，特别是地位卑贱的奴隶从事农业劳动所使用的农业工具，主要还是蚌器和石器。1956 年在昌平县宝山遗址（今在北京十三陵水库库区）发现的石斧、石锛及其以东约 0.25 公里的龙母庄遗址发现的石斧、石锛、双孔石斧、石铲等物，年代最早都不超过西周[9]。1959 年在房山区周口店蔡庄古城遗址也发现属西周时代的青石制石镰残片[10]。毫无疑问，商代和西周以后的相当长一段时期内，北京地区虽然社会已进入了青铜器时代，但石器仍然是主要的农业生产工具。这种现象和全国考古发现的情况也是一致的。因此，可以认为，当时北京地区同中原各地的情况一样，虽然农业生产水平比史前时期有很大提高，但并无根本性的变化。这种提高是一种缓进型的进步，而不是一场生产革命。它主要表现为生产技术的熟练和劳动人手的增加，但是并没有明显的生产工具的进步和创造。

北京地区目前发现的西周文化遗存除房山区琉璃河地区的古城和墓葬群外，主要还有昌平白浮村西周早期（或中期）墓葬、顺义县牛栏山金牛村西周初期墓葬及延庆县西拨子西周晚期（或春秋早期）铜器窖藏。昌平县白浮村西周早期（或中期）墓葬是 3 座木椁墓，椁底中央腰坑中葬有殉犬。3 座墓中出土青铜器、陶器、玉器、石器、刻甲卜甲总计 400 余件。从这 3 座墓的规模来判断，墓主并不是一般平民，而是具有贵族身份的人物。随葬的物品中青铜器分别为兵器、礼器、车马具和少量斧、锛、凿等工具；石器分别为石锤、砺石；玉器分别为戈、玉鱼等；陶器分别为陶鬲、鼎。青铜兵器中的鹰首剑、马首剑、鹰首刀、带铃匕首等具有浓厚北方草原青铜文化特征[11]。可见当时北京地区除以中原文化为主体外，也深受北方草原文化的影响。这一点反映在经济上就是耕织与狩猎、畜牧业的交融。顺义县牛栏山金牛村发现的西周初期墓葬中出土 8 件青铜器、4 件陶器。铜器铭文中都有"亚曩矣（矢）"徽号，说明器物的主人属于燕的国族分支"曩"部族[12]。"曩"部族在商代就已是燕地的著族，属于该族的器物在山东黄县一带也有大量出土。今北京琉璃河及辽宁喀左地区出土的西周铜器中也有些带有"亚曩矣（矢）"族徽。"曩"是多音字，其中也读"蓟"。葛英会先生认为，"曩"就是"蓟"，在商代就是从属于"亚矣（燕）"部落联盟的支族。"矣（矢）"和"曩"是活动于今北京地区的两个主要部族，他们活动的区域也就以族称命名为"燕"、为"蓟"。西周初年，武王克商以后，分别以燕地封召公为燕国，以蓟地封黄帝之后为蓟国。但"曩"部族仍属"矣（燕）"国族的一个分支，所以他们所做器的铭文乃"矣（燕）"、"曩（蓟）"连署，为"亚曩矣（矢）"、"曩侯亚矣（矢）"等等。延庆县西拨子西周晚期（或春秋早期）铜器窖藏中共出土铜器 50 余件，种类包括釜、鼎、匙、耳环、刀、猎钩、锥、斧、锛、凿、戈。发现者认为，这批铜器似属"夏家店上层文化"性质[13]。这说明当北京平原地区已完全进入周文化范围时，沿边山区因其特殊的地理环境的影响，与燕山以北地区的关系仍比较密切，所以其器物仍继承"夏家店下层文化"的传统，而呈现出"夏家店上层文化"的色彩。当然，商、周王朝在北方的势力范围并非仅止于今北京平原地区。截止 1979 年，在北京以东的辽宁地区已发现商、周铜器遗存 10 余处，其分布遍于辽西，有些已到达辽河以东。其中位于大凌河沿岸的喀左马厂沟出土西周早期的"燕侯盂"，其附近山湾子出土的"伯矩甗"和小波汰沟出土的"圉簋"，分别与北京琉璃河出土的"伯矩鬲"、"圉甗"为同一人所做器，说明当时西周的势力已经深入到这一地区。至于西周以前的商代，这里应是商王朝的属国孤竹国的势力范围。

注释：

1 天津市文物管理处考古队：《天津蓟县围坊遗址发掘报告》，载《考古》1983 年第 10 期。

2 《十年来北京考古的新成果》，载《文物考古工作十年》（1979—1989），文物出版社 1990 年。

3 邹衡：《关于夏商时期北方地方诸邻境文化的初步探讨》，载《夏商周考古学论文集》，文物出版社 1980 年。

　　4　苏秉琦：《辽西古文化古城古国》，载《文物》1986 年第 8 期。

　　5　北京市文物研究所：《考古四十年》，燕山出版社 1990 年。

　　6　分见北京市文物工作队：《北京房山县考古涧查简报》，载《考古》1963 年
第 3 期；北京市文物局考古队：《建国以来北京市考古和文物保护工作》，载《文
物考古工作三十年》（1949—1979），文物出版社 1979 年。

　　7　陈梦家：《西周铜器断代》（二），载 1955 年《考古学报》（第十册）。

　　8　北京市文物工作队：《北京房山县考古调查报告》，载《考古》1963 年第
3 期。

　　9　苏天钧：《十年来北京市所发现的重要古代墓葬和遗址》，载《考古》1959
年第 3 期。

　　10　王汉彦：《周口店蔡庄古城遗址》，载《文物》1959 年第 5 期。

　　11　北京市文物管理处：《北京地区的又一重要考古收获》，载《考古》1976
年第 4 期。

　　12　程长新：《北京顺义县牛栏山出土一组周初带铭铜器》，载《文物》1983
年第 11 期。

　　13　北京市文物管理处：《北京市延庆县西拨子村窖藏铜器》，载《考古》
1979 年第 3 期。

第四章 春秋、战国时期
北京地区的农业

第一节 春秋时期生产关系落后的燕国

春秋时期，各诸侯国因社会经济的发展而地位急剧上升，做为天下诸侯宗主的东周王室的统治力量被严重削弱。各诸侯国不再听命于东周王室，而为发展自己的势力攻战不已，史称"春秋无义战"，因而形成诸国争霸的局面。在春秋时期，先后出现齐桓公、晋文公、楚庄公、吴王阖闾、越王勾践 5 位霸主。在他们统治期间，各自的国家一时雄踞霸主的地位，实际上取代了东周王室的"共主"地位。在诸侯国争霸的斗争中，燕国只是北方一个积弱小国，避祸尚且不及，无力参加角逐，也不被其他诸侯国重视。公元前 546 年，一向争霸的晋、楚两国召开"弭兵大会"，与会的有鲁、齐、陈、卫、邾、滕、蔡、曹、许、宋等国代表。燕国虽然地位也属华夏之邦，却不在被邀请之列。当时，强国及具有一定实力的诸侯国均称为"列国"，其他小国只能是列国的私属，无权参与盟会。燕国当时可能是其南面强国齐国的附属国。附属国向宗主国纳贡，宗主国则有保护附属国的义务。燕国当时孤立北方，处于戎、狄诸族包围之中：北有山戎，南有赤狄别种甲氏、白狄别种鲜虞、肥、鼓，东有无终。特别是山戎族势力强盛，对燕国的生存构成严重威胁。春秋中期以后的蓟国大约早已被山戎所灭，退出了历史舞台，所以不再见于文献记载。《春秋左传正义》载：鲁庄公二十年（前 664 年，燕庄公二十七年）齐桓公谋伐山戎，"以其病燕故也"。次年（前 663 年），齐桓公发兵"越千里之险，北伐山戎，为燕辟地"。这次行动在齐国来说，是因为"齐桓行霸（确立自己的霸主地位）故欲为燕谋难"[1]，但对燕国来说确实是解救了一大危难。这次战役后，齐桓公率师而归时，燕庄公亲自带臣属相送，齐桓公又割地相赠。《史记·燕召公世家》载："山戎来侵我（燕），齐桓公救燕，遂北伐而还。燕君送齐桓公出境，桓公因割燕（君）所至地予燕。"其所割地在今河北沧州一带。唐《括地志》沧州长芦县条下载："燕留故城在沧州长芦县东北十七里，即齐桓公分沟割燕君所至地与燕，因筑此城，故名燕留。"唐朝沧州长芦县治于今河北沧州市。燕庄公之世，自此以北，直至燕山，包括原来的蓟国灭后被山戎占领之地都归属燕国疆域。

春秋中期鲁僖公二十四年（前636年），晋国重耳即位，是为晋文公。晋文公重修国政，国势逐渐强大。公元前632年，晋文公率晋、宋、齐、秦诸国军击败以楚国为首的楚、陈、蔡诸军于城濮（今山东濮县南），建立霸业，成为北方霸主。此后数十年间，晋国陆续击溃北方赤狄、白狄，解除了燕国南面之患。燕国借此之机，在北方由积弱转向兴盛，这个时期就是燕宣公、燕昭公之世。

但是，春秋时期，燕国在各诸侯国中仍属落后的弱国。当时，随着封建经济因素的发展，许多诸侯国都积极进行改革。如齐国在齐桓公之世废除了落后的公田制，鲁国在鲁宣公十五年（前594年）实行"初税亩"，楚国在公元前548年实行按土田定军赋，郑国在公元前538年也实行"作丘赋"。这些改革都收到了富国强兵的效果。然而，燕国在这个时期却不见改革的记载。当然，在各诸侯国纷纷改革的潮流中，燕国也不可能长久维持落后的公田制，但其改革也只能是随大势而动，估计那也是春秋末或战国初期的事情。燕国的真正强盛是在战国时期的燕昭王之世。

第二节　战国时期燕国强盛及农业发展

春秋后期，随着新兴地主阶级力量的崛起，各国世卿大夫作为新兴地主阶级的政治代表逐渐控制了国家政权。公元前403年，已经瓜分晋国的韩、魏、赵三家世卿迫使周天子承认他们为诸侯，与各国有平等的地位，史称"三家分晋"。这个事件拉开了战国时期的历史帷幕，而在燕国正是燕厘公在位。在燕国，随着世卿势力的强大，旧贵族的统治能力不断遭到削弱。公元前316年，燕王哙把君位让给了相国子之，将三百石俸禄以上的高官全部罢免，由子之重新任命。燕国内外政事"皆决于子之"。旧贵族势力的代表人物太子平和将军市被纠结作乱，发兵攻打子之。子之反攻，杀太子平和市被。发生在燕国的这场新旧势力的斗争极为残酷，史称"构难数月，死者数万"。在此之前，燕国和齐国之间数有征战，如燕厘公三十年（前 373 年）燕"伐攻齐于林营"。燕易王初立时，"齐宣王因燕丧伐我（燕），取十城"。后来由于苏秦的游说，齐国才将十城之地归还燕国。此时燕国发生内乱，齐宣王命将军匡章率军再次伐燕，仅用 50 天就破灭了燕国，杀燕国的相国子之。但是，由于燕国民众群起反抗齐军，齐军最终不得不被迫退出燕国。燕公子职此时正在赵国做人质。赵武灵王遣将军乐池护送燕公子职回国即燕王位，这就是历史上著名的燕昭王。经过这场内乱，子之进行的政治改革虽然失败，但燕国旧贵族的势力也已元气大伤，这在客观上为燕昭王振兴燕国扫清了障碍。燕昭王是战国时期一代名君，他顺应时势，进行一系列改革，抑制旧贵族保守势力，广为招贤纳士，发展社会经济。《史记·燕召公世家》记载："燕昭王于破燕之后即位，卑身厚币以招贤者，谓郭隗曰：'齐因孤之国乱而袭破燕，孤极知燕小力少，不足以报。然诚得贤士以共国，以雪先王之耻，孤之愿也。先生视可者，得身事之。'郭隗曰：'王必欲致士，先从隗始。况贤于隗者，岂远千里哉！'于是昭王为隗改筑宫而师事之。乐毅自魏往，邹衍自齐往，剧辛自赵往，士争趋燕。"乐毅、邹衍、剧辛都是一时名士，他们挟治国安邦之策来到燕国，对燕国政治、经济发展起到重大作用。乐毅向燕昭王建议，不能凭个人好恶亲疏来授官职，必须"察能而授官"。又建议，"循法令，顺庶孽者，施及萌隶"。也就是说，应依法治国，施政应考虑到百姓的要求。在这些名士的辅佐下，燕昭王施行一系列改革措施，"吊死问孤，与百姓同甘苦"。经过 28 年的努力，终于达到"燕国殷富，士卒乐轶轻战"，国富兵强的目标。

战国时，燕国的社会生产力已有大幅度的提高。根据目前的考古资料，可以肯定春秋末年和战国初年之际我国已经进入使用铁器的时代。具体到北京地区，发现的考古资料可以证明最迟在战国时期燕国已普遍在农业生产中使用铁制农具。北京顺义县蓝家营曾发现战国时期铁镰和铁镢各 1 件。镰刀长 24.5 厘米，宽 3 厘米；库长 10.7 厘米，宽 6 厘米。铁镬长 18.8 厘米。顺义县英各庄战国时期墓葬中出土铁斧一把。目前一般认为，铁斧是农业生产中开垦荒地的工具。

迄今为止，北京周围已经发现的燕国 2 处重要冶铁遗址，一在北京东北方向的河北兴隆县境内，一在北京西南方向的河北易县燕下都遗址。北京地处以上两处遗址之间，又是燕国都城所在，根据以上 2

处遗址的铁工具生产状况，大致也可以说明当时北京地区铁制农业生产工具的发展情况。

1953 年，在北京东北的河北兴隆县发现战国时期冶铁范铸工场遗址，出土铁质铸范 87 件，共重 190 余公斤，农具范占绝大多数，其余为双凿范、车具范。铸造农具的农具范包括锄范 1 副、双镰范 2 副、锼范 25 副、斧范 11 副。其中，双镰范最引人注目，使用该范一次可以浇铸出两把镰刀，在当时应该属于先进的范具。在农具铸范中，镢范和斧范数量最多，占总数的十分之九强，说明当时农业生产中需要镢、斧甚多，以供开垦土地之用。这反映出战国时期燕国农田耕作面积急剧扩大的历史面貌。在兴隆遗址发现的镰、镢、斧、凿等范具上都铸有"右廪"铭文。"右廪"应当是典掌仓储之官，可见这里是一处燕国官营冶铁范铸工场，该处产品都归"右廪"所有。使用该处出土范具翻铸出来的铁锄为六角形削肩板状、平刃，近背部有装木柄用的横方孔，即所谓銎。锄体通高 11.5 厘米，刃宽 20 厘米，体厚 0.5 厘米。铁镰为长条形，刃薄而背厚，断面呈三角形，装柄处凸起，全长 26.2 厘米，刃宽 4 厘米，体厚 0.6 厘米。铁镢为方形直銎式，平刃楔状，通长 16 厘米，宽 7 厘米；銎孔长 7 厘米，宽 2.2 厘米。铁斧也为方形直銎式，平刃，板楔状。斧体上直装木柄用的扁方直銎，长 15.2 厘米，上宽 7.2 厘米，下宽 6 厘米。在铁范出土处附近，还发现当时的翻铸成品：1 件铁斧，2 件铁锄，形式与用出土范具翻铸出的铸品相同。经过金相分析，可以确定兴隆铁范不是用低温固体还原法（块炼法）制造的，而是采用更先进的高温液体还原法制成，即在高温下用铁矿石炼出铁水，浇铸成型。这是我国至迟在战国时期已有生铁的确凿证据。经过化学分析，铁范的含炭量一般在 40% 以上，其他元素大部分都不超过 0.1%，这是用木炭冶炼生铁的成品特点。在兴隆铁范出土遗址以东 1.5 公里处有地名古洞沟，该处发现古代铁矿矿坑。该遗址四周山峦绵亘，至今仍树木茂盛，这些树木正可做冶铸铁器的燃料。可以判断，兴隆冶铁范铸工场的产品都是在当地取材，在当地制造的[2]。

兴隆县出土的燕国铁范具，可作为我国战国时期铁铸造技术的代表。这些铁范具本身可以证明我国至迟在战国时期已有生铁，比欧洲早 1500 年左右。用铁范铸造各种产品虽然成本较高，但比陶范、石范进步很多，不但可以提高铸件产品的质量，产品表面光滑，同时还可以延长范具的使用寿命，反复用来翻铸，提高冶铁工场的生产能力。燕国农业经济在战国时期的飞速发展，与冶铁生产技术的革新，铁农具的大量生产，特别是铁斧、铁镢的大量生产和广泛使用，有密切关系。

能够说明战国时期北京地区农业经济状况的另一处重要遗址，就是河北易县燕下都遗址。燕下都故城址东西约 8 公里，南北约 4 公里，有一古河道——俗称运粮河——将城区分为东、西两部分。燕下都城，一般判断系燕昭王时所筑。从出土遗物来看，也以战国中晚期为主。

1961 年—1962 年在燕下都遗址发掘的 16 号墓属战国早期墓葬，在墓室底部发现铁镢、铁铲等农具。铁镢共 5 件，可分二式：I 式镢 3 件，长方形，腰间略窄，长方銎，上端有双线凸纹，标准件长 14.4 厘米，刃宽 6.5 厘米。II 式镢 2 件，形式与 I 式镢略同，但无凸纹，刃部较宽，标准件长 14.4 厘米，刃宽 7.2 厘米。I 式镢比较接近兴隆冶铸遗址所铸器，但镢身稍短（兴隆器为 16 厘米）。这些铁器如属该墓所有，则当然应是战国早期铁器，但因均发现于墓室底部，故也不排除可能是后世盗墓者遗留的工具。但即使如此，该铁器也属战国时遗物无疑。考古学者在燕下都遗址中发现的大面积冶铸遗址可以确切反映出当时铁工具的生产水平。在燕下都城东区有铸铁作坊。16 号墓中所出农具既然与兴隆遗址所出产品形制不同，大约就是燕下都当地作坊生产。燕下都铸铁遗址共分三处，其中两处在东区西北部虚粮冢以东，一处在东区中部偏西的高陌村西北。接近虚粮冢村的一处（23 号遗址）面积最大，约 17 万平方米，堆积层厚约 2 米，由此也可以看到燕国铁冶铸业的发达。据 1950 年—1960 年的调查，在高陌村西北的铸铁作坊遗址（5 号遗址）发现有铁铲、斧、犁、镰、镢等农具。其中，铁斧为方銎，平刃；铁铲为方銎，宽刃；铁犁铧呈 V 字形，一面起脊，便于犁地时将土翻向两边；铁镢为长条形，中有脊棱，两侧薄。兴隆遗址所铸板楔式铁镢与现代镢较为接近，因此推测燕下都铸铁作坊中出产的一面起脊铁镢应当属早期形式。在燕下都铸铁作坊遗址中没有发现铁范具，说明当地仍在采用不易保存的陶范具铸造铁器。陶范一般是随铸随毁，除非偶然的机会，否则很难保存下来。在高陌村以北的铸钱作坊遗址就发现有铸铜刀币和铜镜的陶范，可以据此推测铁农具也是采用相同的铸法。在这处铸铁作坊遗址还发现 2 块炼铁坩埚残片，这进一步证明当时已采用高温液体还原法制造铁器，为中国在战国时期已能冶炼生铁提供了更可靠的实物根据。

1964 年燕下都 22 号遗址（骨器作坊遗址）和 1973 年燕下都 23 号遗址（铸铁作坊遗址）的发掘，又发现部分战国晚期铁制农具。22 号遗址在虚粮冢东，出土 64 件铁器，以制造骨器工具为主，其次为铁农具。其中，铁镢 6 件，分二式：I 式镢 5 件，扁方銎，刃、肩宽度相同，刃部略呈弧形，侧面为楔形，一般高 5.2 厘米—6.2 厘米，宽 4.7 厘米—5.2 厘米。有 1 件高 6 厘米，宽 5 厘米。Ⅱ式镢 1 件，扁方銎，宽平刃，残高 4.8 厘米，宽 7 厘米。这些铁镢都比兴隆铁镢略短，但刃宽比较接近，而且同为板楔形，与前面所述一面起脊的铁镢形状不同。铁斧 7 件，扁方銎，平面为长方形，侧面为楔形，銎口沿外有双线凸纹，与 16 号墓中出土的Ⅰ式镢口沿双线纹相同。另有 1 件铁斧长 15.4 厘米，宽 7.2 厘米，刃宽 6.8 厘米，规格形制与兴隆铁斧（长 15.2 厘米、上宽 7.2 厘米、下宽 6 厘米）基本相同。铁镰 2 件，与兴隆铁镰相同，1 件呈弓背形，凹刃，柄部装把处有方形凸框。铁铲 1 件，方銎，板状，刃部残缺。除此之外，22 号遗址还首次出土了 1 件五齿锄，肩背略呈半圆形，与现代常见的五齿耙比较接近，但装柄处仍为背部一横方孔，又与兴隆铁锄的装柄方式一致，这可能是由板锄向五齿耙过渡的中间形式。值得注意的是，该处遗址在出土铁农具的同时，也还出土了 1 件蚌镰残段。这说明战国时期铁器的广泛使用虽然使得绝大部分石器、蚌器退出了农业生产工具的行列，但也还有少量残存。1973 年在燕下都 23 号遗址除出土与 22 号遗址出土物形式相同的铁镢、铁镰各 1 件外，还出土了 1 件有肩铁锄，这是比兴隆六角削肩铁锄略为改进的新式农具。铁锄有肩，在必要时便于用脚施力。但当时有肩和六角削肩铁锄是同时并存于世的，说明该农具还没有完全定型。1965 年在燕下都 66 号墓中除出土 4 件铁镢外，还曾发现与兴隆铁锄形式相同的六角削肩铁锄。燕下都 44 号墓是一座阵亡武士的合葬墓，出土了大量兵器，其中铁兵器的数量大大超过铜兵器，这反映出当时冶铁业的发展过程中，铁器首先在兵器中取代了铜器，继而在农业生产工具中取代了石器、蚌器。更有意义的发现是经过金相分析，发现这些铁兵器、农具大多为纯铁或钢制品，说明当时的燕人已经掌握了淬火技术。该墓出土的铁锄属可锻性铸铁，即由生铁加热锤锻下，经控制脱炭热处理后制成，比脆而易断的生铁铸件增加了耐用性能。据历史文献记载，春秋战国时期南方楚、越之地的冶铁业比较发达。前述燕下都 22 号遗址、23 号遗址和 44 号墓，经考察均属战国晚期。以上遗址和墓葬出土的铁兵器和农具可以证明，至迟战国晚期燕地的冶铁业技术水平并不落后于楚、越之地，不但早已普遍使用铁兵器和农具，而且冶制工艺水平也很先进，出现纯铁、钢和可锻性铸铁制造的成品。22 号遗址出土的五齿锄和 23 号遗址出土的有肩铁锄，都是经过改进的农具。这一方面表明当时农业生产力的提高；另一方面也表明随着农业生产的发展，燕地农业工具的分类也愈加精细。

周人虽自西周初年即在燕地封国，但燕国经过六七百年的时间，直至战国中期以前，始终是一个北方弱国。周族燕国的实际统治区域，最初主要是以现在北京西南的房山区为中心的周围地区。至春秋前期的公元前663年齐桓公助燕庄公伐山戎，开土辟疆以后，燕国的势力才抵达辽河流域。战国燕昭王时期燕国强盛以后，在今辽河地区设置了右北平、辽西、辽东郡进行管理。早在1979年以前，在今辽宁省鞍山、抚顺等地发现大量战国时期文化遗址和遗物，其文化面貌已与中原地区完全一致。这说明当时燕国的统治已深入到了辽西、辽东的各个地区。文化面貌的高度一致，显示了政治、经济的高度一致。在辽宁地区出土的战国时期铁制镰、锤、锄、铲、掐刀等农具，其制作技术与兴隆、燕下都遗址的情况一样。《史记·燕召公世家》载，战国时期，燕国疆域"东有朝鲜、辽东，北有林胡、楼烦，西有云中、九原，南有滹沱、易水"。燕国任用将军秦开，击却东胡千余里，在北境建筑长城。《汉书·匈奴传》云："燕筑长城，自造阳至襄平（今辽宁省辽阳市），置上谷、渔阳、右北平、辽西、辽东，以别中外。"近年经过考察，发现燕国北长城分北、南两段：北段自今内蒙古自治区化德县以东，向东先后经过河北、内蒙古自治区之康保县、正蓝旗、多伦县、独石口、围场县北，再东沿英金河北岸经赤峰，向东经奈曼旗土城子，抵牤牛河边，复自牤牛河东岸向东延伸，至库伦旗南部进入辽宁阜新县东去；南段自化德县以东，经喀喇沁旗和赤峰南部，跨越老哈河，过建平县北和敖汉旗南部进入辽宁北票县。燕国北境南、北两段城墙之间相距40公里—50公里。燕国南疆长城在今河北徐水、遂城北，西起太行山东麓，东达河北安新县一线，是燕国与中山国（即鲜虞）的分界。燕国疆域的扩展正反映出其经济实力的发展。

战国时期，燕国境内以今北京平原及其以南地区的农业发展较为明显。今北拒马河古代又称督亢沟，在今河北涿州附近有督亢陂，该地素称膏腴。战国末年，燕太子丹遣荆轲刺杀秦王时所献割地之图即督亢地图。燕国北部和东部地区"自上谷至辽东，地广民稀"，农业不甚发展，而以"渔盐枣栗之饶"著称于世。战国时期燕国农业发展的原因，不但在于生产关系的改革和农业生产工具的进步，而且也在于吸收先进的生产经验。燕昭王时，著名阴阳家邹衍曾在燕国北部山区教民种谷。刘向《别录》云："燕有黍谷，地美而寒，不生五谷。邹子居之，吹律而温气至。"黍谷山在今北京北部密云、怀柔两县交界处。《明一统志》载：

"黍谷山在怀柔县东四十里，跨密云县界，亦名燕谷山。"邹衍是齐国人，所谓邹子吹律而温气至，当然只能是一种神话，但我们也可以从中看到齐国的邹衍将先进的种植技术传授给燕国北部山区农民的事实。早在燕昭公之前的燕文侯时期（前361年—前332年），燕国的实力已有很大发展。《战国策·燕策》载，苏秦说燕文侯曰：燕国"民虽不由田作，枣粟之实足食于民矣"。又曰：燕国之"粟（可）支十年"。按《周礼·王制》云："国无九年之蓄曰不足，无六年之蓄曰急，无三年之蓄曰国非其国也。"《战国策》又载，苏秦说齐宣王曰："齐粟如邱山"，说楚威王曰："楚粟支十年"，说赵肃侯曰："赵粟支十年"。可见，"粟支十年"一语并非确数，而是称赞国力强盛的夸饰之辞。但苏秦既然是对燕国君当面直陈，其所云也应当距事实不致太远。实际情况是，当时燕国已经比较富足，足以与强国齐、楚、赵诸国相比。战国时期燕地的农业面貌已与原始农业有着本质的不同。有学者根据考古资料将新石器时期中国原始农业分布划分为3个区域：长江中、下游稻作物农业区；晋南、豫西和山东粟、黍作物农业区和北部辽、燕粟作物农业区[3]。这种划分基本合理。但是，到了战国时期，今北京地区农业面貌已有根本改观。前述所引成书于战国时期的《周礼·职方氏》即云："幽州（以今北京为中心）……谷宜三种。"汉郑玄注云："黍、稷（即粟）、稻。"唐贾公彦疏云："幽与冀相接，冀皆黍、稷，幽州见宜稻。"可见，战国时期今北京地区已非单纯的粟作物农业区，而是以黍、稷、稻三种水、旱作物为主的农业区。燕文侯之后22年即位的燕昭公时期，燕国的国力达到鼎盛。燕昭王二十八年（前284年），燕国与秦、赵、韩、魏联盟，发兵攻齐。燕将乐毅为上将军，统五国之师击败齐军于济西，又率燕军乘胜直入，攻克齐都临淄（今山东临淄），连拔70余城。燕军大胜，"珠宝财富、车甲珍器尽收于燕。齐器设于宁台，大吕陈于元英，故鼎反乎历室，蓟丘之植，植于汶篁"[4]。燕军不但夺回过去被齐军掠走的国家神器，而且将象征齐国国家权力的神器也掠回来陈设在燕国的宁台和元英宫中。所谓"蓟丘之植，植于汶篁"，据陈寅恪先生的解释，是将蓟丘（在今北京附近）的竹子种到了齐国的汶水地区，象征着燕国对齐地的占领。又据《齐民要术》所述，传说山东著名的枣也是乐毅自燕地传入。燕人既然能够以战争的胜利为契机把燕地的竹、枣移植到齐地，那么从齐地和其他地区进一步吸收先进的作物品种或农业生产经验和技术也就是很自然的事情了。

　　燕昭王死后，燕惠王即位，受齐人离间，猜忌乐毅，改用骑劫为统帅。乐毅为了免遭迫害，不得不逃往赵国。结果，燕军被田单所率齐军大败，骑劫被杀，从此燕国复走向颓势。公元前 222 年，在秦国统一中国的战争中，燕国被秦国所灭。

注释：

1 《春秋左传正义》卷十引杜预注。

2 郑绍宗：《热河兴隆发现的战国生产工具铸范》，载《考古通讯》1956 年第 1 期。

3 李根蟠：《中国农业史上的多元交汇》，载《中国经济史研究》1993 年第 1 期。

4 《史记》卷八《乐毅列传》。

第五章　秦、汉时期北京地区的农业

第一节　秦、汉时期北京地区农业技术的进步

一、秦苛政对社会经济的破坏

公元前 221 年，秦国在灭赵、灭燕之后的第二年，消灭了最后一个封建诸侯国齐国，建立了中国历史上第一个统一的封建中央集权的王朝——秦王朝。政治的统一本应能够给社会经济带来巨大的发展，但由于秦始皇在统一战争之后继续苛用民力，结果实际情况并非如此。据文献记载，秦始皇修驰道，从咸阳东至碣石（在今秦皇岛）；复修长城，西起临洮（治今甘肃岷县），东达辽东。这些举措虽然加强了中原地区与北方的联系，防御了北方匈奴的骚扰，但耗用的民力也是空前巨大的，给社会生产力造成巨大破坏。民谣云："生男慎勿举，生女哺用脯。不见长城下，尸骸相支柱。"[1]苛重的徭役迫使当时人民一反中国传统的重男轻女习俗，改为重女轻男。长城筑成之后，需要大量兵力戍边，秦王朝又强征全国各地农民轮流赴北边驻守，由此又更造成全国局势的动荡。历史上著名的陈胜、吴广起义就是以秦王朝强征南方农民戍边渔阳（治今北京怀柔县梨园庄）为导火线而爆发的。其实，无论筑长城也好，戍边也好，生活在长城脚下的燕蓟农民的负担都必然要比其他地区的农民更为苛重。

秦代，燕蓟农民除受封建官吏、地主的压迫、剥削外，还要受旧燕国贵族的剥削和压迫。秦始皇铲除六国割据，结束战国时代，建立了统一的中央政权。他为了维护政权的稳定，对六国旧贵族采取怀柔

政策，允许他们在所辖封地方上有一定的经济特权。所以，秦代六国旧贵族在地方都有一定影响。秦末，陈胜、吴广率众起义，全国各地群起响应，秦王朝立即土崩瓦解，而各地的六国旧贵族乘机出动，进行复辟活动。在燕蓟地区，旧燕国贵族、豪富则拥立率军北略燕地的起义军将领、原秦上谷卒史韩广为燕王。秦朝社会中，处于统治地位的是封建官吏、地主和旧贵族，而处于被剥削、被压迫地位的则是自耕农、雇农和农奴。《史记·栾布列传》记载，楚、汉之际燕王臧荼的将军栾布，在秦末曾一度被人掠卖到燕地为奴。

北京地区发现秦代遗址、遗物甚少，这大概是秦朝距今年代久远而又国祚短促的缘故。秦、汉以后，在相当长的历史时期中，历朝统治者都将都城建立在关中或关东地区，蓟城（今北京）由战国时期的方国中心、"天下名都"的地位降为边郡，再加之北方民族的骚扰，户口流失也很严重。自两汉以下，经魏晋北朝隋唐之世，原古燕国中心地区幽州（治蓟城，今北京）地区的人口就从没有达到过两汉时期的水平，这种状况也影响到该地区农业的发展。但是，就汉代而言，由于政局统一和全国社会经济的普遍发展，以及燕地与中原先进地区联系的加强，北京地区农业经济的发展则是肯定的。

二、两汉时期北京地区农业技术的进步

农业生产工具的进步 在人类历史上，生产工具的革新往往会带来社会经济的巨大进步。两汉时期，北京地区的农业生产继战国之后仍不断发展，与中原地区保持在一个水平上。迄今为止，考古学者已在今北京地区发现多处汉代古城址。如房山区广阳城村之汉广阳县城遗址；窦店村汉代古城址（疑为汉良乡县城）；长沟村汉代土城遗址（疑为汉涿郡西乡县城）；周口店蔡庄古城遗址；芦村古城遗址；昌平县旧县（汉军都县）遗址；芹城和平谷县北城子（汉博陆城）遗址，等等。这些汉代古城址，有些始自西周，下限可至辽、金。几座城址之间，最近的相距不过 30 里。从这些城址分布之密，可以想见当日北京地区人口繁多、经济富庶的情况。除此之外，在今北京南郊大兴县大回城村、西郊海淀区温泉乡、萧家河，北郊清河镇朱房乡也都发现重要汉代遗址。清河镇朱房乡汉代古城址，经考察属西汉早期，上限可达战国时期。古城平面呈正方形，每面城垣长 500 米，是汉代一般大县的规模。城内发现汉代铜、铁冶铸作坊遗址，出土物除大量铜箭镞、铁刀、剑、戟等兵器外，还采集到锄、镰、铲、耧足等铁农具，均为铸造而成。铁铲呈凹形，经过柔化处理，系可锻性铸铁。我们认

为，这件所谓铁铲也可能是用于翻土的木锸上的铁刃套。耧是播种工具，至今在某些农村地区还在使用。西汉时期，铁足耧具在中原地区尚属新式播种工具。北京地区发现铁足耧具，说明西汉时期今北京地区农业生产技术是比较先进的。20 世纪 50 年代初期，在清河镇还曾发现过汉代铁犁铧 2 件，铧身尖端稍反曲，两面都有菱形凸起，竖长 8厘米，横宽 11 厘米，形制较小，为破土所用。李文信先生认为该物不是畜耕农具而系人耕之犁铧。中国古代很早就已利用牛作畜力从事农业生产，据推测迟在春秋时期就已出现牛耕。西汉时牛耕技术又有改进，武帝搜粟都尉赵过发明耦犁法，即"用耦犁，二牛，三人"。[2]每二牛、三人、二犁为一组。每牛各挽一犁，一人在前引牛，其余二人各执一犁，并排前进。这样，生产力大为提高，每天可耕五顷之田。据说赵过后来还发明了一牛牵引三犁的新农具，这一方面是为了提高生产力，另一方面恐怕也是当时缺乏畜力的缘故。现代北京地区自战国时期就以畜牧著名于世，如《周礼·职方氏》云："幽州……其畜宜四扰。"（汉）郑玄注云："四扰，马、牛、羊、豕（即猪）。"但是即使直到晚近的民国时期，农村里的大部分农民都没有饲养大型牲畜如马、牛等的能力。所以，估计汉代除少部分地主、豪门采用牛耕外，大部分农户还是使用人力耕地。封建地主的残酷剥削造成农民的贫困化，无疑是阻碍农业生产力进一步发展的重要原因。

1974 年，在北京西南郊丰台区大葆台，考古学者发现一座大型西汉木椁墓。根据其采用的"黄肠题凑"葬制，可以判断墓主应当为西汉广阳王（燕王）无疑。随葬物中有 1 件铁斧，上铸"渔"字铭文，高 16 厘米，宽 7.2 厘米。《汉书·地理志》载，渔阳郡（治今北京怀柔县梨园庄）有铁官。这件有"渔"字铭文的铁斧当系渔阳郡铁官所管辖的官冶铸作坊的产品。同墓出土的铁矛、扒钉、环首等物，经分析可以肯定系采用生铁固态脱炭成钢技术制成，这比燕下都 44 号墓随葬铁器的由块炼法取得海绵铁，再加以锻冶、淬火的制钢技术更为先进。冶铸技术的进步，对于铁器的广泛利用，对于社会生产力的提高，都具有重要意义。

西汉时期，铁器的使用比战国时期更加普遍。在北京地区的战国、两汉墓的封土中，常可发现丢弃的铁镰、铁锄等物，在战国时期的燕下都遗址中发现很多铁制奴隶枷锁。这些都说明铁器在战国、西汉时期已属极普通之物。有学者根据战国时期犁、锸等农具还是木体铁刃，以及石家庄发现的战国时期遗址中铁器与石器、蚌器共存的现象，因而判断当时铁的来源还不充足，冶铸生产水平还很低下[3]。这种判断，当然有其道理。但笔者认为，这也仅能对铁器出现的初级阶段的战国初期而言。事实上，直到冶铸业十分发展、封建地主经济十分发达的东汉末期乃至北朝时代，铁刃木农具也仍存在，甚至今日内蒙古某些地区也还存在使用铁刃木犁的现象，这恐怕不能完全归结于铁的缺乏。笔者认为，在战国以后相当长的历史时期里，仍有铁刃木农具的存在，其原因主要在于缺乏体轻而锐利的钢铁。当时钢铁一般用来制造兵器，农具多系铸铁（有些经过柔化处理）制造。农民为了追求省力轻便的效果，往往会采用在旧式木犁、木锸上镶铁刃的办法，这在缺少畜力和使用人力犁地的时代和地区尤为重要。1975 年在北京西郊紫竹院公园出土过一件铁刃木锸，年代大约是东汉至北朝时期。全锸用整材加工而成，铁刃上口宽 16.5 厘米，刃宽 16 厘米，厚 0.25 厘米，系用条形熟铁板从中间折叠后锻打成刃，经过淬火，然后纳入木叶，再用 3 枚铁钉穿透铆牢。出土时，刃部仍很锋利。该木锸两肩宽窄不一，宽侧磨损严重，应当是使用时经常受力所致。（见图四）

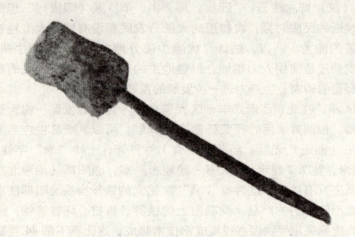

图四　北京西郊紫竹院出土的古代铁口木锸

这件木锸与湖南长沙马王堆 3 号汉墓出土的木锸的形制基本相同，但前者锸面短而宽，适合在北京较干燥的土壤操作；后者刃宽 13.1 厘米，锸面窄长，适合南方切挖膏泥、河泥等板实黏土。1960 年在北京昌平县史家桥 43 号汉墓（新莽——东汉早期）还出土过铁锄一件，呈凹字形，笔者认为应该是木锄的铁刃。如果仅根据这些便认为北京地区自东汉乃至北朝时期铁的来源仍不充足，这显然与事实不符。

水资源的利用和开发　我国新石器时代远古居民一般都是在靠近河道的河岸台地居住，这就决定了他们从河中取水以供生活和生产的

生活方式。其后进一步发展，则出现了水井。水井在我国大概出现于
春秋以前，但广泛用于农业生产大概还是始于春秋时期。据《庄子·
天地篇》所述，春秋时已出现了专门从井中汲水的工具桔槔。战国时
期，由于发展农业生产的需要，出现了开凿灌渠，引水溉田的高潮。
如魏国西门豹（一说史起）引漳水溉邺（今河北临漳县境内），发展
了河内之地的农业。秦国开凿郑国渠，引泾水溉泽卤之地四万余顷，
关中成为沃野，为秦国统一中国奠定了经济基础。秦国蜀守李冰筑都
江堰，至今仍在发挥作用，使得成都平原得免水患，沃野千里，号称
"陆海"。

今北京地区在汉代以前不见有兴修水利的文字记载，但在考古发
掘中却发现大量东周至汉代的古瓦井，这也可以从一个侧面反映出当
时农业生产的状况。1956年在北京宣武门以西的象来街豁口东西两侧
到和平门一带发现151座古瓦井，其中36座属战国时期，115座属汉
代。另外，1965年在宣武区陶然亭、姚家井、广安门大街北线阁、白
云观、宣武门内南顺城街、和平门外海王村等处，共发现65座古瓦
井。分布最为密集的是宣武门东至和平门一线，计有50余座。根据战
国、两汉时期古瓦井和墓葬分布的位置推测，战国、两汉时期蓟城
（今北京城前身）的位置可能在今北京宣武门至和平门一线以南一带。
前述古瓦井分布如此之广，不可能全部是城市居民生活所需，必有相
当部分属于灌溉农田的水井。北京地区最早引水溉田的记载始于东汉
时期。《后汉书·张堪传》记载：东汉初建武十五年（39年）张堪出
任渔阳（治今北京怀柔县梨园庄）太守。他一面领导军民抗击匈奴骚
扰，一面发展生产开发水利，于狐奴县（治今北京顺义县东北）引沽
水（今白河）和鲍丘水（今潮河）"开稻田八千余顷，劝民耕种，以
至殷富"。当地白姓感其政绩，口："桑无附枝，麦穗两歧，张君为政，
乐不可支。""桑无附枝"是指桑树没有疯长的繁枝，长势旺盛，这对
作为农村重要副业的桑蚕养殖来说十分重要。"麦穗两歧"是指有的小
麦长出罕见的双穗，这是丰收的嘉兆。从"桑无附枝，麦穗两歧"一
语，可以看到东汉初年今北京平原东部地区农业生产的兴旺景象。汉
章帝建初初年（76年），邓训率黎阳兵屯狐奴，亦开水田，"抚接边
民，为幽部所归"。当时，除涿郡（治今河北涿州）因有古督亢陂
（原在今河北固安、新城之间，现淤为平地）而为沃土外，今北京东北
部渔阳地区的水稻生产因水利的开发也发展起来。

农产品的种类和加工技术　如前所述，战国时期今北京地区属粟、
稷、稻作物区，农作物以粟为主。土产则有枣、栗。畜牧业主要是马、

牛、羊、猪。汉代，北京地区的农作物种类除水稻、小麦以外，也仍以粟为主。枣、栗这两种果实，今天我们都将其作为果物看待，但在古代这些都是作为与粮食作物相近的食物。历朝历代的农书中都有种植枣、栗以度荒年的记载。

北京丰台区大葆台西汉广阳王（燕王）墓的 1 号墓中，在北面外回廊的陶瓮中发现带壳的小米（即粟）；在内棺南端和西面内回廊中都发现板栗。在 2 号墓中也发现小米和枣。由此可见，西汉时粟仍是今北京地区主要的农作物，因此也是当地居民的主要食粮，即使贵族也不例外。这种情况恐怕与粟类作物耐旱、易于种植，板栗易于长期贮存保管有关。

两汉时期，北京地区的农业经济与前一时期相比，出现突飞猛进的发展。除了农业生产工具的进步外，农产品的贮存和加工技术也有长足的进步。北京地区两汉时期墓葬明器中的陶仓非常引人注意，在西汉以前的墓葬随葬物中绝无此物，只是从西汉时期的墓葬中才开始出现，东汉时期大量出现。如近年在北京平谷区杜辛庄发现的古代墓葬中，其中 9 座西汉墓中有两座出土陶仓：第 24 号墓出土陶仓 1 件，顶部有仓眼，盖为长方形，弧腹，平底，中间三道箍纹应似象征粮仓外周用来加固的箍圈。21 号墓也出土陶仓 1 件，直筒，中部微鼓，平底。然而，8 座东汉墓中却有 4 座都出土了大量陶仓、陶猪圈。其中有的和西汉陶仓相似，多数的形制更为精致，仓顶有瓦楞、四面坡式、仓眼。猪圈中还有捏制的猪俑[4]。北京昌平县半截塔村东汉墓出土陶仓10 件，小口，平底，腹如筒状，有的肩部隆起 3 道弦纹，海淀区永定路东汉墓出土陶仓 3 件，形状与上述相同。北京顺义县临河村东汉墓出土绿釉仓楼 1 件，楼有 3 层。1959 年在北京怀柔县城之北发掘的东周两汉墓葬群中，东周、西汉时期的各类墓葬中均不见陶仓，惟东汉墓中有陶仓 4 件随葬，而且均出自 1 号、31 号、47 号、48 号大型墓葬中，不见于同期单室墓。这反映出由于东汉时农业生产水平的显著提高，因此才普遍出现贮存粮食的粮仓。特别是对于封建地主来说，粮仓已成为必备之物，以至成为去世后随葬品中不可缺少的明器。与粮食贮存技术提高的同时，粮食加工工具也有很大进步。新石器时期，加工农作物的工具是磨棒和磨盘，商、周时期则为石杵，这些加工工具在北京地区均有发现。东汉时期，随着农业经济的发展，农作物产量的提高，农作物的加工工具有了新的发明和创造，出现了碓、磨等工具。在北京地区发掘的东汉墓中经常可以发现陶碓、陶磨等明器，都是现实经济生活的反映。这在东汉以前的墓葬中也从未发现。1959

年—1960 年在北京怀柔县城北的东汉墓中出土 1 件双人踏碓俑，可知当时虽然仍使用人力操作，但双人同踏，工作效率应该是比较高的。1977 年在北京顺义县临河村东汉墓出土绿釉磨和双人绿釉踏碓俑等明器。1959 年至 1960 年在北京平谷县西柏店、唐庄子东汉墓也出土了陶磨、陶碓等明器。陶磨系一磨肩架设在一方形台的十字穿孔架上，磨台下装有漏斗，用 4 柱支架。陶碓系单人操作具，底部后端（即农夫操作处）的四角各有一支柱，估计支柱上还有一横扶手，便于农夫踏碓时保持身体平衡。

三、屯田

汉代边地屯田始于汉文帝之世。史载，文帝时晁错上言："远方之卒守塞一岁而更，不知胡人之能。不如选常居者家室田作以备之，为之高城深堑，先为室屋具田器，募罪人及免徒复作及民之欲往者，皆赐高爵，复其家，俾实塞下，使屯戍之事者，输将之费寡。"[5] 这时的屯田是募民屯田。至于军队屯田则始于汉武帝之世。汉武帝元鼎五年（前 112 年）"初置张掖、酒泉郡，而上郡、朔方、西河、河西开田官，斥塞卒六十万人戍田之"[6]。这些屯田士最初的主要任务仍是守边，屯田只是为了完成守边任务的手段，间或还要参加作战，可是以后年月既久，渐渐演变成以务农为主业的生产组织。与此同时，即使被调往边地作战的军队，为了省却军粮长途馈运之劳，也在作战空隙从事屯田。《汉书·韩安国传》载，汉武帝元光六年（前 129 年）秋，渔阳地区屡受匈奴抄掠，汉朝以卫尉韩安国为材官将军，率军屯渔阳。逾年秋，匈奴复入塞，杀辽西太守，掠 2 千余人，旋退。韩安国轻信俘虏之言，误以为匈奴远去，上书朝廷，"言方佃作时，请且罢屯（按，这里的屯，指的是屯兵防御）"，疏于防守。不料，一个月后匈奴又出其不意复犯渔阳，围韩安国军寨。当时汉军士卒大多在外耕作，寨中只有 700 余人，出战失利。匈奴复大掠千余人及牲畜而去。为此，韩安国受到朝廷谴责，郁闷而死。据此可知，当时屯边的军队也负有屯田的任务，只不过他们的主要任务是作战，这与专门务农的屯田士又有不同。据《后汉书·百官志五》记载，西汉时"边郡置农都尉，主屯田殖谷"。东汉初年，汉光武帝建武六年（30 年）省诸郡都尉，但在边郡仍"往往置都尉"。幽州（治蓟城，今北京）地区在两汉时期均属边郡，农都尉之设应该始终不废，管辖着数万屯田士。军事屯田是汉代今北京地区农业经济中的重要内容，一直延续到东汉末年。东汉末年，汉宗室刘虞在黄巾起义被镇压之后出任幽州牧，驻蓟城（治今北京）。当时社会动荡，政令不通，幽州屯田士身受田官的盘剥，基本没有个人财产和完全的人身自由，处于社会底层。刘虞到任后，"罢省屯兵，务广恩信"，缓和了社会矛盾。

驻守幽州的汉中郎将公孙瓒非常跋扈，不听刘虞节制，独掌幽州军事大权，擅自行事，两人矛盾日深。汉献帝初平四年（193 年）冬，刘虞"遂自率诸屯兵众合十万人以攻公孙瓒"[7]。由于刘虞动员的只是长年专事务农的屯兵，"不习战"，所以反被公孙瓒锐士数百人顺风纵火击败，刘虞被杀。从东汉末年幽州屯田士仍有十万之众来看，其生产能力应该是相当可观。据《文献通考》记载，西汉时边地屯田每人耕种 20 亩，据此计算[8]，仅蓟城周围的屯田就应当有 2 万余顷。

第二节　两汉时期地主的剥削

两汉时期，随着封建农业经济的发展，豪强地主的势力也日益强大，特别是东汉时期，土地兼并情况严重。

早在西汉时期，今北京地区就有贵族地主庄园。今北京平谷县有博陆城遗址，即西汉武帝时大将军霍光的封地。汉后元二年（前 87 年）汉武帝死，遗诏封大司马、大将军霍光为博陆侯。郦道元《水经·鲍丘水注》云："（洳）水出北山，山在傂奚县故城东南，东南流，迳博陆故城北，又屈迳其城东，世谓之平陆城，非也。汉武帝玺书封大司马霍光为侯国。文颖曰：博大陆平，取其嘉名而无其县，食邑北海、河（间）、东（郡）。薛瓒曰：按渔阳有博陆城，谓此也。今城在且居山之阳，处平陆之上，匝带川流，迳平谷县故城西，而东南流注于洵河。"洵河今仍旧名不改，经平谷、三河县而为蓟运河上源。洳水即今北京平谷县错河，自平谷县西北大华山发源。大华山即《水经·鲍丘水注》所谓"北山"，因山在县城之北而得名。错河（古洳水）自大华山发源，东南流，经平谷县北城子村之北，复向南流，至平谷县西南之前芮营村，东注洵河。1958 年在北城子村发现一座古城址，尚能清楚看到夯土遗迹。其周围的西柏店、唐庄子、北埝头、李家坟等地是比较集中的古墓区，多为汉墓，说明这里在汉代是人口聚居、经济发展之区。古城址东面濒临错河，西靠北城子村，依郦道元《水经·鲍丘水注》所记，此即汉代霍光受封为博陆侯的博陆城[9]。汉宣帝地节二年（前 66 年），霍禹谋反族诛，侯国亦除。汉平帝元始二年（2 年）复封霍光从父兄弟曾孙霍阳为博陆侯，食邑千户。霍光在昭帝之世，身为辅政大臣，权倾天下。其子霍禹袭封之后，骄横奢侈，横行无忌，以致获罪。另外，虽然霍光的食邑在今山东、河北、河南境内的汉北海、河间、东郡，但位于今北京平谷县的博陆封邑附近的燕蓟农民仍不免受到霍氏宗族的欺压和剥削。

东汉初年，汉光武帝刘秀惩于西汉和王莽时期的教训，曾一度试图解决土地兼并、过于集中的问题。建武十五年（39年）"诏下州郡检核垦田顷亩及户口、年纪"。但地方官吏畏惧豪强地主的势力，不敢触动他们的利益，反而对一般地主和农民以查田为由进行讹诈勒索。尽管建武十六年（40年）汉光武帝将河南尹张伋和诸郡守10余人治以度田不实之罪"皆下狱死"，查田之事仍无法进行。相反，却引起了全国政治局势的动荡，"郡国大姓及兵长、群盗处处并起，攻劫所在，杀害长吏。郡县追讨，到则解散，去复屯结。青、徐、幽、冀四州尤甚"[10]。可见当时幽州（治今北京）地区的豪强地主势力非常强大，在全国性的动乱中表现十分突出。面对这种局面，汉光武帝采取分化政策才勉强将局面稳定下来。从此，东汉政权对豪强地主完全屈服，不再有查田的举措。封建豪强地主兼并土地和对农民的剥削更加肆无忌惮。地方豪强地主为了更便于他们的经济活动，往往在政治上控制或勾结官府。如已有著录的东汉幽州刺史朱龟（光和六年）碑所题其故吏姓名中大多数是幽州蓟（治今北京）、涿（治今河北涿州）、上谷（治今河北怀来县大古城）、右北平（治今河北丰润县东）各郡县人民。

东汉时期幽州地区存在豪强庄园。豪强地主依靠对农民的剥削，过着奢侈腐化的生活。这从东汉墓葬的发掘材料中可见一斑。

今天津市武清县，东汉时属幽州渔阳郡。1976年在武清县兰城村发现东汉雁门太守鲜于璜墓。鲜于氏是幽州渔阳郡土著大族，据墓志铭文所记，鲜于璜起初被渔阳郡王太守荐举为孝廉，授官郎中，迁度辽右部司马，复迁赣榆令，后因父忧去官。服终，复辟太尉府，除西曹属，延平中（106年）拜安边使，永初元年（107年）拜雁门太守，延光四年（125年）卒于家。鲜于璜有三子：长子鲜于宽，举"有道"，辟太尉府掾。中子鲜于㻋，渔阳郡五官掾，功曹守令，幽州别驾。少子鲜于晏，举"孝廉"，雁门长史，九原令。鲜于璜墓虽然早先被盗，但仍出土大量随葬物品，如铁削、铅制车马饰具、漆器、骨梳、玉璏、石砚、五铢钱、铜熏炉、铜镜、鎏金铜饰和大量陶器。漆器为案、盘、耳杯、奁、盒、魁等，部分器表有朱漆彩绘，并镶有鎏金铜饰。陶器大多是实际生活用具的仿制品，器表一般涂有白色，即所谓"冥器"。有一座陶灯台，高达96厘米，由座、盘、柱等部分组成。

灯座分3层. 每层均有人物雕像: 上层是一官吏人物在长几后安然而坐, 右侧有一门卒人物执杖躬身侍立, 左侧有二侍从人物屈膝作供物状。在官吏人物之右, 还有一骑士人物。中层所塑人物多为骑士, 身佩武器。左右成对而列, 作扬鞭勒缰奔驰状。一匹高躯骏马前面有一马夫人物, 作恭候主人状。下层所塑则为社会底层人物, 一为肩扛粮袋, 一为手扶杵杆, 作脚踏舂米状。另有一虎兽, 虎前有一赤身人物, 似作搏虎状。这些雕塑的人物, 身份各别, 神情各异, 其内容即东汉幽州封建豪强地主威严显贵、安逸享受的真实写照[11]。北京西郊八宝山西部发现的东汉和帝永元十七年 (105年) 的 "汉故幽州书佐秦君" 神道石阙, 同样反映了东汉幽州官僚地主的腐朽生活。所发现的石阙构件均有精美的纹饰, 规模宏大。该阙系东汉幽州书佐秦君之子秦仙为其父所建。书佐是主办文书的州郡小吏, 身份在掾、属之下, 尚不及秩、卒史、斗食等吏, 月钱不过三百六十。书佐一类的人物死后, 无论从当时朝廷制度, 还是从本身经济力量, 都不可能建造这样规模宏大、雕刻精美的神道石阙。据郭沫若先生推测, 书佐秦君之子秦仙必定是在和帝时身居显职, 所以才敢于和有能力越制为其父建造神道石阙。东汉时, 石刻画像的工费颇高, 有造石阙费钱十五万的记载。秦仙为其父建造的这座石阙, 史学家陈直先生据已有文献资料推算, 大约费用在二十万以上[12]。

东汉时期幽州地区的阶级对立和贫富差别, 在已发现的东汉墓葬群中也表现得十分明显。北京怀柔县城北发现的9座东汉墓中, 多室墓3座, 复室墓2座, 单室墓4座。其中, 东汉晚期的31号多室墓规模最大, 有墓道、甬道, 甬道通向中室, 中室南端左右各有一耳室, 中室左右又各有一棺室。在中室以北有一个南北长4.5米、东西宽5米的土坑, 其东、西、北三面墙壁上还遗有砖痕, 推测应是棺室。该墓的墓底均铺方砖, 其中一块方砖上刻有 "吾阳成北千无不为孝廉, 河东公府掾史五曹治" 十九字铭文。"吾阳" 即渔阳, 今北京怀柔县在东汉时属渔阳郡。据铭文可知, 墓主生前曾被当地州郡举荐为 "孝廉", 后征辟为河东公府掾史五曹治。据《后汉书·百官志》, 公府掾史比四百石或三百石, 其地位相当于县长 (大县曰令, 小县曰长)。正因为墓主生前是地方豪强并且有这样的社会地位, 所以身后造墓才有如此规模。该多室墓中出土的陶楼和人俑也非常引人注目。陶楼分上、下两层, 上层正面两旁各有一长方形窗, 中间是一长方形菱形花窗, 正面檐下有两个斗拱。屋顶为庑殿式, 瓦垄头有兽面纹圆瓦当, 四条垂脊作长方形条状, 前坡之两条垂脊头亦有兽面纹圆瓦当。正脊两端有螭尾。这件陶楼反映出东汉幽州封建地主有雄厚的经济实力，住宅也很豪华。该墓出土的两件人俑，一为立俑，人物双手拱于腹部，当属奴仆之类身份；另一件为双人踏碓俑，反映了封建地主自然经济的生活状况[13]。与此相比，北京昌平县史家桥发现的 19 座东汉早期平民墓葬则简陋得多。各墓均为土坑葬，随葬陶器的器型也小，不见大型陶器，这显然与墓主的经济地位有关。昌平县半截塔村发现的 5 座东汉晚期墓，虽然都是砖室墓，但是结构简单，均为长方形，墓砖也烧制得十分粗糙。除 1 号、11 号墓外，其他 3 座墓的随葬陶器都十分简陋，2 号墓和 7 号墓分别有 5 件，17 号墓只有 1 件。东汉时期，社会盛行厚殓之风，豪富挥霍，一般殷实之家也莫不攀比。就北京地区所发现的两汉墓葬形式而言，西汉时大多为土坑葬，王莽时期开始出现砖室墓，东汉时期一般为砖室墓，且多室墓也大量出现。不过在对北京怀柔、昌平县两地发现的东汉墓葬的比较中，我们也可以了解到当时社会上存在着严重贫富差别的现象。

东汉是中国历史上封建大地主经济迅猛发展的历史时期。当时，今北京地区同全国一样，存在着很多大地主庄园，如渔阳鲜于氏和位于今北京平谷县的西汉博陆城遗址即为例证。大地主肆无忌惮地疯狂掠夺和兼并土地，不但使得广大农民沦为佃户、农奴，而且也使得很多中、小地主纷纷破产。东汉末年，社会矛盾日益尖锐，终于爆发了席卷全国的黄巾大起义。当时，黄巾起义的浪潮也冲击到了幽州（治今北京）地区。幽州蓟城（今北京）农民以黄巾包头，揭竿而起，杀东汉幽州刺史郭勋和广阳郡（治今北京）太守刘卫。东汉官军与幽州地主武装联合镇压了幽州地区的农民起义，但自身统治也受到沉重打击。汉灵帝中平五年（188 年），曾经担任过幽州刺史的汉宗室刘虞出任幽州牧。当时幽州地区因地处边远且驻军费用浩大，东汉朝廷"岁割青、冀赋调二亿有余，以给足之"。次年（189 年），董卓之乱起，地方豪强割据方隅，"处处断绝，委输不至"。刘虞乃"劝督农植……民悦年登，谷石三十（钱）"[14]。刘虞在东汉末年的动乱时代，采取措施缓和当地的社会矛盾，一方面加强边市贸易，"开上谷胡市之利，通渔阳盐铁之饶"；另一方面注意发展农业生产，保证粮食供给，每石谷只市价三十钱，应该说是政绩很突出的。当时青、徐地区百余万口避难流民纷纷涌入幽州，刘虞"皆收视温恤，为安立生业"[15]，以至于流民忘记了自己是在逃难。在经济能力可以承受的前提下，大量士庶人口的涌入，对幽州社会经济的发展，特别是农业的发展，无疑是有好处的。献帝初平四年（193 年），汉中郎将公孙瓒杀刘虞，自领幽州。

当时幽州地区连年灾荒，旱蝗为虐，百姓被迫以桑椹为粮，粮价昂贵，"谷石十万钱"。公孙瓒乃"开置屯田，稍稍得给"[16]。当然，得到屯田帮助的只能是公孙瓒的部伍，至于一般幽州百姓仍陷于水深火热之中。

注释：

1　《古谣谚》卷三十四"长城民歌"。

2　《汉书》卷二十四上《食货志》。

3　黄展岳：《近年出土的战国两汉铁器》，载《考古学报》1975 年第 3 期；雷从云：《战国铁农具的考古发现及其意义》，载《考古》1980 年第 3 期。

4　北京市文物研究所：《平谷杜辛庄遗址》，科学出版社 2009 年。

5　《文献通考》卷七《田赋考七·屯田》。

6　《汉书》卷二十四下《食货志下》。

7　《后汉书》卷七十三《刘虞传》。

8　《文献通考》卷七《田赋考·屯田》载：西汉宣帝神爵元年（前 61 年）赵充国击羌，请罢骑兵，屯田以待其敝。云："田事出，赋人二十亩。"

9　北京市文物工作队：《北京平谷县西柏店和唐庄子汉墓发掘简报》，载《考古》1962 年第 5 期。

10　《后汉书》卷一下《光武帝纪下》。

11　天津市文物管理处考古队：《武清东汉鲜于璜墓》，载《考古学报》1982 年第 3 期。

12　见北京市文物工作队：《北京西郊发现汉代石阙清理简报》，载《文物》1964 年第 11 期；郭沫若：《"乌还哺母"石刻的补充考释》，载《考古》1965 年第 4 期；陈直：《关于汉幽州书佐秦君石柱题字的补充意见》，载《考古》1965 年第 4 期。

13　北京市文物工作队：《北京怀柔城北东周两汉墓葬》，载《考古》1962 年第 5 期。

14　《后汉书》卷七十三《刘虞传》。

15　16　《日下旧闻考》引《汉末英雄记》。

第六章 魏、晋、北朝时期
北京地区的农业

第一节 人口的流动

在中国历史上，继东汉末年流民浪潮之后，魏、晋、北朝时期又发生两次大规模的人口流徙：一次是西晋永嘉之乱前后，以北方世家大族为首的今山东、河北、河南、甘肃、陕西南部地区的居民大规模地向今江南和河北北部、辽宁西部，以及四川地区迁徙；一次是北魏末年六镇起义失败以后，六镇鲜卑降户被北魏政府强令徙入今河北地区，河北地区居民复大规模向南流亡至今山东中部地区。此外，十六国时期，各割据政权统治者出于政治、军事或经济的需要，也屡有徙民之举。这种大规模的人口流动——无论是汉族居民流往边地，甚至塞外，还是塞外少数民族徙往内地——对于中国封建社会的政治、经济、文化都会产生很大影响。幽州（治今北京）地区处于北边，与乌丸（一作乌桓）、鲜卑、库莫奚、契丹等北方民族相接，人口的流动就更为频繁，对当地社会的影响就更为明显。

魏、晋、北朝时期幽州民户的流徙始于东汉末年。当时董卓之乱平后，各路军阀割据一方，东汉朝廷已有名无实。袁绍据有河北，以中子袁熙为幽州刺史，治蓟城（今北京），役民苛重，百姓多流亡于幽州西北的鲜卑轲比能部。进入鲜卑地区的幽州汉族居民带去了先进的生产技术和文化，促进了鲜卑社会的发展。数十年后，至曹魏初年，魏与鲜卑修好，又有1000余家流民自鲜卑地区返回幽州代郡、上谷郡等地。另外，东汉末年，还有大量幽、冀百姓向东北方向流入辽西乌丸地区。《后汉书·乌桓传》载：建安七年（202年）袁绍死，诸子争权,遂被曹操所破,"及绍子(袁)尚败,奔(乌桓)蹋顿,时幽冀吏人奔乌桓者十万余户"。《三国志·魏志·武帝纪》又载:"三郡乌丸承天下乱,破幽州,略有汉民合十余万户。"此乌丸蹋顿部历年掠夺的幽州 10 余万户,再加上随袁尚入辽西的幽冀吏民 10 万余户,东汉末年流入辽西乌丸地区的人口则总计有 20 余万户。这么大数量的汉族移民,对辽西乌丸地区社会的发展无疑产生了重大的影响。

一、西晋末年幽州人口的消长

自秦汉以后,幽州(治今北京)地属边塞,在中原地区内乱时往往可以维持相对稳定,所以历史上今山东、河北南部乃至江苏北部地区的流民常避难幽州。《后汉书·刘虞传》载:东汉末年,刘虞任幽州牧,"青、徐士庶避黄巾之难,归虞者百余万口"。及至西晋末年永嘉之乱前后,中原士庶百姓除避乱东南、西北地区外,还有一部分则自今河北南部、山东,乃至洛阳,北投幽州刺史王浚,以求自保。如八王之乱中,晋将军河南人褚翜"知内难方作,乃弃官避地幽州。后河北有寇难,复还乡里"[1]。永嘉之乱中,东莱人刘胤"携母欲避地辽东,路经幽州,刺史王浚留胤,表为渤海太守。浚败,转依冀州刺史邵续"[2]。还有部分士人,初投并州刺史刘琨于晋阳(治今山西太原市南),后刘琨势弱,不足托身,复转投幽州刺史王浚,其后又以王浚刑政不立,恐难持久,更东投辽西鲜卑段氏、慕容氏。《资治通鉴》卷八十八《晋纪十》晋愍帝建兴元年载:"初,中国士民避乱者,多北依王浚,浚不能存抚,又政法不立,士民往往复去之。段氏兄弟专尚武勇,不礼士大夫。惟慕容廆政事修明,爱重人物,故士民多归之。……游邃、逢羡、宋爽,皆尝为昌黎太守,与黄泓俱避地于蓟(治今北京),后归廆。……宋该与平原杜群、刘翔先依王浚,又依段氏,皆以为不足托,帅诸流寓同归于廆。"这些流亡士人中,逢羡是北海国(治今山东潍坊市西南)人,游邃是广平郡(治今河北曲周县北)人,宋爽是西河国(治今山西离石)人,黄泓是魏郡斥丘(治今河北成安县东南)人,宋该、杜群、刘翔均是平原国(治今山东平原市南)人。此外,又如渤海穆县(治今河北景县境内)人高瞻、鲁国(治今山东曲阜)人孔纂、会稽人朱左车、泰山郡(治今山东莱芜)人胡毋翼,也都是初依幽州王浚,而在王浚灭亡前后复转入鲜卑慕容部[3]。河东闻喜人裴宪、颍川郡颍阴(治今河南许昌市)人荀绰则是初依王浚,后属后赵石勒。裴宪为石勒从事中郎,荀绰为参军[4]。这些士人北徙幽州时一般率领众多宗亲、乡人同行,形成颇具规模的流亡队伍。如高瞻

"与叔父（高）隐率数千家北徙幽州"[5]，宋该等人也是"帅诸流寓同归于（慕容）廆"，黄泓则是"率宗族归廆"[6]。

　　流亡的北方士人挟治国安邦之术依附慕容氏鲜卑，一般均受到重用。黄泓自幽州往投慕容廆，慕容廆"待以客礼，引为参军，军国之务动辄访之。泓指说成败，事皆如言"[7]。及慕容皝嗣位，东晋咸康三年（337 年）建燕国，史称前燕，更"以封奕为国相，韩寿为司马，裴开、阳鹜、王宇、李洪、杜群、宋该、刘瞻、石琮、皇甫真、阳协、宋晃、平熙、张泓等并为列卿将帅"[8]。这些汉族士人位居显要，对前燕政权的巩固和发展，起了重要作用。如裴嶷在慕容廆之世代表鲜卑慕容部出使东晋，盛赞慕容廆之德，"初，朝廷以廆远在荒远，犹以边裔之豪处之。嶷既使至，盛言廆威略，又知四海英贤并为其用，举朝改观焉"[9]，从而为鲜卑慕容部争取到有利的政治地位，扩大了影响。咸康七年（341 年），慕容皝迁都龙城（治今辽宁朝阳市），其宫殿城池又系北平无终（治今天津蓟县）人阳裕等一手规划。阳裕字士伦，西晋末年幽州刺史和演辟为主簿。其后王浚杀和演自领幽州，又任命他为治中从事，然"忌而不能用"。314 年石勒陷蓟城，杀王浚。阳裕奔附段氏鲜卑，为燕郡太守，后降石虎，旋为慕容皝所俘，拜郎中令，迁大将军司马，"虽仕皝日近，宠秩在旧人之右"[10]，深受信重。阳裕生于无终，只在蓟城任官而未到过中原诸大城市，其规划的龙城城池应该也是仿照蓟城之制。

　　除流亡士人、官僚外，冀州（治今河北冀县）、豫州（治今河南淮阳市）、青州（治今山东临淄）、并州（治今山西太原市南）的庶民百姓，为战乱所迫，亦经幽州流亡于辽西、辽东。他们一般都熟悉农业生产，至辽地后仍以务农为业。为此，慕容廆设置侨郡，以冀州流民立冀阳郡，豫州流民立成周郡，青州流民立营丘郡，并州流民立唐国郡[11]。《晋书·王沈传》附子浚传载："王浚（在幽州）为政苛暴……调发殷烦，下不堪命，多叛入鲜卑。"因此这些侨置郡中虽然没有以幽州郡县命名的，但其中也应包括幽州流亡的百姓。由于鲜卑族属渔猎民族，在农业方面生产力水平比较低下，流民在农业生产方面处于先进地位，享受的待遇也比塞内优厚，所以慕容皝之世，流民来奔更如潮涌，其总人数竟达本地居民人数 10 倍有余，大大促进了前燕社会经济的发展。其后，慕容皝"罢成周、冀阳、营丘等郡。以渤海人为兴集县，河间人为宁集县，广平、魏郡人为兴平县，悉隶燕国"[12]，从而改侨置户为国家正式编户，与本地居民同样供役纳赋。流民过去享有的某些优免至此取消，负担比初到燕境时有所增加。但是，我们应该看到这种变化中的进步意义。因为当先进的生产技术已经广泛传播并被绝大多数生产者掌握之后，流民自然便失去了初到燕地时的先进地位，前燕鲜卑统治者对流民的宽柔政策也就变得毫无意义。流民在前燕地位的下降，正反映了在中原文明的影响下，前燕社会经济发展的事实。

西晋末年，一方面有山东，乃至长江以北地区士庶百姓北徙幽州、辽西；另一方面也有幽州世家大族南徙渡江，追随东晋政权。如西晋永嘉之乱后，幽州范阳祖氏即举族而徙。《晋书·祖逖传》载："祖逖字士稚，范阳道（治今河北涞水县）人也。世吏二千石，为北州旧姓。""及京师大乱，逖率亲党数百家避地淮泗……少长咸宗之，推逖为行主。达泗口，元帝逆用为徐州刺史，寻征军咨祭酒，居丹徒之京口（治今江苏镇江市）"。然而，也有南徙后复返回幽州的现象。如《晋书·慕容儁载记》李产附记载："李产字子乔，范阳人也。……永嘉之乱，同郡祖逖拥众部于南土，力能自固，产遂往依之。逖素好纵横，弟约有大志，产微知其旨，乃率子弟十数人间行还乡里，仕于石氏，为本郡太守。"但这属极个别现象，大部分北方流民到达南方以后便定居下来。《晋书·地理志下》载：元帝渡江以后，"幽、冀、青、并、兖五州及徐州之淮北流人相帅过江淮，帝并侨立郡县以司牧之"。成帝时，"于汉故九江郡界置钟离郡，属南徐州，江北又侨立幽、冀、青、并四州"。安帝义熙七年（411年）以后，"又以幽、冀合徐州，青、并合宛州"。这是因为兖州和徐州北部流民较多，而幽、冀、青、并四州到达南方的流民数量较少，所以幽、冀、青、并四州此时便只设侨置郡县而分属侨置的兖、徐二州。至南朝刘宋元嘉中，"南徐州备有徐、兖、幽、冀、青、并、扬七州郡邑"[13]。以徐、兖二州流民为主而包括幽、冀、青、并四州的北方流民，在当地开垦大量农田。继三国时期孙吴之后，东晋、南朝时期正式奠定了江南经济繁荣的基础，北方流民的先驱之功实不可没。

二、十六国、北朝时期幽州流散的人口

十六国、北朝时期，幽州地区频繁易主，鲜卑、胡羯、氐族政权均曾先后占据幽州蓟城（治今北京）。自西晋末至隋兴之二百余年中（314年—581年），幽州蓟城先为羯族石氏所据，旋转归鲜卑段氏，而后复归石氏，以后又归于鲜卑慕容氏之前燕、氐族苻氏之前秦、鲜卑慕容氏之后燕、鲜卑拓跋氏之北魏和东魏以及鲜卑化高氏之北齐、鲜卑化匈奴族宇文氏之北周。其中石勒于314年攻陷蓟城，但实际控制

则始于 319 年。前燕始于 350 年，前秦始于 370 年，后燕始于 385 年，北魏始于 399 年，北齐约始于立国前的 532 年，北周则始于 577 年。政权的频繁更替，造成幽州这一时期人口流动的复杂局面。

先后占据幽州蓟城的各族统治者，出于政治或军事、经济的需要，往往强迫幽州居民徙居他地。如 314 年石勒破幽州，自蓟城"迁乌丸审广、渐裳、郝袭、靳市等于襄国（治今河北邢台市）"[14]，以加强军事力量。及石虎继位以后，又曾"徙辽西、北平、渔阳万余户于兖、豫、雍、洛四州之地"[15]。这是因为石虎曾有迁都洛阳的计划。350 年前燕慕容儁据幽州蓟城，亦"徙广宁、上谷人于徐无，代郡人于凡城"[16]。这是因为当时前燕军事势力虽然已经南下，但国都尚在龙城（今辽宁朝阳市），而自幽州出辽西、辽东的北道就在徐无、卢龙、凡城、平岗一线。慕容儁此举大概是为了扼守要道，以使前燕南伐之师不致脱离本族居地而陷于孤军深入的窘境。398 年正月，北魏道武帝拓跋珪破后燕，自中山（治今河北定县）北归，"徙山东六州（幽、冀、平、营、兖、豫）吏民杂夷十余万户以实代（地）"，并"给新徙民田及牛"[17]。418 年四月，明元帝拓跋嗣"徙冀、定、幽三州徒何（即东部鲜卑）于京师"[18]。这些徙户中不但有汉民，而且有东部鲜卑；不但有农民，而且有大批"百工伎巧"[19]。他们对于促进拓跋鲜卑族社会经济的发展和加强京畿的军事力量发挥重要作用。

十六国时期，兵祸迭起，幽州蓟城屡遭战乱，百姓经常遭到劫掠。340 年十月，前燕慕容皝率精骑二万，自今北京居庸关，"长驱至于蓟城，进渡武遂津（今河北徐水县西），入于高阳，所过焚烧积聚，掠徙幽、冀三万余户"[20]。385 年七月，后燕建节将军徐岩叛于武邑，乘慕容垂用兵行唐丁零翟成之际，北攻幽州蓟城，败守将平规，"乘胜入蓟，掠千余户而去，所过寇暴，遂据令支（治今河北迁安西）"[21]。北周灭齐之初，周武帝宣政元年（578 年）四月，突厥他钵可汗率众"入寇幽州，杀略居民"[22]。以上这种劫掠人口、野蛮烧杀的行径严重摧残了幽州地区的社会生产力，使得幽州地区社会经济一度非常凋敝。

北魏末年继北方六镇起义之后的河北大起义浪潮中，幽州人口又出现南徙现象，孝明帝孝昌元年（525 年）六月，北魏将六镇降户二十余万经幽州徙往冀、定、瀛三州就食。因三州连年饥馑，同年八月柔玄镇人杜洛周复于上谷（治沮阳，今河北怀来县大古城）聚众起义，十一月攻陷幽州蓟城。其后，又连克定、瀛二州。在河北地区同时活动的还有葛荣起义军。

在起义浪潮中，幽、冀、瀛诸州的世家大族和庶民百姓纷纷避难南徙至今山东地区。如幽州北平无终（治今天津蓟县）阳氏，便于杜洛周破蓟城之后，举族南徙。《北齐书·阳休之传》载："阳休之字子烈……弱冠擅声，为后来之秀。幽州刺史常景、王延年并召为主簿。魏孝昌中，杜洛周破蓟城，休之与宗室及乡人数千家南奔章武（治今河北大城县）转至青州（治今山东益都）。"其后，阳休之兄弟转避洛阳，而阳氏宗亲皆于邢杲之乱中死于青州。邢杲是河间人，原系幽州平北府主簿。河北大起义爆发后，他拥率部曲屯于鄚城，与起义军对抗 3 年之久，后南渡滹沱河而居于青州北海郡（治今山东潍坊市西南）境内。当时河北流民多居于青州，颇受当地土豪欺凌。武泰元年（528年）灵太后诏即于流民所在地置郡县，选其中豪右为守、令。邢杲求官不获，深怀怨恨。同年六月，邢杲率河北流民十余万反。永安二年（529 年）三月，起义失败，邢杲降魏被杀。这次起义就邢杲个人来说虽是求官不获而谋反，但就广大流民来说却无疑是一次反抗北魏统治的正义斗争。在邢杲起义军中有大量幽州流民。《魏书·刘灵助传》载："刘灵助，燕郡人……后从（尔朱）荣擒葛荣，特除散骑常侍、抚军将军、幽州刺史。又从大将军上党王天穆讨邢杲。时幽州流民卢城人最为凶捍，遂令灵助兼尚书，军前慰劳之。"刘灵助又配合北魏官军的军事镇压，"慰劳幽州流民于濮阳（今山东鄄城县北）、顿丘（今河南清丰县西南），因率民北还"。这些幽州流民在邢杲起义被镇压后，大部分返回幽州。

三、魏、晋、北朝时期进入幽州的胡、汉人口

魏、晋、北朝时期，不但有幽州人口大量外流的情况，同时也还有徙入的现象。

乌丸、鲜卑族的内徙和内据　早在公元前 119 年，汉武帝遣卫青、霍去病率汉军分道出击匈奴，直至漠北，因徙原处于匈奴统治之下的乌丸族于上谷、渔阳、右北平、辽西、辽东五郡塞外，为汉朝侦察匈奴动静，并置护乌丸校尉监领之。东汉建武二十五年（49 年），乌丸族更徙入塞内，布于缘边诸郡。汉献帝建安十二年（207 年）曹操破辽西蹋顿等三郡乌丸，又将乌丸降众"及幽州、并州（阎）柔所统乌丸万余落，悉徙其族居中国（即中原地区），帅从其侯王大人种众与征伐。由是三郡乌丸为天下名骑"[23]。西晋末年，幽州蓟城尚驻有乌丸审广、渐裳、郝袭等部，后降于石赵，迁于襄国（治今河北邢台市）。

汉代，随着匈奴族的破败和乌丸族的南移，鲜卑族逐渐尽占有匈奴空虚之地，并进入辽东、辽西地区。东汉桓帝时，鲜卑大人檀石槐

统一鲜卑诸部，分其地为中、东、西三部。其势力东达辽东、右北平，西及上谷、敦煌。汉灵帝光和中（178 年—184 年）檀石槐死，诸部离散，其中有一部分则附入东汉缘边诸州郡。

内徙的乌丸、鲜卑族与幽州汉族百姓杂居，共同从事生产。今北京西郊石景山附近古代有戾陵堰、车箱渠，西晋元康五年（295 年）六月被山洪毁损四分之三，晋宁朔将军、监幽州诸军事、护乌丸校尉刘弘命部下逄恽率"内外将士二千人，起长岸，立石渠，修立遏，治水门"，重新修复。在施工过程中，"诸部王侯不召而自至，襁负而事者盖数千人"[24]。其中的"内外将士"即包括乌丸、鲜卑骑兵在内，而"诸部王侯"则专指内附的乌丸、鲜卑大人而言。

西晋末年，辽西段氏鲜卑首先入据幽州中心地区。《魏书·徒何段就六眷传》载："徒何就六眷，本出于辽西。其伯祖日陆眷，因乱被卖为渔阳乌丸大人库辱官家奴。……其后渔阳大饥，库辱官以日陆眷为健，使将之诣辽西逐食，招诱亡叛，遂使强盛。日陆眷死，弟乞珍代立。乞珍死，子务目尘（一译务勿尘）代立，即就六眷（一译疾陆眷）父也。据有辽西之地，而臣于晋。"段氏鲜卑以令支（今河北迁安西）为根据地。314 年石勒灭幽州刺史王浚以后，所署幽州刺史刘翰不愿为石赵效力，便转投段氏鲜卑。就六眷之弟段匹磾率所部鲜卑人据蓟城，自领幽州刺史，并得到东晋政权的承认，从此辽西段氏鲜卑大规模进入幽州中心地区。

后赵末年，慕容氏鲜卑于消灭冉闵之后，也曾入据幽州中心地区。350 年，慕容儁自龙城（治今辽宁朝阳市）发前燕兵攻陷幽州蓟城，并于 352 年定为国都，将鲜卑军民及宗室贵族分批迁入幽州。《资治通鉴》卷九十九《晋纪二一》晋穆帝永和八年（352 年）载："三月乙巳，慕容儁稍徙军中文武兵民家属于蓟。"胡三省注云："自北徙其家属而南，又恐其怀居而无乐迁之心，故稍徙之。"这种迁徙似乎属半劝诱、半强制性质。此后，397 年十月，北魏攻克后燕都城中山（今河北定县）。399 年二月，后燕燕郡太守高湖"率户三千内属"[25]，拓跋鲜卑就此入据幽州蓟城。

被安置的降户和俘户　幽州地属北边，统治者常将降户、俘户安置于此。如 227 年十二月，曹魏新城太守孟达反，次年（228 年）正月魏遣司马懿破新城，斩孟达，"徙孟达余众七千余家于幽州"[26]。孟达原是蜀国叛将，其初司马懿就认为其"言行倾巧不可任"[27]，至此将其旧部蜀军七千余家徙于幽州，其意不外乎投之北荒，防止复相煽惑。十六国、北朝时期，339 年九月，后赵掠东晋汉东等地，"拥七千余家迁于幽、冀"[28]。当时后赵已迁都邺城（今河北临漳县境内），其将劫掠的东晋俘户安置在邺城以北的幽、冀地区，主要目的是防止逃遁。364年，前燕掠东晋汝南诸郡，徙万余户于幽、冀[29]。其时前燕已自蓟城迁都邺城，故其将俘户置于幽、冀的目的正与后赵相同。北魏宣武帝景明三年（502年）镇压鲁阳地区蛮人起义，徙其降人"万余户于幽、并诸州"[30]，其所为又与后赵、前燕同出一辙。356年，前燕慕容儁击破盘踞在广固的段氏鲜卑，徙段龛及其部众"鲜卑胡羯三千余户于蓟"[31]，其用意则在于控制。当时前燕仍都蓟城，故将其徙于此，置于最高统治者的直接监视之下。据《魏书·徒何段就六眷传》载，其后慕容儁仍不放心，最终将段龛"毒其目而杀之，坑其徒三千余人"。同样，在此之前的351年，冉闵之中山太守侯龛降前燕，慕容儁"迁其将帅、土豪数十家于蓟"[32]，也是这番用意。

十六国时期，北魏伐北燕时也屡有略燕民内徙之举，以孤立北燕都城龙城（治今辽宁朝阳市）。北魏延和元年（432年），太武帝率魏军伐北燕，"遂徙营丘、辽东、成周、乐浪、带方、玄菟六郡民三万家于幽州，开仓以赈之"[33]。在灭北燕的过程中，北魏计有5次大规模徙燕民入塞的举动，以困北燕。由于北魏的主要目的是要造成燕地空虚，而不是掠民役使，所以除延和元年这一次外，其他4次也可能都是将燕民就近安置，同徙于幽州界内。

除投降户与俘虏户外，北齐时幽州地旷人稀，统治者也常将罪谪者流放幽州。如北海世族王昕，因触怒齐文宣帝而被"徙幽州为百姓"[34]。幽州北平无终世族阳休之，受封为燕郡王时不以为荣，竟然说："我非奴，何意忽有此授。"[35]这固然是阳休之的狂傲，但也说明北齐常将罪谪者发往幽州为民、为奴。

复业和"乐迁"的人口　每逢幽州动乱，百姓便向南部或东北部流散，而在政权稳定之后，在统治者的招抚下，幽州流民大多会回乡复业，在恢复当地农业生产方面起到重要作用。如后燕初年，慕容农为幽州牧，"镇龙城（治今辽宁朝阳市）……先是，幽、冀流民多入高句骊，农以骠骑司马范阳庞渊为辽东太守，招抚之"[36]。北魏初年，拓跋鲜卑统治者对幽州百姓尚能多加存恤，明元、太武二帝多次巡幸幽州，问民疾苦。代人尉诺在魏初先后两次担任幽州刺史，抚纳新旧，"在（幽）州前后十数年，还业者万余家"[37]。除幽州流民回乡复业者外，从幽州徙出的人口，在徙居地发生动乱时也会重新返回家乡。如后赵末年冉闵之乱中，"贼盗蜂起，司冀大饥，人相食……（冉闵）与羌胡相攻，无月不战。青、雍、幽、荆州徙户及诸氐、羌、胡、蛮数百余万，各还本土"[38]。

北齐义宣帝天保中，幽州民户稀少，为此北齐省罢了幽州数个郡县。如北齐天保七年（556 年）省广阳、良乡县入蓟县，省大城、长乡二县入涿县，又省容城县入范阳县[39]。当时幽州劳动人手极缺，而冀、定、瀛三州却存在大量无地或少地的农民。天保八年（557 年），北齐政府"议徙冀、定、瀛无田之人，谓之'乐迁'，于幽州范阳宽乡以处之"。所谓'乐迁'实际上是强迫迁徙，故法令颁布之日"百姓惊扰"[40]。

综前所述，魏、晋、北朝时期幽州人口有迁入和迁出两种相反方向的流动，而无论迁入还是迁出，又都有流亡和强徙之别。

幽州人口大量流散，对于幽州地区社会经济，特别是农业生产的发展无疑是十分不利的。如东汉时幽州涿郡（治今河北涿州）有"户十万二千二百一十八，口六十三万三千七百五十四"[41]。经过动乱，至曹魏初期，"涿郡领户三千，孤寡之家，参居其半"[42]。在同一个政区内，曹魏初期时的户口数量竟减至东汉时的3%，其社会经济凋敝、土地大量抛荒的状况可想而知。

迁入幽州的大量移民，对于幽州社会经济的发展，一般来说产生良好影响。复业的幽州流民和北齐时迁入幽州的"乐迁户"促使幽州社会经济，特别是农业生产得到一定程度的恢复和发展。北方乌丸、鲜卑族进入幽州，接受汉族文化的影响，与汉族百姓共同开发，为幽州地区的繁荣做出了贡献。

如果分析一下魏、晋、北朝时期幽州人口数量的动态变化，我们可以发现，虽然自东汉以后幽州人口大幅度减少，但也不是简单的直线递减，其间还有回升的现象。如西晋时范阳国、燕国、北平郡计"有户口四万五千"[43]；而与之地域相当的东魏范阳郡、燕郡、渔阳郡则计"有户三万九千五百八十"[44]，两者数字比较接近。个别地区的户口，东魏时期还比西晋时有大幅度增长。如西晋范阳国领八县，"有户一万一千"；而东魏范阳郡虽比西晋时少一良乡县，但户口反而多至"二万六千八百四十八"[45]，是西晋范阳国户口的两倍有余。我们知道，历史上户口的增加，一般是社会生产力增长、社会经济恢复和发展的标志之一。幽州在东魏时户口的回升，除具有以上意义外，还标志着经过北魏末年六镇降户涌入幽冀和河北大起义后胡汉融合的加强。

第二节　著名水利工程——戾陵堰和车箱渠

早在东汉末年的建安九年（204 年），曹操为消灭盘踞河北的袁氏集团，在淇水口（在今河南汲县东北）下大枋木，遏淇水北入白沟，以通漕运。建安十一年（206年），曹操在消灭袁氏集团之后，为征服辽西三郡乌丸，又在河北泉州（治今天津武清县）"凿渠自滹沱入泒水（今河北沙河），名平虏渠"；又"从泃河口凿入潞河（今潮白河），名泉州渠"[46]。同时，又在泃河口开渠，引水东会濡水（今滦河），名新河[47]。曹操在北方经营的这一系列水利工程改善了北京周围地区的水道河网，对后来北京地区水利事业的发展有着深远的影响。但是，曹操所开平虏、泉州、新河3条河道主要是用于军粮漕运，不可能分出大量河水灌溉沿途的农田。相反，为了保证漕运畅通，必要时还得禁止引水灌田。至于前述东汉初年张堪、邓训在狐奴（治今北京顺义县东北）引水种稻也均属就近利用天然河道，灌溉面积自然也就有限。

北京历史上大规模的农田水利工程，见于史书记载的，当首推曹魏时期征北将军刘靖修建的戾陵堰和开凿的车箱渠。前已言之，流经今北京西南部的永定河古称㶟水，其在城南的河段又称清泉河（今凤河、凉水河河段），是北京地区的重要水源。戾陵堰、车箱渠就是一项引㶟水灌溉农田的水利工程。

众所周知，曹魏政权为了使社会从东汉末年凋敝的境况中恢复过来，在建国前后实行屯田制，分军屯、民屯两种。魏齐王芳嘉平二年（250年）驻守幽州的征北将军刘靖为屯田种稻，遣部下丁鸿率军士千人，在今北京西北石景山附近的㶟水河道弯曲处，"积石笼以为主遏，高一丈，东西长三十丈，南北广七十余步，依北岸立水门"，名戾陵遏。遏就是水坝，也称堰。戾陵一名来源于西汉时在此封国的燕王刘旦。刘旦是汉武帝之子。汉后元二年（前87年）汉武帝于巡行中病卒，立幼子刘弗陵为太子，即帝位，是为汉昭帝。元凤元年（前80年），燕王刘旦谋反事泄，被赐死在蓟城，封国也被废除。朝廷以其暴戾无亲，谥曰"刺王"。其陵俗称"戾陵"。丁鸿所建截水主遏因在戾陵附近，因此得称"戾陵遏"。戾陵堰截引的永定河水经由开凿的车箱渠，东入发源于今北京西部海淀区紫竹院公园的高梁河，"灌田岁二千顷，凡所封地百余万亩"[48]。这项工程导引北京西部的永定河水，东经蓟城北入高梁水（今长河）。又顺高梁河道自蓟城东侧南去（今积水潭和北海、中南海等三海大河）。同时，作为当时永定河主河道的清泉河（今凤河、凉水河）则自蓟城南部流过，在下游东会高梁河后继续向东南方向流。因此，戾陵堰、车箱渠工程完毕后，蓟城北的高梁河就成为㶟水的一条支流，史称"水溉灌蓟城南北，三更种稻，边民利之"[49]。所谓"三更种稻"，是指包括水稻在内的黍、稷、稻3种农作物而言，与《周礼》中所谓的"谷宜三种"是一个意思。由此，北京地区的水稻种植再次出现新的景象。

曹魏初以屯田立国，本来取得一定的成就，使得东汉末年以来人口凋敝、经济残破的败景有所扭转，但随着封建经济的发展和曹魏政权统治能力的衰弱，大量屯田地亩逐渐被地方豪族和军官霸占，幽州地区的屯田自明帝（227年—239年）时期开始遭到破坏，至元帝景元年间（260年—264年）已经陷于瘫痪。私人大地主势力恶性膨胀，屯田户的身份几同于农奴。劳动者无以生存，政府的租税收入也日益减少。景元三年（262年）曹魏遣谒者樊晨至蓟城整顿农务。樊晨至蓟后，下令"限田千顷（亩?）"，又"刻（括）地四千三百一十六顷，出给郡县"，改为国家编地，招佃租种，共"改定田五千九百三十顷"。除正经界外，樊晨还兴修水利。他组织民工重修戾陵遏水门，引永定河水"乘车箱渠"，入高梁水；再疏引高梁水东去，"自蓟西北迳昌平，东尽渔阳潞县（治今北京通州东）"，入白河。这项工程使车箱渠所引永定河及高梁河水的水程延长，农田受益面积相应扩大，"凡所润含四百里，所灌田万有余顷"，灌溉面积是嘉平年间（249年—254年）的5倍。戾陵堰在嘉平年间建成后的作用是"山川暴戾则乘遏东下，平流守常则自门北入"，相当于现代的"滚水坝"。景元年间经过樊晨扩建以后，戾陵堰、车箱渠水利工程的作用更加重要，"疏之斯溉，决之斯散，导渠口以为涛门，洒波池以为甘泽"[50]。它既是灌溉农田的引水渠，又是洪涝期的分水溢洪渠道，起到兴利除害的作用。然而，在樊晨这次整顿之后的第二年（264年），曹魏便正式罢屯田官，屯田制遂废。私人大地主经济终于取代了军事化的屯田制。

戾陵堰、车箱渠是北京历史上最重要的一项农田水利工程，对北京农业发展有重要影响，可谓"施加于当时，敷被于后世"。因此，西晋、北魏、北齐之世仍不断加以修整，使之在北京地区的农业生产中发挥很大作用。

西晋元康五年（295年）夏，永定河洪水暴发，冲垮拦在河中的戾陵堰达四分之三及北岸河堤70余丈，漫车箱渠。当时，正值刘靖之子、西晋宁朔将军刘宏镇守幽州。他继承父志，遣部下逄恽率将士两千人"起长岸，立石渠，修立遏"，一切均依旧制而行，很快恢复了车箱渠、高梁河灌区的水利设施。施工时，居住在幽州地区的乌丸诸部不召而至，"褓负而事者盖数千人"[51]，体现出民族团结的精神。

西晋以后，经十六国动乱时期，由于缺少官方的大力维护，戾陵堰、车箱渠几近荒废。北魏正光年间（520年—525年），今北京地区水旱不调，民多饥疫。幽州刺史裴延儁上任伊始便动工分别修复了幽州境内的戾陵旧遏和督亢渠两项水利设施。裴延儁不但是一位能征善战的卓越将领，而且还是一位出色的水利工程师。他"躬自履行，相度水利，随力分督，未几而就"。这两项工程，一在蓟城西即今北京石景山附近，一在涿郡（治今河北涿州）境内，功成之日，"溉田百万余亩，为利十倍"[52]。裴延儁修复了旧戾陵堰、车箱渠工程，对北京地区农业的恢复和发展是有功绩的，但是，我们也应看到，所谓"溉田百万余亩（即万余顷）"是指戾陵堰、车箱渠与督亢渠两个灌区而言，所以今北京附近的车箱渠、高梁河灌区所涵盖的农田面积肯定远远少于百万余亩。这说明北魏时今北京地区的农田水利虽比起十六国时期有所恢复，但肯定不如魏、晋之世。这也是和十六国、北朝时期北京地区气候干燥的自然环境及社会动乱、战争频仍的社会状况有密切关系的。

北齐河清三年（564年），出身敕勒族的北齐名将斛律羡任幽州刺史。他率骑兵北御突厥，边境安宁，使得幽州地区农民有了安心从事农业生产的稳定社会环境。斛律羡在军事和经济两条战线上进行巩固边防的工作。在军事方面，他为防备突厥犯边，于沿北境险要之处修立亭障，设立哨卡，防备北虏突袭；在经济方面，他为发展农业生产，扩大高梁水灌区面积，"导高梁水北合易荆（今温榆河），东会于潞（今潮白河），因以灌田，边储岁积，转漕用省，公私获利焉"[53]。

戾陵堰、车箱渠自曹魏嘉平二年（250年）开创，至北齐河清、天统（565年）年间，历时300余年之久，在北京农业史上占有重要地位，在北京古代农业的发展方面具有重要作用。虽然在此后该水利工程不再见于历史文献，但因永定河是距北京城市最近的第一大河，所以晚至清代，仍不断设法引其水以灌田。

第三节 农业经济状况

一、魏、晋之世幽州的农业生产

东汉末年政治腐败，社会矛盾空前尖锐，造成社会经济急剧衰退。幽州地区百姓不但要忍受统治阶级的压迫、剥削，还要经常受到鲜卑族入侵的骚扰，苦不堪言。汉灵帝之世，蔡邕上疏曰："幽、冀旧壤，铠马所出，比年兵饥，渐至空耗。今者百姓虚悬，万里萧条。"[54]东汉末年的连年战乱，更严重地摧残了幽州地区的社会经济。例如，幽州涿郡（治今河北涿州）在秦汉之世本是经济富庶之区，但经过东汉末年战乱之后，曹魏初年涿郡却只有"领户三千，孤寡之家，参居其半"，呈现一派荒芜景象。在这种情况下，农田大量抛荒是可以想象出来的。因此，曹魏初期，幽州地方官吏都把安定边民作为一项首要政务。魏文帝黄初中，幽州刺史崔林云："此州与胡虏（指鲜卑）接，宜镇之以静。扰之则动其逆心，特为国家生北顾忧。"[55]在与民休息，"镇之以静"的方针下，幽州百姓有了较稳定的生活和生产条件，不再流亡鲜卑，而且大批外逃的流民也返回乡里，成为屯田户或自耕农。魏明帝即位初年，诏天下郡县分为剧、中、平三等。涿郡太守王观以涿郡"北接鲜卑，数有寇盗"，自定为"外剧郡"，并按朝廷规定将儿子送到魏都邺城为质子，而涿郡百姓因此在服役方面得到"降差优免"的宽惠待遇[56]。幽州燕郡（治今北京）在涿郡之北，其当为外剧郡自更不待言。当时涿郡以北的幽州地区，黎民百姓亦当由此享受减免徭役的优惠。在这种情况下，曹魏初年，幽州地区的社会经济开始从东汉末年的残破局面中恢复起来。魏初，督率幽、并、河北诸州军事的节帅，先为北中郎将，后为镇北、征北将军，驻衙于信都（治今河北冀县），至迟在曹魏齐王芳正始中（240年—248年），征北将军的衙所已迁到蓟城（治今北京）。从此，蓟城重新成为北方军事指挥中心。这种变化是以经济条件为基础的，显示出曹魏时期幽州地区农业生产和社会经济从东汉末年的破败走向复兴的前景，可惜随着封建地主经济的发展和屯田制度的破坏而好景不长。

曹魏末年大地主势力的代表司马氏集团篡夺政权，建立西晋。西晋初年，北京地区的农业生产和社会经济有了长足的发展。幽州涿郡（今河北涿州）的户口由曹魏初年的3000余户。发展到西晋永嘉之乱以前的11000余户，将近过去的4倍。西晋初年，卫瓘、张华、唐彬先后出任幽州刺史，治理幽州，除整顿边防外，都能重视发展农业生产，广农重稼，劝督农植。特别是张华，他是范阳方城（治今河北固安县西南）人。西晋方城县北界抵达今北京大兴县南。今北京大兴县有张华村，相传是张华故里。张华是西晋时期一代名士，博闻多识，富有统治经验。他在幽州抚纳新旧，广布恩信，安定边境，与周边诸族友好相处，史称"远夷宾服，四境无虞，频岁丰稔，士马强盛"[57]。

西晋末年，统治集团内部夺权斗争愈演愈烈，终于酿成"八王之乱"，兵祸连年。自东汉以来内徙的诸北方民族贵族首领乘机而起，造成社会动荡的混乱局面。当时统治幽州的是西晋将领王浚。他是西晋尚书王沈的庶子。贾后（晋惠帝之后）囚太子司马遹于许昌时，他正任中郎将镇许昌，于是阿附贾后一党，与黄门孙虑共谋，杀死太子。由此，他深受贾后一党赏识，迁宁北将军、青州刺史，后又徙宁朔将军、持节都督幽州诸军事，驻蓟城（治今北京）。在八王之乱中，王浚割幽州自固，"结好夷狄，以女妻鲜卑务勿尘，又以一女妻苏恕延"。起初，成都王司马颖等三王起兵讨赵王司马伦。王浚在幽州首鼠两端，拥兵观望，于是与司马颖集团成怨。司马颖表请朝廷以幽州刺史石堪为右司马，以心腹和演代为幽州刺史。和演到幽州，与乌丸首领审登密谋除王浚。不料审登将密谋通报王浚，和演反被王浚所杀。从此，王浚自领幽州。永兴元年（304 年）八月，王浚联合并州刺史司马腾，召辽西鲜卑段务勿尘，大败司马颖于邺城，"士众暴掠，死者甚多。鲜卑大掠妇女，浚命敢有挟藏者斩，于是沉于易水者八千人。黔庶荼毒，自此始也"[58]。

八王之乱后期，东海王司马越势力强盛，王浚投靠司马越集团。永兴二年（305 年）七月，司马越自山东起兵，进攻关中，击败河间王司马颙。王浚遣部下祁弘率乌丸突骑为其先驱。次年（306 年）六月，司马越迎晋惠帝返回京师洛阳，成都王颖、河间王颙相继被司马越所杀。大权最终落入司马越手中。光熙元年（306 年）八月，晋以王浚为骠骑大将军，都督东夷、河北诸军事，领幽州刺史。王浚再次得势，并加封燕国之地。他信用属下枣嵩、田矫二人，滥杀无辜，苛剥百姓，幽州百姓在社会动荡中痛苦更深。当时幽州地区连遭灾荒，永嘉四年（310 年）幽州蝗灾，"食草木牛马毛，皆尽"[59]。建兴元年（313 年）幽州"大水，人不粒食"。而王浚犹建置楼台，寻欢作乐，自比汉高、魏武，"积粟百万，不能赡恤"[60]王浚的部属也大多"广占山泽，引水灌田，溃陷冢墓"[61]，以致百姓流离失所，怨声载道。田矫、枣嵩二人贪赃最甚，幽州童谣云："十囊五囊入枣郎"[62]，即形容枣嵩贪得无厌。但因枣嵩是王浚的女婿，所以王浚虽有所闻亦不加责。王浚的亲属和部属无不以贪聚财货为能事，"赀至巨万"[63]，幽州百姓哀苦无告。史书称西晋末年王浚在幽州的统治，"刑政苛酷，赋役殷烦……下不堪命，流叛略尽"[64]。当时，幽州东北的段氏鲜卑和慕容氏鲜卑集团实行招诱流民、发展经济的政策，对徙入的汉族流民给予宽免赋税的优惠。大量幽州农民不堪忍受王浚的苛剥，逃往东北鲜卑地区。总而言之，当时幽州的官僚集团霸占着大量田地。他们在经营农业生产时，为了引水灌田，竟然蛮横毁坏百姓的坟墓。广大农民不但被剥夺土地，而且还毫无节制地被调发服徭役，丧失了生存的基本条件。王浚在幽州不但失去百姓的拥护，此后又因政治野心膨胀，杀幽州著名学者霍原，先后失去并州刺史刘琨、辽西段氏鲜卑、乌丸及幽州世族地主的支持，其统治地位岌岌可危。西晋建兴二年（314 年）三月，早已探知王浚虚实的羯族首领石勒，在汉族士人张宾的赞谋下，自盘据的襄国（今河北邢台市）发兵奔袭幽州，破灭王浚。东晋大兴二年（319年）石勒建立后赵政权，大兴四年（321 年）再次攻陷段氏鲜卑占据的幽州蓟城，最终占有燕赵之地。

二、十六国时期幽州的农业生产

石勒是十六国时期比较有作为的一个封建统治者。他在最初破灭王浚时虽然也曾纵兵暴掠，但同时下令"分遣流人各还桑梓"[65]，这对恢复各地的农业生产有一定意义。在后赵建立并控有幽、冀地区之后，他遣使巡行州郡，"阅实人户，户赀二匹，租二斛"[66]。这个租调额和曹操平定河北后颁布的"收田租亩四升，户出绢二匹、绵二斤"[67]的数额相差无几，而比西晋课田制下的"夫五十亩，收租四斛（折合每亩八升），绢三匹，绵三斤"[68]的数额则轻得多。这在战争频仍、各军阀集团大多主要靠掠夺来维持财政的十六国时期，确属难能可贵。

石勒很重视农业生产，除征收租赋较轻外，他还经常派遣使者巡行州郡，劝课农桑，如"以右常侍霍皓为劝课大夫，与典农使者朱表、典农都尉陆光等循行州郡，核定户籍，劝课农桑，农桑最修者赐爵五大夫"[69]。这些措施都有利于农业生产的恢复和发展。在后赵统治区内从事农业生产的大多是自耕农和佃农，但从后赵机构中尚有"典农都尉"的官职设置来看，也应有不少军事性质的屯田存在。三国曹魏时期的典农都尉是典农中郎将之下的与县令同级别的农官，而后赵的典农都尉则是中央一级的农官。这种屯田一直延续到后赵政权末年[70]。333 年石勒死，其侄石虎（字季龙）即位，下令："以租入殷广，转输劳烦，令中仓（即设在京城的中央政府的官仓）岁入百万斛，余皆储之水次"[71]。这种富庶景象是和石勒生前注意发展农业生产分不开的。

继石勒之后即位的后赵主石虎是十六国时期的著名暴君。石勒在世时曾屡责石虎滥杀无辜，但始终未能改变其性。在石虎统治下，后赵百姓的兵役、力役和杂税负担超过以往任何时期。338 年，石虎击败辽西段氏鲜卑，乘势又击鲜卑慕容部，被慕容皝大败。340 年，石虎为复仇，命令包括幽州（治今北京）在内的司、冀、青、徐、并、雍七州"兼复之家五丁取三，四丁取二，合邺城旧军满五十万，具船万艘，自河通海，运谷千一百万斛于乐安城（治今河北乐亭县）……自幽州以东至白狼（治今辽宁建昌县西北），大兴屯田"[72]。所谓"兼复之家"

就是指有豁免兵役特权的人家。石虎为发动辽东之役，连享有优免特权的人家也要"五丁取三，四丁取二"，一般百姓家庭的丁壮尽发为兵则更不待言。幽州地区与鲜卑慕容部最接近，百姓受兵役、力役之苦尤为酷重。另外，史称石虎为营造邺、长安、洛阳宫室和发动战争，耗尽天下民力，大多数丁壮被征发为士卒，"百姓失业，十室而七"。在石虎统治下，后赵"众役烦兴，军旅不息，加以久旱谷贵，金一斤直谷二斗，百姓嗷然无生赖矣"[73]。

349 年石虎死。次年（350 年），前燕主慕容儁（慕容皝之子）乘石虎新丧，后赵内乱之机，发兵灭后赵，并且占据幽州蓟城（治今北京）。前燕占领幽州之初，社会并不稳定，前燕统治者对幽州也无稳妥的统治方针。当时，慕容儁欲将后赵降卒全部坑杀，这些降卒实际都是被征发的农民、百姓，慕容霸谏阻云："赵为暴虐，王兴师伐之，将以拯民于涂炭而抚有中州也。今始得蓟（今北京）而坑其士卒，恐不可以为师之先声也。"[74]慕容儁始罢。352 年，前燕占领后赵全部领土，慕容儁称帝，定蓟城为国都，以原国都龙城（治今辽宁朝阳市）为留都，并将皇太子、皇后和鲜卑兵民家属分批徙入蓟城。

在前燕统治下，幽州地区社会经济和农业生产并无显著发展。慕容儁虽然以蓟城为国都，但常往来于蓟城与留都龙城之间，蓟城百姓深恐鲜卑统治者将其东迁龙城，"互相惊扰，所在屯结"[75]。在这样的社会状况下，人民是很难全力从事农业生产的。而且，鲜卑贵族在进入中原地区以后迅速腐化，也妨碍了前燕政权在恢复、发展社会经济方面有所作为。357 年正月，前燕幽州刺史（治龙城，今辽宁朝阳市）乙逸被授为左光禄大夫，赴国都蓟城上任。其子璋在京师任官，率从骑数十，奉迎于道。乙逸见其服饰甚华丽，大怒，闭车不与言。到蓟城后，乙逸深责璋，但璋犹不改，而且更被擢任，历中书令、御史中丞。乙逸感叹曰："吾少自修立，克己守业，仅能免罪。璋不治节俭，专为奢纵，而更居清显，此岂惟璋之忝幸，实时世之陵夷也。"[76]乙逸的感叹，正反映出与慕容皝之世相比，慕容儁后期政风日下，鲜卑贵族腐化的状况。公元 357 年十一月，慕容儁不顾国力疲弱，急于南侵东晋，西图苻秦，自蓟城迁都于故后赵国都邺城。

前燕迁都邺城之后，于蓟城筑慕容皝庙，遣重兵驻守。慕容儁于灭后赵之后，没有使人民很好地得到休养生息，便又急于发动统一天下的战争，"三五占兵"，民心骚动，社会矛盾激化。史称当时前燕境内"盗贼互起，每夜攻劫，晨昏断行"[77]。慕容儁死后，幼子慕容暐继位，国政日颓，值其成年，"后宫四千有余，僮侍厮养通兼十倍，日费之重，价盈万金"[78]。前燕末期，兵革不息，母后乱政，太宰慕容评等贵族多贪冒，甚至霸占水源，强迫兵民出帛绢买水。370年，前燕终于被据于关中的前秦政权所灭。

前秦是氐族贵族建立的政权。前秦王苻坚信用汉族士人王猛，休养民力，励精图治，国势强盛。前秦灭前燕以后，以王猛和郭庆分别驻守邺城和蓟城，镇抚前燕故土。王猛废前燕恶政，"军禁严明，师无私犯"，"远近帖然，燕人安之"[79]。在比较稳定的社会环境下，幽蓟地区的农业生产有所恢复，人民生活安定。

但是，375年王猛死后，苻坚在前秦内政、外交方面连连举措失误，终于导致失败。380年，苻坚任命怀有野心的从兄弟苻洛、苻重二人镇守北方，以苻重为镇北将军，镇蓟；命幽州刺史苻洛徙治和龙（即龙城，今辽宁朝阳市）。同年四月，苻洛、苻重兄弟举兵反。苻洛自和龙发兵7万，苻重尽发蓟城之兵，会于中山（治今河北定县），共有10万之众。这次叛乱很快被苻坚平定，苻洛被俘，苻重被前秦将军吕光追斩于幽州，但动乱给幽蓟地区的社会生产力造成巨大破坏。社会动乱造成的破坏尚未及修复，382年幽州地区又发生特大蝗灾，为害千余里。苻坚遣散骑常侍刘兰为使者，调发幽州及相邻的青、冀、并诸州百姓捕蝗，但蝗灾之势经秋冬不减，幽州地区农作物基本绝收。在苻重、苻洛之乱以后，前秦政权加强了对关东地区的统治，分幽州东部地区另立平州，以石越为平州刺史，领护鲜卑中郎将，镇龙城（今辽宁朝阳市）；以中书令梁说为安远将军、幽州刺史，镇蓟城。但是，此后不久，383年苻坚错误地以倾国之师发动伐晋之役，败于淝水，招致了前秦政权的崩溃。

随着前秦政权的瓦解，原被前秦征服的诸族贵族纷纷举起复国旗帜。原前燕贵族慕容垂丁384年建立燕政权，史称后燕。在后燕与前秦的争战过程中，河北及幽蓟地区经济惨遭破坏。史称"燕秦相持经年，幽冀大饥，人相食，邑落萧条。燕之军士多饿死；燕王（慕容）垂禁民养蚕，以桑椹为军粮"[80]。385年正月，后燕代方王佐和宁朔将军平规攻蓟城，前秦幽州刺史王永和平州刺史苻冲屡屡战败。二月，王永遣昌黎太守宋敞"焚烧和龙、蓟城宫室"[81]，败退而走，后燕军进入蓟城。继西晋建兴二年（314年）石勒破王浚之后，蓟城再次遭到焚毁。同年七月，后燕叛将徐岩再次攻破蓟城，烧掠而去。幽州地区在这一时期屡遭兵燹，社会经济凋敝，十室九空，民不聊生。后燕初期，因蓟城及周围地区经济凋敝，民户散亡过半，土地抛荒，所以幽州牧和留台都设在慕容氏鲜卑的祖居地龙城（今辽宁朝阳）。389年四月，慕容垂以其孙、长乐公慕容盛镇蓟城（今北京），重修废宫室，391年二月"置行台于蓟（今北京），加长乐公盛录行台尚书事"[82]。从这一举动中可以看出在战乱平息五、六年之后，幽州地区的社会经济有所恢复，蓟城作为北方政治、经济中心的重要地位重新得以确认，由此与中山、邺、龙城、晋阳并列为后燕的最重要的五个战略据点城市之一。后燕据有幽蓟的时间并不长，前后不过10余年的时间。399年十二月，后燕燕郡太守高湖降于拓跋鲜卑的北魏，蓟城即被北魏据有。

三、北魏时期幽州的农业生产

北魏初、中期幽州农业的恢复和发展　北魏是鲜卑拓跋氏贵族建立的政权。当其以武力占据中原地区时，社会形态尚残留大量落后的部族经济因素。但是在中原地区封建地主经济的影响下，至孝文帝太和年间（477年—499年）便逐渐封建化了。

北魏初年，幽州人口锐减，其原因主要是多年的战乱。《魏书·尉诺传》载：明元帝初年（409年），尉诺任幽州刺史，时"燕土乱久，民户凋散，诺在州前后十数年，还业者万余家"。尉诺治理幽州时有万余家幽州农户返乡从事农业生产，这固然是幽州社会经济恢复的景象，但从另一方面也可以想见在此之前幽州地区人口散亡、外流的严重程度。此外，北魏道武帝太平真君七年（446年）省并平谷、安乐二县于潞县（今北京通州东），这也说明北魏初年幽州东部的今北京平谷、顺义县一带人口稀少，故不得不裁并这些县级机构。但自北魏中期，特别是孝文帝推行均田制、三长制以后，户口急剧增长。《通典·食货·历代盛衰·户口》称："明帝正光（520年）以前，时惟全盛，户口之数，比夫晋太康倍而有余矣"，达500余万户。及北魏末年，六镇起义，尔朱氏作乱，社会动荡，人民流亡，户口复大幅度减少，只有330余万户。但这一时期幽州某些地区的户口数量仍多于西晋时期。

北魏初年，拓跋鲜卑贵族统治者一方面将原来经济生活中落后的一面带入中原地区，例如将大量耕地废为鲜卑贵族围猎的场所，太武帝时，"上谷民上书，言苑囿过度，民无田业，乞减太半，以赐贫人"[83]，就反映出这种情况；另一方面，鲜卑贵族统治者为稳定社会局面，也注意休养民力，发展农业生产。如明元帝泰常七年（422年）九月"东幸幽州，见耆年，问其所苦，赐爵号。分遣使者循行州郡，观察风俗"[84]。太武帝始光四年（427年）正月，"行幸幽州"[85]。太延三年（437年）二月，"行幸幽州，存恤孤老，问民疾苦，还幸上谷

（治今河北阳原县），遂之代。所过复田租之半"[86]。太武帝还设法网罗封建地主士人，选拔以幽州范阳卢玄为首的数百名汉族学者到北魏朝廷当官，促进幽州和中国北方地区的社会稳定和封建经济的发展。

北魏初年，幽州的一些地方官吏尚称清廉，注意恢复和发展农业生产。北魏灭后燕之后，道武帝以上谷沮阳（治今河北怀来县大古城）人张衮为幽州刺史。张衮字洪龙，其父、祖均曾官至太守。张衮初为郡五官掾，纯厚好学。张衮家族世为二千石，本人又聪敏好学，有比较丰富的统治经验和才干，深受道武帝的信任。他任幽州刺史期间，史称"清俭寡欲，劝课农桑，百姓安之"[87]，对恢复幽州地区的农业生产有一定贡献。当时，虽然拓跋鲜卑贵族已开始采用封建主义生产方式，但就整体社会而言，仍残存着奴隶制的社会关系，部落贵族和武士占有赏赐的土地和奴隶。另外，各级官僚在孝文帝太和八年（474年）实行班俸禄之前，也都没有俸禄，听取于民。史称张衮"清俭寡欲"，也就是说，他尚能寡取于民，让农民能够从生产劳动中得到实际利益，从而具有从事农业生产的兴趣。至于明元帝时期的幽州刺史尉诺，则更是能存恤百姓，招抚流民，政绩显著。太武帝时，王宪（前秦王猛之孙）任上谷太守，史称"清身率下，风化大行"。其孙王仲智曾任幽州刺史，"有清平之称"[88]。魏郡邺人孔昭历太武、文成二朝，官至侍中、镇东将军、幽州刺史，"性柔旷，有才用"，"善察狱讼，明于政刑"[89]。在这样一些官吏的治理下，北魏初年幽州地区百姓复业者众多，农业生产又逐步得到恢复和发展。

北魏中期孝文、宣武之世，范阳人卢道将出任燕郡（治今北京）太守。燕郡是幽州的中心地带，而范阳（治今河北涿州）又是与燕郡比邻的幽州最富庶的农业区，出身范阳卢氏世族高门的卢道将对本地区的社会情况十分熟悉。他到任后，注意发展农业生产，"敦课农桑，垦田岁倍"[90]，扩大了燕郡的农田面积。

北魏后期孝明帝之世，裴延儁出任平北将军、幽州刺史，在参军卢文伟参谋下，修复了位于范阳郡的督亢渠和位于燕郡的戾陵诸堰。其中戾陵诸堰所围储的水量竟达"广袤三十里"，已形成比魏、晋之世更为庞大的水利工程体系。当时幽州"水旱不调，民多饥馁"[91]。这两项水利设施修复之后，加强了幽州地区农业抵御水、旱灾害的能力，一直到北齐之世仍在发挥作用。可惜这时北魏政权已经陷入重重社会矛盾之中，地主豪门的压榨和土地的兼并使得农民无立身之地，社会经济再次陷入凋敝，已经不是一两项水利工程所能解救得了的。更何况当地地主豪门出身的参军卢文伟还借机从中谋取私利，所以这项工程对农民的实际意义其实是很难过高估计。

经济制度的重大改革 中国封建经济史中一项重大的制度改革就是北魏推行的"均田制"和"户调制"。北魏初年的户调是九品混通之制，每户平均每年户调为帛二匹、絮二斤、丝一斤、粟二十石；又收帛一匹二丈，存放于州库，作为调外之费。至孝文帝太和八年（484年）"始准占班百官之禄"，复定新制，每户增帛三匹，粟二石九斗，以为官司之禄，调外帛也从一匹二丈增至二匹。调发之物主要是当地的纺织品，或绵、绢、丝、帛，或麻布。有些地方不产丝帛，如幽州及平、并、安、营、司诸州及上谷郡等地，即均以麻布充税。太和九年（485年）又颁布均田制："诸男夫十五以上，受露田四十亩，妇人二十亩，奴婢依良。丁牛一头受田三十亩，限四牛。所授之田率倍之，三易之田再倍之，以供耕作及还受之盈缩。"[92]除一般规定外，如幽州等地的以麻布充税的诸麻布之土，"男夫及课，别给麻田十亩，妇人五亩，奴婢依良"[93]。麻田和露田一样，在田主年老或亡故之后仍须还官。

魏初，实行宗主督护制，原来的自耕农在战乱中大多数变成世家大族的荫庇户，"民多隐冒，五十、三十家方为一户"[94]，"荫附者皆无官役，豪强征敛，倍于公赋"[95]。这样，作为宗主的豪强虽然暴富，但朝廷赋税收入却大为减少。另外，豪强地主还常强迫贫困农民为奴。如北魏初年，敦煌士人阴世隆因罪被从京师平城（今山西大同市）发配和龙（治今辽宁朝阳市），行至上谷（治居庸，今河北怀来县大古城）被当地豪强地主徐能抑掠为奴达5年之久，后在同乡士人索敞救援下才得幸免。不过，豪强地主大量驱使的还是宗主督护制下的荫庇户。北魏政府为了使这些荫庇户变成向国家缴纳租赋的编户，在颁行均田制的次年（486年），孝文帝又采纳给事中李冲之议，立三长之制，"五家立一邻长，五邻立一里长，五里立一党长"[96]。建立"三长"的目的在于厘定赋调，检括人口，使"课有常准，赋有恒分，苞荫之户可出，侥幸之人可止"[97]。"三长制"立，赋调征收的对象由原宗主督护制下的三、五十家方为一户的"户"，变为一夫一妇的小家庭，因此租调额也相应改为"一夫一妇帛一匹、粟二石。民年十五以上未娶者，四人出一夫一妇之调；奴任耕，婢任织者，八口当未娶者四；耕牛二十头当奴婢八。其麻布之乡，一夫一妇布一匹，下至牛，以此为降"[98]。按北魏均田制的规定，一夫一妇当受露田六十亩，如以"一夫一妇帛一匹、粟二石"的租赋额与三国曹魏之世"收田租亩四升（六十亩当合计二石四斗），绢二匹、绵二斤"，以及西晋课田制下"夫五十亩，收租四斛（即四石），绢三匹、绵三斤"的租赋额相比，北魏均田制下的农民负担要轻得多。

北魏之世，鲜卑贵族的经济来源主要依靠国家赏赐的奴婢从事耕织，而汉族地主则主要是通过大量占有荫庇户来获得超经济收入，故"三长制"主要打击了汉族地主豪富的经济利益。因此，"三长"之议一出，首先遭到中书令郑羲、秘书令高祐等汉族官僚反对，但在鲜卑贵族、太尉元丕和孝文帝母、文明冯太后的支持下，终于得以实行。

幽州地区在北魏实行均田制和"三长制"之后，农民负担有所减轻，地主豪门的大量荫庇户转为国家正式编户，农民的生产积极性有所提高，农业生产的发展程度超过西晋末年。

自然灾害　据竺可桢先生研究，东汉至南北朝时期正处于中国大陆近五千年来气候变迁的第二寒冷期，气候以干寒为主[99]。幽州地区在这时期内，气候则以干旱为主，有时也有暴风洪涝。如明元帝泰常二年（417 年）范阳大水。孝文帝太和七年（483 年）十一月，幽州雷电，城内尽赤。八年（484 年），幽州蝗，暴风。宣武帝景明元年（500 年）二月，幽州暴风，杀一百六十一人。三年（502 年）九月，幽州暴风昏雾，拔树发屋[100]。自孝文帝太和八年（484 年）以下的数条记载是典型的干旱迹象。恶劣的气候环境对农业生产有重大影响，往往造成庄稼失收，百姓饥馑。孝文帝太和九年（485 年）曾下令："数州灾水，饥馑荐臻，致有卖鬻男女者……今自太和六年（482 年）以来，买定、冀、幽、相四州饥民良口者，尽还所亲……。"[101]由此诏令中，可知当时河北地区水、旱灾害十分严重，人民饥馑，颠沛流离。至北魏后期孝明帝之世，水、旱灾害更为严重。孝明帝初，幽州刺史裴延儶修复督亢渠、戾陵诸堰水利工程时，史称当时幽州"水旱不调，民多饥馁"。孝明帝熙平二年（517 年），幽、冀、沧、瀛四州大饥。神龟元年（518 年）幽州大饥，虽然孝明帝诏幽州刺史赵邕开仓济贫，但仍饿死 3799 人[102]。

北魏腐败的吏治　但是，与自然灾害相比，黑暗的吏治则是阻滞农业发展的更为严重的因素。据史书记载，孝文帝之世，中山安喜人张赦提为幽州刺史，纵容其妻段氏"多有受纳，令僧尼因事通请，贪虐流闻"[103]。代人胡泥任幽州刺史时，为政"暴虐，刑罚酷滥，受纳货贿"[104]。但在北魏前期，历朝皇帝为了稳定政权，一般尚能"留心黄老，欲以纯风化俗……咸尚质俭"，对有贪贿行为的官吏的惩罚比较严厉。北魏初年，上谷太守、曲阳侯素延"豪奢放逸"，"奢侈过度"，道武帝"积其过，因征，坐赐死"[105]。"贪暴懦弱"的幽州刺史陈建则被文成帝遣使者赴幽州"杖责五十"[106]。张赦提虽然依仗"其妻姑为太尉、东阳王（元）丕妻"，也终不免被孝文帝"诏赐死于第"[107]。胡泥则被从幽州征还，"高祖（孝文帝）临太华殿引见，遣侍臣宣诏责之，遂就家赐自尽"[108]。

孝文帝死，宣武帝即位。北魏政治自宣武帝以后日趋腐败和黑暗。史称宣武帝"宽以摄下"，纵容官吏鱼肉百姓。官吏无不贪赃受贿，枉法徇私，苛剥百姓。辽东人高双，先任清河太守，"浊货将刑，在市遇赦免"，后纳金宝于北海王元详，"除司空长史。未几，迁太尉长史，俄出为征虏将军、凉州刺史"，复以贪暴而罢免。

宣武帝之世，高双货贿权贵高肇，"复起为幽州刺史，又以贪秽被劾"。但是这次却对他丝毫没有触动，"罪未判，遇赦复任"[109]，竟然官复原职。这样的例子在宣武帝之世并非个别，又如出身赵郡李氏名门的李宣茂，孝文帝太和初，拜中书博士，后兼定州大中正，"坐受乡人财货，为御史所劾，除名为民"。及宣武帝景明中，他东山再起，"除平阳太守，以罪左迁步兵校尉。正始初，除太中大夫，迁光禄大夫"。他又结纳权贵游肇，遂"迁平东将军，幽州刺史"[110]。这样一个臭名昭著的人物，他在幽州的政绩决不会廉洁奉公。孝文帝之世制定的"均田制"、"三长制"在北魏后期也遭到破坏。例如"三长制"本为检括人口、督课赋租而立，但是由于封建官僚与地方豪绅相勾结，孝明帝之世幽州邻、里、党三长实际上"皆是豪门多丁为之"[111]，兵役、力役均强派给贫弱农户负担，至于征收租赋更是上下其手。农民在如此重负下难以生存，或铤而走险，或抛荒流亡。在这种情况下，虽有裴延儁营造水利之举，也不能解决多大问题。

世族高门的压迫 封建世家大族形成的豪门地主也是压在农民头上的一座大山。中国封建社会的世家大族形成于东汉时期，魏、晋、南北朝时期则达到极盛，隋、唐时期始告衰微。北魏时，幽州的世家大族主要有范阳（治今河北涿州）卢氏、祖氏，上谷（治今河北怀来大古城）侯氏、寇氏，燕国（治今北京）刘氏，北平无终（治今天津蓟县）阳氏。其中，尤以范阳卢氏最显。世家大族为了维护自己的特权地位，彼此通婚，联姻皇室，垄断仕途，控制地方官府；经济上则占有大量田产。如卢氏家族的卢义禧，年少时"幽州频遭水旱，先有数万石谷贷人，义禧以年谷不熟，乃燔其契，州闾悦其恩德"[112]。卢叔彪（本名叔虎，唐人避讳而改）在乡时，"有粟千石，每至春夏，乡人无食者，令自载取；至秋，任还其价而不计，岁岁常得倍余"[113]。以上所述虽是范阳卢氏的所谓"善举"，但我们从中可了解到北魏时范阳卢氏家族已是"有谷千石"，甚至"有数万石谷贷人"的大地主。卢叔彪放贷虽然是"令自载取","任还其价而不计",但乡人慑于卢氏家族的威势不可能欠而不还或少还,故卢叔彪"岁岁常得倍余"。这是一种十分巧妙而奸诈的剥削方法。卢氏家族的卢文伟于孝明帝之世为幽州平北府长流参军,向幽州刺史裴延儁建议重修旧督亢渠。裴延儁将该工程委任卢文伟完成。史称卢文伟"既善于营理,兼展私力,家素贫俭,因此致富"[114]。这是史家对于卢文伟在实施该工程过程中,借机中饱私囊的委婉评述。世家大族在乡间拥有大量资产,过着优游闲适的寄生生活。出身范阳祖氏的祖鸿勋在致北平阳休之的书信中描述云:"在本县之西界,有雕山焉。其处闲适,水石清丽,高岩四匝,良田数顷。家先有野舍于斯,而遭乱荒废,今复经始,即石成基,凭林起栋。萝生映宇,泉流绕阶。月松风草,缘庭绮合;日华云实,傍沼星罗。"[115]

东魏、北齐幽州的农业 北魏末年,分裂为东、西两个政权,分别被军阀高欢和宇文泰控制,史称东魏、西魏。以后,东魏政权演变为高氏的北齐,西魏政权演变为宇文氏的北周。东魏、北齐占有包括幽州在内的北中国的东北部,是当时重要的产粮区,就经济实力而言,其初比西魏、北周强盛。但是,封建地主经济过度成熟,这一地区土地兼并十分激烈,"强弱相凌,恃势侵夺,富有连畛之陌,贫无立锥之地"[116],社会矛盾十分尖锐。加之,北齐朝政紊乱,鲜卑贵族和汉族大地主官僚的矛盾冲突达到几乎不可调和的地步,统治能力进一步衰弱。北齐初年的文宣帝之世,"周人常惧齐兵之西度,恒以冬月守河椎冰",齐国形势胜过北周;然而,至文成帝之世,北齐国势减弱,乃至于"齐人椎冰,惧周兵之逼"[117]。

东魏初年,幽州地区经过北魏末年的河北大起义及韩楼据蓟城(治今北京)的起义之后,百姓惨遭官军屠杀,"土荒民散",经济凋敝。及东魏武定中,社会经济才逐步恢复,幽州户口也接近西晋时的水平。其中,幽州范阳郡的户口数量还远远超过了西晋时期。但是,随着封建地主经济的发展,土地兼并也愈演愈烈,至北齐时内地诸郡出现了很多被地主剥夺土地的失业农民。加之北齐文宣帝天保之世屡兴长城之役,"举国骚扰,公私劳敝"[118]。幽州农民不堪重役和地主的侵剥,大量逃亡。东魏武定中,幽州燕郡领蓟(治今北京)、广阳、良乡、军都、安城5县。然而,及北齐之世,天保七年(556年)"省广阳、良乡入蓟",虽然此后北齐后主武平六年(575年)"复置良乡县"[119],但广阳县却始终未能恢复。这说明北齐时燕郡户口的明显减少。东魏时户口稠密的范阳郡,到了北齐时也成为地旷人稀的"宽乡"。北齐天保八年（557 年），将冀、定、瀛三州被地主剥夺土地的贫苦农民称为"乐迁户"，迁于"幽州范阳宽乡以处之"[120]。所谓"乐迁户"，其实也是强迫迁徙，诏令下达之日，人心惶然。

北齐后期，个别地方官吏出于巩固边防的目的，也注意发展幽州地区的农业。北齐皇建中（560 年）采纳平州（治今河北卢龙县北）刺史嵇晔的建议，"开幽州督亢旧陂，长城左右营屯，岁收稻粟数十万石，北境得以周瞻"[121]。此后，河清三年（564 年），斛律羡出为"使持节都督幽、安、平、南（营）、北营、东燕六州诸军事，幽州刺史"[122]。同年，北齐颁布法令："缘边城守之地，堪垦食者皆营屯田，置都使子使以统之。一子使当田五十顷。岁终考其所入，以论褒贬"[123]，鼓励戍军开垦边地。次年（565 年），斛律羡动工扩展蓟城原高梁河灌区，"导高梁水，北合易京（"京"误，当为"荆"。易荆水为今温榆河上游），东会于潞（今潮白河），因以灌田，边储岁积"。此前，幽州边军所食皆需自内地沿水、陆两途转输供给，至此"转漕用省，公私获利焉"[124]。

但是，这些水利设施都是官府所建，其主要用途也是灌溉幽州官府所拥有的田地和军队屯田；至于所谓"公私获利"，也只能是像卢文伟那样的官僚地主可以从中得到引水灌溉私田的好处。斛律羡扩展高梁河灌区对于幽州地区农业发展无疑是一件有积极意义的事情，但一般中、小地主和农民是不可能从中受益的。大部分农户主要还是靠自然降水来解决庄稼灌溉问题，因此抗灾能力很低，一遇旱、涝往往颗粒无收。

当时幽州农民不但得不到官府的帮助，而且还要忍受封建贵族、官僚地主的剥削。北齐之世，不少宗室贵族和官僚被封赐于幽州及附近地区，仅见于记载的就有范阳王高绍义、渔阳王高绍信、安乐王高仁雅、燕郡王阳休之、范阳县公慕容三藏等。这些封于幽州的贵族、官僚在当地大多有食邑。如慕容三藏袭爵燕郡公，食邑八百户，后别封范阳县公，食邑千户。他们依仗特权对幽州人民进行超经济的剥削和掠夺，如渔阳王高绍信行过渔阳，假意与当地大富人钟长命结为兄弟，"责其阖家幼长皆有赠贿，钟氏因此遂贫"[125]。以钟长命这样的地方首富尚不免要受贵族欺压掠夺，一般幽州百姓更是朝不保夕。

北周建德六年（577 年），北周灭北齐，占据幽州。北齐末年，幽州百姓十分困苦，无法进行正常的生产活动，往往以告贷为生。北周灭北齐之初，幽州地区十分动荡，范阳卢昌期倡乱，北周幽州总管宇文神举自蓟城率兵镇压，大肆屠城。范阳世族地主卢叔彪，北齐之世

"在乡时有粟千石"，后出仕，齐灭后复归乡里，在卢昌期之乱中竟与族弟卢士邃"皆以寒馁毙"[126]。当时一般百姓，既无生存条件，更无从事农业生产的条件，其困境可想而知。然而，在局势稳定以后，北周时期首任燕郡（治蓟城，今北京）太守是河东汾阴人薛温，史称为政"简惠"[127]。北周据有幽州5年以后，大象三年（587年），北周相国、隋王杨坚篡北周自立为帝，国号隋。

注释：

1 《晋书》卷七十七《褚翜传》。

2 《晋书》卷八十一《刘胤传》。

3 《资治通鉴》卷八十九《晋纪十一》，晋愍帝建兴二年。

4 《晋书》卷三十五《裴秀传》附裴宪传；《晋书》卷三十九《荀勖传》附荀绰传。

5 《晋书》卷一百八《慕容廆载记》高瞻附记。

6 7 《晋书》卷九十五《黄泓传》。

8 12 20 《晋书》卷一百九《慕容皝载记》。

9 《晋书》卷一百八《慕容廆载记》裴嶷附记。

10 《晋书》卷一百九《慕容皝载记》阳裕附记。

11 《晋书》卷一百八《慕容廆载记》。

13 《宋书》卷三十五《州郡志一》。

14 60 64 65 66 69 71 《晋书》卷一百四《石勒载记上》。

15 73 《晋书》卷一百六《石季龙载记上》。

16 31 75 77 《晋书》卷一百十《慕容儁载记》。

17 《资治通鉴》卷一百十、《晋纪三十二》，晋安帝隆安二年正月。

18 84 《魏书》卷三《太宗纪》。

19 25 《魏书》卷二《太祖纪》。

21 《晋书》卷一百二十三《慕容垂载记》。

22 《周书》卷五十《突厥传》。

23 《三国志》卷三十《魏书·乌丸传》。

24 《水经注》卷十四《鲍丘水注》引《刘靖碑》。

26 《三国志》卷三《魏书·明帝纪》；《晋书》卷一《宣帝纪》。

27 《三国志》卷四十《蜀书·刘封传》。

28 《晋书》卷七《成帝纪》。

29 78 《晋书》卷一百十一《慕容暐载记》。

30 《魏书》卷六十六《李崇传》。

32 《资治通鉴》卷九十九《晋纪二十一》，晋穆帝永和七年。

33 85 86 《魏书》卷四上《世祖纪上》。

34 《北史》卷二十四《王宪传》附王昕传。

35 《北齐书》卷四十二《阳休之传》。

36 《资治通鉴》卷一百六《晋纪二十八》，晋孝武帝太元十年。

37 《魏书》卷二十六《尉古真传》附尉诺传。

38 《晋书》卷一百七《石季龙载记下》。

39 王仲荦：《北周地理志》卷十《河北下·幽州》。

40 120 121 123 《隋书》卷二十四《食货志》。

41 《后汉书》志第二十三《郡国志五》。

42 《三国志》卷三十四《魏志·崔林传》注引《魏名臣奏》。

43 45 《晋书》卷十四《地理志上》。

44 《魏书》卷一百六《地形志上》。

46 《三国志》卷一《魏书·武帝纪》。

47 《水经注》卷十四《鲍丘水注》。

48 50 51 《水经注》卷十三《㶟水注》引"刘靖碑"。

49 《三国志》卷十五《魏书·刘馥传》附子靖传。

52 91 《魏书》卷六十九《裴延儁传》。

53 122 124 《北齐书》卷十七《斛律金传》附子羡传。

54 《后汉书》卷六十下《蔡邕传》。

55 《三国志》卷二十四《魏书·崔林传》。

56 《三国志》卷四《魏书·王观传》。

57 《晋书》卷三十六《张华传》。

58 61 62 《晋书》卷三十九《王沈传》附子浚传。

59 《晋书》卷五《孝怀帝纪》。

63 《晋书》卷三十五《裴楷传》附裴宪传。

67 《三国志》卷一《魏书·武帝纪》注引《魏书》。

68 《初学记》卷二十引《晋故事》。

70 《晋书》卷一百六《石季龙载记上》载："季龙将伐慕容皝……自幽州以东至白狼，大兴屯田。"

72 《资治通鉴》卷九十六《晋纪十八》，晋成帝咸康六年。

74 《资治通鉴》卷九十八《晋纪二十》，晋穆帝永和六年。

76 《资治通鉴》卷一百《晋纪二十二》，晋穆帝升平元年。

79 《晋书》卷一百十四《苻坚载记下》。

80 《资治通鉴》卷一百六《晋纪二十八》，晋孝武帝太元十年。

81 《晋书》卷一百十五《苻丕载记》。

82 《资治通鉴》卷一百七《晋纪二十九》，晋孝武帝太元十六年。

83 《魏书》卷十八《古弼传》。

87 《魏书》卷二十四《张衮传》。

88 《魏书》卷三十二《王宪传》。

89 《魏书》卷五十一《孔伯恭传》。

90 《魏书》卷四十七《卢玄传》附卢道将传。

92 93 95 97 98 《魏书》卷一百一十《食货志》。

94 96 《魏书》卷五十三《李冲传》。

99 竺可桢:《中国近五千年来气候变迁的初步研究》,载《考古学报》1972年第 1 期。

100 《魏书》卷一百一十二上《灵征志上》。

101 《魏书》卷七上《高祖纪上》。

102 《魏书》卷九《肃宗纪》。

103 107 《魏书》卷八十九《张赦提传》。

104 108 《魏书》卷八十九《胡泥传》。

105 《魏书》卷十四《曲阳侯素延传》。

106 《魏书》卷三十四《陈建传》。

109 《魏书》卷六十二《高道悦传》附高双传。

110 《魏书》卷四十九《李灵传》附李宣茂传。

111 《魏书》卷八十二《常景传》。

112 《北史》卷三十《卢玄传》附卢义禧传。

113 《北史》卷三十《卢观传》附卢叔彪传。

114 《北齐书》卷二十二《卢文伟传》。

115 《北齐书》卷四十五《祖鸿勋传》。

116 《通典》卷二《食货二·田制下》。

117 《北史》卷五十四《斛律金传》附斛律光传。

118 《北齐书》卷四《文宣帝纪》。

119 《太平寰宇记》卷六十九《河北道十八·幽州》。

125 《北齐书》卷十一《渔阳王绍信传》。

126 《北齐书》四十二《卢叔武传》。

127 《北史》卷三十六《薛辩传》附薛温传。

第七章　隋、唐、五代时期
北京地区的农业

第一节　隋炀帝发动辽东之役对农业生产的破坏

隋朝初年，隋文帝杨坚实行"薄赋役，轻刑罚，内修制度，外抚戎夷"[1]的政策。当时，盘踞在黄龙（今辽宁朝阳市）的原北齐营州刺史高保宁勾结突厥、契丹、靺鞨屡犯幽州。隋文帝以上柱国阴寿为行军总管镇幽州，随即正式任命为幽州总管。开皇三年（583年）四月，阴寿破高保宁，幽州北边局势得以稳定。五月，阴寿病死幽州。隋文帝以行军总管李崇为幽州总管。六月，李崇迎战来犯突厥，战死砂城（今河北怀来县沙城）。隋文帝又以豫州刺史周摇为幽州总管，领北方六州五十镇诸军事。开皇四年（584年），突厥分裂，契丹内附，周摇乘势加以招诱抚慰，幽州北境遂安，农民得以安心从事生产。周摇在幽州治理8年，卓有政绩，社会稳定，农业生产也有恢复和发展。开皇五年（585年），隋文帝纳工部尚书、襄阳县公长孙平之议，建立义仓，"令诸州百姓及军人，功课当社，共立义仓。收获之日，随其所得，劝课出粟及麦，于当社造仓窖贮之。即委社司，执帐检校，每年收积，勿使损败。若时或不熟，当社有饥馑者，即以此谷赈给"[2]。义仓制度建立，平时储粮于民，灾年出以赈济，从而加强农村的抗灾能力，对后世有深远影响。史称"自是诸州储峙委积"[3]，幽州地区也不例外。开皇九年（589年），隋朝发兵渡江灭陈，统一中国南北，最终结束了经历160余年的南北朝分裂局面。在稳定的社会环境里，隋文帝之世社会经济发展，出现"人庶殷繁，帑藏充实"[4]的繁荣局面。及隋炀帝即位之初，已是天下"户口益多，府库盈溢"[5]。按照隋文帝时制度，男子 18 岁以上为正丁，课正役，至炀帝初年则推迟到 22 岁成正丁，并免除妇人、奴婢、部曲课役，这些都反映出隋文帝之世形成的社会经济繁荣景象。

但是，隋炀帝在铲除了各地的反叛势力，巩固了政权以后，却一反隋文帝的治国方策，虚耗天下民力，任意挥霍国家财力，"兵戎岁驾，略无宁息，水旱饥馑疾疫，土功相仍"[6]。尤其是隋炀帝大业中，持续多年连续发动 3 次征辽之役，"旌旗万里，征税百端，猾吏侵渔，人不堪命"[7]，从而使社会经济趋于崩溃，社会矛盾尖锐，天下骚动。

隋炀帝为了发动辽东役，征用大量民夫开凿运河，转输粮饷，迫使农民没有机会从事农业生产，大量田地抛荒。隋代开凿的南北大运河——永济渠、广通渠、通济渠、山阳渎（邗沟）、江南运河——沟通钱塘江、长江、淮河、黄河、海河五大河流，南起余杭（今浙江杭州市），北达涿郡（治今北京），虽然将涿郡与富饶的关东、江准地区紧密联系起来，加强了南北经济、文化交流，并成为此后一千余年维系中华民族统一的纽带，其意义无比深远。但是，在开凿运河时，隋炀帝只考虑战争需要，根本不考虑社会所能提供的最大劳动能力，甚至"丁男不供，始以妇人从役"[8]，这就使得开凿运河的隋朝百姓未享其利而先受其害了。隋大运河的北段是永济渠，"大业四年（608 年），发河北诸郡百余万众，引沁水，南达于河，北通涿郡"[9]。古代开凿运河都是首先征发沿途州县民夫，不足再征发远地百姓，所以开凿永济渠的河北诸郡百余万民夫中首先就包括幽州百姓，而且正是在这次征发中首开以妇人充役的先例。永济渠动工于大业四年（608 年）正月，正是农民准备春耕之际，却被迫全部离开土地从役，只留下老人和小孩在田间劳作；再加之当年"燕、代缘边诸郡旱"[10]，自然条件恶劣，几乎没有收成，遂造成第二年（609 年）"燕、代、齐、鲁诸郡（大致今河北、山东和山西北部）饥"[11]，发生大饥荒。就在隋炀帝下令开凿永济渠的大业四年（608 年）八月，曾为亲祠恒岳而东达涿郡（今北京），"父老谒见者衣冠多不整"[12]。这说明人民已经贫困到了极点，而炀帝犹不省悟，反而加快准备辽东之役。永济渠工程既重且急，大量民夫饥困倒毙。

然而还不仅如此，在永济渠开工后的第二年（609 年）隋炀帝又命令在涿郡（治今北京）建行宫临朔宫，复搜刮大量当地老弱农民从役。负责为隋炀帝建造临朔宫的是阎毗，《隋书·阎毗传》载："将兴辽东之役，自洛口开渠，达于涿郡（即永济渠），以通运漕。毗督其役。明年（609 年），兼领右翊卫长史，营建临朔宫。"阎毗在大业四年（608年）负责凿永济渠，大业五年（609年）又负责营建临朔宫。这说明永济渠在大业四年（608年）正月兴工，只用了一年的时间就完工了。该工程结束后，阎毗又去负责临朔宫的营建。涿郡被征发开凿永济渠的农民在永济渠工程完毕之后，未及喘息，就又被驱赶去从事营建临朔宫。据史书记载，大业七年（611年）二月，隋炀帝自江都（治今江苏扬州市）出发，御龙舟，渡黄河，入永济渠，四月抵达涿郡之临朔宫。因此，至迟大业六年（610年）底临朔宫应当已经竣工。自大业四年（608年）正月始凿永济渠，至大业六年（610年）临朔宫竣工，涿郡农民昼夜不息，从事繁重徭役，以至于农作失时，田畴荒芜。人民处于极端贫困之中，无法从事正常的农业生产，而且也失去了从事连年劳役之后恢复生产能力的机会。

由于涿郡当地的耕地大量抛荒，农作物失收，而全国各地的粮食又大多征作军粮，粮食流通断绝，因此北方首先发生严重饥荒，包括涿郡地区在内的东北边地尤甚，谷价涌贵，斗米值数百钱。在征辽之役发动前后，隋政府又征用大量民夫转运军粮到辽西泸河（今辽宁锦州市）、怀远（今辽宁辽阳市西北）二镇。"车牛往者皆不返，士卒死亡过半"[13]。大业八年（612年）隋炀帝发动第一次征辽之役时，颁大赦诏："凡役丁夫匠至涿郡者给复二年，临榆关（今河北抚宁榆关）以西三年，柳城郡（今辽宁朝阳）以西四年，泸河、怀远以西五年，通定镇（今辽宁沈阳市北）以西七年，渡辽西镇者十年"[14]。然而，这对于当时连最低限度维持生命的口粮都没有的涿郡农民来说，根本毫无意义。当隋末农民起义的烽火首先在山东点燃以后，涿郡（治今北京）地区人民群起响应。当时在涿郡及附近河北地区活动的有卢明月、王须拔、魏刀儿、高开道等领导的农民起义。

隋朝统治者将起义农民污蔑为"盗贼"。大业九年（613年），涿郡地区已是"盗贼"蜂起，涿郡留守阴世师不得不发兵逐捕。郡留守，就是暂时代行郡太守职务的官员。隋末唐初，涿郡地区农民武装斗争十分活跃。当时，隋朝征辽物资大多聚积在这里。虽然天下各地粮食匮乏，这里却仓粟盈积，兵仗充足；隋炀帝的行宫临朔宫中又陈列着众多珍宝，所以成为各路起义军和蓟城百姓攻夺的目标，以致于"留守官虎贲郎将赵什柱、贺兰谊、晋文衍等皆不能拒"[15]。

隋炀帝自大业四年（608年）以来重役百姓对社会生产力造成的严重摧残，及连年战争带来的破坏性影响，对涿郡地区农业经济的摧残是十分严重的。隋末唐初，原隋虎贲郎将罗艺割据涿郡地区时，饥年荒岁竟不得不向据有怀戎（治今河北涿鹿县西南）的高开道借粟[16]。可见，当时北京平原地区农业生产情况尚不及今宣化、怀来盆地地区。

第二节　唐代幽州地区的农业

一、唐代幽州及周边各州县的农业发展水平

唐初，统治者鉴于隋朝覆灭的教训，实行均田法和租庸调法，使农民得以占有一定数量的土地，减轻农民的赋役负担。《旧唐书·食货志上》载："武德七年（624年），始定律令。……丁男、中男给一顷，笃疾、废疾给四十亩，寡妻妾三十亩。若为户者加二十亩，所授之田，十分之二为世业，八为口分。世业之田，身死则承户者便授之；口分，则收入官，更以给人。"租庸调法则规定："每丁岁入租粟二石。调则随乡土所产，绫、绢、絁各二丈，布加五分之一。输绫、绢、絁者，兼调绵三两；输布者，麻三斤，凡丁，岁役二旬。若不役，则收其庸，每日三尺。有事而加役者，旬有五日免其调，三旬则租调俱免。通正役，并不过五十日。"以唐代均田制、租庸调法规定的每丁给田1顷（100亩），岁输租粟2石（合每亩2升）及绫、绢、絁各2匹及绵3两（或布2丈4尺及麻3斤）的数额与前代相比较的话，则比曹魏、西晋、北魏时都要轻。同时，授予农民的田地（口分、世业共100亩）比西晋占田课田制下的每夫50亩及北魏均田制下的一夫一妇受露田60亩及桑田20亩（或麻田15亩）都要多。这种情况固然是唐朝政府鉴于隋末农民大起义的教训，而对农民做出的让步及建国初期巩固政权的需要，但同时也说明由于隋炀帝的苛政和连年战乱，当时存在大量无主土地，所以才能推行这样的政策。幽州（治今北京）地区自北齐以来即属地广人稀的宽乡，隋末又遭连年动乱，户口流失严重，在唐初更应该是属于宽乡之区。均田制的推行，使得唐初幽州地区的农业面貌为之一新，农作物的产量增加，不但可以满足百姓日常生活所需，而且可以稍有余粮。唐太宗贞观中，唐政府采纳尚书左丞戴胄之议建义仓：每年秋收，按每亩2升的定额缴纳粟或麦、杭稻，以建义仓。地多人少的宽乡，"敛以所种"；地少人多的狭乡，"据青苗簿而督之"。若由于灾荒而减产十分之四者，则减收义仓粮一半，减产十分之七者全免。经商无田者按户赀分为9等，出粟自5石至5斗不等。极贫穷户不缴。义仓的作用在于"岁不登则以赈民，或贷为种，至秋而偿"。其后，又诏令"洛、相、幽、徐、齐、并、秦、浦州置常平仓，

粟藏九年，米藏五年"[17]。常平仓的作用则在于，当市场上的粮价发生剧烈波动的时候，拿到市场上以平价出售，平抑物价。这说明包括幽州（治今北京）在内的北方诸州的农业生产水平已有恢复，所以有较多的农产品可以贮存。

唐代幽州政区屡有变更，《旧唐书·地理志》（下称旧志）"序略"云："高祖受命之初（618年），改郡为州，太守并称刺史，其缘边镇守及襟带之地，置总管府，以统军戎。"幽州属缘边镇守之地，置幽州总管府统领幽（治今北京）、易（治今河北易县）等8州，其中幽州领蓟、良乡、潞、涿、固安、雍奴、安次、昌平等8县。其后，贞观、景龙之世又有变更。唐玄宗天宝元年（742年）二月，诏"天下诸州改为郡"[18]。幽州改为范阳郡，统范阳、上谷、妫川、密云、归德、渔阳、顺义、归化8县。唐肃宗乾元元年（758年）范阳郡复改为幽州。旧志"幽州大都督府"条载：幽州"旧领县十：蓟、潞、雍奴、渔阳、良乡、固安、昌平、范阳、归义也。户二万一千六百九十八，口十万二千七十九。天宝，县十，户六万七千二百四十二，口（三）十七万一千三百一十二。今领县九。"[19]以上所谓"旧领县""今领县"所指年代均不明确。经岑仲勉先生考证，所谓"旧领"即指唐太宗贞观十三年（639年）情况而言。近年，翁俊雄先生更明确指出，"旧领"户籍资料即出自贞观中户部统计的"贞观十三年大簿"[20]。至于"今领"，旧志二"祁州"条载："景福二年（893年），定州节度使王处存奏请于本部无极县置祁州。"时距唐亡只有十余年，可见所谓"今领"当指唐朝末年情况而言。当时幽州所领9县分别为：蓟（治今北京），幽州治所。广平（治今北京石景山古城）。潞（治今北京通州）。幽都（今北京西部，大致后世的宛平县地区），管郭下西界。武清（治今天津武清）。永清（治今天津永清）。安次（治今河北廊坊）。良乡（治今北京房山区窦店）。昌平（治今北京昌平西旧县）[21]。此外，属今北京政区的还有檀州和妫州部分地区。旧志二载："檀州：武德元年（618年）改为檀州。天宝元年（742年）改为密云郡。乾元元年（758年）复为檀州。旧领县二：户一千七百三十七，口六千四百六十八。天宝：户六千六十四，口三万二百四十六。"其所列密云（治今北京密云县）、燕乐（今北京密云水库北燕落）二县虽不云"今领"，但详察史文即属"今领"。其文云："密云，隋县，州所治。燕乐，隋县……长寿二年（693年）移治新城，即今治也。"据此可知，直至唐末，密云县仍为檀州治所，而燕乐县仍治于武则天长寿二年（693年）新建的城中。旧志二又云："妫州，隋涿郡之怀戎县。武德七年（624年），讨平高开道，置北燕州，复北齐旧名。贞观八年（634 年）改名妫州，取妫水为名……。旧领县一：户四百七十六，口二千四百九十。天宝：户二千二百六十三，口一万一千五百八十四。"其所列怀戎（治今河北旧怀来县城）、妫川（治今北京延庆县）二县虽不云"今领"，但与檀州相同，亦属唐末情况。

据此可知，唐代幽（治今北京）、妫（治今河北旧怀来县城）、檀（治今北京密云县）三州之地与现代北京市行政区范围比较接近。

中国经济史中，只有明、清两代的州县农田面积尚有迹可察，再远的情况就很模糊了。但是，由于中国封建社会把人口作为征赋收租的依据，所以历朝历代对人口的统计都很重视，这在正史《地理志》中大多有记载。笔者认为人口的密度与耕地面积肯定是有一定关系。一般来说，某地区的人口密度大，该地区的农业生产力充足，耕地的面积也应该相应增加。故笔者谨据唐代幽、妫、檀三州户口、村落分布情况，试对该地区的农业状况进行推考。

首先考察幽、妫、檀三州的前后情况。据旧志二记载：唐贞观之世，幽州领县 10，有 21698 户，102079 口。至唐玄宗天宝之世，领县 10，计有 67242 户，371312 口。天宝之世幽州所领 10 县与贞观之世的幽州所领 10 县，地域基本相同，但户口数量却是贞观时期的 3 倍有余。这反映出从贞观到天宝时期的百余年间幽州地区社会经济的发展和繁荣。对于农业国家来说，也意味着耕地面积的扩大。又据旧志二所记：檀州在贞观之世有 1737 户，6468 口；在天宝之世有 6064 户，30246 口。天宝时期檀州户口数量是贞观时期的 3 倍到 4 倍。引人注意的是，贞观时檀州每户约合 3.7 人，天宝时期每户约合 4.9 人。对于封建社会来说，家庭是最基本的生产单位。从贞观时期到天宝时期檀州家庭单位户量的增加，既是社会经济发展的结果，也是推动当地经济发展的动力。唐贞观时妫州只领怀戎一县，天宝时析怀戎县置妫川县（今北京延庆县），故天宝时妫州所领二县与贞观时妫州所领怀戎一县实际是相同的。贞观时妫州有 476 户，2490 口，天宝时妫州有 2263 户，11584 口。天宝时妫州户口数量是贞观时期的 4.6 倍，其发展速度竟超过幽、檀二州，这反映出从唐初期至唐中期今河北怀来盆地（包括今北京延庆西部分地区）的社会经济发展速度曾一度超过今北京平原地区。

至于幽、檀、妫三州中诸县的情况，据《太平寰宇记》记载：幽州领 8 县："蓟县二十二乡。幽都县十二乡。良乡县十二乡。永清县十乡。安次县十六乡。武清县十乡。潞县十乡。昌平县四乡。"总计 8 县

96 乡。《太平寰宇记》虽系宋人乐史所编，但当时幽州处于契丹统治之下，其所据资料当属唐代。史学界一般据此考证唐代北方史迹，特别是唐代末年北方史迹。然而，将该书所记幽州与旧志二比较，其于领县中少一广平县。旧志二云："广平县，天宝元年（742年）分蓟县置。三载（744年）复废。至德（756年—758年）后，复分置。"侯仁之先生主编的《北京历史地图集》将该县治所定位于今北京西部石景山之古城一带，当属有据。在石景山西南之庞村出土的唐中和二年（822年）《乐邦穗墓志》云："葬于幽都县界房仙乡庞村"，可知在唐末广平县已并入幽都县。因此，《太平寰宇记》所载幽州8县，实际上就是旧志二所谓"今领县九"之地。唐制："百户为里，五里为乡。"[22]据此计算，唐末幽州96乡应大约有48000户，与天宝时户口基本相当。当然，实际情况会与估算情况有些出入，但不会相差太远。根据《太平寰宇记》的记载，唐末幽州各县人口与全州人口的比例分别如下：

唐幽州各县人口比例统计表

县称	蓟	幽都	良乡	永清	安次	武清	潞	昌平
占全州人口百分比	22.9%	12.5%	12.5%	10.4%	16.7%	10.4%	10.4%	4.2%

由于所统计的人口都是农业人口，所以该比例数也就可以看作是农田分布疏密程度的依据。据上表，可以推测幽州土地开发最充分的地区当属蓟城东部的蓟县，即今北京海淀、西城、宣武、东城、崇文、朝阳区一带。这一带当时有丰富的泉水、湖泊可资灌溉，著名的高梁河下游又自该区西北至东南斜贯而过，因此该区耕地比其他地方密集，当在情理之中。根据目前发现的唐代墓志，已知属蓟县的村落有燕夏乡海王村、甘棠村，燕台乡，招贤乡西綦村、平村、会川乡邓村、姚村、归仁乡刘村（后改属幽都县）、李曲村，正礼乡南胡垡，广宁乡鲁村[23]。这些村落大致分布在今北京市区东南部的琉璃厂至广渠门内外及城南右安门、永定门内外至丰台区、大兴县北部一带。与蓟县相比较而居次的则为安次县（今河北廊坊）和幽都县（今北京西部，大致后世的宛平县地区）、良乡县（今房山窦店土城）。旧志二于安次县、良乡县条下均注云"汉县"。幽都县原属蓟县，唐德宗建中二年（781年）才分蓟县西部建幽都县。因此，该三县亦属幽州开发较早地区。根据已发现的唐人墓志，可知属幽都县的村落有保大乡樊村里、杜村、礼贤乡龙道村、黄城、别驾村，房仙乡庞村，归义乡，太平乡仵村、万合里，展台乡，美锦乡南日村，效德乡，相公乡显固村，丰乐乡，

幽都乡石槽村[24]，大致分布在西至今北京城区西部直达永定河畔，东至北京城北部的今新街口、西四一带。良乡县村落则知有福禄乡一地[25]。唐代良乡县治在今北京房山区窦店土城，其东北有刺猬河，《水经·圣水注》称之为福禄水。唐福禄乡当在今窦店与刺猬河之间。此外，良乡县还知有复叶乡白水里、董村，观音乡成村，昌乐乡北陶村、鲁（曹）张村、交道村，尚义乡北乐城村、北张村、南张村、弁城村、北李村，金山乡中继村、五口村[26]。与这些村庄相邻的北郑村、独树村、上落村[27]，也在今北京房山区境内，唐代属涿州范阳县（治今河北涿州）管辖。土地开发水平在安次、良乡、幽都县之后的是潞（今北京通州）、武清（今天津武清）、永清（今天津永清）三县。旧志二云："潞，后汉县。"其实并不准确。《汉书·地理志下》渔阳郡属县有："路，莽曰通路亭。"《后汉书·郡国志五》渔阳郡属县有"潞"。东汉潞县即西汉路县，其治所在今北京通州东。因此，潞县当属汉县。永清县原属安次县，唐武则天如意元年（692年）始分置武隆县，后改会昌县，唐玄宗天宝元年（742年）始定名永清县。武清县即原汉雍奴县。这三县虽然也开发较早，但由于地势多低洼，容易发生水涝，所以农业发展水平比上述各县稍差。唐潞县村落今知有采贵里[28]，临高村、路城乡[29]。另外，在唐潞县境内的今北京通州南部潞县镇一带，当时也应有村落存在[30]。

唐代，幽州地区土地开发水平最低的是昌平县（今北京昌平西旧县）。昌平县西北为军都山脉，可耕土地大多位于县东南至温榆河南北一带的山前平原和冲积平原上。其居民有尚武传统，唐后期割据幽州的节度使朱希彩、朱泚、朱滔和刘怦家族均出身昌平县。唐昌平县村落今知有安集乡怀居里[31]，太尉乡司徒里[32]，辅化乡口冠村[33]，永宁村[34]，芹城[35]。另外，在今昌平县北部发现汉、唐、元代墓葬区[36]，说明该地区的开发年代较早。

据《太平寰宇记》记载，唐朝末年檀州密云县（今北京密云）9乡，燕乐县（今北京密云水库北燕落）4乡。妫州怀戎县（今河北旧怀来县城）2乡，妫川县（今北京延庆）1乡。如此，按每乡500户计算，檀州密云县当有4500户，燕乐县当有2000户，总计6500户。这比天宝时檀州户口多出400余户，反映出唐后期檀州地区的发展。妫州怀戎县当有1000户，妫川县当有500户，总计1500户，比天宝时妫州户口少600余户。很明显，从农业人口的比较来看，檀州密云县的土地开发程度与幽州潞县相当，略低于幽都、良乡等县；燕乐县位于山区，发展程度与昌平县相当。唐妫州妫川县原是怀戎县的一部分，天宝后析怀戎县置妫川县，后废。该地区处于今北京西北怀来盆地东部边缘，虽临近妫水，拥有较好的农业生产条件，但由于交通不便，且山区地形复杂，容易产生空气热力对流，经常发生暴雨、冰雹等自然灾害，所以农业发展水平明显低于其他地区。

今北京东北部的平谷县，唐代称大王镇，属北边七镇之一。这一带虽然早在新石器时代就已有了人类的原始农业生产活动，但在唐代因政治、军事方面的原因，农业并不发达。

二、唐代幽、檀、妫、蓟屯田

唐中期曾于各地开置屯田，民屯隶属司农寺，军屯隶属诸军镇。无论军屯、民屯，均归尚书省管理。开元二十五年（737年）令："诸屯隶司农寺者，每三十顷以下，二十顷以上为一屯；隶州镇诸军者，每五十顷为一屯。应置者皆从尚书省处分。"[37]据《玉海》记载：当时"天下诸州屯九百九十有二……河北道二百八屯，幽州至渝关（今河北抚宁榆关）。""天宝八年（749年），天下屯收谷百九十一万三千九百六十石。……河北收四十万三千二百八十石"。[38]河北道屯田的农作物产量占全国屯田农作物产量的44.1%，与陇右地区相当，远高于河东、河西地区。关于河北道208处屯田的具体分布，《大唐六典》载："凡天下诸军、州管屯总九百九十有二。……河北道：幽州五十五屯，清夷一十五屯，北郡六屯，威武一十五屯，静塞二十屯，平川三十四屯，平卢三十五屯，安东一十二屯，长阳使六屯，渝关一十屯。"[39]《大唐六典》成书于唐玄宗开元之世，所记为开元时制度。当时幽州领10县，其政区范围除前述唐末8县外，还包括范阳县（治今河北涿州）、归义县（治今河北易县）、固安（今河北固安）三县之地。在这10县之地内共设有55屯。作为屯田，每处多者有50顷，少者有20顷。幽州的55屯则当有耕地1100顷至2750顷之间。旧志云："清夷军，在妫州城内"。[40]清夷15屯在今河北怀来和今北京延庆县一带，总计有300顷至750顷之间。"威武军，在檀州城内"。[41]威武15屯在今北京密云县一带，总计亦在300顷至750顷之间。"静塞军，在蓟州城内"。[42]静塞27屯在今天津蓟县和河北三河、玉田县一带，总计有400顷至1000顷之间。平川似为平州之讹，唐平州治今河北卢龙。唐平卢军节度使驻营州（治今辽宁朝阳市）。安东都护府原在营州东，开元中迁治平州。长阳使不详。渝关即今河北抚宁榆关。以上诸地均不在今北京境内，姑略而不述。兹将幽、檀、妫、蓟四州屯田表列如下：

唐幽、妫、檀、蓟州屯田统计表

地区	幽州	妫州（清夷）	檀州（威武）	蓟州（静塞）
屯数	55	15	15	20
面积（顷）	1100—2750	300—750	300—750	400—1000

旧志记载，"幽州驻经略军二万人，马五千四百匹；妫州驻清夷军一万人，马三百匹；檀州驻威武军一万人，马三百匹；蓟州驻静塞军一万六千人，马五百匹。"可以看出，以上各地屯田数量与驻军兵马数量之间大体一致，即驻军兵马愈多，屯田也就愈多。

如前所述，唐末幽州有96乡，檀州有13乡，妫州有3乡。如根据农业人口数量以推测耕地面积的大小，则檀州耕地面积只是幽州的13.5%，妫州耕地面积只是幽州的3.1%。但在屯田方面，檀州和妫州屯田面积分别是幽州的27.3%，明显高于民间耕地水平。这是唐代今北京地区农业布局的一个特点，即西北、东北部山区、半山区的农业一般水平远低于平原地区，但屯田水平相差并不悬殊。这是因为设置屯田较少考虑纯经济条件，而主要以驻军兵马数量为依据的缘故。虽然如此，檀、妫二州农业生产明显落后于幽州，西北、东北部山区、半山区农业落后于平原地区，也是无可置疑的事实。《资治通鉴》载，唐武宗会昌元年（841年）九月，幽州卢龙军乱，先后杀节度使史元忠、陈行泰，拥立裨将张绛。驻蓟州广汉川之雄武军使张仲武是幽州旧将张光朝之子，乘机起兵击张绛，并遣军吏吴仲舒诣京师，邀节钺。宰相李德裕问其万一不克，如何措置。吴仲舒对曰："幽州粮食皆在妫州及北边七镇，万一未能入，则据居庸关，绝其粮道，幽州自困矣。"[43]胡三省注云："檀州有大王、北来、保要、鹿固、赤城、邀虏、石子航七镇。"这七镇中现在除了知道大王镇即今北京平谷、赤城镇在今河北赤城之外，其余五镇均不详其址，但大致可知均约在今北京东北方向。笔者认为，依据"幽州粮食皆在妫州及北边七镇"一语并不能认为唐后期幽州地区的主要产粮区在今北京密云、延庆县和河北怀来县一带。实际上恰恰相反，在藩镇割据时期幽州蓟城只是藩镇驻军的要地，其所消耗的军饷全靠周边各地输送。所谓"幽州粮食皆在妫州及北边七镇"，只是意在说明妫州和北边七镇是幽州取得外界粮援的主要通道。当时幽州通过北边七镇，可以向东北方向得到滦河、辽河流域的粮食；通过妫州，可向西北方向得到怀来盆地和太行山以西地区的接济。《资治通鉴》又载，唐武宗会昌五年（845年）灭佛，"五台僧多亡奔幽州"。幽州卢龙节度使张仲武"乃封二刀付居庸关曰：'有游僧入境则斩之。'""可见，居庸关在唐代是幽州西北与太行山以西地区交通的咽喉，所以无怪乎吴仲舒说"万一未能入，则据居庸关，绝其粮道，幽州自困矣"。当时，幽州东北方向的北边七镇，因已在张仲武控制之下，故不待言。《辽史·圣宗纪一》又载，辽圣宗统和元年（983 年）"九月丙辰，南京（即唐幽州）留守奏，秋霖害稼，请权停关征，以通山西籴易"。可见，幽州地区通过居庸等关取得太行山以西地区的接济，无论是在唐代还是其后，均属惯例。

三、唐代幽州农作物种类

唐代幽、妫、檀三州地区农作物种类，主要是粟、小麦、水稻、胡麻（即芝麻）、豌豆、大麦、穬麦（即燕麦）、荞麦等。粟是生长在我国北方的主要农作物，起源甚早，在距今 8000 年左右的河北武安磁山新石器早期遗址灰坑中即发现粟的痕迹[45]。今北京地区种粟虽不知始于何时，但根据北方的普遍情况，可以肯定其在北京农业起源时期就已经存在，而且在唐代仍是本地区的主要作物。《旧唐书·高开道传》载："武德元年（618 年）……高开道自立为燕王，都于渔阳（治今天津蓟县）。先是，有怀戎（治今河北旧怀来县城）沙门高昙晟者……杀县令及镇将，自称大乘皇帝……开道以众五千人归之，居数月，袭杀昙晟，悉并其众。三年（620 年）……开道因（幽州总管）罗艺遣使来降，诏封北平郡王，赐姓李氏，授蔚州总管。时幽州大饥，开道许给之粟，艺……请粟开道。"以后，高开道又叛唐，被其部下围杀。"开道自初起至灭，凡八岁，以其地为妫州"。据此可知，唐代时今河北怀来盆地、北京延庆县一带也是产粟区。唐朝前期，《旧唐书·韦机传》载："韦机（《新唐书》作韦弘机）……显庆中（656 年—661 年）为檀州刺史……会契苾何力东讨高丽，军众至檀州（今北京密云），而滦河（按：滦河不在檀州，应该是潮河）泛涨，师不能进，供其资粮，数日不乏。"古代，粟和稻米的果实都可称作米，就是后世的小米、大米。檀州北部是山区，作为军粮，韦机所供给的资粮应该是粟。唐朝末期，《旧唐书·张允伸传》载：唐懿宗咸通十年（869 年）庞勋兵变时，幽州卢龙节度使张允伸"进助军米五十万石，盐二万石"。这里所说的"军米"大约也应该指的是粟。唐代，粟在北方十分普遍，并作为以杂粮折纳田赋时的标准。《文献通考·田赋七》载："开元令：……诸营田……其大麦、荞麦、干萝卜等，准粟计折斛斗，以定等级。"由于粟作物耐旱、容易在自然条件比较恶劣的环境下存活，产品也容易贮存，所以可以推知，唐代除妫、檀二州这样的山区、半山区外，幽州平原地区的农作物也以粟为主。

小麦是地位仅次于粟的农作物，房山云居寺所藏唐代石经题记中有"幽州磨行"[46]的题名，说明当时幽州存在小麦加工业。这里的磨行题名，可能是指凿制石磨的行业；也许是如后世的碓房一样，是加工粮食的行业。但无论做何解释，肯定都直接或间接与粮食加工业有关。而且，用磨来加工的农作物，大多是小麦。小麦需要的生存条件和生产技术虽然比粟要严格一些，但因产量较高，而且面粉比小米的口感要好得多，所以小麦作物至迟在东汉时期在今北京地区就已广泛种植。至于其起源，很可能是由野生麦驯化而来。

今北京昌平县和大兴县均有"麦庄"地名。唐代，"麦庄"一词甚为通行。《旧唐书·哥舒翰传》载：哥舒翰为陇右节度使，"先是，吐蕃每至麦熟时，即率部众至积石军获取之，共呼为'吐蕃麦庄'"。今北京房山云居寺所存开元二十八年（740年）王守泰《山顶浮图后记》云："大唐十八年，金仙公主为奏圣上，赐大唐新旧译经四千余卷，充幽府范阳县（云居寺）为石经本。又奏范阳县（今河北涿州）东南五十里上垈村赵襄子淀中麦田庄并果园一所……永充供给山门所用。"[47]唐范阳县与唐良乡县在今北京房山区地域相接，据此看来，今北京昌平、大兴县麦庄地名，也不能绝对排除其为唐代农业生产活动遗迹的可能性。

如前所言，幽州地区种稻大约始于《周礼》时代。有可靠记载的始自东汉时代，渔阳太守张堪曾于今北京顺义地区的狐奴山下引水溉田，"开稻田八千余顷"。唐代，幽州地区的水稻生产仍保持在一定水平。《册府元龟·牧守部·兴利》载：唐高宗永徽中，"裴行方检校幽州都督，引卢沟水广开稻田数千顷，百姓赖以丰给"。卢沟河即今永定河，又称桑干河。唐元和十四年（819年）《崔载墓志》云："保大之乡，桑干之湄"[48]。唐幽州蓟县保大乡（后改属幽都县）在今北京城区西四北大街以西，至西郊八里庄一带[49]。由此可见，唐代的桑干河应包括西起今永定河，东至今西直门高梁河、积水潭一带的全部河道。当时这条引水渠并包括高梁河的河道均得称卢沟（桑干）水，因此保大乡才称在桑干之湄。据此推测，裴行方"引卢沟水广开稻田"大概是引卢沟水东入高梁河，今北京西部紫竹院公园东西一带在唐代都应是稻作区。据研究，汉初至南北朝时中国大陆处于寒冷期，东部地区亚热带北界比现代南移近一个纬度；隋、唐时则转入温暖期，亚热带北界比现代北移一个多纬度[50]。因此，根据气候条件推测，东汉时张堪在狐奴所开垦的稻田，唐代时也应存在。《齐民要术·水稻第十一》述云："稻，无所缘，唯岁易为良。选地欲近上流。注：地无良薄，水清则稻美……北土高原，本无陂泽，随逐隈曲而田者。"今北京昌平县白浮村、贯市（古称观石）、海淀区温泉乡（唐称怀居里）之今京密引水渠一线，属南口冲洪积扇潜水溢出带，古代泉水丰富，并处于热资源丰富区域内，且汉、唐时又是人口聚集之地，其沿泉流、河川隈曲之处，也当有稻田存在。当时水稻虽然并非幽州主要农作物，但也决非仅存区区数处，在水源充足、热资源丰富的地方均可能有稻田。

水稻在南方比较普遍，这不单纯是自然条件适宜，更重要的是水稻的产量远比小麦、粟的产量要高。所以唐代幽州地区食用的稻米，特别是驻军的军饷，除了本地生产的之外，相当一部分需要依靠政府从南方运转。唐朝安史之乱（755 年）以前，南北交通畅通，南方稻米常循运河的河道或沿海海道输往幽州。例如，唐武则天时期，为讨平契丹叛乱，命江淮租船自洛阳沿永济渠转运幽州，一次即达百余万斛[51]。秦汉至北宋，一斛是十斗，即一石，接近现代的 100 斤。百余万斛则接近亿斤即 5 万吨，数量实在惊人。杜甫《后出塞》诗云："渔阳豪侠地，击鼓吹笙竽。云帆转辽海，粳稻来东吴。"东吴即今江苏地区。其《昔游》诗云："幽燕凤用武，供给亦劳哉。吴门持粟帛，泛海凌蓬莱。"[52]吴门即今江苏苏州。此处的粟，是粮食的泛称，实际就是前诗中所说的粳稻。当时，这些粳稻、帛练从江淮地区长江口装船，经蓬莱（唐登州）海岸沿线运至幽州[53]。

今天津市唐代称直沽，1957 年在今天津军粮城刘家台子西 1.5 公里处，考古学者发现唐代石棺墓。随葬器物除一件青瓷壶外，还有许多乐人、仆侍、胡人、武士身份的陶俑和人面鱼身俑、人面兽身俑。石棺板刻有精美花纹。1958 年在军粮城又发现唐代砖墓，出土三彩陶罐和铜海兽葡萄镜[54]。唐代军粮城刘家台村遗址平面呈方形，边长约 0.5 公里，地面遗物丰富。近年在刘家台村西南 1 公里处发现一座唐前期古城，在古城周围，先后发现多处唐代前期墓葬，说明这里在唐代是幽州重要的海口重镇[55]。从江淮地区北上的海船所载粳稻、越罗楚练即在此地卸下船，然后分运到幽州的诸大城市。房山云居寺的唐代石经题记中有幽州大米行、粳米行[56]。这里所说的大米肯定是为了和粟即小米相区别而特意使用的称呼。其中，粳米行当属经营南方运来的稻米的粮行，大米行可能主要是经营本地生产的稻米。

唐代，幽州地区的水稻、粟、小麦以外的杂粮，估计有大麦、穬麦、胡麻、豌豆，等等。《文献通考·田赋三》载："后唐长兴四年

（933 年）五月五日，户部奏：……一十六处（征纳）较晚，大小麦、穬麦、豌豆，六月一日起征，至八月十五日纳足。"这 16 处因气候转寒、庄稼迟熟而延期缴纳田赋的地区中就包括幽州。幽州地区农作物中除小麦之外，还有大麦、穬麦、豌豆……。穬麦，《陶隐居（弘景）本草》云："穬麦，此是今马食者，然则大、穬二麦，种别名异，而世人以为一物，谬矣。"据此可知，穬麦应当就是现代所说的燕麦。唐代幽州地区还种胡麻。《唐诗纪事》载："朱滔括兵，不择士族，悉令赴军，自阅于球场。有士子容止可观……令代妻作答，曰：'蓬鬓荆钗世所稀，布裙犹是嫁时衣。胡麻好种无人种，合是归时底不归。'滔遗以束帛放归。"胡麻，《齐民要术·胡麻》条载："胡麻宜白地种……锄不过三遍，刈束欲小，以五六束为一丛，斜倚之。候口开，乘车诣田斗薮；还丛之。三日一打，四五遍乃尽耳。"胡麻就是现代的芝麻。从"胡麻好种无人种"一语，可以知道胡麻便于田间管理，但是胡麻的产量低，而且其籽实是榨油的原料不是粮食作物，所以不被农民普遍种植。

　　唐代，幽州地区的果木主要是枣、栗。早在战国时期今北京地区的枣、栗就闻名天下。唐代，幽州仍生长有大量枣、栗树。特别是幽州产的栗，闻名天下。《新唐书·地理志三》（下称新志三）"幽州范阳郡"条载："土贡……栗。"幽州栗能作为贡物送往京师，其品种必定非常优良。在唐代之后，契丹贵族建立的辽朝以幽州为南京，曾专设"南京栗园司"掌管该地区栗子的生产和加工，萧韩家奴曾一度主持其事"。幽州地区还生长很多桑树，前引《后汉书·张堪传》即有"桑无附枝"之语。唐代，幽州地区的气候比今日较为暖湿，所以种植桑树仍很普遍，与之密切有关的养蚕业和丝织业也比较发展。幽州的丝织技术虽比不上技术先进、产品精良的定州（今河北定州），但也具有一定水平，其产品是规定贡纳的地方特产之一。新志三载："幽州范阳郡……土贡：绫、绵、绢。"房山云居寺唐代石经题记中也有幽州绢行、小绢行、大绢行、新绢行、彩绢行、绵行等货行[58]，由贩卖丝织品的行业种类之繁多，可见当地丝织业之发达。不过，幽州丝织品的质量在全国也只算得上是中等。《大唐六典》载："凡绢布出有方土，类有精粗，绢分为八等……颍、淄、青、密、寿、幽、易……之绢……并为第五等。"唐制，第一等最优，幽州绢在八等中被评为第五等，属于中间偏下。新志三又云，幽州土贡人参。可是《大唐六典》载："河北道……厥赋绢、绵及丝……幽州范阳绫……妫、营、归顺等州麝香。檀州、安东府人参。"[59]可见人参的产地是在檀州（今密云），并非幽州

（今北京），新志三其实不过是泛而言之。据此可以推测，今北京密云县深山区在唐代应是著名人参产区之一。

四、唐代幽州自然灾害

如前所述，唐代时我国大陆气候处于温暖期，包括今北京在内的东部地区的亚热带北限比现代要北移一个纬度。当时的气候比现代要更温暖一些，这对于农业生产来说无疑是个良好条件。所以，唐代的幽州地区，无论在农业生产工具方面，还是耕地面积、农作物产量方面，都比过去有大幅度的改进和提高。若论在这种气候条件下发生的自然灾害，唐代幽州地区则以水灾为主，分别发生在太宗贞观二十一年（647年）、玄宗开元十四年（726年）、十五年（727年）、二十九年（741年），德宗建中元年（780年）、贞元八年（792年），宪宗元和元年（806年）、十二年（817年），宣宗大中十二年（858年）。就灾害发生密度而言，唐朝中后期的玄宗开元十四年（726年）至二十九年（741年），以及德宗建中元年（780年）至宪宗元和十二年（817年），相对集中一些。即使如此，相隔的时间一般也有10余年。灾害破坏程度，则以玄宗开元十五年（727年）、德宗建中元年（780年）、贞元八年（792年）的水灾为害最甚。玄宗开元十五年（727年），由于前一年河南、河北曾发生严重水灾，唐朝廷于"二月遣右监门将军黎敬仁往河北赈给贫乏，时河北牛畜大疫也。七月戊寅．冀州（治今河北冀县）、幽州（治今北京）、莫州（治今河北任丘鄚州镇）大水，河水泛溢，漂损居人室宇及稼穑，并以仓粮赈给之"[60]。德宗建中元年（780年），"幽（今北京）、镇（今河北石家庄市东北）、魏（今河北大名东北）、博（今山东聊城东北）大雨，易水、滹沱横流，自山而下，转石折树，水高丈余，苗稼荡尽"[61]。德宗贞元八年（792年）八月，北自河北，南至江淮，40余州发生大水，漂溺死者达20000余人。"幽州奏，七月大雨，水深一丈以上，鄚（治今河北任丘鄚州镇）、涿（治今河北涿州）、蓟（治今天津蓟县）、檀（治今北京密云县）、平（治今河北卢龙县）五州并平地水深一丈五尺"[62]。这样严重的水灾和泥石流，对农业生产的打击是摧毁性的，往往颗粒无收。

不过在唐代的近300年间，幽州地区总共只发生9次水灾，严重的水灾也只有3次，其中玄宗在位时一次，德宗在位时两次，相比较于其他历史时期来看，总的数量还算较少，因此对农业生产的破坏也比较有限。

第三节 五代时期幽州农业的凋敝

唐朝末年，诸镇帅割据方隅，互相攻并，中央政权名存实亡。当时，北方以据于汴州（今河南开封市）的宣武军节度使朱全忠（即原黄巢起义军将领朱温，降唐后改名）和据于并州（今山西太原市南）的河东节度使李克用势力最强，北方诸镇帅多依违于这两大军事集团之间。唐昭宗景福三年（894年），李克用出兵破灭幽州李氏集团，次年（895年）他以此前投奔河东的原幽州将领刘仁恭留守幽州，退返河东。刘仁恭是一个反复无常而又野心勃勃的军阀，他最初为了摆脱李克用的控制而与朱全忠结盟，但在朱全忠的威慑下复转依李克用。在刘仁恭的反复过程中，伴随着幽州与河东、汴州军事集团的一系列残酷战争，死亡惨重。当时，大批农村人口被刘仁恭强迫征兵，造成农村劳动力的骤然减少，无法从事正常的农业生产。如唐昭宗光化二年（899年），刘仁恭率幽、沧步骑十万攻打属于汴州集团势力的魏博、镇定二镇，被朱全忠派去的援军击败。此次战役中，刘仁恭之子刘守文所率领的渔阳精甲"五万之众无生还者"。唐代的渔阳一般指檀州（今北京密云）和蓟州（今天津蓟县）地区，据前引《旧唐书·地理志二》记载，唐玄宗天宝之世，檀州驻军威武军一万人，蓟州静塞军驻军一万六千人，两地的驻军总共不过二万六千人。因此，据此推算这里阵亡的所谓五万之众中，至少有一半即二万四千余人应该本是种地的农民。如果我们再对比两地的户口，天宝中檀州户口不过三万二百口有余，蓟州不过二万八千口有余。两地总共户口不过五万八千余人，可见仅仅这场战争，北京东部和东北部的农村劳动力就减少了近一半左右。又如，唐哀宗天祐三年（906年），朱全忠发兵攻刘仁恭于沧州。刘仁恭将幽州15岁以上、70岁以下男子尽发为兵，令自备兵粮赴军，闾里为空。所有男子无分贵贱，并黥其面，文曰"定霸都"，士人则黥其臂，文曰"一心事主"，"由是燕、蓟人士例多黥涅，或伏窜而免"，被征发者达20万之众[63]。在这种情况下，农村接近十室九空，已无劳动力可供使用，土地大量抛荒不可避免。刘仁恭统治幽州时期，为政不仁，残害百姓，是藩镇割据阶段幽州最为黑暗的时期。刘仁恭之子刘守光在天祐四年（907年）自立为幽州节度使之后，为政更酷于其父，制铁笼、铁刷，"人有过者，坐之笼中，外燎以火，或刷剔其皮肤以死"[64]，燕、蓟人士多逃亡他境。后梁乾化三年（913年），幽州刘仁恭、刘守光父子被河东李存勖（李克用之子）所灭。

后梁龙德三年（923 年），李存勖称帝，国号唐，史称后唐。在称帝之前，李存勖以周德威为幽州节度使，镇守幽州。在唐末至五代初年，幽州东北的契丹迭剌部耶律阿保机势力逐渐强盛起来，对幽州构成威胁。当初李克用与朱全忠汴州集团争夺天下，征兵于燕，刘仁恭就曾"托以契丹入寇"，拒不出兵。这虽然是借口，但当时契丹经常入犯幽州却是事实。刘守光统治幽州时，契丹也曾入犯平州（治今河北卢龙县）。据《辽史·太祖纪上》记载，刘守光曾于阿保机二年（908年），亦即他夺得幽州统治权的第二年，遣使者向契丹进献合欢瓜。合欢瓜是瓜类植物生长过程中，两个紧邻的瓜出现的连理现象，在古人常作为友好的信物。但是，阿保机并不理会，照旧入侵。

及待后唐李存勖消灭了刘仁恭、刘守光集团势力据有幽州之初，因其父河东节度使李克用生前屡与契丹誓盟，"约为兄弟，急难相救"[65]，所以在起初一二年内尚与契丹相安无事，幽州地区社会得到短期稳定，农业生产也有一定的恢复。但是，盟约毕竟是建立在双方实力对比基础上的承诺，当实力对比发生变化时它也会失去效用。五代时，随着契丹实力的发展，中原富庶之区对他的吸引力也就愈加强烈。阿保机神册元年（916 年），契丹寻找借口南犯，发兵攻掠幽州西北的蔚（今河北蔚县）、新（今河北涿鹿）、武（今河北宣化）、妫（今河北怀来）、儒（今北京延庆县）五州，杀 14700 余人。次年（917 年）后唐新州骑卒不满于节度使李存矩（李存勖之弟）的残暴，杀李存矩，拥立裨将卢文进，叛降契丹。同年三月，卢文进引契丹兵 30 万攻陷新州（今河北涿鹿）。后唐幽州节度使周德威率幽、镇、定、魏、并五州之兵拒守于居庸关以西，兵败，退保幽州城（今北京）。阿保机率契丹兵马乘胜围城，"为地道，昼夜四面俱进，城中穴地燃膏以邀之；又为土山临城，城中熔铜以洒之，日杀千计，而攻之不止"[66]。卢文进又教契丹作攻城之具"飞梯、冲车之类，毕陈城下"，"半月之间，机变百端"[67]。同年六月，阿保机因天气暑热，且"所食牛羊过半"，无以为继，乃留部将曷萨继续围城，班师而归。八月，在后唐援军的支援下，周德威始破契丹之围。这次战争从三月到八月，持续了半年，空前惨烈。在这样的战争环境里，幽州农民逃死尚且不及，怎么可能有机会进行农业生产呢？另外，我们从契丹兵围幽州城而自驱牛羊以为军粮的举措中，也可以觉察到当时幽州地区民间粮食匮乏的局面。在这次战役之后，契丹以卢文进为卢龙节度使，驻平州（治今河北卢龙县）。卢文进常引契丹骑兵入北边，杀掠吏民，"卢龙巡属诸州为之残弊"[68]。后唐天祐十八年（921 年，契丹神册六年），阿保机发兵攻破古北口，分兵掠檀（今北京密云县）、顺（今北京顺义县）、安远（似误，当为安次，今河北廊坊）、三河（今河北三河市）、良乡（今北京房山区良乡镇）、潞（今北京通州）、满城（今河北满城县）、遂城（今河北遂城县）等10余城，俘其民迁于契丹之地。十二月，又徙檀（今北京密云）、顺（今北京顺义）二州百姓于契丹之地[69]。这种掠民强徙的野蛮行为虽然对契丹统治区域的社会经济发展有好处，但对今北京地区的农业经济却是沉重打击，而且对于历来安土重迁、期盼稳定生活的北方农民来说，无异也是一大悲剧。

在后唐李存勖称帝（923年）以后，契丹为患更剧。后唐初以李存审为幽州节度使，但他到任仅一年多便于同光二年（924年）病卒。在这一年多里，契丹数次入塞，甚至以安置卢文进为辞，要求后唐割让幽州。后唐又以重臣李存贤为幽州节度使，"时契丹强盛，城门之外，烽尘交警，一日数战"[70]。不到一年时间，李存贤也不堪焦劳而病卒。同光三年（925年），后唐以原沧州节度使李绍斌为幽州节度使。李绍斌本名赵德钧，与后唐明宗为姻亲，倍受信用，又有将才。后唐天成元年（926年），阿保机病卒，卢文进率其众10余万自平州归顺后唐，契丹势力受到削弱。天成三年（928年）赵德钧乘机率军连续两次重创入犯之契丹军，歼灭大半，逃归者不过数十人。自此，契丹不敢轻易来犯。在赵德钧镇守幽州之初，契丹"寇抄卢龙诸州皆遍，幽州城门之外，虏骑充斥……幽州东十里之外，人不敢樵采"[71]。于是，赵德钧于幽州城以东建潞县城，派军队驻守，以御契丹，由此"近州之民始得稼穑"[72]。

不过，由于幽州驻有大量军队，从农村征收的租赋远远满足不了需要。自汉唐以来，历朝历代都是从其他地区往今北京地区运送钱帛以供地方政府开支，运送麻布、粮食供应当地驻军。后唐，主要是经过涿州（今河北涿州）往幽州运粮，由于必须途经良乡（今北京房山良乡），契丹便于阎沟（在幽州城南六十里，今北京房山区境内）截掠。为此，后唐往往每次运粮时需要派出数支武装粮队同时出发，以顺利到达者为最优。如天成二年（927年），明宗即命冀州刺史乌震多次率兵护送粮队赴幽州[73]。然而，即使如此，也不免有大批粮食被契丹骑兵掠获。为此，驻守幽州的赵德钧又"于阎沟筑垒，以戍兵守之，因名良乡县，以备抄寇"[74]，从此粮道畅通，幽州守军无匮乏之虞。长兴三年（932年），赵德钧又于幽州东百余里置三河县，筑城守之，开通自幽州（今北京）至蓟州（今天津蓟县）的补给路线。同年，赵德钧又奏请朝廷，在幽州东南开凿了东南运河，"自王马口（今河北廊坊市王码口村）至淤口（今河北信安），长一百六十五里，阔六十五步，深一丈二尺，以通漕运"[75]。在陆路运输只能靠车载驴驮的时代，水路运输比陆路运输要便捷得多，而且运输能力也大。东南运河开凿成功，无疑使幽州的社会经济得到更大的发展，从而也增强了幽州守军的战斗力。

另一方面，赵德钧也注意和契丹缓和关系，遣使通好。《辽史·太宗纪》即载，"天显七年（932 年）七月壬寅，唐卢龙军节度使赵德钧遣人进时果"。因此，赵德钧治理幽州十余年，守土安民，社会秩序比较稳定，农民得以从事农业生产，社会经济比同光之世也有一定的恢复。

五代后期，由于赵德钧镇守有方，幽州地区减少了契丹抄掠之苦，但由于长年战乱，农田水利多年失修，所以农业生产仍属粗放型，农作物也以旱田作物为主，如大麦、小麦、穬麦（即燕麦），等等。后唐长兴四年（933 年），户部奏，幽州"大、小麦、穬麦、豌豆，六月一日起征，八月十五日纳足"[76]。由于中国大陆的历史大气候环境这时已经由隋、唐时的温暖期向辽、金时的寒冷期转变，所以以幽州（今北京）为代表的今河北北部地区庄稼成熟期较晚，完税期限也就比今河北南部的濮（今山东濮县南）、澶（今河北清丰西南）、邢（今河北邢台）、洺（今河北永年东）、磁（今河北磁县）、魏（今河北大名东北）等州迟一个月左右。

注释：

1 4 《隋书》卷二《高祖纪下》。

2 3 5 8 《隋书》卷二十四《食货志》。

6 《隋书》卷二十一《天文志下》。

7 《隋书》卷四《炀帝纪下》。

9 《隋书》卷三《炀帝纪上》。

10 11 《隋书》卷二十二《五行志上》。

12 《资治通鉴》卷一百八十一《隋记五》，炀帝大业六年。

13 《资治通鉴》卷一百八十一《隋纪五》，炀帝大业七年。

14 《文馆词林》卷六百六十九。

15 16 《旧唐书》卷五十六《罗艺传》。

17 《文献通考》卷二十一《市籴考二·常平义仓租税》。

18 《旧唐书》卷九《玄宗纪下》。

19　旧志云领县十，而实际只列 9 县。翁俊雄《唐初政区与人口》考证，当补入安次县。

20　翁俊雄：《唐初政区与人口》，北京师范学院出版社 1990 年。

21　《旧唐书》卷三十九《地理志二》。

22　《旧唐书》卷四十八《食货志上》。

23　24　赵其昌：《唐幽州村乡初探》，见《中国考古学会第一次年会论文集》1979 年；洪欣：《北京近年来发现的几座唐墓》，载《考古》1990 年第 2 期。

25　《古今图书集成·方舆汇编·职方典·顺天府部·古迹考一》"唐云麾将军李秀碑"。

26　27　29　33　《房山云居寺石经题记汇编》，书目文献出版社 1987 年。

28　罗振玉：《京畿冢墓遗文》卷下《彭况墓志》（建中三年）："葬于古渔阳城北采贵里之原。"潞县在北齐为渔阳郡治，故得称古渔阳城。

30　顾炎武：《金石文字记》卷四"唐《靳英希墓志》……近出潞县锭子村中。"又，《辽史》卷四十《地理志四》："潞阴县（即潞县），本汉泉州之霍村镇。"可见，自汉及唐，这里早经开发。

31　苏天钧：《略谈北京出土的辽代以前的文物》，载《文物》1959 年第 9 期。

32　《旧唐书》卷一百四十三《刘怦传》。

34　《京畿冢墓遗文》卷下《敬延祚墓志》（中和三年）："以中和二年九月十八日终于昌平县界永宁村。"

35　《太平寰宇记》卷六十九《河北道十八·幽州》引《隋图经》。

36　北京市文物工作队：《北京昌平白浮村汉、唐、元墓葬发掘》，载《考古》1967 年第 3 期。

37　《通典》卷二《食货二·屯田》。

38　《玉海》卷一百七十七《食货·屯田》。

39　《大唐六典》（陈仲林点校本）卷七《尚书工部·屯田郎中》。

40　41　42　《旧唐书》卷三十八《地理志序略》。

43　《资治通鉴》卷二百四十六《唐纪六十二》，武宗会昌元年十月。

44　《资治通鉴》卷二百四十八《唐纪六十四》，武宗会昌五年八月。

45　中国社会科学院考古研究所：《新中国的考古发现和研究》，文物出版社 1989 年。

46　吴梦麟：《房山石经述略》，载《世界宗教研究》1981 年第 2 辑。

47　《日下旧闻考》卷一百三十一《京畿·房山县二》引《吉金贞石志》。

48　《京畿冢墓遗文》卷中《崔载墓志》。

49　赵其昌：《唐幽州村乡初探》，载《中国考古学会第一次年会论文集》1979 年。

50　参见竺可桢：《中国近五千年气候变迁的初步研究》，载《考古学报》1972 年第 1 期；龚高法等：《历史时期我国气候带的变迁及生物分布界限的推移》，载《历史地理》第 5 辑。

51　《陈伯玉文集》卷八《上军国机要事》："即日江南、淮南诸州租船数千艘已至巩、洛（洛阳），计有百余万斛。所司便勒往幽州（今北京）纳充军粮。其船夫……来时唯作入都资料（疑当为粮）。今已到京（长安），又勒往幽州。幽州去此二千余里，还又二千余里，方寒冰冻，一无资粮，国家更无优恤，但切勒赴限，比闻丁夫皆甚愁叹。"

52 《杜工部诗集》卷三、卷七。

53 赵和平：《略论唐代海运》，载《北京史苑》第2辑。

54 天津市文化局考古队：《天津军粮城发现的唐代墓葬》，载《考古》1963年第3期。

55 天津市博物馆考古部：《天津军粮城海口汉唐遗迹调查》，载《考古》1993年第2期。

56 58 《房山石经述略》，载《世界宗教研究》1981年第2辑。

57 《辽史》卷一百三《萧韩家奴传》。

59 《大唐六典》（陈仲林点校本）卷三《尚书户部·户部尚书》。

60 《册府元龟》卷一百五《帝王部·惠民》。

61 《新唐书》卷三十六《五行志三》。

62 《唐会要》卷四十四《水灾下》。

63 64 《旧五代史》卷一百三十五《刘守光传》。

65 67 《旧五代史》卷二十八《唐书四·庄宗纪二》。

66 《资治通鉴》卷二百六十九《后梁纪四》，均王贞明三年三月。

68 《资治通鉴》卷二百七十《后梁纪五》，均王贞明三年八月。

69 《辽史》卷二《太祖纪下》。

70 《旧五代史》卷五十三《唐书二十九·李存贤传》。

71 72 《资治通鉴》卷二百七十八《后唐纪七》，明宗长兴三年八月。

73 《资治通鉴》卷二百七十五《后唐纪四》，明宗天成二年正月。

74 《旧五代史》卷九十八《晋书二十四·赵德钧传》。

75 《旧五代史》卷四十三《唐书十九·明宗纪九》。

76 《文献通考》卷三《田赋考三》。

第八章 辽、金时期北京地区的农业

第一节 辽代燕地农业经济的恢复

一、辽代燕地农业恢复的有利因素

936 年，后晋石敬瑭割幽云十六州之地（按，包括今北京、大同在内的河北及山西两省北部地区）给契丹，以换取契丹的庇护。幽州（今北京）自此遂入契丹之手。会同元年（938 年），契丹主耶律德光升幽州为南京。

如前所述，契丹早在进入中原地区之前曾在战争中频繁掠夺汉地民户，如阿保机曾掠妫（今河北怀来）、顺（今北京顺义）、檀（今北京密云）诸州百姓往契丹之地。契丹贵族将所掠汉民在自己统治区域内设投（头）下军州以奴役之。《辽史·地理志》载："头下军州，皆诸王、外戚、大臣及诸部从征俘掠，或置生口，各团集建州县以居之……朝廷赐州县额，其节度使朝廷命之，刺史以下，皆以本主部曲充焉。官位九品之下及井邑商贾之家，征税各归头下，惟酒税课纳上京盐铁司。"头下军州大都以所置汉人俘户原居地命名，后有所改。例如乐郊县，起初太祖阿保机俘蓟州三河县民建三河县，后来更名乐郊县。灵源县，起初太祖俘蓟州吏民建渔阳县，后来更名灵源县。棋州，起初太祖以檀州俘户建檀州，后来更名棋州。庆云州，起初太祖俘密云县民于此建密云县，后来更名庆云州。潞县，天赞元年（922 年）太祖破蓟州，掠潞县民，布于京城临潢东，与渤海人杂居。此外，以燕蓟俘户建龙化县，在潢河（今内蒙古西拉木伦河）西北建临潢县，等等，所在多有。不可否认，头下军州在契丹族社会封建化的过程中起过很大作用，但在契丹族社会封建化过程完成之后，它在少数契丹贵族势力把持下，却转化为妨碍封建国家集权的因素，因此被逐渐废弃。契丹头下军州大多建于契丹原统治区域内，在汉地只有南京行唐县（今北京密云东南）和西京望云县（今河北赤城北），而且性质与契丹原统治区域所建的头下军州也绝不相同[1]。

契丹统治者在进入中原地区前后，一贯重视吸收汉族文化，任用汉族地主韩延徽、康默记等人辅佐朝政。在占据幽云十六州地区以后，汉族百姓居住的区域主要依靠汉官统治，所以幽燕地区农业经济并没有受到过多的破坏。相反，在契丹统治幽燕地区的近 200 年间，在相对比较稳定的环境里，幽燕地区的农业生产还获得一定的恢复。至于契丹贵族统治者，由于早已经熟悉汉族的农耕生产方式，且受丰富农产品和大量租赋的吸引，在其占领幽燕地区之初，即对农业生产采取保护态度。如辽太宗会同九年（946 年），即其占领幽燕地区 10 年之际，针对契丹骑兵践踏庄稼的行为，曾下诏令曰："敢有伤禾稼者，以军法论。"[2]辽圣宗之世是辽朝稳定和发展时期。统和元年（983 年），辽圣宗以于越（辽朝官职）耶律休哥为南京（治今北京）留守，并总掌南面（即汉地）军务。耶律休哥立更休法，使百姓有节制的轮流充当戍兵，使其负担不致于畸轻畸重，同时劝督百姓从事农桑，由此幽燕大治[3]。统和七年（989 年）正月，辽朝又将来降的北宋鸡壁寨百姓 200 户分"徙檀（治今北京密云县）、顺（治今北京顺义县）、蓟（治今天津蓟县）三州"，并鼓励他们从事农业生产，"择沃壤，给牛、种、谷"[4]。劳动人手的增加，当然对这三州的农业生产有好处。辽朝统治者还采取优免赋役等优惠条件鼓励百姓开垦荒地，扩大耕地面积。统和七年（989 年）六月，"诏燕乐（今北京密云水库北燕落寨）、密云（今北京密云县）二县荒地许民耕种，免赋役十年"[5]。统和十三年（995 年）六月，又"诏许昌平、怀柔等县诸人请业荒田"[6]。

如前所述，唐代密云县与潞县（治今北京通州）的农业发展水平相当，燕乐县与昌平县发展水平相当，均比较低下。因此，辽朝统治者注意发展昌平、密云、怀柔、燕乐这些半山区和山区的农业。在这些地区，辽朝统治者注意保护农民最起码的生产条件。统和十五年（997 年）诏令"禁诸军官非时畋牧妨农"[7]，就是对契丹骑兵施以一定的限制，以保护农民正在生长庄稼的农田。同时，又诏免南京（治今北京）贫民旧欠义仓粟，以减轻农民负担，更进一步扩大农业生产。辽朝刑法苛严，百姓动辄获罪，往往无端被拘于狱，无法按农时耕作。

辽圣宗开泰三年（1014年）"诏南京管内毋淹刑狱，以妨农务"[8]。这条诏令一方面反映出辽朝刑法酷滥，以至于影响到社会的农业生产，但另一方面也反映出统治者对农业生产的重视。

二、辽代燕地水稻种植业的倒退

在幽燕地区农民的辛勤耕耘下，辽南京（治今北京）地区农业经济有所恢复，农产品也比较丰富。辽亡之后的第三年即1125年，宋朝使者许亢宗出使金国，途经今北京时，称赞该地土产"膏腴蔬菔果实稻粱之类，靡不毕出，而桑柘麻麦羊豕雉兔，不问可知"[9]。唐代，包括今北京平谷县在内的蓟州（治今天津蓟县）和包括今北京房山区南部在内的涿州（今河北涿州），就是农业发展地区。辽代，这种局面相沿不变。蓟州因处于燕山南侧夏季风迎风坡附近，降水量较大，沽水又经过其境，所以水源丰富，农作物得天独厚。辽人称赞云："幽燕之分，列郡有四，蓟门为上，地方千里……红稻青秔，实鱼盐之沃壤。"[10]自涿州至今北京房山区一带，沿太行山东麓，自古以来农业就很发展。辽人称赞云："燕都之有五郡，民最饶者，涿郡首焉。"[11]

然而，直到辽朝占据今北京地区70余年以后的道宗咸雍四年（1068年），契丹贵族仍禁止幽燕百姓引水种稻。其原因是契丹族善于骑战，但当初和后唐及北宋军队作战的时候都曾被河水阻拦。特别是北宋时，北宋军队在两个政权的分界线拒马河一线，涨水漫溢，称为水长城，使得辽朝兵马不能轻易越界掠夺，故此契丹贵族从军事角度对河渠十分畏忌。契丹统治者在以幽州为南京（今北京）后即严令禁止农民种稻。辽景宗保宁八年（976年），南京留守官是汉族官僚高勋，他"以南京（今北京）郊内多隙地，请疏畦种稻"，结果当即遭到契丹族大臣耶律昆的反对。耶律昆奏称："高勋此奏，必有异志，果令种稻，引水为畦，设以京叛（按，指南京发生汉人叛乱），官军何由而入？"[12]辽景宗认为有理，遂罢斥高勋的建议，仍禁止南京种稻。事实上，辽朝统治者的这种顾虑也并非多余。宋太宗端拱二年（989年）北宋君臣讨论北伐幽蓟时，宋臣宋琪就明确提出利用今北京周围的水系阻扰契丹骑兵援兵的作战计划[13]。这说明辽朝契丹君臣为军事计，禁止幽州百姓引水种稻，确实出于实际的考虑，并非杞人忧天。但是，种稻可以获得高产，而且价值超过其他农作物，利之所在，人多趋之，所以南京农户犯禁私自种水稻的仍大有人在。辽道宗清宁十年（1064年），又重申："禁南京军民决水种粳稻。"[14]当时每逢幽燕地区食粮短缺，就从辽东海运。如辽圣宗太平九年（1029年），幽燕仍岁大饥，户部副使王嘉献计造船，使渤海民谙海事者，漕粟以赈幽燕饥民。然而，水路艰险，海船一遇大风浪便可能沉没，所以渤海民大多苦苦哀求，以免这份苦差。辽朝官吏不听渤海百姓之言，鞭楚搒掠，于是民心思乱。辽东京（治今辽宁辽阳市）舍利军详隐大延琳乘势作乱。辽朝好不容易才镇压下去，但辽朝统治者因此也只好停止海运。在这样的形势下，为了维持辽南京地区的经济需求，增加粮食产量，咸雍四年（1068 年）辽道宗不得不顺应时势，放弃不得种稻的禁令，诏曰："除军行地，余皆得种稻。"[15]至此，幽燕地区水稻生产才正式得到恢复。当然，这和自 1004 年"澶渊之盟"以后辽、北宋在百余年间没有再发生战争，辽朝与北宋政权的关系也已经趋于稳定，有很大关系。

三、辽代燕地田制

辽朝制度，农田有公田、在官闲田、私田 3 种田制。所谓公田，实际就是军屯。屯兵力耕公田，不向国家缴纳赋税，但每年收获除维持生活的限量外，其他全部充当军粮，叫做"在官斛粟"，不得擅自借贷。辽儒州（今北京延庆县）、可汗州（今河北怀来县）等地即置有军屯，由观察处置巡检屯田劝农使管理[16]。所谓在官闲田，就是召募百姓开垦官荒地。这些被开垦的土地仍归国家所有，开垦者只有使用权，并计亩纳粟，称之为租。圣宗统和十五年（997 年）募民耕滦河旷地，十年始征租[17]，这里所指的土地便是属于在官闲田。所谓私田，就是允许农民占荒地为己业，并计亩纳粟，称之为税。前述圣宗统和七年（989 年）六月诏山前、后未纳税户于辽南京密云、燕乐二县占田置业纳税[18]，以及统和十三年（995 年）六月"诏许昌平、怀柔等县诸人请业荒田"，便都是私田制。如上总述，辽代今北京地区并存着 3 种土地制度：即军队屯田的公田制，土地封建国家所有制的在官闲田制，土地私有制的私田制。

辽代，幽燕地区的农业虽然得到一些恢复，但基础比较薄弱，一遇灾荒，除了从山西等地籴粜易外，幽燕地区的农业和宋朝也有交流，特别是澶渊之盟以后，使臣往来十分频繁，经济交流非常密切。宋真宗大中祥符元年（1008 年）正月，幽州（即辽南京）大旱，冬小麦大量枯死，为了补种春小麦，特遣使向北宋"求市麦种"[19]。

四、辽代燕地的自然灾害

综观辽朝占据幽燕地区的 180 余年间，自然灾害以水灾为主，其次为蝗灾、旱灾。在契丹占据幽燕之初，该地区土地荒芜，人民饥馑。

辽穆宗应历元年（后周广顺元年，951 年），幽州大饥，流民大量进入后周沧州境内。次年（952 年）十月，幽（治今北京）、莫（治今河北任丘鄚州镇）、瀛（治今河北河间）三州大水，三州流民进入后周境内者达数十万口[20]。再一年（953 年），辽南京（即幽州，今北京）又发生大水，"诏免今岁租"[21]。辽圣宗（983 年—1031 年）在位之 49 年间，有 6 个发生洪涝的年份，1 个发生蝗灾年份，1 个发生旱灾年份，3 个发生饥馑的年份。从灾害发生频率方面来分析，仍以水灾为主。其中，尤以辽圣宗统和十一年（993 年）、十二年（994 年）的两次水灾最为严重。《辽史·圣宗纪四》记载："统和十一年（993 年）七月己丑，桑干、羊河（今洋河）溢居庸关西，害禾稼殆尽，奉圣（今河北涿鹿）、南京（今北京）居民庐舍多垫溺者。十二年（994 年）正月癸丑朔，潞阴镇（今北京通州东南潞县镇）水，漂溺三十余村，诏疏旧渠。"洋河和桑干河都是今永定河的上游河流，今都归入官厅水库，东南流过北京境内。统和十一年（993 年）的大水发生在七月，明显应该与当年的降水有关，也就是说强降雨导致了今永定河上游的桑干河、洋河暴涨泛滥，以致洋河下游的涿鹿，以及永定河下游的"南京居民庐舍多垫溺者"。可是统和十二年（994 年）的大水却发生在正月，这应和降水无关，而且从泛滥的河水漂溺的是北京东部的通州一带来分析，这可能是冰凌堵塞潞水（今潮白河）所致，从"诏疏旧渠"一语中或可见其端倪。和这相仿的还有辽圣宗太平六年（1026 年）"二月己巳，南京（治今北京）水，遣使赈之"[22]，也与当年降水量无关。至于 3 个饥馑年份，如辽圣宗统和十五年（997 年）"四月壬寅，发义仓粟赈南京诸县民"[23]；开泰八年（1019 年）燕地饥疫，民多流殍[24]；太平九年（1029 年）幽燕仍岁大饥[25]，这些饥荒虽然没有指出发生的具体原因，恐怕也大多与瘟疫、水、旱、蝗灾有关。特别是北方地区旱、蝗灾害的持续性比较突出，像太平九年（1029 年）那样的连年饥荒，恐怕就是旱、蝗灾害的后果。辽朝后期，道宗（1055 年—1101 年）在位的 47 年间，计有 5 个发生洪涝的年份，1 个发生旱灾的年份，6 个发生蝗灾的年份，5 个发生饥馑的年份。虽然从发生灾害的频率方面比较，道宗之世的水、旱灾害与以前圣宗之世的情况没有太大差异，但发生蝗灾的次数却明显增加。如辽道宗咸雍三年（1067 年），是岁南京旱、蝗[26]；辽道宗大康二年（1076 年）九月戊午，以南京蝗，免明年租税[27]；辽道宗大安四年（1088 年）八月庚辰，有司奏宛平、永清蝗为飞鸟所食[28]，等等。虽然文献中没有记载这些蝗灾的规模，但从因为发生蝗灾而免征明年租税的举措来看，这样的蝗灾恐怕已导致当地农作物基本绝收。同时，由于连年灾害，又导致疫病流行，人口大量死亡，也严重破坏了农业生产。如辽道宗大安十年（1094 年），"昌平天灾流行，淫雨作阴，野有饿殍，交相枕藉。时有义士收其遗骸，仅三千数，于县之东南郊，同瘗于一穴"[29]。据《辽史·地理志四》记载，辽昌平县计有 7000 户。如此计算，当时平均每 2.3 户即死亡 1 人。然而，这还是仅就一次处置的遗骸的数量而言，真正死亡人数肯定远远超过此数，如果形容其为"十室九空"，恐怕也不过分。

综上所述，辽代今北京地区的自然灾害以洪涝为主，偶而发生旱灾，但后期蝗灾有明显增加，显示出气候趋于干燥。同时，辽代北京地区的地震进入活动期，计发生 5 次大地震，尤以辽道宗清宁三年（1057 年）和大康二年（1076 年）最为严重。清宁三年（1057 年）七月甲申，辽南京（治今北京）地震，悯忠寺（今北京法源寺）崇阁亦摧[30]。大坏城郭，覆压者数万人[31]。大康二年（1076 年）十一月，辽南京（治今北京）地震，民舍多坏[32]。地震灾害的特点是发生的突然，造成的伤亡很大，在这种情况下由于封建政府缺少经验，加之采取措施不得力，所以大多随之发生大疫。严重自然灾害及随后而来的大饥疫，造成人口短期内大量死亡和社会运行过程的突然滞顿，这是研究中国历史，特别是中国农业史时不能不注意的事实。

五、辽南京栗园司

幽燕地区素有枣、栗之饶，战国时苏秦曰："（燕）民虽不田作，枣栗之实足食于民矣。"唐代，幽州（治今北京）亦以栗为土贡之一。幽州之栗可以说是北方名产。据《辽史·百官志四》记载，辽南京设置有"南京栗园司，典南京栗园"，这是辽代五京中南京特设的机构。《辽史·萧韩家奴传》载，辽圣宗统和二十八年（1010 年）萧韩家奴为右通进[33]，典南京栗园。重熙四年（1035 年）迁天成军节度使，徙彰愍宫使，以文学深得圣宗器重。圣宗"尝从容问曰：'卿居外有异闻乎?'韩家奴对曰：'臣惟知炒栗：小者熟，则大者必生；大者熟，则小者必焦。使大小均熟，始为尽美。不知其他。'盖尝掌栗园，故托栗以讽谏。"陈述先生《全辽文》"非浊禅师实行幢记"后注云："《拾遗》引《析津日记》曰：广恩寺，辽之奉福寺也，在白云观（今北京白云观）西南，地名栗园。按《辽史》南京有栗园，萧韩家奴尝典之。疑即此地也。近年房山区北郑村辽塔出土应历五年《佛顶尊胜随罗尼幢记》，有'北衙栗园庄官'衔名。"其实，南京栗园的确址不会只有一处。幽燕之地素以枣、栗著称，动辄千株。清人顾祖禹《读史方舆纪要》云:"栗园在固安界。"是以知除北京城区西南的白云观西和房山区北郑村之外,今河北固安县境内辽代也有栗园,而据《光绪顺天府志·地理志九》记述,清宛平县治西四十四里有栗园,辽置栗园司。四十五里卧龙岗西南,亦有栗园村。另外,据地方志记载,今河北唐山、遵化、迁西、滦县当时都属于辽南京范围,历史上也有大片的栗树,还有很多以栗园命名的地方和村落,应该都是属于辽南京栗园司管辖。

另外,值得注意的是辽南京栗园司属南面京官系统。辽朝官制分南、北两面,北面官治契丹,南面官治汉人。而在北面官系统中又分南、北两院,也就是所谓南、北两衙,皆治理契丹事。北面官的北衙治契丹兵机、武铨、群牧;南衙治契丹文铨、部族、丁赋之类,即元好问所谓:北衙不理民,南衙不主兵。房山区北郑村出土辽幢上题名"北衙栗园庄官",可见当时辽南京栗园是由南面官的南京栗园司和北面官的北衙系统栗园庄官分别掌管。

六、辽代燕地的赋役

我们说契丹贵族以汉族官僚统治汉族居住区,农业经济得以保存和恢复,只是与五代时期的动乱局面相比较而言,并非说幽燕地区在契丹贵族统治下就是发展农业经济的乐土。事实上,由于辽朝统治者实行"宽契丹、虐汉人"的种族歧视政策,汉族农民受到加倍的剥削和压迫。我们知道,辽圣宗、道宗之世是辽朝社会比较稳定和经济发展时期,如辽圣宗之世耶律休哥驻守南京,治民有方,"以燕民疲弊,省赋役,恤孤寡……远近向化,边鄙以安"[34];辽道宗之世,大公鼎任良乡令,"省徭役,务农桑……部民服化"[35]。但是,宋真宗大中祥符元年(1008 年)即辽圣宗统和二十六年宋使路振出使辽国,途经辽南京,其所见闻却是"虏政苛刻,幽蓟苦之。围桑税亩,数倍于中国(指宋朝),水旱虫蝗之灾,无蠲减焉。以是服田之家,十夫并耨,而老者之食,不得精凿;力蚕之妇,十手并织,而老者之衣,不得缯絮。征敛调发,急于剽掠。加以耶律、萧、韩三姓恣横,岁求良家子以为妻妾。幽蓟之女有姿质者,父母不令施粉白,弊衣而藏之;比嫁,不与亲族相往来。"这是一幅多么凄惨痛绝的画面。如果说宋使是出于敌国意识而夸大其辞,那么辽朝臣僚奏议中讲述的情况却不可不信。《辽史·耶律隆运传》载,耶律隆运(即韩德让,圣宗之世赐姓耶律,后赐名隆运)在辽圣宗统和九年(991 年)上言"燕人挟奸,苟免赋役,贵族因为橐纛,可遣北院宣徽使赵智戒谕。"圣宗从之。橐纛皆古代裹物之具，即囊括之意。这就是说，当时幽燕地区农民不堪辽政府的重赋苛役，被迫投充契丹贵族门下，受契丹贵族役使、剥削，以求庇护。《辽史·萧韩家奴传》载，萧韩家奴在辽兴宗之世奉诏上言："乃者，选富民防边，自备粮糗。道路修阻，动淹岁月；比至屯所，费已过半；只牛单毂，鲜有还者。其无丁之家，倍直庸僦，人惮其劳，半途亡窜，故戍卒之食多不能给。求假于人，则十倍其息，至有鬻子割田，不能偿者。或逋役不归，在军物故，则复补以少壮。其鸭渌江之东，戍役大率如此。况渤海、女直、高丽合纵连衡，不时征讨。富者从军，贫者侦候。加之水旱，菽粟不登，民以日困。盖势使之然也。""比年以来，群黎凋弊，利于剽窃，良民往往化为凶暴。甚者杀人无忌，至有亡命山泽，基乱首祸。所谓民以困穷，皆为盗贼者，诚如圣虑。今欲芟夷本根，愿陛下轻徭省役，使民务农。……寇盗多寡，皆由衣食丰俭，徭役重轻耳"。萧韩家奴的议论，反映出在繁徭重役压迫下的农民走投无路的困境。另外，辽朝实行盐铁专卖政策，南京三司每年征收盐铁钱后，折为绢，上缴朝廷。耶律隆运为大丞相时，曾因为"南京、平州（治今河北卢龙县）岁不登，奏免百姓农器钱，及请平诸郡商贾价"[36]。由于农民需向政府购买铁农器，其费用竟成为一个税种。

七、辽南京寺院经济和二税户

辽人佞佛，史称幽燕寺院冠于北方。这些寺院大多有大量田产。如辽秦越国大长公主（辽圣宗之女）在南京有私舍，"雕华宏冠，甲于都会"[37]。清宁五年（1059 年）辽道宗驾幸南京（治今北京），秦越国大长公主参见高僧妙行大师（契丹族），"以所居第宅为施，请师建寺。大率宅司诸物罄竭，永为常住。及稻畦百顷，户口百家，枣栗蔬园，……器用等物，皆有施状"。不久，秦越国大长公主病卒，其女"懿德皇后为母酬愿，施钱十三万贯，特为奏闻，专管建寺。道宗皇帝至□五万贯，敕宣政殿学士王行己□□□□其寺，制度一依大师。"[38]据此观之，大昊天寺的田产至少有稻田百顷，还有栗园、枣园和园圃。又如辽南京竹林寺，创于清宁八年（1062 年），是宋楚国大长公主舍私宅而建，仿之昊天寺，也拥有田产。蓟州上方感化寺，号称"野有良田百余顷，园有甘栗万余株，清泉茂林，半在疆域"，实为地方首富。这些土地，寺院除少部分自营外，大多是出租营佃，自乾亨（979 年）前"营佃距今（1107 年），即有年禩"[39]。受寺院地主残酷剥削的还有大量二税户。二税户的本来身份都是良民，辽统治者强令将其赐给诸寺院，令"分其税一半输官，一半输寺"[40]，降为农奴。此外，随着封建农业经济的发展，辽朝统治者还巧立名目，强夺民产。辽道宗大安中（1085年—1094年），遣括天荒使者括检幽燕农田，"以豪民所首，谓执契不明，遂围以官封，旷为牧地"[41]，这又不啻是对幽燕地区农业经济的摧残。

第二节 金中都的农业经济

一、金朝前期大量搜括燕地民田

辽末，女真族兴起于辽东。1115年，女真完颜阿骨打称帝，建立金国。1125年，金灭辽；不久，发兵攻宋，从此以今北京为中心的幽燕地区转处于女真贵族金朝统治之下。

金朝占领北中国以后，为了巩固统治，将大批女真猛安谋克户[42]迁往中原地区。金熙宗皇统初，创立屯田军制，"凡女真、奚、契丹之人，皆自本部徙居中州，与百姓杂处……凡屯田之所，自燕之南，淮陇之北，俱有之，多至五六万人，皆筑垒于村落间"[43]。皇统九年（1149年），金朝又迁辽阳（今辽宁辽阳）渤海民（即靺鞨族）于燕南耕种[44]。贞元元年（1153年），金海陵王迁都燕京（治今北京），改称中都。他为了充实中都，并便于就近控制金宗室贵族，故"不问疏近，并徙之南"[45]。金朝先后将大批猛安谋克户徙于中都（治今北京）附近，计口授田，使自播种，以充口食。然而，幽燕地区的土地早经历代开垦，业各有主，数以万计的猛安谋克户纷纷来徙，如何安置？为此，正隆元年（1156年）二月，海陵王"遣刑部尚书纥石烈娄室等十一人。分行大兴府（治今北京）、山东、真定府（治今河北正定），拘括系官或荒闲牧地，及官民占射逃绝户地，戍兵占佃宫籍监、外路官本业外增置土田，及大兴府、平州路僧尼道士女冠等地，盖以授所迁之猛安谋克户"[46]。括田使者名义上搜括荒闲地、多置地、寺观地产，实际上是随意强占民田。这种大规模掠夺土地的行径，直至世宗、章宗之世仍时有发生。如大定十七年（1177年），金世宗认为中都猛安谋克户所受田土多属瘠薄，遣同知中都转运使张九思等拘括，凡犯秦、汉以来名称，如长城、燕子城、皇后庄、太子务之类，皆认定为官田，"百姓所执凭验，一切不问"[47]。金章宗承安五年（1200年），因为中都、山东、河北屯驻军土地不赡，便又命枢密使宗浩、礼部尚书贾铉"诣诸道括籍，凡得地三十余万顷"[48]。

金代土地兼并的形式，除官夺民田以授猛安谋克户外，女真贵族也经常恃势广占田土。金世宗大定中（1161 年—1189 年），以世宗之子赵王完颜永中为首的四王府就曾肆无忌惮地霸占宛平、昌平、怀柔、安次、新城等地的官田，以为己业[49]。

金朝宗室贵族占有大量土地，而租税负担却十分轻微。据大定二十三年（1183 年）统计："在都宗室将军司，户一百七十，口二万八千七百九十（内正口九百八十二，奴婢口二万七千八百八），垦田三千六百八十三顷七十五亩，牛具三百四。"[50]所谓牛具，是指"耒牛三头为一具"[51]，它在女真族内部既是分配、占有土地的依据，又是征租的依据。《金史·食货志二》载："其制：每耒牛三头为一具，限民口二十五受田四顷四亩有奇，岁输粟大约不过一石，官民占田无过四十具。"也就是说，民 25 口，牛 1 具（三头），受田 4 顷 4 亩，应纳租税每年不过 1 石。反观在都宗室将军司有口 28790，若按 25 口当 1 牛具计算，应为 1151 牛具强。而实际却只按 304 牛具纳税，显然是很轻的。但另一方面，在都宗室将军司下，户 170，正口 982，却拥有垦田顷 75 亩。平均每户占田近 21 顷 67 亩，每正口占田 3 顷 75 亩强，其数额远远超过了一般水平。

如以在都宗室将军司下猛安谋克户正口与奴婢人数比例计算，每正口可驱使约 28 口奴婢从事农业生产。但是，我们应该看到，这仅仅反映在都宗室贵族的情况。实际上，中都（今北京）一般猛安谋克户由于不习惯农耕生活，大多是将土地出租给汉族农民耕种。大定中，中都猛安谋克户受田以后，多不自种，竟有将所得土地全部出租，"一家百口，垄无一苗者"[52]。

金世宗有"小尧舜"之美称，治国也知谨慎，但由于他不能摆脱狭隘的民族观念，仍保守落后的"计口授田"猛安谋克制度，因此一度给北方农业造成严重恶果。受田后的猛安谋克户或将土地租与汉民耕种，或惟酒是务，任其荒废。将土地出租的猛安谋克户又往往依势强行"预借二三年租课"[53]，使佃户不堪忍受。金制："凡桑枣，民户以多植为勤，少者必植其地十之三，猛安谋克户少者必课种其地十之一。"[54]然而，世宗之世，中都有两猛安部不但不耕其田，不种桑枣，反而"伐桑枣为薪鬻之"[55]，以为生计。面对这样的事实，金世宗虽然仍强调"计口授田，必令自耕"，但也不得不允许"力不赡者方许佃于人"[56]。据此观之，金世宗确实不愧是中国历史识时达变的君主，尽管改革得仍不够彻底，但总算正式承认了在猛安谋克制度中封建租佃制的合法地位。

对于封建社会中个体生产的小农户来说，社会稳定是从事生产的重要条件。金朝统治者不断以括刷官地为名，大规模掠夺民田，破坏了这种稳定，阻滞了当地农业经济的发展。又如猛安谋克户受田后或强迫农民为其代耕，或召汉民佃种而横取其租，这些情况也都是前代没有或有甚于前代的。虽然金中都地区农业生产水平由于劳动人口的增加和农业技术的改进而有所提高，但在生产关系方面却无疑曾有一段逆转。故此，这种提高是有限的，不可能不受社会生产关系自身限制和影响。

二、金代燕地的寺院经济和二税户

辽代寺院地主经济中曾存在"二税户"，此制度在金代相沿如旧。二税户每年将租税的一半缴给寺院，另一半缴给官府，所以对于封建国家来说，实际上是"半税户"。大定二年（1162 年），金世宗"诏免二税户为民"[57]。二税户成为向国家缴纳全额租税的编户，可以增加封建国家的财政收入，加速金朝社会经济彻底封建化的进程。但由于金人与辽人同样佞佛，这道诏令似乎当时并没有真正实行。金章宗即位后，朝臣复上言："乞放免二税户为良。"章宗遂"遣大兴府（今北京）治中乌古孙仲和、侍御史范楫分括北京路（治今辽宁宁城西）及中都路（今北京）二税户：凡无凭验，其主自言之者及因通检而知之者，其税半输官，半输主；而有凭验者悉放为良"[58]。据明昌元年（1190 年）六月奏报，共放免二税户"一千七百余户，万三千九百余口"[59]。然而，这次检括也只是放免了部分有确凿凭验的二税户。还有大量的二税户或因年代久远而无凭验可寻，或因系被寺院私自强迫，仍只好处于半农奴地位。

金朝统治者放免二税户，只是为了缓和社会矛盾，稍微限制一下过分膨胀的寺院地主经济，增加封建国家租税收入，其真正目的并非彻底打击寺院地主经济。相反，金朝统治者对寺院地主经济的保护和支持才是主要的。如大定二十六年（1186 年）三月，中都"香山寺成，（世宗）幸其寺，赐名大永安寺，给田二千亩，栗七千株，钱二万贯"[60]。中都寺院不但广占耕田、果园，还广占山场。如金崇庆元年（1212 年）奉先县（治今北京房山区）天开寺十方禅院即占有"东至望海口，南至神仙峪，西至紫云岭神仙洞，北至龙虎峪"的山林，禁民樵采，并由官府出文榜禁约[61]。

三、金代燕地的"租"和"税"

金朝的租赋制度是"官田输租，私田输税"[62]。《金史·食货志二》

云："租之制不传，大率分田之等为九而差次之。"由于史文疏略，我们对"租"的含义和内容略加考辨。金朝的官田大部分用来授与宗室贵族和猛安谋克户。如同书云："凡官地，猛安谋克户及贫民请射者，宽乡一丁百亩，狭乡十亩，中男半之。请射荒地者以最下第五等减半定租，八年始征之。作己业者以第七等减半为税，七年始征之。自首冒佃比邻地者，输官租三分之二。佃黄河退滩（地）者，次年纳租。"又云："大定中，复以近都（即中都）猛安谋克所给官地率皆薄瘠，豪民租佃官田岁久，往往冒为己业，令拘籍之。"由此可见，官田首先是用来授与猛安谋克户，其次才是招佃耕种。即以前述海陵王正隆元年（1156 年）遣纥石烈娄室等十一人分行中都（治今北京）、河北、山东括地而言，其目的也是"盖以授所迁猛安谋克户，且令民请射，而官得其租也"，摆在首位的也还是所迁猛安谋克户的授田。女真猛安谋克户受田后纳牛具税（又称牛头税），史有明载，不可谓不详，故所谓"租之制不传"，应是指汉族农民佃种官地的租制不传，而非其他。关于这个租制的内容，首先我们已经知道大致分为九等。前引《金史·食货志二》云："请射荒地者，以最下第五等减半定租，八年始征之。……自首冒佃比邻地者，输官租三分之二。佃黄河退滩（地）者，次年纳租"，所述亦正是这个租制。金制，百姓租种的官荒地经政府批准也可以改为己业私田，"作己业者以第七等减半为税"（因已改为私田，故称之为税）。私田税最初缓免七年，章宗即位之初改为三年，至泰和八年（1208 年）又改为一年。这反映出农民开荒占田的积极性日益高涨，所以免征租税的优惠政策也就有所变化，由免征七年到只免征一年。据记载，世宗之世，"豪民租佃官田岁久，往往冒为己业"。这当然是豪强地主非法并吞国家土地的一种手法，但也反映出当时的官田租比私田税要高出一些，因此将官田"冒为己业"按私田纳税才有利可图。另一方面，章宗之世又有"官豪之家多请占官地，转与他人种佃，规取课利"[63]的现象，即所谓"限外多佃官地"。这反映出当时官田租又比民间地租额要低。总而言之，当时官田租高于私田税，而民间私田租又高于官田租，这显然有利于拥有大量私田的封建地主阶级。

金朝的私田税承唐、宋旧制，分夏、秋二税。其税额一般为夏税亩取三合，秋税亩取五升，又纳秸一束（15 斤）。二税缴纳均分初、中、末三限。起初，夏税征收时间是六月至八月，秋税是十月至十二月。章宗泰和五年（1205 年），以秋税征收太急，普遍改至"十一月为初"。至于夏税，"以中都（今北京）、西京（今山西大同）……辽东……陕西地寒，稼穑迟熟，夏税限以七月为初"[64]，比一般地区晚一个月左右。五代和辽、金时期，中国大陆气候正处于近五千年气候变迁中的第三寒冷期，今北京地区的气候也比较寒冷。大定十年（1170年），南宋使臣、著名诗人范成大出使金国，至中都（治今北京），赋有《燕宾馆》诗："九月朝天种落蘺，也将佳节劝杯盘。苦寒不似东篱下，雪满西山把菊看。"自注云："（燕宾馆），燕山城（即金中都城）外馆也，至是适以重阳……西望诸山皆缟，云初六日大雪。"[65]金世宗大定十年九月初六日（1170年10月17日）中都下雪，遍查《金史》，均不见记载。可以想见，在当时的金人看来，此乃属寻常之事，只有从南方北上的范成大才会有惊奇之感。气候寒冷导致庄稼迟熟，征收田税的期限于是也随之推迟。

四、金中都的水利资源

今北京地区自汉唐以来，由于长期是军事重镇，驻有数以万计的大批军马，所以历来需要中央政府采用陆运、河运、海运的方式从各地运粮补充。陆运称"挽"，水运称"漕"。

金代，海陵王建都今北京称金中都以后，中都成为金朝京师所在地，不但驻有重兵，而且还有众多的皇室人员和中央各衙署的文武百官，所以同历代京师一样，粮食供给对外粮的依赖骤然增加。金代，中都的粮食供给主要依靠山东、河北等地运来的漕粮，每年数十万石至百余万石。因此，中都地区的水利工程以开凿、疏通运河为主。但是，在疏凿运河的同时，也能兼顾农田。金世宗大定十一年（1171年）曾开金口河引卢沟水（今永定河）充实中都漕河，"其水自金口（今北京石景山附近）以东，燕京以北，灌田若干顷，其利不可胜计"[66]。但是，由于上游森林植被遭到严重破坏，水土流失严重，原为清水的卢沟河此时已是因"水性浑浊"，挟带大量泥沙，"不能胜舟"[67]，经常冲决为患。大定二十七年（1187年），金世宗遣使臣堵塞金口，其以下沿河两岸稻田复成旱地。虽然如此，中都其他地区的稻田仍耕耘不废。

金中都漕河自章宗泰和四年（1204年）开凿自通州（今北京通州）至中都（今北京）的通济河后，即改引高梁河、白莲潭为源[68]。金中都白莲潭处址，经姚汉源先生考证，实即今北京城区北部的积水潭。最初的辽代白莲潭应包括今北海、中海部分。金世宗大定十九年（1179年）以这一带水域为中心建造了金中都最著名的离宫太宁宫，当时参加督造的有少府监张仅言，史称他"护作太宁宫，引宫左流泉溉田，岁获稻万斛"。⁶⁹所谓宫左就是太宁宫以东，如前所述，北京地势西高东低，因此河道坡度大而水量不足，水浅难以行船，所以在章宗时河道上多处置闸蓄流，控制水量，由此该河又俗称"闸河"。前已述之，在章宗开凿闸河之前，白莲潭、高梁河也都曾用来灌溉农田。章宗承安二年（1197 年），"敕放白莲潭东闸水与百姓溉田"⁷⁰。所以金代开白莲潭东闸水应是灌溉今北京城区东南的田地。次年（1198 年），章宗又命"勿毁高梁河闸，从民灌溉"⁷¹。高梁河是从今北京西北的紫竹院公园发源，经今北京展览馆北，至西直门西北进入积水潭的河道，所灌溉的应是今北京城区西北部的田地。

金中都农业用水主要依靠高梁河、白莲潭、榆河（今温榆河）、玉泉及西山诸泉。由于北方偏旱，种稻又需要充足水源，故中都豪门多恃势霸占水头。如章宗时，承晖知大兴府事，有"豪民与人争种稻水利不值，厚赂元妃兄左宣徽使李仁惠。仁惠使人嘱承晖右之"，被承晖拒绝⁷²。总的说来，中都水田多被贵族豪门霸占，一般百姓无力种稻。

五、金中都区田法

由于金代中都地区气候大多年份干旱的原因，金朝政府曾试图改革农业种植技术，在中都（今北京）城南试验区田法。区田法据传始于商代。（北魏）贾思勰《齐民要术》卷一"种谷第三"引《氾胜之书》云："汤有旱灾，伊尹作为区田。"所谓"区田法"，简而言之就是将田地一亩分为若干区，分区而种，故又称区种法、畦种法。区田法虽然费工，但可以使水力、肥力发挥最大效用，达到增产的效果，是一项精耕细作的农业技术。据曹魏人嵇康说，行区田法可比常田增益 10 倍⁷³。这种估计大概有些言过其实，但可以增产则是肯定无疑的。辽、金时期中国大陆气候正处于寒冷期，自金世宗大定十六年（1176 年）以后，中都地区旱象有明显加剧。为此，金章宗明昌三年（1192 年）始议区田。《金史·食货志五》载："章宗明昌三年（1192 年）三月，宰执尝论其法（即区田法）于上前，上曰：'卿等所言甚嘉，但恐农民不达此法，如其可行，当遍谕之。'四年（1193 年）夏四月，上与宰执复言其法，久之，参知政事胥持国曰：'今日方之大定间，户口既多，费用亦厚。若区种之法行，良多利益。'上曰：'此法自古有之，若其可行，则何为不行也？'持国曰：'所以不行者，盖民未见其利。今已令试种于城南之地，乃委官往监督之，若使民见收成之利，当不率而自效矣。'"同年六月，章宗复亲自过问此事，并遣近侍二人"巡视京畿禾稼"。由于中都试行区田法效果颇佳，明昌五年（1194 年）

正月遂敕谕农民行区种之法。承安元年（1196 年）正式在各地推行。金朝推行区种法的目的不只在于增产，更主要是为了抗旱。泰和四年（1204 年），"自春至夏，诸郡少雨。（孟）铸奏：'今岁衍阳，已近五月，比至得雨，恐失播种之期，可依种麻菜之法，择地形稍下处拨畦种谷，穿土作井，随宜灌溉。'"[74]然而，此议却遭到尚书省的反对。同年九月，尚书省奏："近奉旨讲议区田，臣等谓此法本欲利民，或以天旱乃始用之，仓猝施工未必有益也。"[75]由于统治集团内部对区田法意见不一，更主要的是当时生产力水平尚不足以胜任区田法的各种技术要求，且行区田法又将缩小实际可耕面积，故正式推行此法前后不过 9 年时间，自章宗泰和以后"竟不能行"。区田法对中都地区的农业生产虽然没有产生重大影响，但作为抗旱措施来说，仍不失为一次可贵的尝试。

六、金中都的自然灾害

辽、金互替之际，北宋曾占有今北京地区 1 年有余，并改辽南京为燕山府。宋徽宗宣和七年（1125 年），宋使许亢宗出使金国，途经燕山府（今北京）时，只见"燕山大饥，父母食其子。至有病死尸插纸标于市，售之以为食。钱粮金帛率以供常胜军，帅之牙兵皆骨立，而戍兵饥死者皆十七八"[76]。北宋政府命将太仓粳米五十万石自开封沿大河"由保信沙塘入潞河（今潮白河）"，以赡燕军。这次大饥荒的原因，一方面是连年战乱严重摧残了幽燕地区的农业生产；另一方面恐怕也和辽朝后期今北京地区频繁发生的蝗灾有直接关系。金初，继辽代之后，中都（今北京）地区的蝗灾仍很频繁。如海陵王正隆二年（1157 年）"秋，中都、山东、河东蝗。三年（1158 年）六月壬辰，蝗入京师"[77]。金世宗大定三年（1163 年）"三月丙申，中都以南八路蝗"[78]。"五月，中都蝗"[79]。大兴府（治今北京）负责捕蝗的官员被治罪。次年（1164 年）"八月，中都南八路蝗飞入京畿"[80]。在海陵王正隆二年（1157 年）至金世宗大定十六年（1176 年）的 20 年间，中都地区共有 5 次蝗灾的记录，平均每 4 年 1 次，不可谓不频繁。不过，自金世宗大定十六年（1176 年）以后就仅有 1 次记载。如果《金史》的记载翔实可靠的话，那说明金朝政府在地方政府设捕蝗官的措施取得一定成效。因为自大定十六年（1176 年）以后，金中都地区旱象明显加强，在这样的自然条件下蝗灾反而大幅度减少，只能是由于人为的因素，即对于蝗虫的防治有了效果。自大定十六年（1176 年）至金宣宗贞祐二年（1214 年）的 39 年中，中都地区共有 11 个发生旱灾或大风灾的年份，而水、涝灾害只有 6 个年份，干旱气候占主要趋势。有的年份，一年之内先旱后涝，更加重了为害程度。如金章宗明昌元年（1190 年），"夏，旱。七月，淫雨伤稼"[81]。明昌三年（1192 年）"四月丙寅，以旱灾，下诏责躬。六月甲寅，以久雨，命有司祈晴"[82]。金朝政府应付水旱灾害的措施，一般是蠲免当年的租税。如金世宗大定九年（1169 年）"二月庚子，以中都等路水，免税，诏中外"[83]。大定十二年（1172 年）"正月丙申，以水旱，免中都、西京、南京、河北、河东、山东、陕西去年租税"[84]。大定十七年（1177 年）"三月辛亥，诏免河北、山东、陕西、河东、西京、辽东等十路去年被旱、蝗租税"[85]。在灾害严重时，灾民无口粮存活，这时仅仅蠲免租税对灾民的意义就显得不大。金朝政府除蠲免租税之外，还要采取一些赈济、平粜等措施，帮助饥民渡过荒年。不过，这类举动在《金史》的记载中并不多见。其一为金世宗大定二十一年（1181 年），今北京东部的河北卢龙、滦县及天津蓟县一带（即金代平、滦、蓟三州）发生饥荒，世宗命有司发粟平粜，贫不能买者则赈贷。"六月，上谓省臣曰：'近者大兴府平、滦、蓟、通（治今北京通县）、顺（治今北京顺义县）等州，经水灾之地，免今年税租。不罹水灾者姑停夏税，俟稔岁征之。'时中都（今北京）大水，而滨、棣等州（在今山东境内）及山后大熟，命修治怀来以南道路，以来粜者。又命都城减价以粜。九月，以中都水灾，免租"[86]。这一次采取的措施较为周全，除蠲免之外，还动用官方力量赈贷、平粜；并创造交通条件，以招诱四方粮商到受灾地区贩卖。其二为金章宗承安二年（1197 年），"自正月至四月不雨。六月丙午，雨雹。十月甲午，大雪，以米千石赐普济院，令为粥以食贫民"[87]。这种赐米给寺院煮粥以济贫民的举动，与其说赈灾，不如说是施舍，透着十足的虚伪。

第三节　辽、金时期幽燕地区农业生产工具

今北京在辽称南京，在金称中都，都是京城所在地，所以辽、金时期的遗址和墓葬发现较多，出土的铁器也很多，如今北京先农坛、天坛、清河镇、西郊百万庄、北郊东小营等地的辽、金墓中都有各种铁器出土。最引人注意的是，北京地区发现的金代平民土坑葬中，差不多每个墓中都有 4 件铁铧头随葬，这可能是一时的风尚，但这对于显示农业在当时社会经济生活中的重要地位和铁农具的普及程度来说，确实非常有意义。1958 年在北京顺义、通州、怀柔等地的辽、金遗址中也都发现大量铁农具。顺义县大固现村出土 5 件辽、金时期的铁农

具。其中，铁犁铧3件，可分二式。Ⅰ式铧1件，铧头为半圆形，后端与犁架相接之处亦呈半圆形，刃部锋利。Ⅱ式铧2件，铧头近椭圆而稍尖，銎部呈直角，有二圆孔，为铆钉之处，中央突起一脊。犁镜1件，为耕具上拨土之器，与铧相接部分呈半圆形，背部有四个带孔纽，系穿绑固定犁镜之用。耘锄 i 件，头呈三角形，中间有深銎，上插铁柄。铁柄长65.1厘米，锻制，断面呈长方形，尾端有方孔，上插铁销，似可与犁架相接，用人力或畜力拖拉。通州东门外出土3件辽、金时期铁农具。其中，耪1件，刃部为弧形，上部有正方形深銎，与前述大固现村出土耘锄的銎部相同，似乎也可以与犁架衔接使用。镰1件，刃部为月牙形，有扁平短柄，可接木长柄。手铲1件，铲头为抹角齐头，装柄部深銎与铲身呈直角。怀柔县上庄村出土的古代铁器中，有一件铡刀，刀头部长鼻有槽（笔者按：大约原为孔，磨损为槽），可与刀架相连。短柄有深銎，可插长木柄，以便操作省力[88]。（见图五）

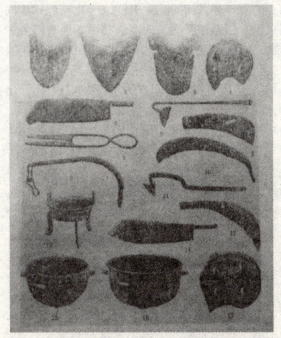

图五　北京地区出土的辽金时期铁农具

1—3 铧　4、17 犁镜　5、14 铡刀　6 锄　7 剪　8 Ⅱ式镰　9 钩镰　10 Ⅲ式镰　11 耘锄　12 Ⅰ式镰　13 锅　15、16 六鋬釜（引自北京文物工作队：《北京出土的辽金时期铁器》，载《考古》1963年第3期）

北京丰台大葆台金代遗址中也曾出土一件与怀柔上庄村样式相同的铡刀[89]。可以判断，这两件铡刀都应是金代遗物。1961 年在房山焦庄村发现一处辽、金时期铁器窖藏，出土铁器 64 件，其中有农具 31 件。铁锄 8 件，锄板为半圆形，刃直且薄，上有深銎，可接铁柄。铡刀 3 件，均与上述相同，刀头鼻上有圆孔，为与刀架上连接部分穿钉之用。镰刀 5 把，刃部弧度较大，接柄部有环形、卷筒形及扁平形 3 种，其中以柄部卷筒形镰刀与现代镰刀样式最为接近。钩镰 1 件，形如钩，通长 53 厘米，是一般手镰的 3 倍，系割草和稻、麦之具。《齐民要术》引《氾胜之书》云："苗长不能耘之者，以钩镰比其地刈其草矣。"该钩镰尾部有圆孔，穿两个方铁环，上接铁链，刃部锋利。犁铧 7 件，可分二式。Ⅰ 式铧 6 件，刃部呈三角形，与犁相连之深銎亦呈三角形，铧中央起脊。Ⅱ 式铧 1 件，刃部呈半圆形，无脊，活刃，磨损时可调换新刃，这应当是一件值得重视的当时新式农具。犁镜 1 件，与前述大固现村出土的犁镜样式相同。镐 1 件，样式与现代相同。耘锄二件，亦与大固现村出土耘锄相同。叉 3 件，其中 2 件有深銎，形如圆筒；1 件中间有捲钩。以上所述辽、金时期铁农具中，房山区焦庄村出土的 Ⅰ 式铧，样式与金墓中出土的铧头相同，据元人王祯《农书》记载此物为"鑱"，用于翻耕生土，体小而锐。其他出土物，如铁耢、耘锄、镰、镐等物，均与现代同类农具的样式无异[90]。

辽、金时期，今北京地区的粮食加工技术也有进步。据《辽史·圣宗纪四》记载：统和十三年（995 年）九月，圣宗"以南京（今北京）太学生员浸多，特赐水硙庄一区"。水硙在中国最早出现在南方，大约始于晋代，其出现在今北京地区至迟不会晚于唐代。从汉代用人力踏碓到唐代以后水硙的出现，显然是今北京地区古代农业的一个巨大的进步。

第四节　隋、唐、辽、金时期北京地区农业发展的总趋势

如果采用依据农业劳动人口数量来推测农业生产力发展水平的方法，我们可以发现，隋、唐、辽、金以来今北京地区农业经济虽然在历史运动过程中屡受挫折，但总体水平还是在逐渐上升的。这恐怕和封建社会中、后期今北京地区在中国历史上的地位不断抬升的趋势有很大关系。

由于隋代涿郡（治今北京）政区与唐、辽、金时期出入较大，且

所记人口数字也比较笼统，故只好略且不计。下面，我们将唐、辽、金三个时期今北京及周边地区的人口做一比较。

《太平寰宇记》记载：

幽州：8 县 96 乡，共有 48000 户（按唐制每乡 500 户）。

蓟县：22 乡，计 11000 户。

幽都县：12 乡，计 6000 户。

良乡县：12 乡，计 6000 户。

永清县：10 乡，计 5000 户。

安次县：16 乡，计 8000 户。

武清县：10 乡，计 5000 户。

潞县：10 乡，计 5000 户。

昌平县：4 乡，计 2000 户。

檀州：2 县 13 乡，共有 6500 户。

密云县：9 乡，计 4500 户。

燕乐县：4 乡，计 2000 户。

妫州：2 县 3 乡，共有 1500 户。

妫川县：1 乡，计 500 户。

怀戎县：2 乡，计 1000 户。

又据《旧唐书·地理志》记载：归顺州（今北京顺义）领一怀柔县，天宝中有 1037 户。蓟州领三河、玉田、渔阳三县，其西部在今北京境内，天宝中该州有 5317 户。

辽南京析津府（原称幽都府，后改。治今北京）领 6 州 11 县，其范围大致相当于唐代幽州 8 县 96 乡区域。其中，辽宛平、玉河县地域相当于唐幽都县，辽潞县、漷阴县地域相当于唐潞县，辽武清县、香河县地域相当于唐武清县。

据《辽史·地理志》记载：

析津县（今北京东半部）：20000 户，为唐代蓟县（今北京东半部）人口的 1.8 倍。

宛平县、玉河县（今北京西半部）合计 23000 户，为唐代幽都县（今北京西半部）人口 3.8 倍。

昌平县（今北京昌平）：7000 户，为唐代昌平县（今北京昌平）人口 3.5 倍。

良乡县（今北京良乡）：7000 户，为唐代良乡县（今北京良乡）人口 1.2 倍。

潞县、漷阴县（今北京通州）合计 11000 户，为唐代潞县（今北京通州）人口 2.2 倍。

安次县（今河北廊坊）：12000 户，为唐代安次县（今河北廊坊）人口 1.5 倍。

永清县（今河北永清）：5000 户，为唐代永清县（今河北永清）人口 1 倍。

武清县（今天津武清）、香河县（今河北香河）合计 17000 户，为唐代武清县（今天津武清）人口 3.4 倍。

顺州：怀柔县（今北京顺义）5000 户，为唐代归顺州（今北京顺义）人口 4.8 倍。

檀州：密云县（今北京密云县）、行唐县（今北京密云西南）合计 8000 户，为唐代檀州燕乐（今密云水库北燕落）、密云二县人口约 1.2 倍。

儒州：缙云县（今北京延庆）：5000 户，为唐代妫州妫川县（今北京延庆）人口 10 倍。

蓟州：三河县（今河北三河）、玉田县（今河北玉田）、渔阳县（今天津蓟县）合计 10000 户，为唐代蓟州（今天津蓟县）人口 1.9 倍。

据此可知，辽代今北京地区农业人口大约是唐代相应州县人口数量的 1 倍至 4.8 倍不等。

《金中都·地理志上》记载：金中都路大兴府（治今北京）领 10 县：大兴、宛平、安次、漷阴、永清、宝坻、香河、昌平、武清、良乡。

通州刺史州（今北京通州）领二县：潞（今北京通州）、三河（今河北三河）。

蓟州刺史州领渔阳（今天津蓟县）、遵化（今河北遵化）、丰润（今河北丰润）、玉田（今河北玉田）、平峪（今北京平谷）。

顺州刺史州领温阳（今北京顺义）、密云（今北京密云）。

由于《金中都·地理志上》中各行政区的户口只记载府、州总数，没有分县的户口数目，所以我们也只能就大的行政区域对应进行总的比较。金中都大兴府中宝坻、香河二县是辽香河县分置的，相当于辽代的一个香河县；金代的宛平县则是辽代宛平县和玉河县合并设立的，相当于辽代的宛平、玉河两县。据此，金代中都大兴府 10 县并通州 2 县的地域正相当于辽南京析津府（治今北京）11 县并加上蓟州三河县之地。据《金史·地理志》：金中都大兴府 10 县总人口为 225592 户；通州领潞、三河二县，总人口为 35099 户。同时据《辽史·地理志》

记载，辽南京析津府 11 县并三河县共有 105000 户。在相同地域内，金代人口数字是辽代的 2.5 倍。另外，金代中都的顺州领温阳、密云，其地域相当于辽代的顺州怀柔县和檀州密云、行唐县。《金史·地理志》记载：金中都顺州温阳、密云二县共有三万三千四百三十三户，这是辽代檀州、顺州总人口 13000 户的 2.6 倍。从以上人口统计和比较中可以看到，金代今北京地区人口在总体上义是辽代的 2.5 倍左右。

这种农业劳动力人口数量的增长，反映在行政区划的变动方面，就是一些人口稠密地区陆续分设出新的州县。如唐幽都县在辽代的时候分设为宛平、玉河二县，唐潞县在辽代分设为潞、漷阴二县，唐武清县在辽代分设为武清、香河二县。同样，辽代的香河县在金代又分设为宝坻、香河二县。

农业劳动力人口不断增长的趋势，突出显示出自隋、唐至辽、金时期今北京地区农业生产的发展状况。因为，众多的劳动人手必定会提高土地的开发水平，扩大耕地面积；同样道理，也只有具备了较高的生产能力，才可能负担得了不断增长的人口水平。较高的人口水平从一个侧面也反映出当时社会经济（主要是农业）发展的事实。此外，我们知道辽朝是契丹贵族建立的政权，金朝是女真贵族建立的政权。在这两个朝代存在期间，都曾有很多东北少数民族人口迁移到今北京地区。因此，可以说，东北地区少数民族对于今北京地区农业的发展也曾做出过重大贡献。

注释：

1　陈述：《契丹社会经济史稿》，三联书店 1963 年。

2　《辽史》卷四《太宗纪下》。

3　34　《辽史》卷八十三《耶律休哥传》。

4　5　《辽史》卷十二《圣宗纪三》。

6　23　《辽史》卷十三《圣宗纪四》。

7　17　18　《辽史》卷五十九《食货志上》。

8　《辽史》卷十五《圣宗纪六》。

9　许亢宗：《宣和乙巳奉使行程录》。

10　陈述：《全辽文》卷五《佑唐寺创建讲堂碑》。

11　《全辽文》卷八《涿州白带山云居寺东峰续编成四大部经记》。

12　《辽史》卷八十五《高勋传》。

13　《宋史》卷二百六十四《宋琪传》宋琪上言："……涉涿水，并大房，抵桑干河，出安祖寨（在今北京西郊石景山一带），则东瞰燕城（即辽南京），裁及一舍，此是周德威收燕之路……从安祖寨西北有卢师神祠，是桑干出山之口，东及幽州（即辽南京）四十余里。赵德钧作镇之时，欲遏西冲，曾堙此水。……其桑干河水属燕城北隅，绕西壁而转。大军如至城下，于燕丹陵东北横堰此水，灌入高粱河，高粱岸狭，桑水必溢。可于驻跸寺东引入郊亭淀，三五日弥漫百余里，即幽州隔在水南。王师可于州北系浮梁以通北路，贼骑来援，已隔水矣。视此孤垒，浃旬必克。"

14　15　26　《辽史》卷二十二《道宗纪二》。

16　《全辽文》卷七《耶律宗政墓志铭》。

19　《宋史》卷七《真宗纪二》。

20　《契丹国志》卷五《穆宗天顺皇帝纪》。

21　《辽史》卷六《穆宗纪上》。

22　25　《辽史》卷十七《圣宗纪八》。

24　《辽史》卷八十九《杨佶传》。

27　32　《辽史》卷二十三《道宗纪三》。

28　《辽史》卷二十五《道宗纪五》。

29　麻兆庆：《昌平州外志》卷四《金石》辽寿昌五年《义冢幢记》。

30　《辽史》卷二十一《道宗纪一》；《元一统志》卷一《古迹》。

31　《续资治通鉴长编》卷一百八十五，嘉祐二年四月丙寅。

33　通进司，北宋首创的中央机构。"通进司掌受银台司所领天下章奏、案牍及阁门京百司奏牍、文武近臣表疏以进御，然后颁布于外。"通进司和银台司是枢密院的下属机构，负责把臣僚的奏牍呈送给皇上，并把皇帝的诏令颁布天下，起着重要的中转作用。

35　《辽史》卷一百五《大公鼎传》。

36　《辽史》卷八十二《耶律隆运传》。

37　《全辽文》卷八《燕京大昊天寺碑》。

38　《全辽文》卷十《妙行大师行状碑》。

39　41　《全辽文》卷十《上方感化寺碑》。

40　57　58　59　《金史》卷四十六《食货志一》。

42　金制，以三百户为谋克，十谋克为猛安。这是女真族的军事编制，类似满族早期的八旗制。

43　《大金国志》卷三十六《屯田》。

44　《金史》卷四《熙宗纪》。

45　60　86　《金史》卷八《世宗纪下》。

46　49　50　51　52　53　54　55　56　62　63　64　《金史》卷四十七《食货志二》。

47　《金史》卷九十《张九思传》。

48　《金史》卷十一《章宗纪三》；《金史》卷九十三《宗浩传》。

61　北京图书馆善本部藏：崇庆元年四月二十二日《奉先县禁山榜示碑》。拓片。

65　《范石湖集》卷十二《燕宾馆》。

66　《元史》卷一百六十四《郭守敬传》。

67　68　《金史》卷二十七《河渠志》。

69　《金史》卷一百三十三《张觉传》附张仅言传。

70　71　75　《金史》卷五十《食货志五》。

72　《金史》卷一百一《承晖传》。

73　《嵇康集校注》卷三《养生论》。

74　《金史》卷一百《孟铸传》。

76　《三朝北盟会编》卷二十引《宣和乙巳奉使行程录》。

77　《金史》卷五《海陵王纪》。

78　80　81　《金史》卷二十三《五行志》。

79　83　《金史》卷六《世宗纪上》。

82　《金史》卷九《章宗纪一》。

84　85　《金史》卷七《世宗纪中》。

86　《金史》卷八《世宗纪下》；《金史》卷四十七《食货志二》。

87　《金史》卷二十三《五行志》；《金史》卷十《章宗纪二》。

88　90　北京市文物工作队：《北京出土的辽、金时代铁器》，载《考古》1963 年第 3 期。

89　北京市文物工作队：《北京大葆台金代遗址发掘简报》，载《考古》1980 年第 5 期。

第九章　元大都的农业

　　金中都的粮食供应，除了中都地区的农业生产以外，驻军、中央机构的文武百官消费的粮食主要依靠山东、河北地区漕运，每年计数十万至百余万石。金朝末年，在蒙古骑兵的一再攻击下，金宣宗贞祐二年（1214 年）从中都（今北京）迁都开封（今河南开封）。这一方面固然是为躲避蒙古骑兵的威焰；但另一方面也是由于当时中都由于漕运困顿，中都（今北京）储粮食尽，所以将中央政府迁于粮食较易于补给之区[1]。不过，金宣宗从中都南撤以后，成吉思汗并未马上占领金迁都以后的空虚之地，"是时河朔为墟，荡然无统⋯⋯其遗民自相吞噬殆尽"[2]，局面非常混乱。

　　金宣宗贞祐三年（1215 年），成吉思汗攻陷中都，但当地的社会经济局面并没有好转。蒙古虽然在燕地设置了断事官"总裁庶政"[3]，但蒙古当时的国策并不以农耕为务。成吉思汗将中都（今北京）土地随意分赐功臣作为牧场。如镇海与金将忽察虎作战有功，成吉思汗即命镇海"于城中环射四箭，凡箭所至园池邸舍之处，悉以赐之"[4]。西域人扎八儿火者引元军由居庸关北的黑松林小道，奇袭中都，一举而克。成吉思汗曰："朕之所以至此者，扎八儿之功为多。"于是命扎八儿"引弓射之，随箭所落，悉畀汝为己地"[5]。另外，很多勋臣在中都附近地区又有封地、封户，如元丞相拜住，其祖孙三代在范阳（今河北涿州）即有封地。不过，蒙古贵族在封地内大多"岁遣人更迭监牧类，皆不知治"[6]。因此金中都及附近地区的农业经济遭到巨大摧残，正如元人魏瑶《燕城书事》诗所形容的"可怜一片繁华地，空见春风长绿蒿。"

　　成吉思汗时，蒙古族专以攻战掠夺为事，其"初下燕云，奄有河朔，便当创法立制而不为……天下之器虽存而实则无有"[7]。元太宗窝阔台（1229 年—1241 年）即位之初，中使别迭等曾建言："虽得汉人亦无所用，不若尽去之，使草木畅茂以为牧地。"[8]如果这个政策得到实行，那么燕地百姓将尽遭屠杀，所有的农田都将和长城以外地区一样成为草原地区。幸运的是，窝阔台汗尚不失为一代英主，他也看出了这个建议的荒谬，于是接受了贤相耶律楚材的劝告，保留了燕地的封建经济，始立燕京等十路征收课税使，取租赋为国家经用。元朝前期的元世祖忽必烈是元朝最有作为的君主。至元七年（1270 年），元世祖诏立大司农司，以张文谦为大司农卿，立诸道劝农司巡行劝课农耕，"不数年……栽培之利遍天下"[9]，农业经济得到恢复。至元中，四怯薛官（即皇城宿卫官）"奏割京城外近地牧马"，世祖欲允，顺圣后"阳责太保刘秉忠曰：'汝汉人聪明者，言则帝听，汝何为不谏。向初到定都时，若以牧马则可，今军蘸俱分业已定，夺之可乎？'帝默然。命寝其事"[10]。可见至元以后，大都附近的部分土地以农耕为主，不再任意割地牧马。元世祖对农业生产十分重视，至元十年（1273 年）令大司农司汇集《齐民要术》、《岁时广记》等前代农书，编撰并刊印了《农桑辑要》，颁行天下，准一照行。此书后来在元文宗天历中及以后还多次颁行。元末熊梦祥《析津志》在提到大都皇城内的田园种植时还说"并依《农桑辑要》之法"[11]。

第一节　元大都军队屯田

元世祖忽必烈在宗室斗争中控制政权以后，最初建都于开平（今内蒙古多伦西北），至元四年（1267 年），忽必烈下令在旧金中都东北营建都城，随即建国号元，至元九年（1272 年）迁都于此，并名之曰大都[12]。元朝初年，大都郊区人口稀少[13]，大量驻军的军粮主要靠军队屯田生产解决。

蒙古人虽然是游牧民族，但对屯田却很熟悉，最初是在攻战中采用这个方法，"遇坚城大敌，旷日不能下则困兵屯田"[14]；其后又用于防守，成吉思汗十六年（1221 年），霸州等路元帅拜达勒镇守固安水寨，领军屯田，为燕南部屏障。中统元年（1260 年），元世祖忽必烈令蒙古、汉军万户各签选军人，屯驻在今北京东北、西北两处。东北方向的屯军是为了防御辽东女真残部，驻于兴州（今河北承德西）、北山、潮河川（今古北口西南）。西北方向的屯军是为了拱卫上都开平，驻于宣德（今河北宣化）、怀来、缙山（今北京延庆）。其后，又陆续立左、右、中、前、后卫及武卫于大都附近屯驻，各有屯田，由枢密院管辖。

据《元史·兵志》记载：左卫屯田在东安州南、永清县东荒土，中统三年（1262年）立，屯军2000名，屯田1316顷65亩。右卫屯田在永清、益津等处，其屯军、屯田额数、设立年月皆与左卫同。

中卫屯田在武清、香河等处，至元四年（1267年）立，屯军2000名，屯田1037顷82亩。至元十一年（1274年）以屯地相距甚远，耕作不便，遂迁于香河县的河西务、荒庄、杨家口、青台、杨家白等处[15]。

前卫屯田在霸州、保定、涿州荒闲地，至元十五年（1278年）立，屯军2000名，屯田1000顷。

后卫屯田原在永清等处，至元十五年（1278年）立，屯军2000名，屯田1428顷16亩。其后，因永清地势低洼，旱涝不保，迁昌平县（今北京昌平）太平庄。而太平庄是元世祖以后元朝历代皇帝来往上都（今内蒙古多伦西北）、大都（今北京）之间的"经行之地"，加上"春秋往来，牧放卫士头匹"，所以不宜耕种，元后期泰定帝泰定三年（1326年）五月又将后卫屯田迁回原处。

武卫屯田在保定、定兴、霸州、涿州等处，至元十八年（1281年）立，屯军3000名，屯田1804顷45亩。至元二十六年（1289年），罢蒙古侍卫军屯田，别立左、右翼屯田万户府。左翼屯田在大都路霸州及河间等处，屯军2000名，屯田1399顷52亩。右翼屯田在漷、雄二州，成宗大德元年（1297年）又增置武清屯田，屯军1540名，屯田699顷50亩。

忠翊侍卫屯田原在燕只哥赤斤地面及红城（今内蒙古托克托东），至元二十九年（1292年）立。元中期仁宗延祐二年（1315年），迁红城屯军于古北口及昌平县太平庄屯种，七年（1320年）复回屯原处。

左卫率府屯田在大都路漷州（今北京通州漷县镇）、武清县及保定路新城县，至大元年（1308年）立，至治元年（1321年）与武卫屯田互易，屯军3000名，屯田1500顷。

宣忠扈卫屯田在大都北，至顺元年（1330年）十二月立，屯军均为斡罗斯（即俄罗斯）人，屯田100顷。《元史·文宗纪》载："至顺元年（1330年）十月，立宣忠扈卫亲军都万户营于大都北，市民田130余顷，赐之。"同年十二月，又诏："宣忠扈卫斡罗斯屯田，给牛、种、农具。"元大都屯田除了有俄罗斯人之外，笔者推测可能还有其他民族。例如，公元1368年明朝灭元之后曾把大都居民一律南迁到今开封，可是次年（1369 年）明太祖又下诏令将其中的 160 余名高丽人遣返回国，遂赐玺书云："比因南徙幽燕之民，其间有高丽流寓者百六十余人，朕念其人岂无乡里骨肉之思，故令有司遣使护送东归。而内使金丽渊适在朕侧，自言亦高丽人，家有老母，久不得见，朕念其情，就令归省，并护送流寓者还。赐王纱、罗各六匹，至可领也。"[16]这些高丽人，笔者认为其身份应该是长期在元大都居住的农户。因为当时战争纷乱多年，这些高丽人如是商人应该早就动身回国，当时从元大都经辽东的陆路和自直沽（今天津）的海路都是畅通的。他们之所以没有走，恐怕还是出于农户的安土重迁心理或拖家带口不易行动。

元在大都附近的军屯，经常侵占民田。至元二十二年（1285 年）正月，世祖诏曰："括京师荒地，令宿卫士耕种。"[17]名为括荒，实际均为夺民田为屯田。

元代，大都附近屯田除枢密院所辖诸卫屯外，又有大司农司所辖屯田、宣徽院所辖屯田。

大司农司所辖营田提举司屯田性质是民屯，在武清县，有屯军、民户、农奴、火者（即犯罪谪发的宦官）等 2100 余户，田 3520 顷 93 亩。

元朝的宣徽院是专掌皇家内务及宿卫的宫廷机构，与唐、宋的宣徽院不同，位高权重。宣徽院使都是由元朝皇帝最亲信的大臣担任，出则为中书省、枢密院、御史台长官；或由这些军政大臣兼任。宣徽院所辖丰润署屯田性质是皇家独霸的屯田，大致相当于后世的皇庄，在蓟州丰润县，至元二十二年（1285 年）立，屯户 837，屯田 349 顷。宝坻屯田在宝坻县，至元十六年（1279 年）立，屯户 300，屯田 450 顷。

元代，大都附近军屯，目的在于供给军食。至于大都皇室、百官所消费的粮食，则主要依靠东南漕运[18]和保定地区供给[19]。如前所述，昌平（今北京昌平）、蓟州（今天津蓟县）、顺州（今北京顺义）、涿州（今河北涿州）的土地早在汉、魏时期就已经充分开发。宋、辽时期，雄、霸等州及蓟州土地更是非常肥沃，稻田棋布。元朝在这些地区屯田，除一部分是官荒地外，大多是强占民田[20]，所以对原有的农业经济是一种严重破坏，没有什么积极意义可言。

元大都附近军屯唯一较有意义的是元武宗至大二年（1309 年）于直沽（今天津）海口的屯田。直沽在汉代称泉州，其城在今天津市西北武清县的城上村，金代改称直沽，地位有所上升。由于位处沿海，地多盐碱，农业比较落后。元代，东南漕粟皆经直沽转运大都，元又置盐使司督办盐务，直沽逐渐发展为重要门户。至大二年（1309 年），元朝签选汉军 5000 名与康里军[21] 2000 名于直沽海口屯种。三年（1310年）四月，又出钞 9158 锭，市耕牛、农具，给予直沽、酸枣林屯田军[22]。这对于开发北京东南部地区的土地是有意义的。

　　元朝末年，统治集团内部为争夺帝位，互相倾轧。元朝政府役民无度，加之连年灾荒，连年饥馑，阶级矛盾、民族矛盾更加尖锐。元顺帝时，元末农民起义终于爆发了。在农民起义的浪潮中，起义军首领方国珍、张士诚分别据有浙东、浙西，控制海道，元大都漕运断绝。

　　元大都的食粮主要依靠江南三省的漕运，所谓"转粟南州"，"灌输天困"，"京师亿万，鼓腹舍哺"[23]，就是这种情形的写照。泰定年间，翰林直学士兼国子祭酒虞集曾建议在大都东部沿海之地拦海为田，但不为朝议采纳。至顺帝时东南漕运断绝以后，宰相脱脱又建言："京畿近地水利，召募江南人耕种，岁可得粟麦百万余石，不烦海运而京师足食。"这一次朝廷于百般无奈之中，才勉强同意。"至正十三年（1353 年），脱脱领大司农事，以左丞乌古孙良桢、右丞悟良哈台兼大司农卿"，"西至西山，东至迁民镇（今秦皇岛市东北）、南至保定、河间，北至檀（治今北京密云县）、顺州（治今北京顺义县），皆引水利，立法佃种"。[24]并且"工价、牛具、农器、谷种、召募农夫诸费，给钞五百万锭。以供其用"。[25]农夫耕种的是"官地及元管各处屯田"。[26]从官府支给工价、牛、种、农器等方面来看，脱脱的所谓"立法佃种"，实际是在原有官田和屯田的基础上建立民屯。但是此时也还有军屯，至正十五年（1355 年），顺帝"以各卫军人屯田京畿，人给钞五锭，以是日入役，日支钞二两五钱，仍给牛、种、农器"[27]。与前不同的是，这些军卫屯田不属枢密院，而由大司农司所管辖。至正十六年（1336年），又"命大司农司屯种雄、霸二州以给京师，号京粮"。但岁获不过"四十万石"，[28]根本不够供应军食，更不必说供应大都庶民百姓。

　　至正二十三年（1363 年），东南漕粮最终完全断绝，大都立即一筹莫展。正如清人法式善所议："元徙都燕地，始仰食于东南，漕运之苦有不可胜言者。而西北之地，鞠为茂草，未有知垦以成田。当时虞文靖议开京东濒海之田，极措置之详，事阻不行。及至正间，海运不继，始议举行，而国势已莫之救矣。"[29]这是元朝末年大都屯田最后一次失败的努力。

第二节　元大都贵族和寺庙的田产

　　元朝贵族官僚通过赐田的形式也在大都附近占有肥沃土地。元世祖至元十六年（1279 年）赐大司徒兼领将作院阿尼哥京畿良田 15000 亩，耕夫百人，牛百头，什器备[30]。至元二十一年（1284 年），赐同知卫尉院事领群牧司土土哈大都近郊田[31]。至元二十九年（1292 年）二月，赐福建行省右丞高兴大都良田 1000 亩[32]。元末顺帝至元元年（1335 年）二月，赐伯颜大都路蓟州宝坻县稻田提举司所辖田土[33]。这些赐出与成吉思汗时镇海、札八儿火者所得的赐出不同，主要是用于农业生产，所以多为"近郊田"、"良田"。

　　元朝疆域广阔，为了羁縻各族人民，元统治者对宗教采取兼收并蓄政策。大都（今北京）作为元朝的统治中心，道观、寺庙非常兴盛，寺院在大都附近占有大量良田。金代，统治者对佛教就十分尊崇，元大都的旧都（又称南城，今北京城区西南）内外当时就建有大量佛寺。如《析津志》记载：圣恩寺即大悲阁，在南城旧市之中，建自唐代，辽金时期成为北方名刹。大圣安寺在旧城，金熙宗皇统初年赐名大延圣寺，世宗大定七年（1167 年）重修之后赐名大圣安寺。再如悯忠寺建于唐太宗贞观年间，历代都是天下名刹。元初有很多政治文化活动都是在这些寺庙中举行。元朝新建的大都城中，原有庆寿寺，蒙古蒙哥汗七年（1257 年）高僧海云和尚卒葬于此，建城时为了保护这座寺庙，元世祖特意下令将该处城墙向外突出三十步，绕过寺院。元朝以后又在高粱河畔建有著名的大护国仁王寺、永福寺。旧城原有崇国寺，元朝又在城西北建有崇国寺，形成南北崇国寺。这些寺院大多数有名僧住持，是北方的名寺。如海云和尚是元初的著名政治人物。《永乐大典》卷之四千六百五十载："（海云）北见太祖于行宫，奏对称旨，命之曰小长老。继命居燕京庆寿寺，赐以固安、新城、武清之地，房山之园，……有栗园，依华严经字数，每一字种栗一株，……每岁设提点监寺于寺之东，收贮各庄佃所纳栗，如纳粮制，为数动以数千石为率。"[34]中统二年（1261 年），世祖赐庆寿寺、海云寺各"陆地五百顷"[35]。大都护国仁王寺是昭睿顺圣皇后（名察必，世祖忽必烈之后）于至元七年（1270 年）所建，声势显赫，"效地献利者随方而至"。至大年间统计，"凡经隶本院若大都等处者，得水地二万八千六百六十三顷五十一亩有奇、陆地三万四千四百一十四顷二十三亩有奇，山林河泊湖渡陂塘柴苇鱼竹场二十九……栗为株万九千六十一"[36]。元朝大都城内外的这些著名寺院之所以能享受如此优厚的待遇，还在于这些寺院都有皇家的背景。元朝供奉先帝、母后御容的建筑叫做影堂，分别附设在大都各著名寺院内，所奉祖先御容都由大都纹绮局能工巧匠制作。据《元史·祭祀志四》，元世祖忽必烈帝、后影堂和其子真金（裕

149

宗）的影堂都附设在大圣寿万安寺（今北京白塔寺）。元顺宗帝、后影堂和仁宗帝、后影堂都附设于大普庆寺（今北京西城宝产胡同东口以南）。成宗帝、后影堂附设于大天寿万宁寺（今北京鼓楼东侧）。武宗和所立二后影堂附设于大崇恩福元寺（遗址不详）。明宗帝、后影堂附设于大天源延圣寺（今北京西山八大处）。英宗帝、后影堂附设于大永福寺（今北京白塔寺西）。也可皇后（名察比，世祖顺圣皇后）影堂附设于大护国仁王寺。这些寺院都在前面提到的获得大量赐地的寺院中。

大德五年（1301 年），成宗诏赐大都"昭应宫、兴教寺地各百顷"，"万安寺地六百顷"，"南寺地百二十顷"[37]。这些赐田没有说明地点，不一定都在大都，但这些寺院在大都附近一般都有庙产。《元史·铁木迭儿传》载：仁宗延祐年间，太师右丞相铁木迭儿强占"晋王田千余亩，兴教寺后堰园地三十亩，卫兵牧地二十余亩"。由此可知，兴教寺在大都也有园地。

寺院不但通过向皇帝奏讨获得土地，还可以购买土地。据至元十九年（1282 年）创于金代大定年间的昌平双泉禅院（今北京昌平区小汤山西新城村），在大兴府府尹和竹林禅寺、庆寿寺的支持下，归云禅师捐出白银五百两和随身使用的鞍马等物，购得"近寺周回墙下地土五百余亩"。又有囗云和尚，"复以白银二百两，买古城内（在西新城村北）众村人张林、郑俊等白地二百余亩，以未来者助道之费"[38]。据此可知当地的田价大约是每亩地白银一两。又如至元二十七年（1290年），道士郑进元至大都，"益昌平之阡为地七十亩"，以作十世祖墓地；又"买园亩百余于故都（大都西南之旧金中都城）之东，种柳于宫阴古河之堧，岁用以裕"[39]。

在封建社会中，宗教或者依赖统治政权的保护，或者本身拥有强大的政治势力，否则无法取得自身的发展，特别对于那些自外部传入的宗教更是如此。元代，元大都的佛教、也里可温教（即元朝时对基督教各派的总称）得到统治者的大力支持。特别是也里可温教，由于元朝疆域的扩大，和东西方交通贸易往来的频繁，其继唐代[40]之后再次在中国形成高峰。元世祖至元三十一年（1294 年）基督教方济各会修士科维诺奉教皇之命来到大都城（又称汗八里，今北京），并在城内修建了第一座基督教堂，教堂里耸立着钟楼，内有三口钟，有教众六千余人。其后他得到继位者元成宗的支持，于大德九年（1305 年）又获得建第二座教堂的机会。这座教堂获得皇家批准建在大都皇城内、"大汗的宫门口前……遇大汗宫仅隔一街，按距离从大汗宫门前投石可及",当年先建起数间简陋的祷告室和可容二百人的礼拜堂,大约在大德十年(1306年)竣工,"大汗在宫中可听到我们的歌声"[41]。由此,直至元朝末期,也里可温教和佛教一样得到朝廷的保护和经济上的赐予。例如在元大都城西北隅的北崇国寺(今北京护国寺)和今北京白纸坊的弘教寺中原有元末至正年间的圣旨碑,其中强调佛教、也里可温教和道教的寺庙、教堂和道观可以不承担任何差役,不必承担接待使臣,也不必缴纳税粮、商税,更不允许权势夺占他们被皇家赐予的、被施舍的或购买的田地、水土、人口、牲畜、园林、碾铺、山场,等等[42]。

寺院占有大量土地,出租营佃,不纳国课,岁收数十百万石,全部据为己有。泰定三年(1326年)中书省臣奏议:"养给军民,必籍地利。世祖建大宣文弘教等寺,赐永业,当时已号虚费。而成宗复构天寿万宁寺,较之世祖,用增倍半。若武宗之崇恩福元、仁宗之承华普庆,租榷所入,益又甚焉。"[43]寺院广占田亩,并享受免缴赋税的特权,一方面欺压百姓,另一方面也严重损害了元朝政府的财政收入。

巨商豪富在大都近郊也占有大量土地,或营佃取租,或修建园林。如姚仲实,至元中弃官经商,累资巨万,在大都东的艾村购置沃壤一千五百余亩,修建园林,以为游憩之地[44]。

元代,沿西山一带水泉旺盛,土地肥沃,蒙古贵族和寺院等特权地主在这里占有广阔沃土和丰富水源,种植水稻,设置水碾。为了获得最大利益,他们甚至将供应京师漕河——通惠河水源的白浮、瓮山渠"私决堤堰,浇灌稻田、水碾、园圃"[45]。另外,在城郊接近水源的地方,贵族和皇室也往往开辟菜园,种植各种新鲜菜蔬以供享用。例如皇帝在元大都祈求农事丰盛的藉田有内、外两处:外在今东便门外二闸附近,内在宫城北门厚载门(今北京景山少年宫前)附近。《析津志》记载:"内藉田东,苑内种蒔,若谷、粟、麻、豆、瓜、果、蔬菜,随时而有。皆阉人、牌子头目各司之,服劳灌溉。以事上,皆尽夫农力,是以种蒔无不丰茂……海子水逶迤曲折而入,洋溢分派,沿演淳注贯,通乎苑内。"

第三节　元大都的畜牧业

元蒙军队以骑战为主,生活上对马乳、牛、羊等也依赖甚深,所以对畜牧业非常重视。元在全国有牧马地14所,设在大都附近的有固安州(治今河北固安)、香河、河西务、潞州(治今北京通州潞县镇）、涿州（治今河北涿州）等处[46]。每处牧马地仍给田令牧马人屯种。如至元二十年（1283 年），"给霸州文安县田四百顷，命哈喇赤（掌刍牧之钦察人）屯田"[47]。

元太仆寺专掌马政，"太庙祀事暨诸寺影堂用乳酪，则供牝马；驾仗及官人出入，则供尚乘马"[48]。大都附近专有饲养御马的闲厩。春天，元帝巡幸上都避暑，"先驱马出健德门外（今德胜门以北），取其肥可乳者以行，汰其羸瘦不堪者还于群"。秋天，元帝自上都还大都，"太仆寺卿先期遣使征马五十醍都（按，醍都即载乳车，每醍都配牝马四十匹）来京师"。"刍粟要旬取给于度支，寺官亦以旬诣闲厩阅肥瘠"[49]。此外，保卫皇宫的宿卫士在大都附近如昌平等处也有卫士牧地。元大都的贵族官僚也大多以部分占有的土地畜养马匹。至元中，平章政事博罗欢自称："吾家有马群连郊垌，一次献善马十八匹。"[50]

由于畜牧业的影响，大都虽"上有司农之政，下有劝农之官"，但仍有大量农田被荒置，"垦令虽严而汗莱间于畿甸"[51]。元制，为了防止来年蝗灾，每年秋收以后都必须翻耕农田，以便将蝗虫卵翻出地面曝死。皇庆二年（1313 年）"复申秋耕之令，惟大都五路许耕其半"。[52]可以推测，即使严格遵从政府的命令的话，大都附近农田秋收后也至少有一半左右要暂时充作牧场。

第四节　元大都的农作物种类

元代以前，今北京地区农作物品种较少，主要是稻、大小麦、黍、稷和各种豆类。元代，随着大都与各地频繁的经济交流，农作物品种遂大有增加。谷类有：耐旱、不畏猛风烈日的高苗青、诈张柳、撑破仓等6 种，宜于在平川播种；杆粗耐风的八棱、狗见愁、饿杀狗等6种，宜于在高坡地播种。毛谷专门作为贡品进上。还杂种白糙、临熟变、狗虫青、奈风斗、麻熟等品种。黍类有：糯黍（今称粘黄米）、小黍（今称小米）、秫黍（今称黄米）。不过，在人们心目中，一提务农，农作物的首选种类还是水稻。例如元代朝鲜编写汉语课本《朴通事谚解》中有一句"我家里一个汉子，城外种稻子来，和一个汉儿人厮打来，那厮先告官，把我家小厮拿将去监了二日"[53]即属此类。该书还有一处说到在城外刘村管着他官人家庄土种田的老安，老安为主人种的庄稼也是首先提到稻子。从叙述的经过来看老安并不是佃户，可能是官人家的家人而分管主人城外的庄田。每年他缴纳了租税以后，剩下的收成分成三份，主人得三分之二，老安得三分之一。在处理这些收成的时候，老安把一些零碎数额的粮食卖了，成了额外收入，"落下些个，养活他媳妇、孩儿"。其他人也都认为"管山吃山，管水吃水"，理所应当。可是有与老安有仇的人把这事报告了他的主人，于是告到官府，把老安关押起来追赃。在提及老安的农活时，种稻之后，就是蜀秫（今高粱）、黍子（今小米）、大麦、小麦、荞麦、黄豆、小豆、绿豆、豌豆、黑豆、芝麻、苏子（今紫苏）。元大都的农作物中虽然以水稻为上品，但实际上无论是就种植条件来说，还是生活中实际消费来说，都是以小麦为主。该书在一处讲到几个人在午门前的饭店吃饭，其中提到的羊肉馅馒头、素酸馅稍麦、匾食、水晶角儿、麻尼汁经卷、软肉薄饼、饼储、煎饼、水滑经带面、挂面、象眼棋子、柳叶棋子、芝麻烧饼、酥烧饼、黄烧饼、硬面烧饼等面食达十余种。方志记载元大都的豆类有：黑豆、小豆、绿豆、白豆、赤豆、红小豆、豌豆、板豆、羊眼豆、十八豆。蔬菜类有：在园圃中栽种的白菜、甜菜、蔓菁、王瓜、萝卜（红、白二种）、茄（白、紫、青三种）、赤根（即菠菜）、胎心菜、王瓜、天青葵（即蘡，嫩豆叶）、苦菜、冬瓜、稍瓜、蒲、笋、葱、韭、蒜、韭黄、芦菔（即萝卜）、苋、匏、青瓜、塔儿葱（层葱）、回回葱等24种，还有野生的壮菜、蕨菜、解聪、黄连芽、木兰芽、山药、戏马菜、山韭、马齿苋、七击菜等40余种及香蕈、沙菌等各种蘑菇。果类则有：葡萄（有如马乳者为贡品，色紫、小核）、苹婆、桃（分络丝桃、麦熟桃等近10种）、李子、林擒（即沙果）、栗（有西山栗园、斋堂栗园、庆寿寺栗园等）、核桃、西瓜、甜瓜、黄瓜、苦瓜、胡桃、香水梨、银丝枣、大小枣、御黄子、频婆（即苹果）、柰子（即沙果）、红果子、松子、榛（汉榛、胡榛）、莲、藕、菱等10余种[54]。由于元朝疆域广阔，同时与中亚等地区来往频繁，文化经济经常交流，所以大都地区农作物种类繁多，实非前代可比。

第五节　元大都的赋税

元代大都路总管府总领左右警巡院二、六县、十州（辖十六县），包括左右警巡院，总管府直属之大兴、宛平、良乡、永清、宝坻、昌平，涿州之范阳、房山，霸州之益津、文安、大城、保定，通州之潞、三河，蓟州之渔阳、丰闰、玉田、遵化、平谷，漷州之香河、武清，顺州之温阳（今北京顺义），檀州（今北京密云），东安州（原安次），固安州，龙庆州之怀来。金代中都路总领一府、三节镇、九刺史州、四十九县，其中大兴府之大兴、宛平、安次、漷阴、永清、宝坻、香河、昌平、武清、良乡，通州之潞、三河，蓟州之渔阳、遵化、丰润、玉田、平峪，涿州之范阳、固安、新城、定兴、奉先，顺州之温阳（今北京顺义）、密云，霸州之益津、文安、大城、信安，德兴府之德兴、妫川、缙山、望云、矾山、龙门，与前面所举元代大都路总管府的地域相差不多，只是多出了望云、龙门两县。但是该地区户口在金代达597000余户，可是元代却只有147000户，不及三分之一。这说明元代，大都地区军、民屯田户、匠户和军户占了总人口的很大一部分，一般意义上的在编缴纳租税的农户远远少于以往。这是元大都农业的特点。

元朝的赋税和差役制度有南、北之分，都很繁重。北方人民要缴纳税粮和科差。税粮分丁税、地税。科差分丝料、包银。元政府规定在北方按人丁征税，在南方按地亩征税。因为经过连年战乱，北方人少田广，广种薄收，所以控制劳动人口的意义更为突出，故采取按丁征收税粮。至元十七年（1280年）定制："全科户丁税，每丁粟三石，驱丁（即农奴）粟一石。地税每亩粟三升。减半科户丁税，每丁粟一石。"[55]科差分丝料、包银：丝料，"每户出丝一斤"。包银，每户"征四两"[56]。元大都额定之数是："税粮二十七万三百七十四石三斗四升。差拨、包银七千二百六十一锭、丝四万三千八百六十八斤七两五钱"。此外，又有额外，"课木植河泊等一百二十六锭四十两六钱七分，海青鹰食钞一千三百五十五锭三十九两"[57]。在这样的重负之下，农民难以从事正常的生产，大都的农业经济也难以获得发展。

第六节　元代大都地区农业生产工具的制造

蒙古族虽然是游牧民族，但是由于战争对兵器的需要，一直对冶铁业很重视[58]。成吉思汗时期，虽然蒙古军队每攻占一处往往进行大规模的屠杀，但唯独对工匠加以保护。

元世祖忽必烈之初，除对南宋的战争没有结束之外，局势已经稳定，所以官府冶铁业就不仅仅是以满足军需为主。中统四年（1263年）五月，元世祖以礼部尚书马月合乃"领已括户三千，兴煽铁冶，岁输铁一百三万七千斤，就铸农器二万事，易粟四万石输官"。而且特别强调河南"随处城邑市铁之家，令仍旧鼓铸"[59]。不但发展官府冶铁业，而且也鼓励私人冶铁生产，这显然是发展农业、生产农具的需要。当然，冶铁业由于需要的劳动力多，成本大，所以要满足社会的需要，主要还是依靠官府冶铁业。至元三年（1262年）十二月诏令"立诸路洞冶所"[60]，四年（1263年）正月，在开始动工修建大都城的同时，诏令"立诸路洞冶都总管府"[61]。这应该是考虑到各地采矿和冶炼工场的规模都很大，所以提高了地方掌管采矿、冶铁业机构的级别，设立了最高管理机构"都总管府"。不过，元朝后来又罢废洞冶总管府，并且把采矿和冶铁分开管理。冶铁业另设铁冶提举司管理。十九年（1282年）二月，复"立铁冶总管府，罢提举司"[62]，这是再次提高冶铁业管理机构的级别。至于其他各地方的铁冶提举司，后来有些则隶属当地盐运司[63]。这也是遵循自汉代以来盐铁专卖的旧例。

《元史·食货志二》载："产铁之所，在腹里曰河东（今山西）、顺德（今河北邢台）、檀（今北京密云）、景（今河北景县）、济南（今山东济南）。"除此之外，江浙、江西、湖广、陕西、云南等地也所在多有。如前所述，这些官府冶铁工场，元朝政府最初都是设立专门的机构——提举司加以统领。元代的腹里是指中书省直属的地域，包括今京、津在内的河北、山西，以及河南、山东、内蒙古的一部分。《元史·食货志二》进一步记述说：檀州（治今北京密云）和景州（治今河北景县）的冶铁工场是元太宗窝阔台汗（成吉思汗第三子）丙申年（1236年）从今内蒙古宁城地区调发工匠建立起来的，可见其历史之悠久。元世祖忽必烈中统二年（1261年）设立提举司掌领其事，其后时废时置。元前期成宗大德五年（1301年）始归并檀、景等三提举司为都提举司，其下统属的铁工场有双峰、暗峪、银崖、大峪、五峪、利贞、锥山等七处。又据《元史·百官志一》记载："檀、景等处采金铁业都提举司，秩正四品。提举一员，正四品；同提举一员，正五品；副提举一员，从六品。"职掌是管理"各冶采金炼铁，榷货以资国用"。由此可见，元朝的铁冶都总管府也好，提举司也好，都是不但组织生产，而且进行铁器专卖的机构。同时，它又是对从事铁器贩卖的商人征收专卖税——"铁引"的衙门。而且《百官志一》进一步说清楚了，中统二年（1261年）设立的只是景州提举司，至于大都檀州提举司则是晚到至元十四年（1277年）才成立的，管领双峰、暗峪、大峪、五峰等冶。这些元代的冶铁工场，估计应该在今北京怀柔、密云境内。元末人熊梦祥著《析津志》记述说，元大都铁器市在钟楼后（今北京旧钟鼓楼大街北端），这里是元大都最重要的商业区之一，在它南面的钟楼前就是专卖珠宝的沙喇市。《析津志》称："钟楼……本朝富庶殷实莫盛于此。"

元代，官府冶铁业十分发达。元世祖至元十六年（1279年）灭南宋以后，在燕南河北道任提刑按察官的王恽曾上疏："窃见燕北燕南通设立铁冶提举司大小一十七处，约用煽炼人户三万有余，周岁可煽课铁约一千六百余万斤。自至元十三年（1276年）复立运司以来，至今官为支用本货，每岁约支三五百万斤。况此时供给边用虽所费浩大，尚不能支绝，为各处本货积垛数多。其窥利之人，用官司气力收买，其价不及一半。当时既是设立提举司煽炼本货以备支持，除支外止合存留积垛，以备缓急，今来却行尽数发卖。窃详此事亏官损民，深为未便。"他建议把旧日规模最大的官府冶铁工场"存留三五处，依例兴煽。据煽到本货，除支持外，尽数存留积垛，并不许发卖，外据近年新添去处，悉行停罢"。但是，他也建议"仍许诸人认办课额，兴煽小炉；或抽分本货，或认办钞数"[64]，允许私人冶铸或纳税贩卖，以满足社会的需要[65]。

元代农具承辽、金旧制，均与现代手工农具的样式相似。元代铁农具在北京地区也间或有所发现，如房山区良乡发现元代弯把铁铲[66]，昌平县白浮村发现元代铁铧[67]。据《析津志》记载，今北京地区的金、银、铜、铁、锡、画眉石，都出产在北京门头沟区斋堂。虽然今北京地区发现的元代农具较少，但根据古籍的记载，元代农业工具曾有很多新的创造和发明。元人王祯于皇庆年间刊行的《农书》中"农器图谱"占了大部分篇幅，包括105种农具。王祯是山东东平人，出仕后始终在江西、安徽等地任官，所以能广泛搜集和总结中国南方和北方的农业经验。其所记载的农具中，有不少是宋、元时期在北方地区新出现的并广泛利用的农业工具。新创制的耕耘器具，例如耕耘工具耧锄本是海边滩涂地区用的农具，后来传入内地，"燕、赵间用之"，其形状类似播种的耧车，但没有耧斗，只有下面豁土的锄刃，"状似杏叶"，以一驴挽之，一天可耘田20亩，工效很高。华北地区的人俗称"劐（豁）子"[68]，但比华北地区常用的镂子的工效要高。砘（音顿）车，石制，是和播种的耧车配合使用。砘是指石制的两个轮状物，中间有孔，以木轴架之为轮。一牛牵两砘，两砘之间相距尺许，大致就是两条垄沟的距离。当播种时，砘车"随耧种之沟垄碾之"，使播下去的种子和土壤结合得更紧密，有利于发芽出苗[69]。新创制的收获农具如推镰，这是北方常用的收割工具。因为北方地寒常种荞麦之属，"熟时子易焦落，故制此具，便于收敛"。其形状是长柄，约六七尺，前面分为两岔，中间安一横木，两端各有一小轮，再在横木架上横嵌一镰刀，两侧加斜杖，称"蛾眉杖"以拢所割之茎。使用的时候农夫执柄推着推镰，一边往前走，一边左手随时把割下来的荞麦拢成一束，放在一边，比一般的镰刀可提高工效好几倍[70]。浇溉的工具南方一般是用水力的翻车，北方缺少水源，于是发明了用牛转翻车，"下轮置于车傍岸上，用牛拽转轮轴，则翻车随转"[71]。这种翻车的工效大于人力翻车一倍。

第七节　元大都的自然灾害

元代，中国大陆气候正处于近五千年气候变迁中的第四温暖期及向第四寒冷期过渡的转变期中。据《元史》中的有关记载，大致统计一下，自蒙古成吉思汗二十二年（1227 年）至元顺帝至正二十七年（1367 年）之 140 年间，今北京地区发生严重水、涝、雹灾的年份共有 55 个，而发生旱灾的年份只有 14 个。据此，元代今北京地区的气候应是以多雨为主，洪、涝是危及农业生产的主要自然灾害。值得注意的是，这时今北京地区的气候虽也经常表现为水旱交替，但水旱发生在同一年份的情况有显著增加。如：元世祖至元二十三年（1286 年）五月，旱。六月，涿、都、檀、顺、蓟五州水[72]。元成宗大德十年（1306 年）五月，大都旱复蝗，潞州水害稼[73]。元仁宗皇庆二年（1313 年）六月，涿州范阳县、东安州、宛平县、固安州雨、水害田稼。九月，京畿大旱[74]。元仁宗延祐二年（1315 年）春，檀、蓟二州旱，七月，京师大雨，潞州、昌平、香河、宝坻等县，水没民田庐[75]。延祐七年（1320 年）四月，左卫屯田（在东安州南、永清县东荒土）旱蝗。七月，后卫屯田（在昌平县太平庄）水[76]。元文宗天历二年（1329 年）七月戊午，先是，大都之东安、蓟州、通州潞县春夏旱，麦苗枯；六月壬子始雨，至是日方止，皆成水灾[77]。元顺帝至元六年（1340 年）二月，京畿五州十一县大水。冬，京师无雪[78]。至正十八年（1358 年）春，蓟州旱。秋，京师及蓟州皆大水[79]。至正二十年（1360 年）七月，通州初旱，后大水[80]。这种情况虽然主要是由于大气候的变化所致，但和唐代及辽、金以来幽燕地区人口大量聚居而引起的自然环境变化也有密切关系。

元代，现北京地区发生的最严重的水灾有元世祖至元九年（1272 年）六月"京师大雨，坏墙屋，压死者众"[81]。据魏初《青崖集》记载这次水灾的详细情况，云："至元九年（1272 年）五月二十五日至二十六日，大都（今北京）大雨，流弥漫，居民室屋倾圮，溺压人口，流没财产粮粟甚众，通元门外（即金中都旧城通玄门，在今北京城区西南）金口河黄浪如屋……西北已冲湍至城脚。"金口河系金代开凿，元初一度重新使用，所引为京西卢沟河（今永定河）水。这次水灾，当系大雨造成卢沟水暴涨，以至金口河泛滥所致。元代，卢沟河因水质浑浊，泥沙易淤，又称浑河，成为元大都地区农业生产的一大危害。《元史》中关于浑河决口及修补浑河堤的记载不绝于书。就金口河而言，元成宗大德二年（1298 年）浑河（今永定河）水发为害，为防止水冲都城，大都路都水监将金口下闸闸板关闭。大德五年（1301 年）因夏季浑河水势暴涨，有司恐浑河水进入金口河后"冲没田、薛二村、南北二城，又将金口以上河身，用砂石杂土尽行堵闭"[82]。自此，金口河最终停废。元人最终放弃了利用浑河水以利城市生活的努力。虽然元朝末年丞相脱脱采纳中书参议李罗帖木耳及都水监傅佐之议，重开金口河，但也归于失败。前述元代朝鲜编写的汉语课本《朴通事谚解》中有一段是关于当时元大都浑河水害的对话，其云："今年雨水狠大，直淹过卢沟桥狮子头了，把那城门都冲坍了。那一带地方的田禾都淹没了，村庄人家的房屋墙壁大半都被水冲了。你家的墙垣如何？（对答）我家的墙也倒了几堵，只好等到秋来再修理吧。"从这里也可以看出，浑河水害在当时已经成为常见之事，以至于常到元大都的朝鲜人也把这当成日常用语来学习。今北京北部的温榆河和东部的潮白河在大雨滂沱时节也常泛滥为害，不过发生灾害的次数和程度都要轻于浑河。元世祖至元二十三年（1286 年）六月，大都漷、檀、顺等州大水[83]。从水灾发生的地域在今密云、顺义、通州一带来推测，应属潮白河泛滥所致。同样，元成宗大德元年（1297 年）大都檀、顺二州大水[84]，也应是潮白河泛滥所致。通州和漷州因处于潮白河和温榆河的下游，所以有时温榆河水灾也可能危及该地区。如元英宗至治元年（1321 年）七月，通州榆棣水（今温榆）决[85]，就造成通州地区水灾。这次大水是元世祖至元九年（1272 年）之后的又一次严重水灾。与通州温榆河决口泛滥的同时，同月"己酉，大雨，浑河防决"[86]。《元文类·都水监事记》述云："至治元年（1321 年）七月，大霖雨，卢沟决金口，势颇王城。补筑堤百七十步，崇四十尺，水以不及天邑。"虽然元大都城得以保全，但城外郊野的农作物却全部荡然无存。元泰定帝泰定二年（1325 年）"五月，檀州大水，平地深丈有五尺"[87]。在此前后，房山、范阳浑河泛滥，发生水灾；通州三河县大雨，水深丈余[88]。巨大洪灾同时发生在今北京地区东北、西南及东部。泰定三年（1326 年）"六月霖雨，山水暴涨，泛没大兴县诸乡桑枣田园"[89]。根据河道、地势分析，能够淹没大兴县诸乡的，只能是浑河泛溢。同年七月，"檀、顺等州两河（今白河、潮河）决，温榆水溢"。这一年的大水是北京地区三条主要河流——浑河（今永定河）、潮白河、温榆河同时泛滥，造成的损失也是空前的。京城外遗骸遍野，元政府命有司负责收葬，并发粟 80 万石以为赈济。元顺帝元统元年（1333 年）"六月，大霖雨，京畿水平地丈余，饥民四十余万"。元朝统治此时已进入末途，财政空虚，粮储不足，只好以极度贬值的"钞四万锭赈之"[90]。

元朝末期，大气候由温暖向寒冷转变，最明显的标志是元顺帝至正七年（1347 年）"正月甲辰朔，大寒而风，朝官仆者数人"[91]。与这种大气候转变相对应的是，旱灾比洪涝灾害有明显增加。元泰定帝致和元年（1328 年）"三月壬申，雨霾"[92]。这是元代今北京地区首次出现雨霾的记载，应是一种旱象的标志。有元一代在今北京地区之 140 余年间共有 14 个发生旱灾的年份，而元仁宗皇庆元年（1312 年）以后的 56 年间就占有 8 个年份。元朝后期今北京地区气候向干旱转变的趋势十分明显。前述水、旱灾发生在同一年份的情况中，绝大部分也都是发生在皇庆元年（1312 年）以后。发生在春季的严重干旱往往造成过冬作物难以返青，夏季作物难以播种。如元仁宗延祐元年（1314 年），"大都檀、蓟等州冬无雪，至春，草木枯焦"[93]。在这种情况下，夏粮肯定绝收。元顺帝至正二年（1342 年），"京畿去年（1341 年）秋不雨，冬无雪，方春首月蝗生"[94]。这也和延祐元年（1314 年）的情况相同。旱灾，特别是在旱灾年份中占很大比重的水、旱并作的年份，更加重了灾害的破坏程度，春、夏的大旱使得农作物无法播种和成长，秋天的洪涝又使得仅存的农作物也付之东流。在这种情况下，往往会出现大饥荒。

元代，首都大都地区驻有大量蒙古骑兵，需要大量牧场。皇庆二年（1313 年）"复申秋耕之令，惟大都五路许耕其半"[95]。这样，大都附近农田每年有一半左右得不到翻耕，在水、旱交替的条件下，蝗虫非常容易滋生。在《元史》中，有关大都地区蝗害的记载是非常惊人的。据我们统计，在元代 140 余年间，大都地区共有 28 个发生蝗灾的年份，而且，元成宗大德六年（1302 年）以前的 75 年间只有 8 个发生蝗灾年份，自大德六年（1302 年）以后的 65 年间却有 16 个发生蝗灾的年份。很明显，元朝后期蝗灾比前期有大幅度的增多，这和元朝后期旱灾增多的趋势是一致的。元大都地区蝗灾的发生，既和当地有广阔牧场和大量秋季免于翻耕的土地，有利于蝗虫卵的孳生有关，也和大都地区气候的变化有密切关系。蝗灾对于农作物的危害有时比水、旱灾害更要严重。当农作物正在生长或即将收获之际。蝗虫群遮天蔽日而过，原本一派生机的田野立刻变成方圆数十里的遗荒，大规模的饥疫随之而来，饿殍遍野。当蝗灾与水、旱灾害同时发生时，甚至会出现人相食的惨剧。如元朝末年，在连续多年的地震、水、旱自然灾害的破坏背景下，元顺帝至正十八年（1358 年）"七月，京师大水，蝗，民大饥"[96]。《元史·五行志二》记载："至正十八年（1358 年）秋，京师……大水。冬，京师大饥，人相食，彰德、山东亦如之。"与水、蝗和饥馑相随的是一场空前的大瘟疫。《元史·宦者·朴不花传》载："至正十八年（1358 年），京师大饥疫。时河南、北、山东郡县皆被兵，民之老幼男女，避居聚京师，以故死者相枕藉。不花欲要誉一时，请于帝，市地收瘗之。帝赐钞七千锭，中宫及兴圣、隆福两宫，皇太子、皇太子妃，赐金银及他物有差，省院施者无算；不花出玉带一、金带一、银二锭、米三十四斛、麦六斛、青貂银鼠裘各一袭以为费。择地自南北两城抵卢沟桥，掘深及泉，男女异圹，人以一尸至者，随给以钞，舁负相踵。……至二十年（1360 年）四月，前后瘗者二十万。"《元史·后妃一·完者忽都皇后奇氏传》亦载："至正十八年（1358 年），京城大饥，后命官为粥食之。又出金银粟帛，命资正院朴不花于京都十一门置冢，葬死者遗骸十余万。"在这轮灾害发生之次年，至正十九年（1359 年）"正月至五月，京师大饥，银一锭得米仅八斗，死者无算。通州民刘五杀其子而食之。"就在这一年，大都及今河北、山东、山西、陕西四省发生大范围的蝗灾，蝗虫"食禾稼草木俱尽，所至蔽日，碍人马不能行，填坑堑皆盈。饥民捕蝗以为食，或曝干而积之。又罄，则人相食"[97]。由此可见，由于蝗虫迁移性强，专以禾稼为食，所以大范围爆发蝗灾，对农业生产是一场毁灭性的灾害。

注释：

1　元好问《元遗山集》卷二十七《龙虎卫上将军术虎公神道碑》："公讳筠寿，字坚夫，姓术虎……贞祐二年，扈从南迁。七月，以扈从劳，授器物局副使。一日，内出鞯仗，命料理之，工部下开封市白牯取皮。公以家所有鞯仗进，且言：'车驾以都城食尽，远弃陵庙，正陛下坐薪尝胆之日。奈何以毯鞯细物动摇民间，使屠宰耕牛以供不急之用？仇敌在迩，非所以示新政也。'"

2　《国朝文类》卷五十一《易州太守郭君墓志铭》。

3　《国朝文类》卷六十七《礼部尚书马公神道碑》。

4　《元史》卷一百二十《镇海传》。

5　《元史》卷一百二十《札八儿火者传》。

6　《国朝文类》卷五十八《中书左丞张公神道碑》。

7　《国朝文类》卷十四《立政议》。

8　《国朝文类》卷五十七《中书令耶律公神道碑》。

9 《国朝文类》卷五十八《中书左丞张公神道碑》。

10 《元史》卷一百一十四《后妃传一》。

11 《析津志辑佚·古迹》"厚载门"，北京古籍出版社 1983 年。

12 金中都遗址在今北京城区西南隅，元代在其东北建元大都城即今北京城址。

13 《元史·世祖纪四》："至元八年（1271 年）正月己卯，敕：'前筑都城，徙居民三百八十二户，计其值偿之。'"据《元史·地理志一》元大都城方六十里，合今 30000 米；今经考古实测元大都遗址周长 28600 米，两者基本相符。元大都总面积为 76000 余亩至 84000 余亩之间，则 382 户均土地面积每户 200 余亩，当属地广人稀之地。

14 《国朝文类》卷四十一《政典总序·屯田》。

15 《元史·世祖纪五》：至元十一年十一月，以香河荒地千顷置中卫屯。

16 《明太祖实录》卷四十一，洪武二年四月乙丑朔。

17 《元史》卷十三《世祖纪十》。

18 《国朝文类》卷五十九《平章政事徐国公神道碑》云："……转粟京师，多资东南，居天下什六七……"

19 《国朝文类》卷二十五《丞相顺德忠献王碑》云："……（至元中），保定诸郡旱，民当输米京师，多以轻资就籴，有撅为奸……"

20 《国朝文类》卷四十九《翰林学士承旨董公行状》云："……（至元中），大司农司时欲夺民田为屯田，公固执以为不可……"

21 康里族人是古代高车的后裔，后隶属突厥。蒙古兴起以后，大量康里青壮年在战争中被掠，充当蒙古军士兵。由于康里族人作战勇敢，故受到信用，往往充当宿卫军士。

22 《元史》卷二十三《武宗纪二》。

23 李洧孙：《大都赋》，引自《日下旧闻考》卷六。

24 25 26 《元史》卷一百二十八《脱脱传》。

27 28 《元史》卷四十四《顺帝纪七》。

29 法式善：《陶庐杂录》卷五。

30 《雪楼集》卷七《凉国敏慧公神道碑》。

31 《元史》卷一百二十八《土土哈传》。

32 《元史》卷一百六十二《高兴传》。

33 90 《元史》卷三十八《顺帝纪一》。

34 北京图书馆善本部藏：《顺天府志》（不分卷）；亦可参见苏天钧：《燕京双塔庆寿寺与海云和尚》。

35 《元史》卷四《世祖纪一》。

36 《雪楼集》卷九《大护国仁王寺恒产碑》。

37 《元史》卷二十《成宗纪三》。

38 《双泉院地产碑》至元十九年季春三月十五日，中国国家图书馆善本部收藏。

39　《雪楼集》卷十七《郑真人碑》。

40　唐代传入中国的是基督教聂斯脱里派，又称景教，起源于今叙利亚。

41　（英）阿·克·穆尔：《1550年前的中国基督教史》（郝镇华译），中华书局1984年。

42　《宛署杂记》卷二十《志遗七》："崇国寺在都城西北隅，盖即元时所敕建也。元至正圣旨碑尚存……碑云：'和尚（佛教）、也里可温（基督教）、先生（道教）每，不拣甚么差发休当……每寺院里房舍，使臣休安下者。铺马祗应休着者，税粮商税休纳者。但属寺家的水土、园林、碾磨、店铺、解典库、浴堂、人口、头匹、不拣甚么，不拣是谁，休依气力夺要者……至正十四年七月十四日。'又京城外西十里白纸坊弘教寺元碑一：'属大都路南城开远坊有的廉福奴左丞的花园买要了。那田地里起盖弘教普安寺……寺院里房舍里，使臣每休安下者。铺马支应休拿者，地税、商税休与者。但属寺家的起盖来的寺院，修补来的旧寺院，布施与来的，买要来的，并田地、水土、人口、头匹、园林、碾、店铺、席解典库、浴堂、山场、河泊、竹苇、船只，不拣甚么，他每的休扯拽要者。'"

43　92　《元史》卷三十《泰定帝纪二》。

44　《雪楼集》卷七《姚长者碑》。

45　89　《元史》卷六十四《河渠志一》。

46　《元史》卷一百《兵志三》

47　《国朝文类》类二十六《句容郡王世绩碑》。

48　49　《元史》卷一百《兵志三》。

50　《国朝文类》卷五十九《平章政事忙兀公神道碑》。

51　《国朝文类》卷四十七《大都乡试策问》。

52　55　95　《元史》卷九十三《食货志一》。

53　汪维辉编：《朝鲜时代汉语教科书丛刊·朴通事谚解下》，中华书局2005年。

54　《析津志辑佚·物产》，北京古籍出版社1983年。

56　《元史》卷九十三《食货志一》。科差：元朝赋税名目之一。包括三项：丝料、包银、俸钞。负担科差的主要是民户，还有医户、猎户等，军、站、僧、道、儒等户均免征。元代的科差以户为本（税粮仍以人丁为本）。

57　北京图书馆善本部藏：《顺天府志》不分卷，引《析津志·额办钱粮》。

58　《元史》卷五《世祖纪二》："中统四年（1263年）二月，诏诸路置局造军器，私造者处死。"《元史》卷六《世祖纪三》："至元五年（1264年）二月，改军器局为军器监。"《元史》卷十五《世祖纪十二》："至元二十六年（1289年）四月，改大都路甲匠总管府为军器人匠都总管府。"

59　《元史》卷五《世祖纪二》。

60　61　《元史》卷六《世祖纪三》。

62　《元史》卷十二《世祖纪九》。

63　《元史》卷十五《世祖纪十二》至元二十六年四月，诏"以莱芜铁冶提举司隶山东盐运司"。

64　王恽：《秋涧集》卷九十《省罢铁冶户》。

65　本节参考王冈：《北京通史·元代卷》，中国书店出版社 1994 年。

66　田敬东：《北京良乡发现的一处元代窖藏》，载《考古》1972 年第 6 期。

67　北京市文物工作队：《北京昌平白浮村汉唐元墓葬发掘》，载《考古》1963 年第 3 期。

68　69　70　71 王祯《农书》农器图谱集之四《钱镈门》、之二《耒耜门》、之五《铚艾门》、之十三《灌溉门》。

72　《元史》卷十四《世祖纪十一》。

73　74　83　88　93　《元史》卷五十《五行志一》。

75　《元史》卷五十《五行志一》；《元史》卷二十五《仁宗纪二》。

76　85　86　《元史》卷二十七《英宗纪一》。

77　《元史》卷三十三《文宗纪二》。

78　《元史》卷五十一《五行志二》；《元史》卷一百八十四《崔敬传》。

79　《元史》卷五十一《五行志二》；《元史》卷四十五《顺帝纪八》。

80　97　《元史》卷五十一《五行志二》。

81　《元史》卷七《世祖纪四》。

82　《元史》卷六十六《河渠志三》。

84　《元史》卷十九《成宗纪二》。

87　《元史》卷二十九《泰定帝纪一》。

91　《元史》卷四十一《顺帝纪四》。

94　《元史》卷一百八十三《王思诚传》。

96　《元史》卷四十五《顺帝纪八》。

第十章　明代北京地区的农业

第一节　屯田和移民

一、洪武年间的军、民屯田

元朝末年，至正十一年（1351 年）红巾军起义爆发，大江南北农民起义风起云涌。元顺帝至正二十八年（1368 年），安徽起义军首领朱元璋在吞并其他诸路农民军之后称帝，国号明，建元洪武，都应天（治今南京），是为明太祖。同年闰七月，明将徐达奉命统军平河北诸州县，逼至通州（今北京通州），元廷北走大漠。八月，明军入元大都（今北京），"壬午，（明太祖）幸北京（治今河南开封）。改（元朝）大都路曰北平府"[1]。明初，北平府受战争及连年灾害的影响，满目疮痍，人口稀少，土地荒芜。据《元史·地理志一》记载：元朝时，"大都路有户一十四万七千五百九十，口四十万一千三百五十"。可是据《图经志书》记载："明洪武二年（1369 年），北平府（即元大都路）初报户口只有一万四千九百七十四，口四万八千九百七十三"[2]，仅元代时户口的十分之一。而且，在此之前，为镇压故元势力反抗，明太祖曾"命徙北平在城兵民于汴梁（治今河南开封）"[3]。所以，洪武二年（1369 年）所统计的北平府户口数，当系北平府城外四郊的在编农业人口。在洪武三年（1370 年）以前，明朝政府为肃清故元遗留势力，其政策是将降附的故元官兵军民一律徙往南方内地，以防止其颠覆为患。洪武三年（1370 年）郑州知州苏琦上言："北平……与夷虏相接，一有警急，调兵转粟，事难卒办，请议屯田积粟以示长久之规。"并且更详细规划说"自辛卯（至正十一年，1351 年）河南兵起，天下骚然，兼以元政衰微，将帅凌暴，十年之间，耕桑之地，变为草莽……为今之计，莫若计复业之民垦田外，其余荒芜土田，宜责之守令，召诱流移未入籍之民，官给牛种，及时播种，除官种外，与之置仓，中分收受。若遇水旱灾伤，踏验优免。其守令正官，召诱户口有增，开田有成，从巡历御史、按察司中举；若田不加辟，民不加多，则核其罪。如此，则中原渐致殷实，少苏转运之劳，流移之民，亦得以永安田野矣。"[4]明太祖深纳其议，于是改以降归者"官属居京师，军民居之塞内"的政策。

明太祖朱元璋认为"养兵而不病于农者，莫若屯田"，所以在边地守城的军队普遍实行屯田。当时对军屯的要求，是将守边士卒的一半，甚至一半以上，组织屯田。种出来的粮食用来补充军粮。当时，守城军人每月的月粮是一石，但屯田军士由于有多余的收成补贴，所以每月只发给五斗。洪武三年（1370 年）中书省曾提出对屯田军士分别征收十分之五到十分之四的税粮。明太祖不许，谕曰"边军劳苦，能自给足矣，犹欲取其税乎？勿征。"[5]明太祖对军屯十分重视，洪武十三年（1380 年）八月辛卯，诏景川侯曹震、营阳侯杨燢、永城侯薛显赴北平督兵屯田[6]。当军屯田地的庄稼由于自然灾害受到严重损失的时候，明太祖又及时命令其上级都督府赈济。例如洪武十五年（1382 年）夏秋，北平地区发生大水，包括军屯在内的大面积农田遭到灾害，明太祖诏都督府臣云："北平大水伤稼，屯田士卒不能自养，宜即命都指挥使司月给米赈之，勿令士卒有饥色也。"[7]但是，从洪武二十五年（1392 年）开始明朝的军屯开始有了重大变化。当时应户部请求，规定"'军士屯田，每岁所收谷种外，余粮请以十之二上仓，以给士卒之城守者。'上从之，因命天下卫所军卒自今以十之七屯种，十之三城守，务尽力开垦，以足军食"[8]也就是说，从这一年开始，军屯也开始有限额的缴纳屯田子粒。洪武二十八年（1395 年）十一月癸未，北平都指挥使司言："燕山等十七卫屯田凡一万四千三百六十二人，租十万三千四百四十余石。"军屯基本上是官给牛、种，有的连农具都是政府供给。如洪武二十九年（1397 年）三月癸未，大宁卫（今内蒙古宁城）言："屯田军士多乏农具，红螺山（今北京怀柔红螺山）旧有铁场，宜开炉冶，造具以给。"上曰："远戍勤苦，不可重劳，其令有司运农器给之。"[9]

洪武年间，明朝政府恢复北方农业的办法除了军屯以外，还依靠民屯。不过，无论军屯、民屯，其土地的性质都属于官田[10]。洪武四年

（1371 年）三月，徐达奏："……已令都指挥潘敬、左傅高显，徙顺宁（治今河北宣化）、宜兴州（治今河北滦平）沿边之民皆入北平州县屯戍，仍以其旧将校抚绥安集之。计户万七千二百七十四，口九万三千八百七十八。"[11]六月，徐达又"以沙漠遗民三万二千八百六十户屯田北平管内之地。凡置屯二百五十四，开田一千三百四十三顷"[12]，以改变北平府人口稀少，土地荒芜的凋敝局面。其屯田具体分布如下：

　　大兴县：49 屯，5745 户。

　　宛平县：41 屯，6166 户。

　　良乡县：23 屯，2881 户。

　　通州：8 屯，916 户。

　　漷州：9 屯，1155 户。

　　蓟州：15 屯，1093 户。

　　昌平县：36 屯，3811 户。

　　顺义县：10 屯，1370 户。

　　固安县：37 屯，4851 户。

　　三河县：26 屯，2831 户。

　　武清县：15 屯，2031 户。

以上总计 269 屯，33850 户[13]。一般说来，每屯大约有 120 户左右，其中宛平县屯田所规模最大，平均每屯有 150 户。蓟州屯田所规模最小，平均每屯只有 73 户。洪武五年（1372 年）七月，又"革妫川（治今北京延庆）、宜兴（治今河北滦平东北）、兴（治今河北承德西）、云（治今河北赤城北）四州，徙其民于北平（今北京）附近州县屯田"[14]。民屯户所种的田地由政府给拨，属于官田性质。

洪武十七年（1384 年）七月，复"命北平降卒已编入京卫（在应天，今南京）者悉放为民屯田"[15]。这是将已被徙入内地京师应天（今南京）编充京卫的故元降卒，重新放归北平（今北京）为民，以充实民屯。洪武二十二年（1389 年）又徙山西沁州（今山西沁县）百姓往北平、山东等地旷土屯田[16]，显然这也是民屯。对于民屯的农户，如果是非常贫乏的家庭，也大多官给牛、种，以支持他们最初的创业。明代洪武年间北平的民屯，大多数是由山西移民和沙漠地区的俘户组成的，其实就是普通农民，只不过采取半军事化的管理方式而已。最初，洪武四年（1371 年）中书省奏请对民屯户征收税粮，凡是官给牛、种的缴纳收成的十分之五；自备牛、种的缴纳收成的十分之三。然而，明太祖朱元璋为了进一步加强民屯这种生产方式对农民的吸引力，诏令暂且免征租税三年，"三年后亩收租一斗"[17]。明太祖鼓励北平等地农民开垦荒地，实行免征三年租税的优免政策，并且限外开垦，永不起科[18]。为了苏缓民力，明朝政府屡屡蠲免北平等地农民租税。洪武二年（1369 年）正月，"诏曰：朕念北平……久被兵残……洪武二年（1369 年）夏秋税粮一体蠲免"[19]。洪武三年（1370 年）三月，再次"免……河南、北平、山东三省税粮"[20]，以苏民力。同时，还设法减轻农民额外负担。洪武七年（1374 年）七月，"诏北平诸卫，令军士依时芟取刍草，以为储蓄，免致劳民"[21]。

当时，北方农田的亩产量，平常年景只有三四斗，丰收年成也就不过五六斗，最高也就七八斗，少的只有二三斗[22]，所以亩收一斗的税额也就是农民平常收成的三分之一至五分之一。这个税额不算太高，但也不算低。而且，当地土著农民以社分里甲，新移民以屯分里甲，"社民先占亩广，屯民新占亩狭，故屯地谓之小亩，社地谓之广亩"[23]。明初，"太祖定天下官、民田赋，凡官田亩税五升三合，民田减二升"[24]。民屯的土地属于官田，这样民屯屯户们的田赋比起当地的自耕农民来就重得多，可是官田户不服徭役，这又是其优越的地方。不过，真正对农民有吸引力的是"限外开垦，永不起科"和充当屯田户可以免租三年，前者可以增加农民的私有土地，后者可以在较长的时间内减轻农民的经济负担，因此颇有吸引力。洪武二十二年（1389 年）有令从山西徙民到山东、北平屯种，八月甲戌山西沁州（今山西沁县）百姓张从整等一百一十六户即告愿应募屯田。户部上报朝廷，诏命赏赐张从整等钞锭，由后军都督佥事徐礼分田给之，并且令张从整再回沁州召募更多的农民[25]。

二、永乐年间的军、民屯田

洪武三十一年（1398 年）明太祖卒后，遗诏皇孙朱允炆继承帝位，年号建文。建文四年（1402 年）驻守北平府的燕王朱棣（即建文帝之叔）发动"靖难之役"，自北京率大军南下，攻陷南京，夺取了帝位，自次年改元永乐，是为明成祖。由于北平（今北京）是明成祖龙飞之地，所以夺取帝位以后便悉心经营。当年（1402 年）九月，明成祖即徙山西太原（治今山西太原）、平阳（治今山西临汾）二府民无田者实北平，并给与钱钞购置牛、农具和种籽，以加速北平地区的农业开发。现在老北京人中有一部分人祖祖辈辈传说是从山西洪洞县迁来的，这个洪洞县就属于平阳府。明成祖为了鼓励山西移民愿意在北京屯田，提出比明太祖洪武年间更优惠的政策，许诺五年不向移民征收租税[26]。对于北京本地的农民在租税方面也给予优复，例如永乐三年

（1405 年）正月，明成祖谕户部曰："数年用兵，北京顺天（治今北京）、永平（治今河北卢龙）、保定（治今河北保定）供给特劳，非休息二三年不能复旧，可免三府田租二年"[27]。

如果说洪武时期北京民屯主要是由俘户和山西移民组成的，那么明成祖永乐时期北京的民屯则基本是由移民组成的。在这里有必要先说明一下明初今北京的建制。明太祖洪武时期改元大都为北平（今北京），建北平府，并与周围其他的河北各府均归北平行中书省管辖，初步具备了后世北直隶的格局。洪武九年（1376 年）又改北平行中书省为北平承宣布政使司。驻守北平的燕王朱棣发动靖难之役，经历了四年战争夺得帝位成了明成祖。明成祖永乐元年（1403 年）正月，以北平（今北京）为北京，称行在，改北平府为顺天府。同时，罢承宣布政使司，以原北平等八府（即后来的顺天等八府）为北直隶。据《续文献通考·田赋考》："国初田赋总数，十二布政司中……北平（即后世北直隶顺天等八府）田土五十八万二千四百九十顷五十一亩。夏税麦三十五万三千二百八十石，绢三万二千九百六十二匹，秋粮米八十一万七千二百四十石。"[28]及待经过四年的靖难之役以后，河北、山东已是数战之地，伤残不堪。永乐元年（1403 年）北京行部言："顺天八府（即北直隶，原北平布政使司所属八府）所属见在人户十八万九千三百有奇，未复业八万五千有奇；已开种田地六万三千三百四十三顷有奇，未开种十八万一千四百五十四顷有奇。"[29]农田已经由 580000 余顷减少到 244000 余顷，而且其中还包括 180000 顷未种荒田。

永乐朝政府比洪武时期更大规模地向北京移民。永乐元年（1403 年）八月，明成祖诏命"简直隶苏州等十郡、浙江等九布政司富民实北京"[30]。这些富户是携带家资到北京的，具有进行生产投资的能力，所以除了减轻地方政府的负担之外，也可以较快获得社会经济增长的实效。永乐二年（1404 年）九月，继洪武二十二年（1389 年）之后明朝政府又"徙山西太原、平阳、泽、潞、辽、沁、汾民一万户实北京"[31]。三年（1405 年）九月，再次"徙山西太原，平阳、泽、潞、辽、沁、汾一万户实北京"[32]。早在洪武时期明政府就计划从山东、山西向北平（今北京）移民，但明太祖朱元璋认为山东地广，如果再向外移民的话会造成山东地区农业劳动力缺乏，所以只实现了山西的移民。明成祖永乐时期除山西移民外，同时徙往北京的还有山东地区百姓。《宸垣识略》载："采育（在今北京大兴县境内）……乃元时沙漠地。永乐二年（1404 年），移山东、西民填之，有恒产，无恒赋，但以三畜为赋。计营五十八。"这虽然见于清代文献，但从各方面考察应该是比较可靠记载。今北京大兴南苑就是明清南苑即南海子的旧址，现在虽然宫墙、宫殿无存，但地名还依稀可以想见旧貌，例如旧宫镇、瀛海、西红门、大红门、庑殿村、新宫，等等。在这一带还有不少叫"垡"的地名，如榆垡镇、垡上、北顿垡、南顿垡、张公垡、东黑垡、西黑垡、西黄垡、小黄垡、大狼垡、小黑垡，等等。"垡"是山东地方方言，元人王祯《农书·犁》条说，木犁"耕之土曰'墢'（原注音：垡）。'墢'犹块也。"王祯一生虽然大多时间在南方做官，但他本是山东东平人，《农书》一书中因此记载了不少北方地区专用的农具。他对"垡"字的解释说明，山东人把用犁翻起的土块叫做"垡"，所以北京大兴地区出现的许多以垡命名的地名，正显示出明初山东移民在这里开发的事实。永乐十四年（1416年）十一月丁巳，徙山东、山西、湖广民二千三百余户于保安州（今河北怀来西八里堡）免赋役三年[33]。迁徙移民的范围更加扩大。

为了巩固和发展北京的民屯，刺激外地的农民及轻罪犯主动迁至北京为民，永乐九年（1411年）明朝政府再次重申，对于"自愿北京为民，及免杖而徙者，五年勿事"[34]，免除五年的赋役。这是我们看到的明代为了徙民开垦荒田，给予的鼓励条件最宽大的时期。永乐时期，北京地区民屯因此有很大发展。

除民屯外，北京地区的军屯在永乐时期也依然保持着。在明成祖夺取帝位的当年（1402年）九月即下诏，"定武官军士赎罪例……军士及其户丁杂犯死罪发北平卫所屯田"[35]。所谓卫所屯田就是军屯。同月乙巳，明成祖又"命武康伯徐理等往北平（今北京）度地以处民之以罪徙者"[36]。当时，罪犯中的重罪犯基本是安置在军屯中的。永乐元年（1403年）十月壬申，再次"命靖安侯王忠往北京安插屯田军民整理屯种"[37]。明成祖在政权稳定之后，还令大批士兵退役屯田。靖难之役以后，他将精兵48万缩编为12万，其余36万"分置七十八卫于顺天府所属各州县"，"给赐屯田牧地，种纳子粒马价"[38]。永乐十一年（1413年）以"扈从军士闲暇，而北京壤土肥沃旷废者多，命于城外旁边，人种麦二十亩，官给麦种，仍委官提督，作屯田例考核"[39]。这是命宿卫军士利用业余时间种麦，并按军屯之例管理。

为了解决加速北京社会经济发展与劳动人手严重不足之间的矛盾，明成祖还将犯罪的囚徒流放北京种田。早在太祖时期，曾令犯人输粟于边以赎罪。洪武二十四年（1391年）二月，"北平府吏民有坐收秋粮受贿者，论当死，上（指明太祖）宥之，令输粟于边"[40]。明成祖朱棣即位，洪武三十五年（1402 年）八月，"上（指明成祖）初以北平军饷不继，欲出狱囚输米赎罪以给之，且省馈运之劳，命法司议。至是，法司议奏，除十恶、人命、强盗及笞罪不赎外，其杂犯死罪输米六十石，流罪三等俱四十石。徒罪一年十石，一年半十二石，二年十六石，二年半二十石，三年二十五石。杖罪五等，六十者四石，七十以上者，每等加五斗，输毕释放。从之"[41]。但是，仅仅一个月之后，明廷就将"输米北平"改为"赴北京种田"，显然后者考虑得更为长远。洪武三十五年（1402 年）九月，明成祖谕曰："前敕法司令囚人入米赎罪，以省转输之劳。近闻有贫不能致米者往往忧戚死，期欲生之，乃速之死，非朕本意。自今凡人命、十恶死罪、强盗伤人者依律处决，其余死罪及流罪，全家赴北平种田。流罪三年、死罪五年后录为良民。其徒罪令煎盐，杖罪输役如故，自愿纳米赎罪者听。"[42]同月，又定武官军士赎罪例："……军士及其户丁杂犯死罪，发往北平卫所屯田。"[43]永乐元年（1403 年）八月，根据刑部尚书郑赐、都察院左都御史陈瑛等人建议，明廷正式制定了"罪囚北京为民种田例"："凡徒、流罪除乐工、灶户拘役、老幼残疾收赎，其余有犯俱免杖，编成里甲，并妻子发北京、永平等府州县为民种田，定立年限，纳粮当差。杖罪除官吏不该罢职役者及民单丁有田粮者依律科断，余皆如之。若河南、山东、陕西、山西、江北直隶府州县就彼发遣北京行部；浙江、江西、广东、福建、湖广、四川及江南直隶府州县，除土官地方外，其余俱解户部，定拨发遣。""犯杖罪者其牛具、种子皆给值，五年后如民田例科差；徒、流、迁徙者不给值，三年后如民田例科差"。"其军户有犯者，每一名存留二丁听补军役止依律科断，三丁以上者依例发遣种田"。根据这项规定，礼部议奏："以山东、山西、陕西、河南四布政司就本布政司编成里甲，应给钞者人给钞三百贯，编成一甲、二甲，即行发遣。每甲先买牛五头，有自能多买者听。其浙江六布政司及直隶府州县俱送户部，如前编甲给钞发遣。先于顺天府所属州县内（每）人拨荒闲秋夏田地共五十亩，有力自愿多耕者听。永平（治今河北卢龙）诸处以次定拨，事故者不追补。"[44]明成祖对此事十分重视，同年十一月又寄书给驻守北京的皇太子，叮嘱云："朕念北京兵灾以来，人民流亡，田地芜废，故法司所论有罪之人，曲垂宽宥，悉发北京境内屯种。望数年之后可以助给边储，省馈运之劳，且使有罪亦得保全。今闻此辈略不留心农事，十五为群，日聚城市，游荡逐末。尔等可谕有司严督之就农亩，毋令复蹈前过。"[45]这项法令制定以后，虽然明成祖也曾对帮助其夺天下的原北平府犯罪军士加以宽免，曾经下令已谪令屯戍者"官复原职，军复原伍"[46]，但是面对着当时北京"顺天八府所属现在人户十八万九千三百有奇，未复业八万五千有奇；已开种田地六万三千三百四十三顷有奇，未开种十八万一千四百五十四顷有奇"[47]的远远落后于早先洪武时期农业水平的严峻现实，明廷还是严格执行了这条罪囚罚往北京种田的法令。如永乐二年（1404年）七月，"徙废黜吏四百六十二人（往）北京为民种田，人给钞八十锭，置耕具"[48]。永乐六年（1408年）六月，命礼部移文中外。"凡军民子弟僮奴自削发冒为僧者，并其父兄送京师，发五台山输作。毕日，就北京为民种田及卢龙牧马。寺主僧擅容留者亦发北京为民种田"[49]。这条规定并被后世所遵循。如明仁宗之世，永乐二十二年（1424年）十一月，"命刑部、都察院，凡吏犯杖罪应罢者，令就北京为民种田"[50]。宣宗之世，宣德二年（1427年）二月，"行在都察院右都御史王彰等奏：'其受赃、考满不给由、丁忧不起复、截替多余不赴部、避役逃逸及诈称疾病，俱依永乐年间例，发北京附近州县为民种田。北京人发口外为民。请依此决遣。'从之"[51]。七月，"行在刑部、都察院（当时复以南京为京师，北京称行在）奏定：……官吏受赃、犯死罪及闲吏犯徒流罪者，仍发北京为民。从之"[52]。这条刑律在实际执行过程中曾有过两次修改。一次是永乐二年（1404年）五月，"巡抚北京监察御史周新言：北京所属吏民有犯徒流者，蒙恩免罪就发北京人少处为民种田，公私两便。然监候详拟，往复数月，饥窘忧愁，多死于狱中。请今后死罪及职官有犯，详拟待报。其吏民所犯徒、流者，悉从北京行部或监察御史详拟允当，就发种田"[53]。从此，发北京犯罪吏民为民种田，不必再往南京中央批覆，审批权下放北京行部和监察御史。在明成祖迁都北京以后，则二者合一。另一个改变是，原先准发往北京种田以赎罪的犯人中不包括"笞罪"，永乐三年（1405年）七月，"工部尚书宋礼言：燕山右卫吏赵成告犯笞罪，无力准工，自愿北京为民种田。命户部依例给牛具种子。自今有犯笞罪，无力准工，悉如之。仍敕杖罪八十以上，即时发遣；七十以下，放还乡里，备资自诣屯所"[54]。永乐八年（1410年）新制定的官民犯罪赎罪例甚至规定，全国各地的"流徒迁徙杖罪皆发北京为民种地"[55]，加大了发展北京军屯和民屯的力度。不过，所谓"为民种地"，只是指其实际身份不再是武官或卫籍军户，并不是说和自耕农、佃农等平民一样，而还是属于罪户一类。例如，永乐十三年（1415年）在北京实行寄养马政策，免租赋者五户一马，不免租赋者七户一马。还规定，罪囚迁发北京为民种地者，如能参加助养马匹，才可以考虑改为良人身份[56]。

对于这些已到北京种田赎罪的罪犯，明朝政府采取实际的态度，力求使这些人对恢复、发展北京地区的农业经济有实际效果。由于这些罪犯与移民不同，基本处于赤贫的状态，缺少基本的生产资金和农具，和洪武时期的俘户差不多。所以永乐九年（1411 年）十月乙未，明朝政府下令宽北京迁谪军民赋役。此前，明成祖敕户部曰："谪徙北京为民及充军屯种之人，初至即责其赋役，必不能堪，其议宽之。"至此，户部规定："自愿北京为民，及免杖而徙者，五年勿事；免徒流而徙者，三年勿事；充军屯田者一年后征其租。"明成祖同意了这个办法，同时特别强调，"充军屯田者，命二年后征租"[57]。明代对犯法者的刑罚分杖、徒、流、迁徙、充军数种，受杖是轻罪，递次是徒、流放、迁徙、充军即到环境艰苦的地方守边充当戍兵。根据当时的规定，这几种罪人可选择到北京种田的方式赎罪，免受刑责。罪轻的作为自耕农或编入民屯，至于充军屯田者则肯定是要编入军屯。即使如此，明成祖还是对编入军屯的罪犯表示格外的宽大施恩，宽限到免租两年。军屯由都督府派武官管理。例如，明太祖和建文皇帝之世的都指挥金事徐真，靖难之役中降附了燕王朱棣（即明成祖）以后，"命督民屯田密云（今北京密云）"[58]。这里所说的"督民屯田"就是军屯，并不是民屯。因为根据记载，明代北京密云县的屯田都是军屯，并没有民屯；而且徐真是作为左军都督金事去管理屯田的。都督金事是武官职务，是指挥使的副手，掌训练、军纪职责，由此也可以判断密云屯田的性质。不过，从宣宗宣德年间，明朝廷开始任命监察御史、按察司金事提督北直隶顺天等府的军屯。武宗正德三年"题准每年选差御史一员，请敕督理北京并直隶卫所屯种，比较子粒，禁革奸弊，年终更替"。这就是北京巡屯御史设立之始，世宗嘉靖八年又改为三年一换，正式撤除了屯田金事的职务。以后，军屯制度瓦解，监督制度也就流于形式，或由地方官员兼理[59]。

军屯户在洪武年间，最初是免租税，自洪武二十五年（1392 年）以后才开始少量征收，屯田军士每年除留下规定的口粮之外，余下的农产品上交余额的十分之二。当时北平都指挥使司属下的燕山十七卫，每年计收租十万三千四百余石。永乐年间，军屯从一开始就缴纳租税称屯田子粒。永乐时期军屯子粒交纳的数额比洪武时期要多得多。洪武时期军屯户只需交纳余额的十分之二，但永乐时期，据永乐二年制定的屯田赏罚例，屯军除食米十二石以外，人均余十二石至七石的，其管屯都指挥、指挥及千户、百户均获赏钞数额不等；余六石的，不罚不赏；余六石以下，乃至不足军士食米十二石之数的，其管屯都指挥、指挥及千户、百户均罚俸禄数额不等[60]。明制，军屯每人五十亩。在北京及河北中、北部地区，如果按照每亩二至三斗的产量计算，五十亩总计可获十石至十五石的收成，勉强可以达到屯田军士本人一年的食米，最多也不过上纳三石，即使这样也达不到不赏不罚的六石之数。这说明永乐之世对军屯户征收的租额远远超过了当时的生产能力，苛重的租额不但使得屯田军士从此失去生产的兴趣，就是督农的武官也因年年被罚俸而对屯田疏于管理。《明成祖实录》中从永乐元年（1403 年）开始有征收天下军屯子粒的记载，每年数额达一千多万石。但从永乐十七年（1419 年）、十八年（1420 年）就减少到七百到五百余万石，直至永乐一朝终结，再没有增加过。这反映了军屯在明代由盛而衰的事实。永乐二十年，诏："各都司卫所下屯军士，其间多有艰难，办纳子粒不敷。除自用十二石外，余粮免其一半，止纳六石"。英宗正统二年正式规定："每军正粮免上仓，止征余粮六石。"从此才正式规定了军屯子粒的标准。自明孝宗弘治年间始，又将标准改为纳银，或按实物每石粮食折银二钱五分或二钱，或按地亩每亩征银一分五厘，所得银则用来济边、放支官军月粮、折俸[61]。《明史·食货志一》云："自（英宗）正统后，屯政稍弛。"其实，在明成祖永乐后期屯政已开始出现瓦解之势。永乐以后的宣德三年（1428 年）三月，明宣宗谕曰："比年卫所官不恤军士，诛求刻剥，甚于豺虎，以致亡逸，军伍多缺，城池隳圮，屯田徒有虚名。"[62]这时候明成祖才死后四年。洪武时期，二十一年（1388 年）规定各卫从事屯种的军士不得少于总数的十分之四，二十五年（1392 年）进一步规定不得少于十分之七。可是经过永乐朝的 22 年时间，至宣宗宣德四年（1429 年），户部尚书奏言："近年各卫所不遵旧例，下屯者或十人，或四五人，虽有屯田之名，而无屯田之实。且以一卫计之，官军一年所支俸粮动以万计，而屯收子粒止有六七十石，或百余石，军粮缺少实由于此。"[63]这揭示了明代的军屯制度经永乐之后实际已经瓦解。宣宗之世，宁阳侯陈懋曾盗侵屯仓粮 20 多万石，私役军士为其种田达 3000 余顷[64]。正统以后，屯政大坏，"屯田多为内监、军官占夺"[65]。就北京而言，许多屯地被内监、勋戚采用各种合法或非法手段侵占，成为私人庄田。

　　明初军屯的由盛而衰，其原因除了管理屯田的武官的违法贪占田地，占公为私以外，也是由于存在着实际的管理上的困难。例如，明朝制度，各地军队都要轮流调到北京操练，时间前后总要一年左右。屯田军士由于离家一年，田地无人耕种，到秋收时自然缴纳不上租税。可是负责收租的都督府经历官不依不饶，逼得屯田军士到朝中击登闻鼓告状，明成祖诏曰："命户部，凡屯田军以公事妨农务悉免徵子粒，著为令。"[66]另外，由于军队经常调动，所以军屯田地的主人不稳定，造成军屯田的流失。例如，永乐六年（1408年）九月甲寅，北京刑部尚书朱浚等奏："顺天（治今北京）、保定（治今河北保定）、永平（治今河北卢龙）等府初置各卫官军屯种，人给地五十亩。后有升调改拨等项事故，去者其地悉为见在官军占据，或自种或借赁人种，分收子粒。今发至种田民，及上林苑监迁民，俱无地给种。宜令所司勘核升调事故官军所遗田地，给与耕种，如例起科为便。"这已经显示出军屯制度瓦解的端倪。

民屯户的田地则按官田标准缴纳租赋，一般是亩纳二斗，其数额起初比军屯的五十亩缴纳十二石低一些，但自永乐二十年以后军屯改为只缴纳六石，民屯田赋就又比军屯高出近一半，而且一直高于民田田赋。

据《永乐大典》记载，明成祖之世，北京各州县军、民屯田分布如下：

宛平县：军屯十一所。彭城卫屯田：孝义乡二、永安乡二。永清左卫屯五：玉河乡二、京西乡三。大兴左卫屯二：香山乡。

永清县：军屯十一所。燕山右卫屯六：南关社一、北孟社二、中义口社一、焦堡社二。彭城卫屯四：别古庄社二、横亭社二。大兴右卫屯一：别古庄社。

固安县：民屯：妫州归附民屯、柳泉屯、彭村屯、魏村屯、黄堡屯、沙堡屯、贾家庄屯、中公田屯。

香河县：军屯：密云卫、中所卫（屯）在营庄社。永清右卫屯在河北村。

（民屯）：西辛庄屯、马村屯、官庄屯、唐杨屯、东徐屯、丁村屯、马庆屯。

军屯：燕山护卫屯四：孟姜社、三团社、南房上社、曲沟社。燕山前卫屯六：赵宗社一、良渠社（五）。济州卫屯七：西辛庄社一、曲沟社二、贾家庄社一、外和社二、彭村社一。永清右卫屯二：牛埚社、良渠社。永济左卫屯：南赵社。

顺义县：军屯二十六。密云卫屯八：城子社一、北采社二、牛栏山社二、甸子社三。永清右卫屯七：塔河社一、荣家庄社二、甸子社一、沙峪社一、管头社二。通州卫屯二：荣家社一、定顺堡社一。大兴左卫屯二：甸子社一、活路社一。济州卫屯一：定顺堡社。燕山右卫屯六：坊市社一、北采社二、胡家庄社一、塔河社一、甸子社一。

大兴县：军屯二十八。燕山左卫屯九：添保恭社一、施仁关二、坟庄社二、赤村社一、卢家堡社二、枣村庄社一。大兴右卫屯九：魏村社三、太师庄社三、七里铺社一、华家庄社二。燕山右卫屯四：齐化关二、大黄庄社一、崇仁关一。济阳卫屯四：清润社四。彭城卫屯二：李贤社二。

良乡县：军屯十七。永清左卫屯十：鲁村社四、高舍社三、北赵社二、长舍社一。济州卫屯二：坊市社一、公村社一。燕山护卫屯三：公村社二、高舍社一。燕山左卫屯二：丁修社二。

昌平县：军屯十九。大兴左卫屯十二：白浮社一、蔺沟社一、清河社五、清龙社一、半（丰）善社二、孟村社一、堂乐社一。济阳卫屯三：坊市社一、白浮社二。永清右卫屯四：蔺沟社二、半（丰）善社二。

东安县：军屯四十七。燕山左卫屯八，在史家务社。燕山右卫屯四，在邵家庄社。永清右卫屯二，在史家务社。大兴右卫屯一，在第十社。彭城卫屯五：北昌社四、史家务社一。济阳卫屯二十七：北昌社八、王家社二、堡头社十七。

密云县：军屯。密云卫：远西庄、年丰、曹家寨、省庄、太师庄、燕乐、安家庄、庙城、孝德。

涿州：军屯。永清左卫屯在徐里社、渠落社、西郭社、南丁社。

房山县：军屯。济州卫军屯一，在王佐南社。

通州：军屯。通州卫屯二十九：东刘社二、北尹社二、裴村社一、兆善四、招理六、王村社二、阜民社二、南尹社三、西城社一、延庆社一、葛渠社一、富豪社一、台胡（湖）社一、扶仁社一。燕山右卫屯四：裴村社二、安德社二。永清右卫屯五：西阳社五。

三河县：军屯十二所。通州卫屯十：刘戬庄社七、如口社二、军下社一。密云卫屯二：汪会社、得胜社。

武清县：军屯十六所。燕山卫屯九：落堡社六、北汪社三。济阳卫屯三，在北汪社。大兴卫屯二，在北汪社。彭城卫屯二：韩村社一、北汪社一。

漷州：军屯七。大兴右卫屯四：尖堡社二、清善社二。燕山右卫屯二，在清善社。济阳卫屯一，在义高社。

蓟州：军屯十四。蓟州卫屯十三：新庄社三、白岩社三、盘山社二、隆湾社一、三家社二、林河社二。通州卫屯一，在桑梓社。

遵化县：军屯。蓟州卫屯（八）：温屯社三、渤海社二、均子社一、坊市社二。[67]

以上是明朝永乐年间北平（北京）地区军屯、民屯的情况。从这里也可以看出，民屯的数量远远少于军屯。民屯的性质属于官田，当时各州县主要还是以民田为主。

再以明万历十四年（1586 年）顺天府顺义县（今北京顺义区）为例。当时有大兴前卫屯地二顷二十九亩九分，大兴左卫屯一十九顷八十五亩六分，武功中卫屯三十七亩二分，济阳卫屯二顷六十八亩六分，燕山右卫屯地七十二顷七十九亩九分，燕山前卫屯地一十七顷五十五亩八分，义勇右卫屯地二顷八十四亩三分，义勇前卫屯地一百一十八顷二十七亩，宽河卫屯地二十八顷二十二亩九分，武骧左卫屯地七顷二十三亩七分，武骧右卫屯地九顷七十七亩一分，腾骧左卫屯地七顷三十八亩，腾骧右卫屯地九顷八十三亩，金吾左卫屯地六顷六十五亩二分，金吾右卫屯地一十七顷六十一亩一分，永清左卫屯地二顷四亩三分，永清右卫屯地二百一十五顷二亩七分，大宁前卫屯地五十二顷六十一亩，裕陵卫屯地九十二顷五十九亩，永陵卫屯地二十三亩七分，通州卫屯地一十九顷七十二亩，神武中卫屯地七十五亩，兴州后屯卫六十八顷五十三亩四分，境内营州左屯卫屯地一百一十五顷十三亩三分。总计八百八十九顷零八亩六分。每处田土均按优劣分上中下三等缴纳屯田子粒。而当时顺义县官田是五百七十九顷有余，即使加上军屯八百八十九顷有余，也只是一千四百六十八顷左右，而民田却是其三倍，达四千七百九十二顷有余[68]。

三、商屯

明北京地区除了军屯、民屯之外，还有商屯。明朝和历史上的其他政权一样在经济上实行盐、铁专卖。商人要想从事盐、铁贩卖业务，就必须先出资购买经营许可证即所谓的"引"。《元史·职官志》中记载，元代就有专门印刷盐引、铁引的衙门。明初，为了解决边地驻军的军粮供给，洪武三年（1370 年）十一月辛亥，诏令商人输米北平府仓，每一石八斗给准浙盐一引[69]。这就是后来被广泛称之的开中法，即令商人以粮食输边以换盐引。洪武四年（1371 年）定中盐例，召盐商输米于北平、北通州（今北京通州）及内地临濠、开封等南北共十八处仓，用粮食换取盐引，领盐贩卖。北平府仓，准盐一引纳米一石八斗，浙盐一引纳米一石五斗，山东盐一引纳米二石三斗。北通州仓，准盐一引纳米二石，浙盐一引纳米一石八斗，山东盐一引纳米二石五斗[70]。总之，纳米的多少由盐的产地、质量和所输米仓的路途远近来决定。明成祖即位以后，因北京诸卫的军粮困乏，遂"悉停天下中盐，专于京卫开中"，"不数年，京卫粮米充羡"[71]。京卫开中法盛行的时候，盐商为了免于长途输挽，大多在规定的纳米处如今北京地区募民开垦田地，以所收获米石去换取盐引，这些土地叫做商屯。洪武、永乐年间，今北京地区有很多商屯。特别是永乐初年，北京地区的商屯更有所发展。但在明成祖迁都北京以后，漕运大兴，皇室、文武百官和京卫官兵的食粮主要靠从南方水运来的漕粮，明政府对在北京领取盐引的商人改为征收银两，于是北京地区的商屯也就不再存在。至于全国范围内的商屯，则是在弘治以后随着开中法的败坏而停废。

第二节　明代北京地区农业的恢复和发展

一、明初额外垦荒永不起课

明朝初年，太祖朱元璋致力于发展农业生产。当时，包括北平（治今北京）在内的北方地区因元人势力的北撤而地旷人稀，田多荒芜。明政府乃以"北方近城地多不治，召民耕，人给十五亩，蔬地二亩，免租三年……额外垦荒者永不起科"[72]。顾炎武《天下郡国利病书·北直隶上》载："洪武十三年（1380 年）又诏：北平等处民间田土，尽力开垦，有司毋得起科。"这种鼓励北方农民于限额外多开垦土地的政策贯彻于太祖、成祖之数十年间。如嘉靖时夏言所云："太祖高皇帝立国之初，检核天下官民田土，征收租粮，俱有定额。乃令山东、河南地方，额外荒地，任民尽力开垦，永不起科。至我宣宗皇帝，又令北直隶地方，比照圣祖山东、河南事例，民间新开荒田，不问多寡，永不起科。至正统六年（1441 年），则令北直隶开垦荒田，从轻起科，实于祖宗之法略有背戾。至景皇帝寻亦追复洪武旧例，再不许额外丈量起科，至今所当遵行。"[73]具体到北京地区而言，额外垦荒，永不起科，或如顾炎武所言，始于洪武十三年（1380 年）；或如夏言所述，始于宣宗宣德年间。但无论始于何时，明初在北京及周围地区确实存在大量"永不起科"的额外开垦田地，而且在其后特权地主扩张庄田时往往首先成为奸猾之徒捏作"无粮地"妄行投献的目标。

明初，明政府在北方施行"额外垦荒，永不起科"的政策，极大地刺激了北方农民的生产积极性，农业人口和耕地面积在短时间内有很大提高。据《图经志书》记载，洪武八年（1375 年）顺天府人口已有 8066 户、323451 口，是前述洪武二年（1369 年）户口数的 5 倍有余。至于耕地，洪武二年（1369 年）顺天府只有征粮民地 780 顷 32 亩有余。当时正值战乱之后，百业荒废，人口离散，社会经济尚未及恢复，所以顺天府这么大的范围却只有在额民地 700 余顷，并不奇怪。时至洪武八年（1375 年）已有官民田地总计 29014 顷 13 亩，其中民地额占 90% 以上，官地有 155 顷 68 亩。另外，虽然官地已全部征税，但在民地 28858 顷 45 亩中，已起科（征税）地和未起科地各占一半左右[74]。这说明自洪武二年（1369 年）到洪武八年（1375 年）之间，除大量外来人口涌入了本地区外，今北京地区流亡人口在洪武六年、七年之间也大批回乡复业，这种迅猛的势头更有助于本地区社会经济（主要是农业生产）的恢复。明初，顺天府耕地面积的迅速增长，主要是依靠广大自耕农的努力。由于在洪武十三年（1380 年）以前新开垦的民地可以免租三年，所以可以知道上述洪武八年（1375 年）北平府的民地总额中有近一半左右是在洪武六年（1373 年）至洪武八年（1375 年）间开垦的，或回乡农民恢复的。至洪武末年，包括顺天府在内的北平府（即北直隶）已有田土 582499 顷 69 亩[75]。

如前所述，洪武时期顺天府等八府（即北平布政使司）共有 582499 顷 69 亩，永乐元年（1403 年）则减少一半，为 244000 余顷。但是经过永乐、宣德等朝代的恢复以后，农田面积有了很快的发展。兹将洪武、弘治、万历三朝顺天府耕田面积表列如下。

洪武、弘治、万历朝顺天府户口、农田面积一览表

年代	户	口	官田（顷）	民田（顷）	总计（顷）
洪武二年[76]	14974	48973		780. 32	780. 32
洪武八年[77]	80666	323451	155. 68	28858. 45	29014. 13
弘治四年[78]	150518	669033			
弘治十五年[79]			835. 55	67884. 58	68720. 13
万历六年[80]	101134	706861			99582. 99

从上表中可以看出，自明初到万历年间，包括今北京地区在内的顺天府地区的人口和农田是呈向上发展的趋势。万历六年（1578 年）顺天府户口是洪武二年（1369 年）时的 6.8 倍，而每户的人口则从 3.3 人增长到近 7 人。至于农田面积，更是呈递长的态势，万历六年（1578 年）顺天府的农田面积是洪武二年（1369 年）时的 127.6 倍，是洪武八年（1375 年）的 3.4 倍，是弘治十五年（1502 年）的 1.4 倍。不过我们也可以发现，从洪武二年（1369 年）残破的战争环境中恢复时期农田面积的上升百分比很大，待社会环境比较稳定以后农田

面积上升的百分比就逐渐变小，这也是符合正常情况的。另一个就是民田面积明显比官田面积多得多，这种情况一直持续到明末。洪武八年（1375 年）顺天府民田面积是官田的 185.4 倍，弘治十五年（1502 年）顺天府民田面积是官田的 81.3 倍。民田应该大部分是移民私自开垦的荒地，还有当地地主、自耕农祖传的私业。所以战事刚刚结束不久的洪武二年（1369 年）只有民田的记载，而不见官田。

但是，自永乐朝以后，太监势力益炽，一方面皇庄规模愈来愈大，侵占原来的草场官地；另一方面随着政治腐败，勋戚、大臣、太监也以各种名目乞请巨额田土，建立庄园。而且无论是皇庄还是勋戚、大臣、太监乞请的庄田，在实际建立的时候都会仗势霸占周围的官、民田地，而豪族大户又千方百计勾结胥吏欺瞒实际田产，所以在编官、民田地也可能减少。明世宗嘉靖二十一年（1542 年）礼部尚书霍韬奉命修《大明会典》的时候发现，明初洪武年间全国在编田土 849.6 万顷，可是弘治十五年（1502 年）却只有 422.8 万顷，短短 140 余年间全国在编征纳田赋的土地竟然流失了一半。嘉靖二十一年（1542 年）全国在编田亩据报则是 436.05 万顷。他上疏说："宇内额田存者半，失者半也。赋税何从出？国计何从足？……非拨给于藩府，则欺隐于狡民，或册文之讹。"他请求朝廷令户部考查天下田亩实数，以便纂写会典。及至明神宗万历六年（1578 年），名相张居正为在全国推行一条鞭法，严督各府州县丈量当地实在土田数目，搜查出不少过去欺隐的土地，统计出的总计实数是 701.3 万余顷。

自明太祖洪武十三年（1380 年）政府明确北平、陕西等地民间田土许尽力开垦，有司毋得起科以后，经洪武、永乐、宣德三朝，今北京地区的农业生产有很大的恢复和发展。但是，在社会稳定以后，额外开垦的土地小即免于起科的民地日益增多，这不免会影响到国家的财政收入。因此，明英宗正统三年（1438 年）"诏各处凡有入额纳粮田地，不堪耕种，另自开垦补数者，有司勘实，不许重复起科"[81]。这道诏令形式上似乎站在维护农民利益方面，禁止对同一块土地重复起科，但实际上是对已经违反了"限外开垦，永不起科"祖例的一种默认，公开对农民限外开垦的土地进行征税。景泰帝为巩固帝位，曾一度恢复旧例，仍然免去这一部分租税以笼络人心。但在英宗复辟以后，天顺三年（1459 年）更直言不讳地诏令"各处军民有新开垦无额田地及愿佃种荒闲地土者，俱照减轻则例起科"[82]，亦即夏言所谓的正统六年（1441 年）令北直隶开垦荒田，从轻起科。自天顺以后历朝都是按照英宗天顺之法，继续对新开垦的荒地征税，故夏言在奏疏中提到景泰皇帝一度追复洪武旧例之后,主张"至今所当遵行"[83]。笔者认为,"额外垦荒,永不起科"在战乱之后的明朝初年,对于恢复、发展社会经济有着不可低估的积极作用,但是在社会经济已经走上正轨以后,其合理性就已不再存在。因此,从单纯道德的角度发出的追循祖例的呼吁就显得十分苍白无力,而且也根本不可能实现。事实上,明代农民不堪忍受的并非是对"无粮地"起科,而是封建政府的各种多如牛毛的额外加派、日益繁重的徭役、重复征税及特权地主的疯狂兼并。

二、明万历中的京畿水利营田

明朝中后期,曾有以徐贞明、左光斗为代表的京畿营水田之举。明万历中,工科给事中徐贞明见漕运艰难,且江南百姓负担苛重,于是倡京畿屯田之议。他详细勘查两个月,"遍历山海之境",见"京东负山控海,负山则泉深而土泽,控海则潮淤而壤沃",又密云县之燕乐庄、平谷县之水峪寺、龙家务及三河县、蓟州、遵化县、迁安县、卢龙县、抚宁、丰润县、玉田县等地"泉从地涌,一决而通,水与田平,一引而至",于是建议开发京东水利。他说:"先之京东数处以兆其端,而京东之地皆可渐而行也。先之京东而兆其端,而畿内列郡皆可渐而行也。先之畿内列郡,而西北之地皆可渐而行也。"[84]但正当他要施展自己的抱负时,却因御史傅应祯一案牵连而被谪迁。徐贞明于是著《潞水客谈》一书以述其志。万历十三年(1585年)徐贞明被召回,授以尚宝司少卿,主持京东水利。但在封建社会中,任何触犯统治阶级利益的改革都是注定要失败的。徐贞明初试行于永平府(治卢龙),"奄人(即太监)、勋戚之占闲田为业者,恐水田兴而失其利,争言(开水田)不便"[85]万历十四年(1586年)正月,在权势交相非议下,明廷遂罢京东水利之举。已经开垦出来的三万九千余亩熟地,"一闻诏下,尽撤毁堤岸,斥为闲田"[86],弃荒如故。徐贞明的改革在勋戚、太监的反对下夭折。

万历四十七年(1619年),屯田御史左光斗继承徐贞明之志,指出北方若"欲旱不为灾,涝不为害,惟有兴水利一法"。他拒绝勋戚、太监强索公田的无理要求,不顾权势的迫害,力行屯田种稻,终于获得成功。邹元标曰:"三十年前,都人不知稻草为何物,今所在皆稻,种水田利也。"[87]左光斗发展北京地区水稻种植,功绩卓著。天启二年(1622年),太仆卿董应举总掌屯务时,又分置辽东流民于顺天府宛平县及河间、保定等地,购置田数十万亩,"募耕者","教之艺稻",

"收黍、麦、谷五万五千余石"[88]。

左光斗性素刚强，不畏强暴。他任御史时，"巡视中城，捕治吏部豪恶吏，获假印七十余，假官一百余人，辇下震悚"[89]。为此，他也遭到权势的嫉恨。天启五年（1625 年），左光斗终于被太监首领魏忠贤所害。崇祯末年，虽颁徐贞明《潞水客谈》一书于户部，亦有兴京东水利之议，但此时明朝已是穷途末路，"有其法，无其人，徒付空言"[90]而已。

明代北京虽然没有什么大规模的农田水利工程，但水稻种植业在分散的局部地区还是有所发展。如房山县大石窝村产的石窝米就非常著名。大石窝在京西南房山县西南 20 公里的黄龙山下，盛产白玉石，元、明、清三代营建京师宫殿多在这里采办汉白玉石，石雕业至今不衰。石窝泉水比较丰富，稻谷种类优良。《燕山丛录》云："房山县有石窝稻，色白粒粗，味极香美。以为饭，虽盛暑经数宿而不馊。"徐贞明《潞水客谈》亦称赞："西山大石窝所收米，最称嘉美。"石窝米因色白如玉，故又称玉塘米。北京东北方向的顺义县是种稻历史悠久的地区，东汉渔阳太守张堪于狐奴山下引水种稻即在此地。《顺义县志》载："嘉靖中，训导刘志新开渠以溉稻田。"北京西北方向的海淀区，水泉清冽，种植水稻最为适宜，"沈洒种稻，厥田上上"[91]。今紫竹院公园附近的广源闸以西的万寿寺附近"俱稻田"[92]。至于西湖（今北京颐和园昆明湖）周围更是"稻畦千顷"，"水田棋布"，"年年农务，一如东南"，俨然江南水乡。万历中，明政府曾召募南方人开垦西湖水田。《长安客话》云："（西湖）近为南人兴水田之利，尽决诸洼，筑堤列塍……竹篱傍水，家鹜睡波，宛然江南风气，而长波茫白似少减矣。"依此观之，经过万历时这次开发以后，西湖水田大增而水面略有缩小。京城之北，"德胜门东，水田数百亩"[93]，属内官监地，由太监掌管，使"南人于此艺水田，粳秔分塍。夏日桔槔声不减江南"[94]。龙华寺（在北京德胜门东）之"寺门稻田千亩"，竟引得江南游子"数来过，闻稻香"[95]，以解思乡之苦。京城之南，右安门外十里草桥，"方十里，皆泉也"[96]，"众水所归，种水田者资以为利"[97]。

第三节　明代北京农业的赋役

封建国家向人民征赋役以维持国家机器的生存和运转。所谓赋役，就是田赋、田租和徭役。田赋是按各户占有的土地数量征收，徭役则是按各户的人口数目摊派。

一、明代北京的田赋

由于南方农作物可以一年两熟，北方却只能一年一熟，同时南方和北方的主要农作物的品种不同，产量有很大差异；更主要的是明初太祖朱元璋对江南缙绅实行歧视性高压政策，所以江南地区粮赋存在着畸重的情况，成为明朝廷二百年间争论不休的问题。明朝时期豪绅地主暗自霸占官、私田产，逃避纳税和差役是一个突出的社会现象，为此明政府多次改革征收赋税的制度，多次在全国范围内清查户口和土地。

在封建国家中户口是政府向百姓征追赋役的根据，明朝建立以后，洪武三年（1370 年）诏户部稽查天下户口、田亩，每户给与户帖。十四年（1381 年），正式实行黄册制度，自府州县到中央户部逐级编汇赋役黄册，以一百一十户为一里，其中以家财富裕的十户为里长，一里内其余的以十户为一甲，每甲出一甲长。每年有一里长和一甲长充值，负责本里和本甲的赋税征收和分派徭役的事情，十年轮换一周。黄册里登记着每家的成丁（16—20 岁的男子）和田地数目，根据丁口多少定每家应服的徭役，同时根据占有田地的多少定应纳的田租。由于富户豪绅大多想办法逃避实际的登记数目，想办法把自己的土地寄托在别人的名下，所以洪武二十年（1387 年）令各地正式丈量各户土地，写明土地四至并划出图绘，名鱼鳞册。黄册和鱼鳞册一个是侧重于户政，一个是侧重地政，在明政府的田赋征收和徭役分派中起到重要作用。

明朝初年的洪武、永乐之世，为了恢复北京地区残败的农业经济，明太祖朱元璋和明成祖朱棣都采取了许多包括减轻赋税的措施，鼓励人民生产。在军屯方面，明太祖洪武之世起初规定对军屯不收租税，后来才规定军屯户每年留足口粮后只缴纳余粮的十分之二。明成祖永乐之世，正式开始对屯军征收屯田子粒，而且数额达到十二石之多，于是有兴趣从事农业劳动的军屯户愈来愈减少，以致到了宣宗宣德之世军屯制度彻底瓦解。不过，严格地说，军屯并不在国家财政收入之列，国家田赋中并不包括军屯子粒。

洪武、永乐之世从各地大量往北京移民，其中一部分是罪囚，还有大量山西、山东等地的农民。永乐元年（1403 年）规定，对于罪囚，充军屯田者免租二年；其他按照罪罚轻重免租三至五年不等。至于一般移民，则是免租五年，而且限外垦荒永不起课。其授田限额都是五十亩。《明史·食货志》记载，明太祖洪武时期的租赋是官田亩收五升、民田亩收三升。但是实际情况和史书的记载容有误差。兹据永乐大典本《顺天府志》记载表列洪武时期包括今北京在内的顺天府地区实际田赋如下。

洪武二年顺天府部分州县地亩、田赋一览表[98]

县称	民田地亩	夏税额	秋粮额
宛平县	68 顷 57 亩	每亩正麦五升	每亩正米五升
大兴县	26 顷 61 亩	每亩正麦五升	每亩正米五升
永清县	21 顷 26 亩	每亩正麦五升	每亩正米五升
固安县	50 顷 61 亩	每亩正麦五升	每亩正米五升
香河县	3 顷 83 亩	每亩正麦五升	每亩正米五升
怀柔县	7 顷 9 亩	每亩正麦五升	每亩正米五升
良乡县	42 顷 94 亩	每亩正麦五升	每亩正米五升
昌平县	50 顷 73 亩	每亩正麦五升	每亩正米五升
东安县	97 顷 1 亩	每亩正麦五升	每亩正米五升

按，民屯属于官田，由于洪武初年有免租三年的政策，所以洪武二年（1369年）的统计数中还没有官田的数额。

洪武八年顺天府部分州县地亩、田赋一览表[99]

县称	官田	民田	总额	官田赋税	民田赋税
宛平县	39 顷 78 亩，全部起科	2230 顷 60 亩，其中已起科 1234 顷 41 亩，未起科 996 顷 19 亩	2270 顷 38 亩	夏税每亩正麦一斗，秋粮每亩正米一斗	夏税每亩正麦五升，秋粮每亩正米五升
大兴县	4 顷 29 亩，全部起科	2276 顷 45 亩，其中已起科 1214 顷 86 亩，未起科 1061 顷 58 亩	2280 顷 74 亩	夏税每亩正麦一斗，秋粮每亩正米一斗	夏税每亩正麦五升，秋粮每亩正米五升
永清县	无	806 顷 90 亩，其中已起科 399 顷 4 亩，未起科 407 顷 86 亩	806 顷 90 亩	无	夏税每亩正麦五升，秋粮每亩正米五升
固安县	18 顷 22 亩，全部起科	1770 顷 72 亩，其中已起科 926 顷 94 亩，未起科 843 顷 78 亩	1788 顷 94 亩	夏税每亩正麦一升（？），秋粮每亩正米一斗	夏税每亩正麦五升，秋粮每亩正米五升
香河县	无	324 顷 52 亩，其中已起科 153 顷 68 亩，未起科 170 顷 84 亩	324 顷 52 亩		夏税每亩正麦五升，秋粮每亩正米五升

县称	官田	民田	总额	官田赋税	民田赋税
怀柔县	15 顷 81 亩，全部起科	1262 顷 17 亩，其中已起科地 611 顷 90 亩，未起科地 650 顷 27 亩	1277 顷 98 亩	夏税每亩正麦一斗，秋粮每亩正米一斗	夏税每亩正麦五升，秋粮每亩正米五升
良乡县	95 亩，全部起科	1108 顷 34 亩，其中已起科地 660 顷 80 亩，未起科地 447 顷 54 亩	1109 顷 29 亩	夏税每亩正麦一升（?），秋粮每亩正米一斗	夏税每亩正麦五升，秋粮每亩正米五升
昌平县	9 顷 8 亩，全部起科	1439 顷 29 亩，其中已起科地 669 顷 42 亩，未起科地 769 顷 87 亩	1448 顷 38 亩	夏税每亩正麦五升，秋粮每亩正米五升	夏税每亩正麦五升，秋粮每亩正米五升
东安县	14 顷 24 亩，全部起科	1990 顷 49 亩，其中已起科 1550 顷 94 亩，未起科地 448 顷 55 亩	2013 顷 73 亩	夏税每亩正麦一斗，秋粮每亩正米一斗	夏税每亩正麦五升，秋粮每亩正米五升

依照上表，洪武时期今北京地区的官田田赋一般应该是夏税麦一斗、秋粮米一斗，共计二斗；民田田赋一般应该是夏税麦五升、秋粮米五升，共计一斗。民田赋额是官田赋额的一半。

明代田赋的征收是继承前代的老办法，即按照农作物生长的规律分夏、秋两税两次征收。夏税不过八月，秋粮不过明年二月。前面所说的洪武时期亩收一斗，就是包括夏税、秋粮都在内的总数目。夏税征麦、绢，秋粮征稻米。其他农作物如豆、粟之类则是按照小麦和稻米的比例折收。

史书记载中缺少成祖永乐时期今北京地区的田赋数额，但根据其他资料记载可以推测肯定比洪武时期的"亩收一斗"已有大幅度增加。成祖卒后，宣宗即位。宣德五年（1430 年）二月"诏各处旧额官田起科不一，租粮既重，农民弗胜。自今年为始，每田一亩旧额纳粮自一斗至四斗者，各减十分之二（即实收八升至三斗二升）；自四斗一升至一石以上者，减十分之三，永为定例"[100]。这里既然说的是旧额官田，那就应该指的是宣德以前的永乐时期定规，即永乐时期官田田赋已经是每亩一斗至四斗；至于四斗一升至一石以上的赋额应该针对的是南方官田。至于民田租赋，按照前表洪武时期的比例，民田租是官田租的二分之一，照此推算，永乐时期的官田赋额大约是亩收五升至二斗。但前表已经表明，洪武时期的民田租尚不低于亩收一斗，所以永乐时期的民田租实际至少应该是在一斗至二斗之间，与洪武时期持平或增加了一倍。

明代的田赋征收的都是实物麦、米、粟等（又称本色），只有英宗正统年间开始对有漕额的数省改为征银，即将漕粮改折白银征收（又称折色）。可是由于明朝地主豪绅大规模霸占官田，而且私瞒户丁、田产，勾结衙役将私有土地摊在贫民或逃绝户的名下以规避应承担的赋役，以至于各府州县每年都有大批田赋征收不上来，甚至有亏欠十几年的。为此，明政府一方面经常下令核查天下田亩、户丁，一方面改革征收的办法。明神宗万历九年（1581年）在朝中宰相张居正等人的大力支持下，终于在全国范围内大力推行"一条鞭法"，即把府州县的各种徭役都折合成征银，编成一条；再在核实各户田产的基础上，把应纳的夏税秋粮等田赋编成一条，然后再把赋银和役银合并起来统一征收。老百姓除此以外不再承担其他的任何负担。推行一条鞭法虽然主要是役政的改革，但也影响到田赋。从此以后，田赋不再缴纳粮食，而要卖了粮食去缴银两，市场粮价的波动直接影响到实际田赋的轻重，谷贱伤农，反而加重了农民的实际经济负担。

据《光绪顺天府志·食货志四》"田赋下"引《固安县志》，万历时顺天府固安县对官田、民田征收的夏税按照每石折银七钱八分六厘计算，秋粮按照每石折银七钱五分五厘计算，而每年的夏税、秋粮、马草、丝棉，递年分派，每地一顷共纳银一两六钱七分八厘（按，每亩合征银一分七厘，折粮二升）。

万历二十一年顺天府部分地区田赋一览表[101]

县称	夏税银（两）	秋粮银（两）	马草丝棉银（两）	盐钞银（两）	进宫子粒银（两）	马房子粒银（两）	备边银（两）	给爵银（两）	站粮银（两）	经费银附柴薪银（两）	总额（两）
大兴	455.822	765.985	1402.925	168.416	1153.195	76.698	834.08	486.907			5323.806
宛平	367.885	664.749	2421.422	209.929	1215.616	112.996	217.581	796.014	1281.445		7287.637
良乡	570.852	921.317	1507.73	101.4	394.906		64.395	578.397	4062.352	2750.601	10951.95
通州	859.202	1511.546	2361.99	138.768	1639.622	105.865	161.333	524.984	4554.99		11858.29
漷县	561.705	1321.852	1234.962	36.984				646.333	2220.199	720.049	6742.084
平谷	238.882	426.727	646.345	80.448				219.193	691.981	2084.664	4388.221
昌平	免	免	2379.327	156.35	280.341	881.2		1409.981	3399.77	111.808	8618.767
密云	603.495	1442.831	2983.2	102.96					2067.139	1578.826	8778.451
顺义	433.171	845.204	9467.36	137.592	403.17	1416.99	88.502	1125.825	2558.926	686.91[102]	17163.65
怀柔	423.198	899.319	1404.435	68.16	22.079			95.154	1586.209	657.313	4498.658
房山	416.162	725.895	1694.96	57.648	242.665				2941.815	1158.823	7237.968

在这里我们需要注意的是，按照前引《固安县志》的折算率计算，明万历二十一年（1593年）时，河北顺天府固安地区的田赋大约是亩

收 2 升，形式上比起明洪武时期亩收 5 升还轻。但是在万历时折银征纳以后，受市场粮价影响，农民往往得卖出数倍于此的粮食才能换回应折的银两。例如，明朝政府规定田赋每石须折银七钱五分至七钱八分，但实际上市场价每石只有银二钱五分[103]，农民实际必须卖出三石粮食才够缴得上一石田赋的银两。即以固安县而言，所谓的亩缴 2 升的赋银一分七厘，农民实际得卖出 6 升才能拿到这笔银子，那么实际的田赋比起洪武时期还要重些。至于市场上粮价高昂的时候，也都是颗粒无收的饥年荒岁，农民连活命都不能，哪里有粮食到市场上去出售？当然更无力缴纳田赋了。所以赋役折银以后虽然简化了缴纳赋役的手续，但实际却加重了农民的经济负担。况且，顺天府境内并非各县都是每亩征纳银一分六厘，万历十五年平谷县的田赋就是每亩征银三分六厘，是固安县的 2 倍有余。兹将万历十五年平谷县和万历十四年顺义县田亩、赋役均征原额表列如下。

万历十五年平谷县征编赋役一览表[104]

原额	田亩总额	1109.32 顷		
地亩派征	每亩派征	银 0.036 两		
	原额地亩征银	银 4021.702 两		
	随地派征	夏税起存银	125.67 两	
		站粮银	691.981 两	
		银差银	864.131 两	
		经费银	2072.663 两	
		民地 958.24 顷	每亩加力差银 0.003 两 计 262.311 两	
		寄庄地 151.30 顷	每亩加力差银 0.03 两 计 453.888 两	
	地亩征银总额 4737.901 两			
力差银	人丁	中上丁	42 丁	每丁 1.2 两
		中中丁	63 丁	每丁 1 两
		中下丁	168 丁	每丁 0.8 两
		下上丁	111 丁	每丁 0.6 两
		下中丁	319 丁	每丁 0.4 两
		下下丁	2437 丁	每丁 0.2 两
	两力差银总额	929.4 两		

（续表）

全年赋役银总额	5667.301 两			
改征	夏税起运银	113.212 两	改征黑豆	283.03 石
	秋粮起运银	239.92 两	改征黑豆	590.8 石
	马草起存银	644.515 两	改征黑豆	1611.29 石
	总额	997.647 两		2485.12 石

前表万历二十一年（1593 年）平谷县赋银总额是 4388.221 两，而此万历十五年（1587 年）碑记载平谷县地亩征银原额是 4021.702 两，每亩征 0.036 两；自十五年（1587 年）以后定规是 4737.901 两，则每亩征银达 0.043 两。我们可以看到，首先无论是万历十五年（1587 年）还是二十一年（1593 年），全年田赋都分别比万历十五年以前增加了 400 余两至 700 余两。另外，还可看到虽然万历十五年（1587 年）田赋比二十一年（1593 年）田赋多出 349.68 两，但这是因为万历十五年（1587 年）时将役银中的力差银 716.199 两计入民地、寄庄地随征，这自然就增加了田赋总额。实际上，万历十五年（1587 年）定规平谷县夏税银 125.67 两，二十一年（1593 年）时则是 238.88 两；万历十五年（1587 年）定规秋粮银 186.8 两，二十一年（1593 年）则是 426.72 两。从万历十五年（1587 年）到二十一年（1593 年）仅仅 6 年时间，平谷县的夏税、秋粮就增加了 1 倍左右。

万历十四年顺义县地亩田粮一览表[105]

项目		地亩	征银
官地	进宫地	176.247 顷	403.169 两
	给爵地	160.801 顷	459.177 两
	备边地	242.843 顷	753.896 两
	总额	579.891 顷	1616.244 两
民地[106]	金地	318.28 顷	1230.368 两
	银地	2242.82 顷	5919.617 两
	铜地	1895.83 顷	2505.496 两
	铁地	332.14 顷	226.852 两
	总额	4792.53 顷	9904.354 两

（续表）

	项目	地亩	征银
故绝地	上　地	8.144 顷	24.432 两
	中地	52.852 顷	105.704 两
	下地	64.359 顷	64.359 两
	总额	125.335 顷	194.495 两
牧地		488.315 顷	1487.67 两
全县总额[107]		5986.071 顷	13202.763 两

上表中，顺义县把民地按优劣分为金、银、铜、铁四等，又称四色地，其租赋额分别是每亩 6 分到 1 分不等。万历十四年（1586 年）顺义县赋银总额 13202.763 两，这其中包括了达官故绝地和牧地的地租。如果除去这些因素，那么万历十四年（1586 年）顺义县官、民地的赋银应是 11520.598 两。据前表万历二十一年（1593 年）顺义县赋银总额是 17163.65 两，则比万历十四年（1586 年）时多出 5643.052 两，其增加量相当于顺义县 7 年前全年田赋的二分之一。

总上所述，万历二十一年（1593 年）时京畿平谷县、顺义县的田赋比前六七年增加了二分之一到一倍左右。

如果把以上三表进行比较，我们可以看出以下区别：首先，万历初年全国全面推行一条鞭法以后，虽然赋、役都改为征银这一条是实现了，但征银的办法却并不一致。例如顺天府平谷县是把部分力差银摊入民地和寄庄地，顺义县却是赋银、役银截然分开，称万历中每年税粮马草并银、力二差等共计银一万六千九百一十五两二钱八分六厘。其中地亩征银一万二千八百零一两六钱六分一厘，丁门征银（即役银）四千一百一十三两六钱二分五厘[108]。其二，平谷县是官、民地都按一个标准征收，每亩征银三分六厘。顺义县官、民地都是按照优劣各征银不等。民地中金地每亩征银三分九厘六毫，银地每亩征银二分六厘，铜地每亩征银一分三厘三毫，铁地每亩征银六厘六毫。万历二十八年又将银地每一亩五分、铜地每三亩、铁地每六亩折成金地一亩，共折实金地二千四百八十七顷二十亩八分三厘。其三，明朝初年，官地的赋额都是高于民地，例如洪武年间民地赋额普遍是官地的一半。但是万历时有的地区这种情况发生变化，万历十五年平谷县民地赋额比官、民地的平均水平每亩多交银三厘。顺义县万历十四年官田赋每亩交银二分三厘到三分一厘，而民田中的金地田赋每亩却高达银三分九厘六毫，银地二分六厘都高于或相当于官地的田赋。即以平均数而论，各项官地田赋每亩是银二分八厘，各色民地是银二分一厘，虽然民田赋的赋额略低一些，但也已不是明初的二分之一的水平。其四，无论平谷县还是顺义县，其万历二十一年田赋都比十五年、十四年时多出一倍到二分之一，这也是明朝时全国的普遍情况。

更为严重的是权势和富户与胥吏勾结在一起，作奸犯科，欺隐实际田产，将田赋转嫁到贫户的身上，其手段一般是寄庄、飞洒、诡寄、花分。所谓寄庄，起源甚早，大约自唐代实行两税法以后就出现了。寄庄就是地主在本籍以外置备土地，设庄收租，或者为逃避赋役而采用易地易名办法设置的田庄。他们或是把田庄设置在外地，以逃避本籍赋役；或是借用依法可以免除赋役的外地官僚的名义，在本地设置田庄[109]。飞洒就是权势、富户勾结胥吏，将田地赋税化整为零，在黄册上分洒到其他农户的田地，以逃避赋税的一种手段[110]。花分，当时把田赋征收机构统计在册的纳税单位称为花户，把保甲的构成单位即实际存在的人户称为烟户。地主把主要的赋税移到收买的几个无赖身上充花户，而实际的田产移到另外的几个花户中，如此便可达到偷逃赋税的目的。诡寄又称贴脚诡寄、铁脚诡寄，就是富户为逃避赋役而将田产假托在亲邻、佃仆名下的一种手段[111]。无论是用哪种手段，首要的条件就是地主和胥吏的勾结、作弊。在有些地区，胥吏甚至自造征收赋役的册簿，称为白册，以黄册搪塞上级衙门，实际按私造的白册征收[112]。而明朝政府却不顾这种情况，无论权势、富户和胥吏如何为非作歹，只要每年能征收上来足额的赋税就可以了，其它一概不问。例如，《明实录》记载明宣宗宣德年间一直到宪宗成化年间的 60 余年间，明朝天下田额都是 400 余万顷，征收的田赋都是 2800 余万石左右。明孝宗弘治年间经过大规模核查以后，天下田额达到 800 余万顷，征收的田赋是 1900 余万石。明武宗正德年间天下田额复减少到 400 余万顷，甚至到 169 万顷，可是田赋仍然征收 2200 余万石。明世宗嘉靖年间天下田额经过核查之后恢复到 400 余万顷，而田赋却还是 2200 余万石。明神宗万历年间天下田额经过大规模核查之后达到 1100 余万顷，可田赋也还是 2700 余万石。熹宗天启年间天下田额 700 余万顷，田赋 2500 余万石。在明朝政府来说，无论天下田额是多少，每年 2000 余万石的田赋却丝毫不能少。朝廷是这样，下面府州县也是这样，不管胥吏如何舞弊，只要当年田赋能足额收上来就行。明万历十五年（1587 年）蓟州平谷县（今北京平谷区）《征编赋役规则碑》中就明白刻道："以上概县地丁编派银两，自足各项钱粮之数。每年照此征编，不可毫忽增减。如遇编审之年，地亩征银已定，其人丁编银视人丁之多寡以为增减，大抵不失原额之数足矣。"所以征收田赋的黄册虽然每十年重新编审一次，胥吏私写私改，任意加减，富户都成了下等贫户，贫户却成了主要承担田赋和徭役的社会底层。所谓黄册，实际上不过是一本与实际根本不符的册簿。

另外一个值得注意的就是田赋中的马草、丝棉银等杂赋竟然和夏税、秋粮正赋相当，甚至还要多，这是明朝社会经济中很不正常的现象。明朝自万历四十六年（1618 年）以后附加在田赋中各种杂赋又陆续有了三饷（辽饷、练饷、剿饷）加派[113]，田赋中附加的各种名目的银两不断加重，其数已经达到正赋的数倍，由此造成田赋普遍苛重，田主不堪其重，纷纷以有田为累。

事实上，京畿农民除了上缴夏税秋粮和马草银等固定的税种之外，还有很多根据朝廷需要而科派的多如牛毛的杂赋，如顺天府房山、良乡、武清、固安、漷县等县就须缴糠麸、煤炸、榛栗、麦穗、稻皮、麻、芦苇、秫秸、蒲草、荆条、鹿食、黄豆秸、马连根、活兔、羊、鸡、挤乳牛、各处驿站置买的马、牛车[114]。总而言之，凡是官方需要的就都夹杂在田赋中征收，无止无休。

二、明代北京的徭役

封建时代的徭役实际也就是劳动人民向封建国家提供的无偿劳动。前已言之，明代的田赋和徭役都是以黄册的统计为根据来征收和征发的。《明史·食货志一》载云："役曰里甲，曰均徭，曰杂泛，凡三等。以户计曰甲役，以丁计曰徭役，上命非时曰杂役，皆有力役，有雇役。府州县验册丁口多寡，事产厚薄，以均适其力。"如前所述，黄册登记的里甲就是以一百一十户为一里，一里内除里长外以十户为一甲，每甲出一甲长。里甲中，按每户资财和人口数量分为三等九则，每年有一里长和一甲长率本甲充发本年的各项差役。十年期满后，按照家中资财和人口重新编排，再进行下一个十年的轮换。理论上，在每一甲中，派役的原则是按照贫富分别承担差役，贫户担当的役轻，离家较近；富户担当的役重，离家较远。但在实际上，里长多卖富差贫，权势、富户贿赂胥吏采用欺瞒产业，甚至私自涂改黄册，把土地填写在贫户名下，由此真正有产业的人不但不出田赋，而且躲避差役；贫户反而不明不白的多缴纳了田赋，还要替富户承当差役。明朝统治的二百余年间，赋重役繁、徭役不均始终是最为难解的社会弊病。大约明英宗正统四年（1439 年）江西按察佥事夏时创行均徭法[115]，即凡省、府、州、县衙门的杂色差役以及杂项劳役的折价，都属均徭。明孝宗弘治、武宗正德年间，除亲自服役者外，一部分均徭折成银两缴纳，前者叫力差，后者叫银差。一般来说，力差较重，银差较轻。《明史·食货志一》所述过于简略，似乎里甲、均徭是同时实行的制度，其实不然，里甲实行在先，均徭实行在后。但均徭并没有代替里甲，均徭也是每十年编审一次，与里甲编审同时。但是，均徭法既然也是需要里甲、胥吏首先评定等级，督造图册，就难免被他们从中上下其手，进行涂改，以至与真实的人户田地情况差之千里，往往富甲连陌而徭役绝无，苛重的田赋和繁重的徭役都强加在贫户身上，甚至全家都已经人户绝亡的在簿册上还承担着赋役。为此，明万历初年又推行一条鞭法，为了整顿役政，把府州县的各种徭役银差、力差都折合成征银，编成一条；再在核实各户田产的基础上，把应纳的夏税秋粮等田赋编成一条，然后按户丁和田产的数额以一定的比例统一征收。老百姓除此以外不再承担其他的任何徭役。但是一条鞭法既然是以田产为主要基础，就难以避免富户、胥吏借使用以上手段通同作弊。明人沈榜《宛署杂记》，记述其于自万历十八年（1590 年）到北京宛平县作知县的经历说："役分两等，每三年……编审一次。一曰实役（即力差），择丁之有力者，金为正户，此为贴户，各照丁则银数，取足所定工食，而止编给由票，自行收讨。一曰募役（即银差），查照丁则征银，在官听募役领给。"万历二十年（1592 年），宛平县实役计 120 名，征银 3836.6 两。募役计 197 名，征银 14902.8 两。实役的项目计有：园陵之役（昌平天寿山园户、各已卒皇室贵族坟户），各坛场之役（天、地坛坛户），内府之役（皇家内府各库的库夫，内官监的冰户、磨户、打扫夫、土工等，西安门、北安门斗级），各衙门之役（神功监果户、上林苑园户、御马草场、太仓库子、锦衣卫土工、蓝靛厂靛户），本县之役（预备仓斗级、看监禁子、更夫、库子）。募役的项目计有：京城各衙门（库子、土工、闸夫、门子、铺兵、皂隶），本县之役（西湖景桶子夫、铺司兵、递送公文并解人犯夫、巡司弓兵、闸夫）。他说：刚来就职时"宛之民群然以役苦丁逃来告"。位于帝京之下的宛平县（今北京西部地区），"五方之民，各挟所长，以游京师，典买田园，因而贾富十百千万"，却以寄居为借口，称为流寓户，躲避赋役。当其年代既久，子孙绵延，却又借口"吾故土尚未脱籍，故自有丁差在焉"，还是逃避赋税，这就是所谓寄庄户。更有甚者，则"甲有乙田而仍其籍，或尽有甲乙而空其户"，这就是所谓花分。还有作为北京独有的为皇家苑、监各机构服务的酒户、醋户、厨役、女户、女轿夫、海户等，虽然地位低贱可是优免差役，有些奸狡无赖就假称贱户以逃避差役；还有的富连阡陌，人所共睹，在宛平县居住年久，无可遁词者，就自称煤柴户，每逢编役之年就"择所便者贴之"，借以逃避田赋和徭役。所以每年实际应役的只有那些下下户和没有权势的人家。

明代自全面推行一条鞭法以后，银差和力差都折银缴纳。根据前引平谷县《万历十五年平谷县征编赋役一览表》可以看到，明代根据丁口征收的役银是一笔很沉重的负担。处于中上水平的人户每丁要缴纳役银一两二钱，就是最贫困的下下户，每丁也要缴纳役银二钱，这比起每亩几分的赋银来，要高出数十倍，确实难以忍受。

明初的鱼鳞册就是为了对付富户逃避徭役制定出的政策。洪武二十年，明太祖朱元璋命令户部核实天下田土，"而两浙富民畏避徭役，往往以田产诡托亲邻佃仆，谓之'铁脚诡寄'，久之，相习成风，乡里欺州县，州县欺府，奸弊百出，谓之'通天诡寄'，于是富者愈富而贫者愈贫"。洪武二十年（1387年）明太祖遣国子生武淳等往各处随其税粮多寡，定为几区，每区设粮长四人，使集里甲、耆民亲自参与丈量田亩，"图其田之方圆，次其字号，悉书主名及田之丈尺四至，编类为册。其法甚备，以图所绘状若鱼鳞然，故号《鱼鳞图册》"[116]。由于徭役的负担要比田赋多出数倍，所以各种欺瞒手段大多是针对逃避徭役的。明宣宗宣德八年（1433年）广东按察司佥事曾鼎奏言："广东、浙江、江西等处寺观田地多在邻近州县，顷亩动以千计，谓之寄庄，止纳秋粮，别无科差。"[117]看来，寄庄的主要目的还是为了逃避科差。北京各州县因在京城附近，百姓的差役更是繁多，各种临时征发的杂役且不用说，就是各种固定的差役也使百姓难以喘息。

昌平县地近皇家陵寝，房山、涿州有树林可供皇家每年所需的木炭柴木，所以差役就格外的多。明英宗正统九年（1444年）顺天府昌平、顺义二县上言："徭役繁重，欲以柴夫与霸州等十三州县均分，庶劳逸不偏。"[118]沉重的徭役成为严重的社会问题，无怪乎明景泰帝一登基，亲信大臣帮他招揽人心的时候，就首先指出"安民莫先于均徭役"[119]。景泰三年（1452年），再次强调"顺天等府人民密迩京师，徭役浩繁"[120]，但实际情况并没有扭转多少。明孝宗即位以后政治稍有好转，朝臣再次上言，素以敢言闻名的右副都御史彭韶上疏："'畿内之民徭役繁重，而大兴（今北京东半部）、宛平（今北京西半部）、昌平（今北京昌平）、潞县（今北京通州潞县镇）尤甚。乞裁损夫役以苏民困。'户部覆奏：'拟以各项夫役下顺天府，酌量分派宛平、大兴二县止派三分之一，余俱派外县。其勇士、校尉等户，止优免三丁，不得概户全免，以重累贫民。'"孝宗应允[121]。大兴、宛平因是附郭县，所以朝廷、大小衙门所需人力都从这里征发，殆无虚日。例如英宗正统元年九月，顺天府宛平县民，诉告："在京二县（按，指依郭的大兴、宛平县）杂役繁重，而惜薪司役夫一千三百余人，终岁不得休息。"其后户部商议，由畿内河间、永平、顺德三府以及大名、广平二府，与顺天府轮流供役，三年值役一次[122]。正统六年，巡按直隶监察御史陈永奏言："顺天府所属州县蝗，民贫食难，而房山尤其。其柴夫三百余人，每人月柴四百斤，赴京输送，疲劳不堪，请量减，以苏民力。"朝廷只给减一百斤，而且特别要求从明年春天仍循旧例[123]。景泰七年十二月，正是天寒地冻的时候，巡按直隶监察御史杨铭以顺天府通州、玉田等处遭遇秋涝，请求罢免不急之务。明景泰帝竟答复："岁供可免，柴炭夫以供内府急需，不可免。"[124]也就是说，不管百姓死活，满足帝王的生活需要才是第一位的。

此外，京城内大小衙门遇有一些临时的小工程，也都从所属州县征派农民从役。例如正统十四年（1449年），顺天府奏："'本府厅事及经历司、照磨所、吏典六房皆岁久朽敝，请起所属州县民夫修葺。'从之。"[125]这里所说的"所属州县"，肯定少不了近在眼前的大兴、宛平。这些临时的差役即前引《明史·食货志一》中所说的"杂泛"。

另外，明代，北京地区有些特殊身份的人可以免除徭役，例如上面说到的勇士、校尉。勇士是指明御马监下属的禁兵——腾骧四卫及四卫、勇士营的成员[126]。校尉则是指明代的特殊机构锦衣卫校尉。这些人虽然不是权贵和在职官员，但作为皇帝的禁卫，地位特殊，所以享受种种优免待遇。所以京城内的权势户和富户就想尽办法贿赂有关衙门，让自家的子弟充入勇士名额，这样既可以拿一份俸禄又可以因身为勇士而全家享受优免赋役的待遇。明世宗嘉靖五年（1526年）御马监借口人手不够使用，要求按照弘治年间原额，补允勇士营的勇士和选收四卫营精壮余丁。此议当即遭到兵部的反对，指出目前勇士营有七千余名，四卫营有一万余名，应该完全够用。只是监守者任意占用为私人服役，所以才会出现缺人的状况。并且指出："武宗正德年间，京城豪势及旁近殷富军人，多有用贿投充该监勇士，规避徭役，糜费仓粮数百万计。幸遇皇上中兴，痛加厘革，今甫及五年，岂可复启此弊。"[127]

弘治十二年（1499年）监察御史王献臣上言："王畿四方之本，今天下百姓固多穷困，而北直隶尤甚。其所征赋税比之南方虽稍宽，缘土地所产亦自贫薄，且密迩京师，路多冲要，中间外夷朝贡，往来络绎，接递夫役及砍柴、抬柴、养马、京班皂隶、水马二站诸徭役最为繁剧。"这段话把北京地区百姓承受徭役比其他地区更为繁重的性质叙述比较详细。例如前面《万历二十一年顺天府部分州县赋役一览表》中，我们就可以看到，即使在实行了一条鞭法以后，除了大兴县之外，宛平、平谷、良乡、顺义、昌平、房山、怀柔、密云、通州、潞县都征有站粮银，这就是支给水、陆驿站站夫的费用。通州、良乡位于出入北京的东西水、陆要冲，驿站的站夫自然用的就多，二县每年竟要为此缴纳站夫银达 4000 余两，其次的房山、顺义、昌平、密云也都达2000 两以上。至于其他名目繁多的差事更是多如牛毛，所以无怪乎孝宗时的王献臣建议："乞敕所司从长计处，凡杂泛不急徭役，量与蠲免。"[128]户部商议决定：京畿地区派发徭役原来都是按照丁口征发，以至于富户田连阡陌绝无差役，"自今请计亩征租银，腴地每亩岁征银一分，瘠地半之，以备供用。若勋戚、大臣、京官方面，锦衣卫官家免地百亩；各卫并将军校尉、勇士及府官以下听选官监生、生员、吏典之家各免地五十亩。"[129]从此将役银由按人口改为按地亩征收，这从表面上看虽然似乎可以使得拥有大量田产的权势和富户无法逃避差役，但实际上他们早已勾结胥吏把登记财产的黄册涂改的面目全非，例如田地已为权势富户攘夺，而赋粮仍遗留原户；或者岁久人亡，但由于胥吏上下其手，产去而粮存者，往往皆是。

三、明代北京的马政

明太祖、明成祖成就天下于元末农民战争环境中，所以对冷兵器作战时期十分重要的战马很是重视。明太祖对刑部尚书谕曰："马政，国之所重。近命设太仆寺，俾畿甸之民养马期于蕃息，恐所司因循牧养失宜，或巡视之时扰害养马之民，此皆当告戒之。昔汉初一马直百金，天子不能具均驷，及武帝时，众庶街巷有马，阡陌成群，遂能北伐强夷，威服戎狄。唐初才得隋马三千，及张万岁为太仆，至七十余万，此非官得其人，马政修举故耶？尔其为朕申明马政，严督所司，尽心刍牧，务底蕃息，有不如令者罪之。"[130]明成祖即位之初也对兵部尚书说："古者掌兵政，谓之司马，问国君之富，数马以对，是马于国为最重。我朝置太仆，专理马政，各军卫皆令孳牧，虽建文不君，耗损者多，然亦考牧无法。卿等宜循洪武故事，严督所司，用心孳牧，庶几有蕃息之效。"[131]永乐元年（1403 年）正月复谕兵部官员曰："马政，国家重务。今畜牧之法废，宜为定制，责其成效。"兵部于是奉旨上奏："每牡马一匹配牝马三匹，牝马岁育一驹，牡马、骟马许军士骑操，而非有警亦不许。非大调发，重马皆不得差遣。"明成祖于是命太仆寺专掌其政，"非太仆所属者，都司、卫所委官董之，每岁比较具实以闻"[132]。

明朝主持牧马的主要是两大系统：一个是宦官机构十二监之一的御马监主持，负责皇家的各大御厩，养育、繁殖皇家御用的马匹。《明史·职官志三·宦官》："宦官。十二监：御马监，掌印、监督、提督太监各一员。腾骧四卫营各设监官、掌司、典簿、写字、拿马等员。象房有掌司等员。"明太祖洪武时期，最初御马监只是"掌御厩马匹"[133]，后来随着明朝马政规模的扩大和太监势力的扩张，御马监的职权也扩大为"掌御马及诸进贡并典牧所关收马骡之事"[134]。明成祖迁都北京以后，还在北京顺天府设置了很多马房、牧马草场、马房仓，专门畜养、牧放马匹和贮存草料。自永乐至宣德、正统、景泰年间，计在顺义、昌平、通州和河北三河等地设置了二十三马房仓[135]。《大明一统志·京师·御马苑》云："在京城外郑村坝（今北京朝阳区东坝）等处牧养御马，大小二十所，相距各三四里，皆缭以周垣。中有厩，苑外地甚平旷。自春至秋，百草繁茂，群马畜牧期间，生育蕃息。"说的就是御马监马房、草场的情况。前面所述北京各州县田赋中缴纳的马草银，由户部征收，缴太仓银库，供应御马监的马饲料。天顺四年明英宗曾"驾幸郑村坝阅仗马"[136]。明代，永乐时期最初根据田地数额征收本色——草束，自正统十四年（1449年）三月以后始准改折银两[137]。另一个系统就是兵部的太仆寺和苑马寺。《明史·职官志一·兵部》载："凡马政，其专理者，太仆、苑马二寺……惟内厩不会。"所谓内厩，就是指御马监掌管的牧场、马房。太仆寺和苑马监不参与御马监的工作。但御马监的马匹不够数量的时候，主事的太监会向朝廷提出从太仆寺管理的官马中拨补。《明史·职官志三·太仆寺》：载："太仆寺。卿一人，从三品……卿掌牧马之政令，以听于兵部。"也就是说，太仆寺和苑马寺掌管的是包括军马在内的官马，不包括御马监管领的皇家专用马匹。作为牧马的机构，太仆寺经过一系列演变。明太祖朱元璋定都金陵（今南京）以后，首先是设孳牧所管理马匹，又改名群牧监。洪武六年"二月辛巳，更置群牧监于江北的滁州（今安徽滁州）。戊子，改群牧监为太仆寺，秩如旧……始定养马之法：命应天（治今南京）、庐州（治今安徽合肥）、镇江（治今江苏镇江）、凤阳（治今安徽凤阳）等府、滁（治今安徽滁州）、和（治今安徽和县）等州民养马江北，以便水草，一户养马一匹，江南民十一户养马一匹。官给善马为种，率三牝马（母马）置一牡马（公马），每一百匹为一群，群设群头、群副掌之。牝马（母马）岁课一驹，牧饲不如法，至缺驹损毙者责偿之……任满，吏部考其生息多寡，以为殿最焉"。[138]由于西北、东北边地人口稀少，但驻军数量众多，军马甚多，洪武三十年（1397 年）正月"丁卯，置行太仆寺于山西、北平（治今北京）、陕西、甘肃、辽东……山西、北平、陕西每寺设少卿一人、丞三人，甘肃、辽东每寺设少卿、丞各一人，择致仕指挥、千百户为之。每寺设首领官一人、吏三人"。[139]及明成祖即位，改北平为北京，永乐元年（1403 年）二月"改北平府为顺天府，北平行太仆寺为北京行太仆寺"[140]。明成祖早有迁都北京的意愿，所以对北京的军事、社会经济等各方面也都有所重视，永乐十三年（1415 年）八月，复以北京军民养马者多，从而增置行太仆寺卿、少卿各一员，寺丞八员[141]。永乐十八年（1420 年），明成祖正式迁都北京，升北京行太仆寺为太仆寺。虽然在仁宗洪熙和宣宗宣德年间因打算仍迁都回南京，一度又改用北京行太仆寺旧称，但明英宗即位以后正统六年（1441 年）确定仍以北京为都，十一月宣布北京各衙门的印文去掉"行在"二字，从此又称太仆寺。原来滁州（今安徽滁州）的改称南京太仆寺。北京太仆寺掌管北方地区的官马畜养，其方法分为官养和民养。所谓民养，就是将官马派发给京畿百姓寄养。

　　洪武、永乐时期限定养马户所养的母马每年要产一匹马驹上交到太仆寺，这些马驹就是所谓孳生马。这就是"岁课一驹"的种马制度和俵马制度。俵，就是解送的意思。俵马，就是养马户每年把孳生的马驹解送到京师太仆寺，当时这也是养马户的一笔很大的花费。明成祖时期北方各地交纳到北京太仆寺的滋生马匹容纳不下，于是永乐十一年（1413 年），"命北京之民分养孳生马"。明成祖对兵部尚书方宾说："北京养马宜如滁州太仆寺例，分给于民，每五户为一群，牡马（公马）一牝马（母马）四。"[142]这就是所谓寄养马制度。把官马编派给民间饲养，实际上是给京畿百姓额外增加的徭役负担。寄养制度虽然从明初就有了，但北京及周围州县寄养官马确实是从明成祖时期开始的。明朝的马政，简而言之就是在种马制度、俵马制度、寄养马制度这样一个体系建立起来的。这时的制度仍然沿袭明太祖朱元璋的每户养马一匹的江北养马旧规。据《宛署杂记》说，这是北京宛平县养马之始[143]。令百姓兼养官马当然是加重了经济负担，所以永乐十三年（1415 年）行太仆寺卿杨砥看到顺天府所属州县有很多无职役的老幼官军，于是奏请"令兵部、户部取勘循例养马"，明成祖断然拒绝，说："民间养马已甚烦扰，但以国家武备所急，不可以止。官军老幼艰难者多，正当存恤，可乎又令养马？"[144]可见，明成祖也知道寄养马对养马户是一项沉重的徭役负担，所以万万不能加在官军老幼艰难者身上。至于编排民间百姓养马，是国家武备所急，不得已而为之，则纯粹是欺骗的说法。最初，北京民间养马编派的办法是兼顾田、户，以户为主，永乐十三年（1415年）定规"北京所属郡县土民养马者，免粮之家五户一马，不免粮七户一马"[145]。这时期北京寄养马匹实在重为民累，寄养马已由一户一匹，改为五户一马。由于北京人丁稀少，永乐十三年（1415年）十月经行太仆寺卿杨砥奏请，又从因罪迁发北京为民种田的殷实之家中选出若干人助养，"凡迁发种田者，能用心牧养，悉除其罪，俾为良民"[146]。数月之后，明成祖考虑到每户丁口多寡不同，于是经兵部尚书方宾、行太仆寺卿杨砥商议，决定"十五丁以下养一马，十六丁以上养二马，迁发为民种田者不论丁，七户养一马"[147]。永乐十四年（1416年）北京行太仆寺卿杨砥再次奏请，决定"令民五丁养种马一，每十马立群头一人，五十马立群长一人，养马之家岁蠲刍粮之半"[148]。从此，北京地区官马民牧，每五丁养一种马的制度就固定下来。明朝的官马包括种马及额征马驹。所谓种马就是以马为种，每年都要按母马数责缴马驹，缴纳不上就要赔纳银两买补。永乐十一年（1413年）时令北平之民分养孳生马最初是指的各地俵解的马驹，但很快也就包括了种马。

明制，在大江南北等地畜养的种马是十二万匹，寄养在北京附近州县的孳生备用马匹是二万匹。明成祖时期北京民间被派作养马的五丁当然是出自五户人家，其中家产殷实的派作马头，负担主要牧养的责任，如有倒毙也主要由他负责赔偿。马头手里有政府派发时给的由帖，手持由帖向其他四贴户索取资助银两。母马岁课一匹，这已经是马匹的生育极限了，养马户往往完不成孳生的任务，而连年赔补银两，以至于为了躲避追逼，流离失所。关于北京老百姓养马户处境之惨，我们从明成祖以后的明仁宗即位诏中可以了解一二，其云："各处军民有因追赔孳生马匹，为官府所逼，不得已将男女妻妾典卖与人者，诏书至日官府悉为赎还，不许托故延缓。如女子年长，已成婚配者，不在此例。今后倒死孳生马匹，只照洪武中例追赔。"[149]养马户为了赔偿倒毙的马匹和每年按额征纳的马驹需要交纳大量银两，不得不卖儿卖女，甚至典卖妻子。当时大理寺卿虞谦也奉旨上言："北京八府之民（按，即以顺天府为首的北直隶八府）困于养马极矣，宜分给无马郡县牧养，以苏畿内。"万历中宛平知县沈榜追忆当时的情况时也说："先年种马，岁贡孳生，前驹未俵，后驹又报，赔偿劳牧，动至破家"[150]。明仁宗洪熙元年（1425年）正月，定规"各处孳生马，旧例每年纳驹一匹……今听两年纳驹一匹，永为定例。"¹⁵¹但是这也并没有从根本上解决问题。仁宗即位不到一年即去世，宣宗即位。宣德元年（1426年）十二月，北京行在兵部尚书张本上言："国家马益蕃息，北京军民牧养艰难"，建议分养于山东、河南诸地¹⁵²。次年二月，总兵官都督谭广则提出，近来北京行太仆寺以马分给永宁（治今河北卢龙）诸卫牧养，可是他们都有军事任务在身，余下的贫难，不堪养马，复建议"请给关外卫所军士骑操为便"。朝廷群臣都没有主意，最后只好决定："种马如旧数存留，余令御马监选用，选用余者给关外骑操"¹⁵³。从掌管太仆寺的行在兵部尚书和统领军队的总兵官之间对牧养官马一事的互相推诿中可以看到，明朝的马政已到了难以维持下去的地步。宣德三年（1428年）又改规"其初土民二丁养牝马一，今于多余人丁内仍添一丁助之"，即每三丁养一母马¹⁵⁴。我们看到，明代北京地区寄养马，从洪武时期的每户一匹，到永乐时期的五户一匹、五丁一匹，再到宣德时期三丁养一母马，二丁养一公马¹⁵⁵，这究竟是宽待了北京养马户，还是加重了对养马户的苛剥呢。从文献上看，似乎是宽待了北京百姓。可是，从五丁一马到三丁一马明明是负担加重了，怎么还说是"所免太多"呢？这就是因为官方表面虚文的规定和实际情况远远不一样。早在明成祖去世的次月，永乐二十二年（1424年）九月刚即位的明仁宗就对兵部尚书李庆说："今太仆马增数倍，而畿民一夫或畜三匹、四匹者。毕力于此，有耕桑尽废，衣食不给，甚可矜悯。其以分给诸卫所及临边戍卒，俾牧养乘习以待用，亦军民两便。"可见实际情况早已不是五丁一马，而是一丁养三、四匹马。待到一年以后的明宣宗宣德元年（1426年）七月，监察御史李骥巡按永平（治今河北卢龙）等地时发现竟有"一人所畜有多至二、三十匹者"¹⁵⁶。因此，所谓五丁一马实际早已不存在了。针对当时实际上的一丁养三、四匹，甚至二、三十匹的状况，宣德三年（1428年）规定顺天府三丁养一母马，并且免除养马户应纳粮草额的一半，确实是对顺天府养马户实际困境的减负。至于山东、河南等地的寄养马，仍然还是名义上的五丁一匹且不豁免粮草。而实际上一丁的负担到底是几匹马，那就很难说了。

明孝宗弘治十一年（1498年）闰十一月乙亥，顺天府府尹张宪以"遵成命以养京民，均马政以遂民生"等四事上疏。兵部认为其建议有道理："顺天府寄养马匹，今止每年暂取一万匹，近又添十州县分领，所养不为太多。"但是又认为张宪等人打算将南直隶应该解俵的马匹"尽数折解银两，倘有警急则缺马征操，宜仍旧银、马相兼解俵，庶克有济"[157]。这虽然没有彻底取消俵马制度，但毕竟以后解俵马可以银、马相兼，减轻南方养马户解俵的负担，而且俵马数量的减少也减轻了接纳这些马匹的北京地区寄养户的负担。

明武宗正德二年（1507年），奉命往直隶、河南、山东验收孳生马驹的监察御史王济回报说：各地实际孳生马驹的数目只不过是额定数目的十分之一二，而且大多羸弱不堪，"堪起俵备用者百无二、三"。而且种马之额也大多亏少。其原因就是朝廷责求孳生马驹太过于频繁，每匹母马四年征两驹，待验收以后又令继续领养，这样一户实际寄养三匹，每年光养马的饲料就花费很多，至于朝廷因其寄养马匹而蠲免的田粮根本不够补偿。加之官府点验马匹时常常为了索贿而借故科罚、刑责，大为民害。所以养马户纷纷以养马为累，听任种马羸饿而死无驹，宁以亏欠马额而偿银；或者产下马驹也任其倒死，以倒死马驹而偿银，也比养马日子好过。假如马驹羸弱，不合标准，官府迫令赔马备数，那么养马户只要将变卖款再补上二三两白银就可以交差，所以"视养驹之费利害悬绝"，"故责驹之法不变，而亏欠倒死变卖之例复行，则孳生既无实用，数年之后种马亦必尽废而后已"。他建议"宜令民止养种马……每岁有无孳生，官勿追究……民间设有好驹，可以起俵者，听其自卖，则民以孳生为己利，而马必蕃息矣"。兵部认为他的建议与官民两便，从此取消了孳生马驹的制度[158]。从种马、俵马、寄养马制度，到俵马的银、马相兼和责求孳生马驹制度的取消，反映了明朝马政困给农村经济带来严重破坏，维持马政举步维艰的困难局面。

明武宗死后，嘉靖皇帝即位，正德十六年（1521年）九月甲寅，南京给事中王纪又"请以江南、北起俵马匹尽征价值，官自为买"，将俵马全部折银缴纳，废除俵马制度。这个建议如果得以实现，北京州县的百姓从此可以摆脱养马的酷役。可是兵部却以担心一旦出现边警无处买马为由，坚决拒绝。主张照正德二年（1507年）间御史王济题请例，南京太仆寺应该解俵的七千五百匹马中，"本色三千七百四十九匹，折色三千七百五十一匹。应天、扬州、淮安、庐州、凤阳五府，滁、和二州本、折相半，宁国、太平、镇江三府，广德、徐二州，俱听折色，则民称便而马亦可恃以为用矣"。[159]其结果，只有部分府州县实现了全部折银，其他大部分还是银、马相兼。而兵部坚持的旧规实际上于事无补，一来因为沉重的经济负担使得养马户和寄养户对养马根本没有兴趣，即使养出来的马匹也达不到战马的标准，二来因为豪户与胥吏勾结为奸，"旧例寄养马在顺天所属，论地派养……而今地归豪右，而养马累于细民"[160]，马政已经严重破坏了农村经济，使得大量农民破产。例如《嘉靖通州志略》就说：“今两畿及河南、山东之民困于种俵，而顺天州县疲于寄养……方其马之解俵于太仆（按，即北京太仆寺）也，龙骧虎跃，真可以却强胡而寄死生。一发于百姓之寄养则已伤残十之三四，再兑于官军之骑操，而摧折过半矣。赖以为用，能几何哉？”[161]

明穆宗隆庆二年（1568年）太常寺少卿武金奏言，认为今掌生备用马既然已经别买，就没有必要再保留种马制度，“且种马有编审之害，有杂役之害，有点视之害，有岁例之害，有交兑之害，有轮养之害，有赔偿之害。重之以官吏之需索，里甲之影射，民日益穷，沿袭至今，滋弊尤甚”。所以他建议兵部核实江南养马户应缴纳马匹的数量，如已够备用马二万匹以外，其他则按每匹三十两纳银征解。每匹战马实际价银十五两，一旦有事，所缴的三十两价银可买两匹战马，则民不加赋而马数自倍。两直隶、山东、河南所养马一百二十万匹按每匹连草料银十二两折卖，得银一百四十四万两，可济边饷之用。虽然此议还是遭到部分保守官僚的阻扰，但明穆宗却给以支持，他说：“备用马久已买，俵种马徒存虚名，百姓乃受实害，姑革其半，以苏民困。”兵部又上言：如果按照这个计划去做，“养马者费多，折征者费少，恐有不均之叹”。于是定规将全部种马按每匹连草料银变价银十二两变卖一半，“其存留之马户为正头，变卖之马户为帮头，养马则轮流，折征则摊派，庶惠泽均而法可经久”[162]。这次变革，外地州县有全部或一半的种马可以买马送俵，“种马变买起俵数少”，北京寄养马户的负担大为减轻，当时仅宛平县散寄喂养的马匹就减少了九十九匹[163]。

至明神宗万历九年（1581年）五月，掌管太仆寺的兵部也实在不堪其扰，主动要求把全部种马都变卖折银缴纳，其云：“国初战马原系官牧，嗣因承平，散养民间，课驹起俵。后以课驹不堪征战，改为买马之法，寄养近郊。其种马尚在民间，百十年来困苦已极。穆宗皇帝采太常少卿武金议，始革一半，犹未尽除。”请求“先年变卖未尽种马，委宜通行变卖，量征草料银两，以佐买马之费。庶民害永除，武事有备”[164]。七月，太仆寺少卿裴应章奏称：“近京地方，种马人户，近蒙圣恩，准尽变卖，欢若更生。”可是寄养马人户尚多负累，乞将倒失、追赔及借、兑追银二例稍从宽减，以恤民瘼[165]。从此以后，明朝的马政局面全部一变，改牧养为纳银，变掌生为买办。例如万历九年（1581年）以前，宛平县实编养马户441匹，全县田地一半约一千四百余顷编为养马地，每匹摊地三顷二十一亩，每亩派银七分三厘三毫；剩余的一半土地照旧征纳田赋。每匹马折银约二十四两。万历九年

（1581 年）改革新政以后，全县的全部田地二千八百八十三顷二十四亩，"一体征粮编马"，据万历十四年（1586 年）编审，每马编地六顷五十三亩七分九厘，每亩每年折派银三分八厘六毫，总计每匹马编银二十五两。万历十八年（1590 年）年编审，全县田地二千八百六十六顷一十六亩五分，每马编地六顷四十九亩九分，每亩每年折派银三分八厘六毫二忽，总计每匹马编银二十五两八分九厘[166]。种马和孳生马折银虽然可以免去百姓由此被胥吏无休无止的盘剥，但由此派生的经济负担其实也并不轻。如前所言，明代北京州县每一亩官、民田地每年的田赋不过是银三分左右，每顷合银三两。而每匹种马一年摊派的养马银居然和田税相当。虽然说养马银是按地亩多少摊派，但登记田亩的黄册在富户、权势户与胥吏的勾结下早已经涂改得面目全非，大量田产被转移到贫民名下，当然摊派的养马银也不会少；更何况养马苦役，"富足大家多不乐养马，势必转丸及之贫户"[167]，无论纳银还是养马对于北京州县百姓都是难以言说的苦役。

寄养马制度取消以后，由于京营和边军官军的需要，也还不时有马匹解到北京。北京宛平县原来额编 441 匹，所以有 441 户马头率领着所谓贴户担负着这些养马任务。每年解到官马以后，由马头按次序先后领养，领到的负责饲养，并持官府发给的记着贴户名单的由帖向贴户计日收取助养的草料银，直到该马匹兑付官军之日为止。如果马匹长年没有被官军选中，经太仆寺批准后马老允许变卖，所得价款贮库听解送太仓银库。例如万历十九年（1591 年）宛平县就变卖马得银 170 两 7 钱。马头对马匹的状态负有责任，太仆寺和州县官员每年验马，发现马匹病、瘦，就责限马头调养，如受伤腿瘸或倒死、被盗、被割鬃尾[168]，俱拿马头问罪并且责令买补。但由此也产生不少弊病，例如富户、贫户都不愿允当马头，于是社会上的一些无赖奸民乘机以身充役，拿着由帖向其他贴户收取草料银两，或者遇到困乏就以由帖上的编银作抵押，借取高利贷，届期偿还不上，就又向各贴户预征，可谓尚未领到官马却先享领养之利，待到俵马发派下来，为了省钱，每日只买酒糟喂养，导致马匹病、瘦；或经出租给别人充当脚力到西山运煤。待到官马被糟蹋得不成样子，就设种种骗局，或把病马系于放高利贷之家门口，到官府指称该人强把官马质押；或把马丢弃与仇人家门口，反诬盗马；或割马鬃，反诬别人夺马。当官马真正倒死，就一方面假言赔偿向贴户摊派收取赔偿银两，另一方面假意向官府乞怜延缓，然后到市场上买贱价的马匹，略加调养实使之外表上看得过去，就前去交官塞责。其实际收于各户者多至数十金，而所费不过买马数金，这又从中贪污不少。更严重的是，"民户所养马，大半疲弱，不堪兑军，即择可兑者，亦驽钝不前，何从驰射"?[169]总之，明朝的马政是十分失败的，既加重了百姓的负担，国家也没有得到实际的利益。

与太仆寺平行的马政机构是苑马寺，永乐四年（1406 年）置北直隶、辽东、平凉、甘肃四苑马寺。永乐十八年（1420 年）迁都北京以后革去北京苑马寺，所养马均归太仆寺"悉牧于民"[170]。苑马寺与太仆寺不同的地方是，它始终是官牧业的中心，在北京苑马寺罢革以后，辽东、平凉、甘肃三苑马寺始终存在。苑马寺除管理养马的苑户之外，还下辖有"恩军"，即特设的牧马军人。苑马寺"恩军"与各行太仆寺卫军的区别在于卫军是戍防兼行牧马，牧马是一种差役，而"恩军"则是专职养马，养马是一种职业。苑马寺以军牧为主要方式，养的马匹比较有质量，规模也大，三苑马寺及下属各监共养马十几万匹，是明朝中后期军马的主要来源。

第三节　明代北京的庄田

明代，地主阶级对土地的攫取空前激烈，土地兼并达到前所未有的程度。虽然民田在各州县中还占大多数，土地仍很分散，当时农村中仍以自耕农为主，但就皇室贵族、达官显宦和各种特权人物集中的京师（北京）地区来说，封建地主庄园确实以前所未有的速度发展起来，大批自耕农沦为佃农或投充户。皇室的皇庄、官庄和勋戚、官僚、太监庄田遍于京畿，尽占膏腴之地，形成了北京农业史中的特殊现象。

一、皇庄

明代，北京地区的皇庄始于明成祖永乐初年，而源于明太祖洪武二十三年（1390 年）。是岁，明太祖朱元璋之子、镇守北平（治今北京）的燕王朱棣率明军北征故元丞相咬住，俘山后降民张福等人，"徙入宛平黄垡、东庄营（在今北京大兴县境内）等地，听用力开垦为业。每出征，张福等为亲军"[171]，相当于魏、晋之世的部曲。其后，明太祖将其地赐给燕王为王庄，食租银。黄垡庄有"地三十二顷八十七亩三分五厘，东至南家务，南至朱家务，西至太子务，北至梁家庄"。东庄营庄有"地一十八顷九十七亩四分五厘"[172]，两处王庄合计 51 顷 84.8亩。明太祖卒后不久，燕王朱棣在北平发动靖难之役，夺取帝位，是为明成祖。

洪武三十五年（1402年）朱棣即皇帝位于应天（今南京），其在北京的两处王庄改为皇庄。明成祖之世，北京的皇庄一则规模有限，只有两处，总计只有50余顷；二则存在的时间也不长。永乐十九年（1421年）明成祖迁都北京之后，即诏有司罢废皇庄，两处皇庄的田地俱归宛平县，由官府征收田赋。

明代北京地区皇庄的恶性膨胀是在宪宗成化以后。起初，明英宗天顺五年（1461年）太监曹吉祥以谋反被诛，其在北京顺义县安乐里板桥村的庄田35顷均被没官。天顺八年（1464年），明宪宗即位，复以其地为皇庄[173]。同时，又将宝坻县王蒲营原会州卫牧马草场改为皇庄。自此，皇庄之设一发而不可收。孝宗弘治年间（1488年—1505年）增设丰润、新城、雄县庄田3处。弘治十八年（1505年）十月武宗即位以后，仅一个月的时间内就增设皇庄7处，均在今北京近郊，即十里铺皇庄（今北京大兴县十里铺）、大王庄皇庄（在今北京朝阳门外大黄庄）、深沟儿皇庄（今北京朝阳区深沟村）、高密店皇庄（今北京大兴县高米店）、石婆婆营皇庄（在今北京朝阳区境内）、六里屯皇庄（今北京朝阳区六里屯）、土城皇庄（今北京北土城）[174]。封建帝王私室占有土地的欲望已达到疯狂地步。中国封建社会的传统观念是"普天之下莫非王土"，君主是神权的化身，是其疆域内万物的最高统治者，因此君主没有必要具体地占有某块地土，而像明宪宗、孝宗、武宗那样，皇帝占有某几块土地，如同世俗地主一样征租的现象是绝无仅有的。陆容《菽园杂记》云："前代赐侯有汤沐邑，赐公主有脂粉田，而皇庄则未闻也。"正德元年（1506年），武宗又于畿内设立7处皇庄，其中在今北京境内的有昌平县苏家口皇庄（今北京海淀区苏家坨）。正德二年（1507年）又设立6处皇庄，其中在今北京境内的有通州神树皇庄（在今北京通州之西）。正德四年（1509年）又设大兴县三里河皇庄等2处。正德五年（1510年）又设六里屯皇庄1处[175]。正德八年（1513年）又设立5处皇庄，其中在今北京境内的有昌平县楼子村皇庄（北京朝阳区楼梓庄）。正德九年（1514年）又增设皇庄1处。武宗在位16年，京畿的皇庄竟增至30余处。据正德九年（1514年）统计，京畿皇庄共占地37500余顷[176]，平均每处皇庄有地1000余顷。这虽然比孝宗时畿内皇庄平均每处2500余顷要少些[177]，但就总体规模而言，则是空前绝后的。正德十六年（1521年）三月武宗卒，四月世宗即位，改明年为嘉靖元年（1522年）。当时明政府财政已陷入困境，世宗有意改革。五月，给事中底蕴奏云："正德以来，畿内逋逃民田，多为奸利之徒投献，近倖征租掊克，民甚苦之……但系近年投献皇庄者，给还本主，仍照原额征税。"[178]六月，御史范永銮亦奏曰：正德之世，太监"相继擅权，奸民乘隙多将军民屯种地土，诬捏荒闲及官田名色，投献为皇庄，因而蚕食侵占，靡有界限，正额之外，多方掊克，苛暴万状，畿内八郡，咸被其害"[179]。十几日后，顺天府通州知州刘绎复奏："近京地方，若皇庄及皇亲、驸马、功臣旧土，大为民害。乞以皇庄田地尽付所在军民耕种，输纳国课，管庄内臣永为裁革。其或以皇庄建立已久，遽难议革，请先将内臣取回。凡皇庄田地，明白开造册籍，附之所在官司管理。别差户部王事一员，专管督理，一应租税，依期解送户部，转送内府。"[180]。这些奏疏揭发了包括皇庄在内明朝政治积弊，促使有革新意愿的明世宗决心进行整顿，先将为害百姓甚苦的管庄太监尽数召回。嘉靖元年（1522 年），世宗遣兵科给事中夏言等人查勘畿内皇庄。夏言奉旨勘毕，奏报朝廷，其奏疏中历述自天顺以来建立皇庄的情况，痛述为害之状，主张"在京地土不必更属宫闱……榜示中外尽削皇庄及各宫庄田之名……一切改为官地"[181]。据明人陆炘《威风堂集》所述："世宗初，凡所营造一切停罢。又用给事中底蕴言，凡皇庄租税，每一亩输资七铢入县官，而令勋戚赴户曹关领，禁毋令中官臧获收受，由是前弊悉除。"也就是说，罢废了皇庄、勋戚庄田，也不允许他们私派家人下乡借机骚扰百姓，所有庄田子粒由政府机构代为收授，切断了太监、勋戚家人恶仆插手的途径。《明史·食货志一》亦云："世宗初，命给事中夏言等清核皇庄田。（夏）言极言皇庄为厉于民，自是正德以来投献侵牟之地，颇有给还民者，而宦戚辈复中挠之。户部尚书孙交造《皇庄新册》，额减于旧。帝命核先年顷亩数以闻，改称官地，不复名皇庄。"明末徐光启所著《农政全书》亦云："肃皇帝（世宗）起自潜邸，适公私蠹耗之后……允给事中底蕴言，改皇庄为官田。"可见，自嘉靖以后，皇帝直接出面占有形式的皇庄已不复存在。皇庄田亩除原侵占百姓的田地归还一部分外，其余则召佃征银。陆炘所谓"凡皇庄租税，每一亩输资七铢入县官，而令勋戚赴户曹关领"，是将皇庄与勋戚庄田混为一谈了。实际上，皇庄改称官地以后，"诏所司征银解部，然多为宦寺中饱，积逋至数十万以为常"[182]。但是，有一个问题需要说明，即在嘉靖以后，明代典籍中仍不时有"皇庄"二字出现，如嘉靖六年（1527 年）大学士杨一清云："臣等切见近畿八府土地，多为各监局及戚畹势豪之家乞讨，或作草场，或作皇庄"[183]。论者或以为此时仍存在部分皇庄。实际上，这些皇庄均指宫庄而言，并非正德时代的皇庄。著名学者顾炎武评论世宗这一举措，认为"虽未能尽复旧制，而积弊稍除矣"[184]。不过，这也不过是指皇庄的数量而言，北京贫苦农民的境遇并没有好多少。就在杨一清的同一奏疏中仍提到，太监的侵夺和权势之家的奏讨使得京畿农民"失其常产"。嘉靖皇帝也不得不承认，"各处势要，亦有指军民世业为抛荒，猎而有之"[185]。

皇庄虽废，但与之性质相似的宫庄却一直保留到明末。所谓宫庄即指属于大内仁寿、清宁、未央三宫的庄田。明初并无宫庄。明制，凡没官田地均招民佃种，每年所收租银，一部分用来济边，另一部分则作为贡纳系于进宫项下，以备赏赐之用。年月既久，贡纳这部分租银的庄田就专为三宫所有，称为宫庄。自明仁宗洪熙以后，宫庄遍于京畿，除布于近京之大兴、宛平县外，还广布于丰润、宝坻、武清、静海、河间、保定等地。仁寿宫庄始置于永乐年间，在丰润县境内。清宁、未央二宫庄始置年代不详。万历六年（1578年），改仁寿宫为慈宁宫，清宁宫为慈庆宫，未央宫并于乾清宫，故三宫宫庄也随之改名为慈宁、慈庆、乾清宫庄。据明万历年间宛平县知县沈榜《宛署杂记》记载：宛平县境内未央宫庄始置于正德末年，其时查出宛平县没收的鞑官（即附明的蒙古贵族）地及某太监的赡寺、护坟等地，遂作为未央宫庄。仁寿宫庄则始置于嘉靖年间，其时将宛平县境内太清观等处的各边地 107 顷 49.5 亩、永安乡地 2 顷 42 亩、庞家庄地 27 顷 94.2 亩，总计 137 顷 85.7 亩，立为仁寿宫庄。宛平县境内无清宁宫庄。

三宫宫庄土地初无定额，其后年月既久，历经勋戚奏讨，庄额逐渐减少。万历元年（1573年）因三宫宫庄子粒比往年亏欠许多，仁寿宫钱银竟比去年少了 1000 两有余。神宗命户部查明回奏。户部题请屯田御史丈量清查。万历三年（1575年）屯田御史孙成名奏报，"查得仁寿宫旧额不足，另将宛平香山等处一百六十顷七十八亩七分六厘七毫拨补，遂以为新仁寿宫庄，以别于旧额地云"[186]。自此，三宫宫庄定额遂成惯例，"一或不足，至削各边马房之地以足之，而三宫庄子粒（即租银）遂著为令甲，刊之上供正额"[187]。据嘉靖年间统计，三宫庄田共有 60 处，总计 16015 顷 47 亩。其中，仁寿宫庄在丰润县地 914 顷 37 亩，梁城所（今河北宁河县北）等泊地 980 顷 99 亩、芦苇地 1322 顷 93 亩，所征租银俱解部，用于备边[188]。

以宛平县为例，万历中，慈宁（原仁寿）宫庄在宛平县境内有地 137 顷 67.38 亩，每亩征租银 3 分至 5 分不等，分布在德胜门关厢外、教场、冰窖、清河、双线铺、梨树房、豆腐闸、玉河乡、高店、稻田村等处。多者每亩征银五分，如教场等处康勋地共 2 顷 97 亩，每亩征银 5 分；冰窖吕保地共 1 顷 3.1 亩，每亩征银 5 分；双线铺李保地97.2 亩，每亩征银 5 分。一般的田地每亩征银 3 分，如玉河乡金承恩地 72 亩，每亩征银 3 分；高店李胜等地共 73 亩，每亩征银 3 分；豆腐闸张进等地共 1 顷 60 亩，每亩征银 3 分。慈宁宫庄田中还有一部分是来自太监、贵戚、官僚的还官地或没官地，如傅恭太监下池敬地 8 顷88.5 亩，每亩征银 3 分 2 厘；傅恭太监又还官地下王恕地 7 顷，每亩征银 3 分。这是指该地原赐给太监傅恭，后因故收回，充慈宁宫庄田，分别由池敬、王恕佃种。又如，王岳下许安地 2 顷 60 亩，每亩征银 3分；稻田村连锐下连洪等地共 1 顷 83 亩，每亩征银 3.33 分。这是指该地原赐给官僚王岳、连锐，后因故收回，充慈宁宫庄田，由许安、连洪佃种。又如，会昌侯孙忠下赵世隆等地共 2 顷 42 亩，每亩征银 3 分。这是指该地原赐给会昌侯孙忠，后因故收回，充作慈宁宫庄田，由赵世隆等人佃种。但宫庄租银也有偏轻的情况，如张太师下侯大伦等地共 12 顷 30 亩，每亩只征银 1 分；姬百户下董朝宗等地共 2 顷 80 亩，也每亩只征银 1 分。可以推测，这里征银的多少恐怕主要和土质有关。香山新慈宁宫庄共有地 168 顷 65.76 亩，每亩征银不等。多者每亩征银5 分，如钱昂下孙才等地共 2 顷 87.7 亩，每亩征银 5 分；张宗良地共 2顷 84 亩，每亩征银 5 分；陆恺等地共 3 顷 7.3 亩，每亩征银 5 分。一般每亩征银 3 分，少者则为 2 分。其在瓮山（今北京颐和园万寿山）脚下禄钦等人租种的田地土质最为肥沃，租银最重，竟达每亩征银 1钱 9 分，是一般宫庄子粒银的 3 倍到 6 倍。乾清宫庄原额地 111 顷55.2 亩，后有部分改拨潞王府（潞王之藩后改为备边地），实际领地68 顷 15.7 亩，分布在旧土城关、撅山村、瓮山等地，每亩征银 3.5分。乾清宫庄在瓮山也有庄田，瓮山下禄钦等地共 28 顷 22 亩[189]。前述新慈宁宫庄的庄田中，瓮山下禄钦等地 2 顷 64.8 亩，租银最重每亩竟达 1 钱 9 分有余。我们认为，这种租银的畸重，可能和土地的使用性质有关。禄钦等佃种新慈宁宫在瓮山下的 2 顷多庄田可能是稻田，故子粒银畸重。相反，他们佃种乾清宫庄在瓮山下的 28 顷多土地可能是旱地，故与一般宫庄田地一样，每亩只征银 3 分 5 厘。宫庄子粒皆由所在州县负责征收，解送户部，以备三宫不时之需。

三宫庄在京畿地区广占田土，嘉靖六年（1527 年）共征银 37800余两[190]。万历年间，则增至岁进子粒银 6 万余两[191]。据《宛署杂记》记载，万历十八年（1590 年）慈宁宫庄共征子粒银 27087 两，其中属于顺天府（治今北京）大兴等县的就有 10062 两[192]。说明顺天府境内的慈宁宫庄田面积占总数的将近一半。保定府清苑等县征银 965 两，河间府静海等县征银 6900 两，真定府宁晋等县征银 7100 余两。乾清宫庄共征子粒银 13639 两，内有顺天府大兴等县原乾清宫庄田子粒银 9698 两和顺天、保定等府永清等县未央宫改入乾清宫的庄田子粒银 3941 两[193]。

明朝皇室以近侍太监和锦衣卫官校管理皇庄，各庄立有庄头，其下有跟随（称伴当）三四十人。他们与地方恶势力相勾结，横行不法，仗势"占土地，敛财物，污妇女。稍与分辩，辄被诬奏。官校执缚，举家惊惶"[194]。管庄的太监、官校、庄头及恶仆与地方恶势力相勾结，往往假借投献之名，强夺民产，"千方百计，巧取横征，小民无所措手，有司莫敢谁何"[195]。皇庄每在一地设立之后，便仗势大肆侵占附近的官、民土地。如英宗正统时期太监曹吉祥在北京顺义县安乐里板桥村的庄田原额为 10 顷 13 亩，天顺五年（1461 年）曹吉祥被诛，官府勘查时该庄田侵占附近屯地，已扩张为 35 顷。其后立为皇庄，至嘉靖元年（1522 年）勘查，该处庄田更扩张为 75 顷[196]。该处皇庄的面积已是曹吉祥庄田原额的 7 倍。嘉靖年间，仅霸州文安县苑家口一地就退出仁寿（慈宁）宫庄侵占的牧马草场地 823 顷[197]。自宪宗成化间至世宗嘉靖初年，皇庄"数十年间侵占之数过于原额已十倍也"。[198]皇庄的疯狂扩张，自然需要有相应的土地来补充，其来源：一是强占皇庄附近官、民土地，如原曹吉祥庄田情况；二是侵占牧马草场，如霸州仁寿（慈宁）宫庄田的情况；三是没收或收回的太监、勋戚庄田，如前述慈宁宫庄在宛平县庄田中有傅恭太监地、姬百户地、张太师地等。或者，地方恶棍与皇庄管理人员勾结，妄指民田为己业，投献给皇庄。贫苦百姓被无端剥夺家产，无处申告。武宗正德之世，皇庄急剧扩充，其土地就有相当一部分是来自这种冒名投献。如正德二年（1507 年）九月，锦衣卫都指挥使朱成将大兴县田家庄地 8 顷 54 亩有奇，藁城县民王增将通州坟庄地 5 顷 17 亩有奇及神树厂地 12 顷 47 亩有奇，献为皇庄。武宗全部收纳，命少监成玉管理。其实，"凡以地献官者，多非己业。朝廷不究其实，遽从而纳之，以致小民互讼屡奏"[199]。也有些中、小地主为了躲避重税繁役、寻求靠山而将土地投献，自己成为皇庄的庄头，继续鱼肉百姓。然而，与皇室占有土地建立皇庄、宫庄相比，对土地占有欲望更为强烈，对京畿百姓为害更甚的还要属诸王府、勋戚、太监庄田。因为皇庄、宫庄子粒银毕竟不是皇室经济的主要来源。而且，就宫庄来说，其子粒银也主要用于赏赐。但是，对于勋戚、太监来说，占有土地则是其经济的主要来源。

二、宗室、勋戚庄田

《罪惟录·土田志》："王府有庄田，在京王府有养赡地及香火地，公主、郡主及夫人有赐地，公侯伯有给爵及护坟地，有给赐圣贤后裔及安插夷官诸项，有特赐者，有世守者，有退出者，例不等。"[200]明代，亲王在成年就藩之前居住在京师，除每年岁禄一万石以外，还可以在京畿拥有庄田，其来源既有赏赐，也有奏讨。明成祖之后，明仁宗即位仅数月即亡，洪熙元年（1425年）十月，明宣宗即位后，即赐同母弟、仁宗第三子、越王朱瞻墉昌平县庄田44顷90亩[201]。明英宗天顺三年（1459年）四月，又因夺门之变成功，东宫太子也得复位，特赐东宫太子及诸王庄田：以昌平县汤山庄、三河县白塔庄、朝阳门外四号厂官庄，赐与东宫（即宪宗朱见深）；西直门外新庄村并果园、固安县张华里庄（今属北京大兴），赐德王（英宗第二子朱见潾）；德胜门外伯颜庄、鹰坊庄，安定门外北庄，赐秀王（英宗第五子朱见澍）[202]。明宪宗成化元年，秀王以赏赐给他的马匹没有牧马地为由，乞请北京朝阳门外日竹木厂地五顷二十亩为牧马地[203]。宪宗诏赏赐如所请。神宗万历年间，潞王朱翊镠是神宗唯一的弟弟，其未就藩之前，"王庄遍畿内"[204]，万历十一年（1583年）明廷又将抄没冯保的"通州等处房地通给与潞王府管业"[205]，故其王庄规模比诸王府更有甚之。如前所述，乾清宫在宛平县原有庄田111顷55.2亩，曾从中拨给潞王府43顷39.5亩，每年征收租银151两有余。当时潞王府在北京附近共有庄田达2000顷。

除王府庄田外，宗室贵族还以香火地、护坟地名义占有田土。如万历时宛平县境内有寿定王（宪宗第九子）香火地共16顷98亩，每亩征收租银3分，每年共征银50.94两。泾简王（宪宗之第十二子）地7顷63.8亩，每亩征收租银3分，每年共征银22.91两。郓哀王（神宗第二子，一岁而夭）、仙居公主（神宗之女，早夭）护坟地25顷73亩。灵丘公主（神宗之女，早夭）、顺妃张氏、悼妃耿氏护坟地14顷。寿阳公主（穆宗之女）护坟地54.4亩。潞王长女地8亩[206]。以上总计64顷90亩。为了缓和阶级矛盾，避免皇室贵族过度苛剥百姓，这些田地的租银一般是由当地官府代征后转交。但是，也有一些是由皇室贵族自行征收的，如泾简王和寿定王香火地都是由"本爵自征"。在这种情况下，佃户的租银负担肯定要比名义上的数额更为沉重。

明孝宗弘治二年（1489年）户部尚书李敏上言："畿内皇庄有五（即北京顺义县板桥曹吉祥没官地所立皇庄、宝坻县王浦营皇庄、丰润县皇庄、新城县皇庄、雄县皇庄），其地一万二千八百余顷；勋戚、中官（即太监）庄田三百二十有二，其地三万三千余顷。"[207] 在绝对数量上，勋戚、太监庄田面积将近是皇庄的 3 倍，但若按庄田数量均摊计算，每处皇庄有地 2560 余顷，而勋戚、太监庄田每处只有 99 顷，显然皇庄规模远远超过勋戚、太监庄田。勋戚、太监等特权地主庄田主要来自赏赐和奏讨及投献三途，其中尤以投献害民最甚。最初，他们是以坟地、护坟地、香火地的名义乞请土地。例如，明宣宗洪熙元年九月，"行在户部奏：比有旨，赐武进伯朱荣葬地广一十九亩有奇，乃宛平县耕地，命蠲其租额"[208]。明宪宗成化年间，"翊圣夫人刘氏求通州、武清地三百余顷"。给事中李森率同僚上言："畿内膏腴有限，小民衣食皆出于此，一旦夺之，何以为生。且本朝百年来户口日滋，安得尚有闲田？不耕不稼，名为奏求，实豪夺而已。"明宪宗虽然无可反驳，但已赐者仍不问[209]。昌平人周寿以孝肃皇太后之弟的身份而于宪宗成化三年（1467 年）封为庆云伯，颇恣横。当时朝廷迫于社会压力，已经不得不宣布"禁勋戚请乞庄田"，而周寿却依然仗着国舅的身份"独冒禁乞通州田六十二顷"[210]。宪宗只好如数赐与。明朝的政策是严禁勋戚干预朝政，在经济方面则尽量满足，以示亲亲之意，这就更加鼓励了勋戚们贪得无厌。

明宪宗成化十五年（1479 年）十月，户部议定："今后求讨庄田，不开投献人姓名者，皆勿施行；告争未决者，暂听居民承种"[211]，但是这并没有能杜绝奸人冒名投献百姓田产的恶行。次年（1480 年）四月，刑科给事中王坦等复奏："顺天等八府系畿内之地，因皇庄及皇亲庄田侵夺民产，累兴大狱。请差公正御史同户部郎中踏勘原额，疆界其内、外官奏求者，举以还民，仍禁再后不得持恩乞请。"[212] 王坦等人的奏议提出两个问题：一是皇庄及皇亲庄田侵占民田现象十分严重，而且为此往往动用国家机器对农民进行迫害，"累兴大狱"。二是凡皇庄庄田中已赐与内、外官（即太监和官僚）的部分，请归还百姓，并且杜绝乞请田地之风。王坦等人敢于如此直言，一方面说明当时明廷中尚不乏具有远见之人，另一方面也说明皇庄及宗室贵族庄田侵夺民产的问题已到了十分严重的地步。成化十六年（1480 年）皇亲、锦衣卫指挥王源侵占静海县官私土地事发，其原在当地有赐地二十七顷，却违法扩张到一千余顷，其中"多贫民开垦成熟之地"，而朝廷却因其乞请而赐给。御史刘乔奉旨查办，却因畏惧王源的势力而替其掩盖，遂使王源无所忌惮，家奴益以横恣。百姓反复上告，朝廷又派户部郎中刘祯叔按视，终得实情。其奏报称："永乐、宣德年间，许顺天等八府之民，于抛荒田地尽力开垦，永不起科。"今其地尽被侵占，"伏望重念国本，体悉民情，除二十七顷之外，皆举以还民"。明宪宗诏命"旧赐源地仍给管业，余俱还官给民牧种"[213]。我们可以看到，明代皇帝对太监、勋戚侵占民田的行为总体上很宽大的，一般只要退田即可，并不问罪。世宗嘉靖中，尚书林俊奉旨上疏，极陈勋戚、太监庄田之害，云："近年以来，权倖亲昵之臣……妄听奸民投献，辄自违例奏讨，将畿甸州县人民奉例开垦永业（田），指为无粮地土，一概占为己有。由是公私庄田，蹄乡跨邑；小民恒产，岁朘日削……权势横行，何所控诉。"[214]被特权地主霸占了土地的农民，"产去税存"，仍要被迫缴纳租税。孝宗弘治十二年（1499 年）八月，监察御史王献臣奏言，除陈述京畿百姓科差繁剧之外，又指出："近有无籍之徒，将小民产业捏作抛荒空闲，投献勋戚之家；或强夺私室，以为己业；或奏请公朝，改为庄田"。不但如此，"有司明知（农民）产业已无，仍旧科派"[215]。被强夺田产的农民走投无路，或铤而走险，奋起反抗，如宪宗成化二十三年（1487 年）三月，巡抚蓟州等处右副都御史彭韶奏："二月中，有盗三十余人入良乡、武清二县，烧县治，劫官库"[216]，斗争矛头直指统治阶级国家机器。武宗正德十二年（1517 年）闰十二月，大学士杨廷和等言：武清、东安等县及宛平县卢沟桥及清河店等处，俱有"盗贼"出现，少则 50 人，多则百余人，而且公然打出旗号，声势浩大，"往来公差、内外官员悉被其害，道路为之不通"。甚至北京城内东直门及大时雍坊（在今西长安街以南一带）"强盗白日剽杀"。杨廷和虽然站在封建地主阶级立场上污蔑这些反抗者为"盗贼"，但也不得不承认"贼之起，因由饥寒穷迫"[217]。有些被夺去田产的农民为了避免继续承担原有的额定的赋税，只好投为皇室的陵户、海户。奸狡之徒指他人田产投献，谋为庄头，为虎作伥。在特权地主的欺压下，京畿农民脱籍流亡者日甚一日，仍留在农田上耕作的农民和中小地主，除了要承担自己的赋役之外，还要分担逃亡者的赋役，负担日益苛重，甚至以有田为累。

京畿地区肥沃土地有限，因此勋戚、太监争占土地便不择手段。他们不但仗势侵夺民田，而且还随着彼此政治地位的消长变化，互相侵吞田产。例如，正统十二年（1447 年）明英宗的亲信太监喜宁仗势侵占英国公张辅庄田和房产，并指使其弟喜胜率家奴捣毁张辅居室，将其正怀身孕的家人妻打得堕胎而死[218]。张辅袭爵英国公，是明成祖大将张玉之子，参加明成祖的靖难之役，有拥立之功，可是张辅诉状于英宗，英宗竟宽宥喜宁，只将喜胜和两家的参与斗殴的家人治罪。直到英宗天顺元年，他的儿子张懋袭爵为英国公，上奏："臣父太师英国公辅存日，原有文安县信安草场，为太监张永侵占，乞仍给还。"英宗这才看着张辅前几年随驾亲征蒙古时在土木堡之变中阵亡的情面上，诏给还之[219]。其实张辅也是贪得无厌之辈，就在张辅诉状于英宗一个月之后，直隶河间府青县奏："英国公张辅看庄阉者别有庄田百余顷，及侵占民田二十顷，于法有违。"也就是说，张辅庄田的管庄人竟违法侵占官、私土地一百二十余顷。可是英宗仍然宽宥张辅[220]。天顺元年（1457年）二月，英宗因太监曹吉祥在夺门之变中有功，将已故太监刘顺等的土地赏赐给他。其他的亲信和太监也都获得奖赏。例如，除赐地外，天顺元年十月，靖远伯王骥在北京西直门外新买菜地"奏请免其该纳粮一石八斗有奇，草二十三束。从之"[221]。待天顺五年曹吉祥因谋反被诛以后，其原在北京顺义的庄田又被收为皇庄。同时，其在涿州的庄田计百余顷也被分赐给驸马石璟三十余顷[222]。仁宗洪熙元年（1425年）以房山县栗园地19顷有奇赐与嘉兴公主驸马井源。井源阵亡后，太平侯张轨仗势侵占。英宗天顺四年（1460年）张轨卒，井源之弟井潊诉之朝廷，英宗"命给还之"[223]。孝宗弘治十七年（1504年），皇亲庆云侯周寿还与寿宁侯张鹤龄、建昌侯张延龄兄弟争田，"家奴相殴，交章上闻"[224]，轰动京师。事情的起因是皇亲会昌伯孙忠（其女是宣宗的孙皇后，英宗正统中为皇太后）在永清县和宝坻县有赐田二千四百八十一顷。以后孙氏宠衰，皇上又把宝坻县田一千二百顷赐给太监辰保。孝宗时辰保卒，皇亲庆云侯周寿乘机奏乞。周寿的姐姐是宪宗的本生母孝肃皇太后，孝宗时正当贵幸，他获得赐田以后乃展改四至，益占孙氏田。孙忠的曾孙孙铭袭爵，与其叔孙瓒俱有赐地。孙铭与其侄孙贤私下违法将赐地四百顷卖给庆云侯周寿，又私自以佃种为名侵占香河、丰润、玉田等地的牧马草场和荒闲地万余顷。建昌侯张延龄妻是孙瓒继室周氏之女。孙瓒卒，周氏以无嗣为借口将永清县和遵化县剩余的孙氏赐地及其他地方的孙氏赐地都谎称已业，要求转送给张延龄。张延龄是孝宗的张皇后的同母弟弟，其宠幸更超过周寿，孝宗遂一一应允。这些地亩大都和周寿的地亩相连，于是两家的家人经常毁掉地界，互相斗殴。孝宗派官员查看的结果，因两家都是皇亲，所以含糊了结。周寿原乞请一千二百顷，现再加八百顷，总计赐地二千顷。张延龄的好处最多，总计赐地一万六千七百五顷。孙铭仍只得原赐地二百二十顷[225]。张鹤龄、张延龄是贪得无厌之徒，后到武宗正德之世，张皇后为太后，张氏宠衰，朝臣攻击勋戚贪婪即以张延龄为例。正德元年（1506年）七月，户科都给事中张文右等人"以灾异应诏陈言五事：其节恩礼，谓贵戚宗藩比多请乞，如驸马崔元、林岳、建昌侯张延龄之乞田土"[226]。世宗嘉靖皇帝即位，因张皇太后对其母不恭，于是改张皇太后为伯母皇太后，将张延龄兄弟下狱。世宗嘉靖十七年（1538年）户部清查二人家产时，仅顺天府庄田就有节年钦赏者 24 处，共 3880 余顷；奏讨者 9 处，共 1400 余顷；自买顺义县庄田一处，计 47 顷[227]，总计达 5300 余顷。而嘉靖末年，北京宛平县一县的官、民田地也不过 3400 余顷。张鹤龄后死于狱中。及嘉靖二十年（1541年）张皇太后死，嘉靖二十五年（1546年）杀张延龄于北京西市。另外，武宗正德之世，从武宗即位以前就在跟前服侍的刘瑾，随着武宗即位则占据司礼监太监的职务，专擅朝政，因皇帝上朝时他的位置在皇帝身边，故人称"立皇帝"。刘瑾不但掠夺民财，而且敲诈进京的各路大员，逼得他们不得不在北京借债应付，然后回到本地再搜刮民财还债。刘瑾连皇亲国戚也不放在眼里，公然霸占已故明英宗的三女儿淳安大长公主在北京崇文门外的庄园，及正德五年（1510年）刘瑾失势被杀以后也没有归还，仍被划入皇店官园。直至嘉靖皇帝即位以后，公主再次上书，这才"诏给还淳安大长公主故崇文门外庄园"[228]。嘉靖九年，户部曾查勘顺天、保定等 6 府所属通州、大兴等 67 州县勋戚、太监、寺观庄田 419 处，计地 44100 余顷，其中私自占田、不报官纳粮的共 109 处，达 13200 余顷[229]。有些权重位高的勋戚也不把太监放在眼里。例如明太祖时的武定侯郭英，子孙三代与皇室联姻，本是权势显赫的勋臣国戚。至郭勋进国公、加太师时，地位和权势达到了顶峰，成为权倾朝野，威福莫比的世家贵族。郭勋在嘉靖二十年被举劾入诏狱，科臣称其"恣为贪横，田园甲第吞并遍于京师"[230]。刑科给事中高时中奏言：郭勋罔利无厌，"夺故太监萧敬庄田，值金二十万；夺太监魏彬田庐，太监韦霦、宁瑾田园，各值二十余万"[231]。如果按照每亩银二两的地价折算[232]，每处田产都在一千顷左右。

三、权势、太监庄田

明仁宗洪熙（1425年）、宣宗宣德（1426年）以后，田土乞请渐广，大臣、太监也公然奏讨庄田土地。权势、太监等特权地主处于接近封建社会最高统治者——皇帝的特殊地位，经常通过"奏请"、"乞请"的方式谋取大片田地。当时京城权势户之间为争田地而结怨的也不在少数。例如阁臣岳正是顺天府漷县人，在被贬为钦州同知后，只因经过家乡时以母亲年老迟留了几日，就"被先与争田怨家嘱行事者发其事"，被逮系锦衣卫狱，倍加拷掠刑罚[233]。宣德六年（1431年）太监朱敬向皇上奏请已故尚书夏原吉的旧赐地二顷。宣宗命锦衣卫派遣官员查视，发现这些赐地在夏原吉死后已被顺天府收回并租给民人耕种。宣宗斥云：既然已经有老百姓佃种，怎么能赏给你，斥责而不许[234]。这虽然是太监乞请土地不成功的事例，但由此可见太监乞请庄田已不少见。据《明史·食货志》记载，"宦官之田则自尹奉、喜宁始"。尹奉、喜宁都是明英宗的亲信太监，正统九年（1444年）"赐尚膳监太监尹奉庄田三顷一十亩"[235]，正统十二年（1447年）"御用监太监喜宁奏乞河间府青县地四百一十五顷有奇，上命户部遣官覆视，内多民地，遂以荒闲者七十九顷八十亩赐之"[236]。皇上给太监的赐地，从数量说，不象给亲王、外戚那样动辄数千顷，但太监都会利用这个机会侵占周围的官私土地，获得远远多于所赐数额的田地。例如英宗正统时期，太监曹吉祥在北京顺义县安乐里板桥村的庄田原额为10顷13亩，天顺五年（1461年）曹吉祥谋反被诛，官府勘查时该庄田侵占附近屯地，已扩张为35顷[237]。

明代自英宗天顺以后，太监及锦衣卫充当皇帝的统治工具，权倾天下。与他们的权势相应，他们的经济力量也急剧膨胀。明武宗正德年间，号称"八虎"之一的太监首领刘瑾以造玄明宫为名，乞请北京朝阳门外田地数百顷，并占毛竹厂地50余顷为香火地，共拆毁民居1900余家，掘民坟3500余座[238]，威焰不可一世。明武宗也纵容这种行为。如正德元年七月（1506年）户科都给事中张文右等人应诏上言五事，其中一是"节恩礼"，指出"贵戚宗藩比多请乞，如驸马崔元、林岳、建昌侯张延龄之乞田土"。又提出"清牧地"，指出坝上十九马房草场多有空闲，与其任奸人侵占，不如给民人佃种取租以备边，不应该因御马监太监宁瑾、陈贵等人蒙蔽，停止查勘。武宗却指责张文右等人上言不知敬谨，反而罚俸三个月。宁瑾为了控制草场土地，以便任意侵占，对武宗说"草场创自永乐之初，百余年来未之有改"。武宗于是准宁瑾所奏，"罢踏勘"。朝臣们交章弹劾，武宗最后还是"宥瑾等不治"[239]。六科给事中张良弼、十三道御史熊卓等以灾异叠见上言："近日言涉阙廷，事关权倖者，俱不赐省。如遣官勘草场之命已下，而太监宁瑾沮之。新政不信如此，修省不过虚文而已……太监张铭奏乞通州民地……又如太监陈贵、钱能、韦恒、指挥傅聪、民人季聪、罗纹先后请求，无不赐允。"[240]但是灾异一说对武宗似乎也毫无作用，同年九月"御用监太监张永奏求已故太监吴忠辞退七里海等处庄田"，户部极力反对，可是武宗"令仍与张永管业"[241]。正德二年（1507年）安圣夫人田氏奏乞北京顺义县潮白河两岸退滩无粮地117顷有奇。户部向武宗奏明，其地虽然属于不征租税的无粮地，但现已有徐安等军、民百姓耕种为业，并非无主田地。武宗却不予理睬，"诏竟给之"[242]。

正德四年（1509 年），御马监太监谷大用诬奏"本监牧马草场为军民盗种、勋戚势要奏讨，致亏原数"。于是朝廷派御马监太监李玺、户部右侍郎陈劢、都察院右副都御史戈瑄、坐营都指挥陈纪、礼科给事中闵楷前去核实，奏报御马监所属郑村坝马房等牧马草场计有 60 处，共计 55300 余顷。其中占为皇庄及赏赐者计为 1300 余顷，荒废不堪养马者 4900 余顷，实堪牧马地 49000 余顷。武宗令除将其中"八十三顷四十亩有奇，仍如旧赐太监钱福、钱能、张敏、刘永诚、来福、傅恭、韦可、宁瑾及奉圣夫人李氏男吕俊以供寺庙、香火、坟茔之用，其余俱收入草场"。这次整顿，表面上似乎做到权势豪右侵占者俱令改正，军民侵占者一律还官，但实际上因此事是御马监首先挑起的，核查时又是仅片面根据御马监的图籍，所以"地溢原额，而业与主离，畿民病之"[243]。谷大用等人利用这次机会再次侵占了牧马草场周围的民地。世宗嘉靖元年（1522 年）康陵（按，明武宗陵）神宫监太监刘杲以种植菜蔬，供康陵四时供献为名，奏讨天寿山（今北京昌平县十三陵）空地并九龙池菜园。明世宗诏"命户部给之"[244]。次年（1523 年）司礼监右监丞王敏以建顺义郡主坟园为名，奏讨宛平县民地 1 顷 34 亩。因户部言其非制，不当给与，而未果[245]。以上二例，虽然一成一败，但太监之流假借各种名目奏讨民地的活动却始终没有停止过。明世宗在其即位之初，也曾用土地赏赐皇亲及亲信。如嘉靖三年（1524 年）九月，给皇亲玉田伯蒋输以献县及北京朝阳门外地共 90 顷有奇，指挥蒋寿以南皮及献县地 43 顷有奇，指挥文荣以漷县、昌平州等地 37 顷有奇，指挥张楫以南宫、新河县等地 39 顷有奇[246]。据《宛署杂记》所述，万历中，宛平县除有宫庄及勋戚的庄田、护坟地、香火地之外，还有太监张诚护坟地 3 顷 60 亩，太监张祯在沙沟村庄房 1 所、地 5 顷。另外，万历初年，太监冯保在宛平县夏庄村占有庄房 1 所、地 70 顷；在钓鱼台占有庄房约 100 余间，地 5 顷。万历十年（1582 年）冯保被斥后，其所占庄房、地亩复被分赐给皇亲王伟和王妃金氏。

土地是封建帝王笼络心腹的重要工具。"土木堡事变"（1449 年）时，英宗被蒙古俘虏，英宗之弟郕王朱祁钰即位，是为景泰帝。景泰元年（1450 年）七月，景泰帝为了巩固帝位，赐给心腹、锦衣卫指挥汪瑛大兴县三里河菜园地 63 亩、房屋 15 间。但是汪瑛并不满足，数日后复奏乞顺天府宝坻、昌平二县草场 1 所、水旱田 150 顷并果园、庄屋之类。景泰帝不但不以为贪，而且"诏户部给赐之"[247]。景泰三年

（1452 年），汪瑛已经官升中军都督，又赐其宛平县地 2 顷 29 亩[248]。天顺元年（1457 年）英宗复辟以后，又以土地赏赐曾帮助他夺权的亲信官僚和太监。天顺元年（1457 年）二月，以故太监刘顺、王瑾等庄田赐太监曹吉祥[249]，四月，赐锦衣卫指挥佥事孙赎宗昌平县庄田[250]；五月，赐少监周忠良乡县田 29 顷有奇[251]，赐太监刘家林真定府深州田 100 顷[252]；七月，赐太监邓永德胜门外田 8 顷，故都督同知钱贵妻陈氏河间献县田 48 顷 30 亩，各从其奏请也[253]；八月，赐司礼监右少监李福通州田 4 顷 50 亩。同月，又以原赐给驸马都尉井源的昌平县田，改赐太监尹奉[254]。天顺二年（1458 年）十一月，以顺天府通州田 10 顷赐恭顺侯吴瑾[255]。在这样的背景下，这些特权地主——官僚和太监，更加肆无忌惮地霸占民地，任意迫害农民。天顺二年（1458 年）六月，司礼监太监阮简奏称：景泰中曾奏乞大兴县田 3 顷耕种，现在被人占夺。但是，户部奉旨查勘的结果，其中有 80 亩实属缴纳租税的民田——"有粮田"，而阮简将之占为己有，反令失去土地的农民仍照原额赔纳租银"已数年矣"[256]。英宗得知实情，只是令阮简将土地退还农民，全无责罚。英宗之后，明宪宗成化年间这种趋势更加剧烈。锦衣卫带俸指挥同知周彧、翊圣夫人刘氏屡屡乞求赐地，其数不赀。但他们还不知足，成化五年（1469 年）周彧又以闲地的名义向宪宗奏求武强、武邑（今河北武强西南、武邑）二县地共 600 余顷，刘氏又求通州、武清二县地共 300 余顷，均被应允。右给事中李森等上疏，指斥权贵壑欲无厌，"畿内田地有限，而小民赋税衣食皆出于此，一旦夺之，何以为生"？而且立国百年以来，"民生日众，安得尚有不耕不稼之闲田，名曰求讨实则强占也"。要求把已经给赐两家的土地仍然还给百姓。宪宗在事实面前虽然不得不承认朝官们说的有理，但仍然令"已给赐者置之，余待勘报区处"[257]。次月，户部差主事戴玉会、巡按御史黎福前往查勘，因这些地都是老百姓向国家纳粮交赋的土地，两人只好按黄册丈量，按百步为一亩计算，将从百姓土地中克扣出的七十四顷有奇给赐。周彧仍然不满，向皇帝诉告，于是改命刑部郎中彭韶、监察御史季琼再次前往。这两人去了以后，只查田赋缴纳不实，罪罚田主和周彧的家人。他们对皇帝的问责，直截了当地说："田皆贫民恒产，近在京畿之内，不当动扰以失其心。况土多瘠薄，尤当使其得以岁代培养地力，岂可从而夺之？"宪宗碰了几次钉子，也没有办法，只好下令将土地仍还给百姓。但是，还是以"邀名妨命"的罪名将彭韶、季琼下锦衣卫大狱[258]。弘治元年（1488 年）五月，赐神宫监太监陆恺保定府定兴县等处地二百顷[259]。弘治十年（1497 年）礼科左给事中叶绅等上奏，说太监李广有八项大罪，其中之一即是"畿甸百姓疲惫已极，乃假果户名，侵夺土地，几至激变良民"[260]。弘治四年（1491年）掌管官马的太仆寺卿储巏奏言：太监陆恺奏讨庄田，在定兴、安肃二县、阎台共八百五十余顷，今归五军营。太监覃昌奏讨庄田，在香河县……六百八十余顷，今归神机营。"凡此草场，皆祖宗开创……以备不虞……然三十年来奏讨无涯，苑牧几废"。[261]武宗正德元年（1506年），管理马房太监陈贵、叶阳以马房墙垣倒塌为辞，请求修理并以草场地招民佃种开垦，以资修理之费。实际上就是以修理院墙为理由侵占草场。户科都给事中张文等人上疏予以揭穿："近日锦衣卫指挥傅聪、御马监太监钱能，各缘父兄之故，请草场为业，既误听之，于是贵、阳遂有此奏。"他们指出，英宗时对侵占草场的现象皆令改正，并说如再犯则杀无赦。明宪宗成化中太监李良、都督李玉、锦衣卫指挥刘纪等各侵北京九门外苜蓿地，宪宗皇帝令罚李玉俸三月，并恢复原貌。孝宗时，其弟寿府、母仁寿宫各奏请永清县草场地，经给事中查出，孝宗也只好令把土地交回，"夫莫尊于母后，莫亲于皇弟，先帝且不得而私之。贵、阳、聪、能何人，乃敢以香火为请，而留数百亩；以修理为辞，而乞数千亩"？于是武宗下令只修理墙垣，不许招民佃种[262]。

明制，官僚、太监获赐的土地在身故后应退还官府，如果其家属仍然占有则应缴纳田赋。但是这些特权地主不但不归还土地，还要设法逃避征税。武宗正德二年（1507年）十一月，已故内官监太监沐敬原在宣宗之世受赐漷县（今北京通州境内）庄田5顷，其从孙沐聪继承后奏乞免征租税。户部回覆，法令规定已故太监当归还所赐庄田，愿种者当依例征纳租银。武宗却全然不顾国家制度，诏令除给沐敬修坟外，还免其租银[263]。正德八年（1513年），武宗赐御用监太监丘聚良乡县浑河（今永定河）退滩地23顷。明朝中、后期，无粮荒闲地一旦被开垦耕种，也应依法缴纳租税，但武宗却特许丘聚"良乡县浑河退滩地二十三顷并其所买地四顷，俱蠲其税"[264]。武宗之世还动辄给亲信太监加岁禄12石、24石，而且每人不止一次，多者三四次，则每岁得禄米36石、48石，乃至于百余石。这比占地还合算。其最突出的，就是正德十四年（1519年）以捕妖贼功加太监张锐岁禄米120石[265]。可是尽管这样，御马监太监仍然利用掌管牧马草场的便利，侵占官民土地。

明代自明成祖永乐十八年迁都北京以后，御马监在京畿占有大片牧场。后来随着太监势力的扩大和管领的马匹减少，有些牧马草场便租给农民种地，按官地征收田租。御马监太监乘机霸占牧场土地，不计其数。据记载，明朝北京正阳等九门外有苜蓿草场地，计140顷，后来其中100顷改作耕地。京畿御马监草场计有57处，其改作耕地的有25900余顷。北京东直门外及吴家驼牛房草场，改作耕地463顷。顺义县北草场东上林苑监良牧署养牲地并水田，计2641顷。北京坝上（今北京朝阳区东坝）等御马监22草场[266]。正统六年（1441年）已故御马监太监刘顺的家人上奏：刘顺活着的时候皇上钦赐及自己购置的庄田、塌房、果园、草场共26所，此外还有蓟州草场等10所，计地468顷。现请将刘顺蓟州草场地入官，其余16所乞留与家属供祭祀之用[267]。这里所说的10处蓟州草场地，实际上就是刘顺利用御马监的职权私自占用的牧马草场地。又如明英宗时御马监太监刘永诚，因经常代表皇帝监督边军，深得信任，所以得赐地武清县牧马草场边角余地250余顷。刘永诚的子侄也因此得官，他的侄子刘聚由都指挥佥事升为后军都督同知。刘永诚赐地250余顷，至其死后，已经侵占邻近的牧马草场地200余顷，多年来获得租米至15万石，银至4000余两。明孝宗弘治三年，奉旨"钦赏庄田，其人已故者收入官，每三十顷递五顷与其遣嗣"，那么刘永诚家产的继承者本应得地41顷有余。可是现在却多出200余顷的侵占地亩，于是巡按监察御史邹鲁举报其家侵占草场事。刘永诚的侄孙、宁晋伯刘福不但不认罪，反而也诉之朝廷。最后孝宗的态度颇可玩味，谕云："刘福占地收租，法当逮治，但念其叔祖曾有军功，及其父相承管业，姑贷之，仍停俸三月，利上屯地，于应得递除外，仍留二十顷供奉刘永诚香火，余地并草场俱收入官。"刘福竟然还是在41顷之外多得了20余顷的所谓香火地[268]。在武宗去世以后，世宗嘉靖皇帝即位，军民累累陈诉，而诸勋戚亦各言其状，告称："正德四年（1509年）刘瑾用事，任太监谷大用、李锡及诸管马房员役，将界外田土，不分钦赐勋戚庄田及军民屯粮地亩，混同侵占，另立封识。"旧制农民佃种草场土地只依照租种勋戚庄田，岁纳银三分，"至是则横敛百出，而军屯民税犹办输如故"。直至刘瑾败事，谷大用、李锡仍在御马监管事，畿民甚苦之。御史范永銮又说："往者刘瑾、钱宁（太监钱能养子）、江彬（武宗时佞臣）相继擅权，奸民乘隙多将军民屯种地土，诬捏荒闲及官田名色投献，立为皇庄，因而蚕食侵占，靡有界限。旧租正额外，多方掊克，苛暴万状，畿内八郡咸被其害。"甲辰，御史孙孟和言："近据顺天府东安县等处人民纷纷奏诉太监张锐、刘权、张忠、赵林及锦衣千户谷良等强占田地，吓骗财物，霸住房屋，准折妻女，及减价抑买等情。"嘉靖皇帝刚刚即位，正立志励精图治，于是命罢斥谷大用等太监，派官员按照英宗正统时的地界重新勘验，给还侵占的土地[269]。可是过不了多久，明朝皇帝依靠太监的旧局面复萌，太监仍然肆意胡为。

明朝前半期，顺天府（治今北京）在册田地中，民田占绝大部分，官田只占很小比例。如孝宗弘治十五年（1502 年），顺天府共有地 68720 顷 14 亩，其中民田 67884 顷 58 亩，占总数的 98.78%；官田 835 顷 56 亩，只占 1.22%[270]。万历初期，由于实行改革，在册耕地面积一度有所增加。据万历六年（1578 年）统计，顺天府官、民田地共有 99583 顷[271]。但是，自万历中后期，土地兼并又急剧发展，勋戚、太监奏讨土地，"求无不获"，官田不及应付，必然侵及民田，在册田地也急剧减少。仍以宛平县为例，嘉靖末年宛平县共有官民田地 3427 顷 84 亩，其中官田占 1.98%，民田占 98.12%。这是经过整顿之后，有明一代宛平县在册耕地数量最多的时期。据万历十二年（1584 年）统计，宛平县征粮地则减为 2935 顷 90 亩。此后，又经勋戚、太监以护坟地、香火地等名义节年奏讨，至万历二十年（1592 年），宛平县实有征粮地 2865 顷 54 亩。从万历十二年（1584 年）到万历二十年（1592 年）之短短 9 年时间，宛平县征粮地就减少了 70 余顷。若与嘉靖末年相比，才不过 20 余年的时间，就减少了 560 余顷。宛平县知县沈榜在记述上述情况之后，叹曰："昔人云，河南南阳不可问，是必问之矣，而后知其不可，非谓付之不问，更禁之使不问也。乃嘉（靖）、隆（庆）至今，曾几何时，宛地遽少额陆百余顷，既已莫为之问，而耳目所觐记，七年之间所除七十余顷，又奉有宪令，即欲诘问，可乎？"[272]又云："据籍，各里中地之极多者惟永安五图，然不过一百五十余顷，曾不足当中人十家之产。若鸣玉坊，仅以五十余亩，亦编一里，此何以称焉？大率宛地有限，而赏地无已……其势不尽有宛平不止也"[273]。据《宛署杂记》记载，万历时宛平县境内各贵族田地租银由宛平县征解各爵者，有皇亲杜继宗租银 94 两有余、嘉善公主驸马许从诚租银 547 两有余、驸马崔元租银 8 两有余。有各爵自征，空文转解者，泾简王和寿定王之外，还有英国公张溶租银 39 两，安乡伯张铎租银 39 两、武进伯朱承勋租银 4 两有余、泰宁侯陈良弼租银 3 两有余、驸马邬景和租银 33 两有余、驸马游浃租银 5 两有余、驸马杨钟租银 1 两有余、驸马马诚租银 6 两。

侵占民田的不仅是勋戚、太监等特权地主，在统治阶级上层人物的纵容下，统治集团的中、低层人物也仗势横行不法。如宣宗宣德年间，锦衣卫指挥林观、千户朱喜仗势欺压百姓，霸占大兴县寡妇人户田地 50 亩。英宗正统元年（1436 年）三月，其家告官，"诉系故夫祖业，家道贫穷，乞赐给还"。对于这种为害百姓，横行乡里的不法之徒，英宗也只不过是"命行在户部核实还之"而已[274]。由于封建皇帝的默许，侵占民田之风愈演愈烈。宪宗成化六年（1470 年）二月，尚书姚夔等奏：河南、山东及包括北京在内的北直隶地区荒闲土地，在洪武、永乐年间曾允许农民开垦，并许诺永不起科。"比来王府及势家多谓空地弃闲，请为己业。民无田者乃佃种之，每亩纳谷二斗或三斗，人多怨咨"[275]。明末清初学者顾炎武《昌平山水记》云："先是，洪武中诏北平、山东、河南荒闲地土听民开垦，永不起课。久之则有无籍之徒指为空地，投献内官、权要，请为庄业者。小民失业，无所控诉。"后来成化七年十二月，有言者借异常天象，请罢庄田还之百姓，但终无结果。成化七年（1471 年）五月，镇守北京密云、署都指挥金事王荣，除横暴百姓外，还"役使军余（即军士子弟，不在编制之内）占种民田"，被县教谕赵迪奏告朝廷。都察院在核实情节之后，请治其罪，宪宗竟"特宥荣"[276]。在封建皇帝看来，只有谋反大罪才是不可原谅的，至于侵占民田只不过是一件小事，所以这种事件十分普遍。孝宗弘治十七年（1504 年），刑部列举京城势家的种种劣迹中，特别指出权势家"或受人投献地土，或乘势侵夺田园"[277]。然而，作为封建国家统治机器的司法机构，秉承最高统治者的意志，又是公然站在权势家一方。如世宗嘉靖二年（1523 年）十一月，建昌侯张延龄强占宛平县百姓孙名的田地。孙名诉之于官，"未理"[278]。张延龄竟然得逞。

明代，北京城外近郊原有不少牧地、屯田，由于朝政日益腐败。这些土地首先成为侵占的对象。明初在北京正阳等 9 门之外有大片苜蓿地，计有 100 余顷，用以饲马。至明宪宗成化年间，除其中 3 顷作为皇庄和官田以外，其余都被御马监太监李良、太监任秀、锦衣卫指挥刘纪等人占为耕地、建为寺庙和坟地。而作为上司有监察之责的都督李玉、指挥彭麟等人竟公然纵容，不加阻止。事发后，宪宗遣司礼监左少监孙泰、户部尚书李敏等勘察实情。宪宗于得报之后，降旨云："苜蓿官地，提督、把总何得容人侵占？本当执问，姑从轻典。李玉、彭麟、白鉴俱停俸三月，任秀、刘纪等亦当执问，但因循日久，悉宥之。寺及无主坟，免拆毁平治。查出地，御马监督令官军仍种苜蓿饲马，给事中、御史如期巡视，毋或怠玩"[279]。占用官地的任秀、刘纪等人俱以"因循日久"的理由便得开脱罪责，"悉宥之"。统治集团上层太监及锦衣卫人员占用官地行为的公然包庇、纵容，是这些特权地主在北京地区疯狂霸占官、私土地的原因之一。明朝末年，政权衰败，一些地方土豪竟也勾结胥吏侵占皇家土地。明熹宗天启七年（1627年）二月，提督上林苑监太监许臣奏报：土豪杨言勾结衙役杜文英，公然谎报马匹数目，"侵占良牧署皇庄地土一顷五十亩"[280]。

明朝皇家上林苑监的苑田在明代北京地区的庄田中也占有较大数量，据记载，良牧署原额地一千八百余顷，林衡署原额地二百八十余顷，嘉蔬署原额地一百一十八顷[281]。上林之设始于汉代，原掌皇家园囿蔬果之事，自隋、唐以后改属司农。明初洪武年间，初有上林之设，后以妨碍民间生业而罢。明成祖永乐初复故，永乐五年（1407年）三月改上林署为上林苑监，以太监兼掌其事。对上林苑监，永乐十四年（1416年）谕云："凡牧养栽种地，东至白河，西至西山，南至武清，北至居庸，西南至浑河，禁不许围猎"，违者议罚，虽"亲王、勋戚犯者亦同"[282]，制度是十分严格的。明成祖之世，上林苑监在北京地区占有各种用途的大量土地。上林苑监下原有良牧、蕃育、嘉蔬、林衡等十署。仁宗洪熙元年（1425年）将上林苑监略加压缩，以蕃育署带管良牧、川衡二署，嘉蔬署带管冰鉴、林衡二署。十年后，宣宗宣德十年（1435年）则仅保存蕃育、良牧、林衡、嘉蔬四署，其余尽除。当时在北京郊区，尤其现在的北京朝阳、大兴、顺义等区县内，除设有宫庄、皇庄外，还设有属于上林苑监的苑田，牧场。顾炎武《昌平山水记》云："近京之地参错不一，有京卫屯地、有陵卫屯地、有外卫屯地、有马房地、有良牧署地。"现在的北京南部大兴采育镇，古为安次县采魏里，明初为蕃育署，"而人仍呼采育，合新旧而名之"[283]。永乐二年（1404年），明成祖为迁都作准备，"移山东、西民填之，有恒产，无恒赋"[284]，以当地贫民和山东、山西移民为苑户。《明一统志》载："南海子（今北京大兴县南苑一带）在京城南二十里，旧（指元代）为下马飞放泊，内有按鹰台，永乐十二年（1414年）增广其地，周围凡一万八千六百六十丈，乃育养禽兽，种植蔬果之所。"如前所述，南海子等处均属上林苑监管辖。上林苑监是所谓外三监（国子监、上林苑监、钦天监）之一，《明史·职官志三》："上林苑监。左右监各一人，正五品。左右监副各一人，正六品。左右监丞各一人，正七品。其属，典簿厅……良牧、蕃育、林衡、嘉蔬四署。"明上林苑监的苑户按分工不同各有专称，如蕃育署的养鸡鸭鹅户曰畜养户，良牧署的牧放牛羊者曰牧养户，嘉蔬署的种植蔬菜者曰菜户（今北京右安门西有菜户营一地），林衡署的育植果木者曰园户。这些在南海子充役者总称之曰海户，又称苑户。最初，苑户因属为皇家服务人员而享受"有恒产，无恒赋"的优惠，但在苑监的盘剥下实际生活并不优裕。况且，自明成祖永乐年间改上林署为上林苑监以后即"以中官（太监）相兼任用"，其后便被太监把持，孝宗弘治年间掌管上林苑监的太监增至 18 名；武宗正德年间又扩充上林苑监机构，添设总督、佥书、监工等名目，共有太监 99 人。嘉靖皇帝即位之初虽然裁汰了 80 人，但不久又添设至 62 人，"弊复滋甚"，太监仍依仗特殊地位掌管南海子上林苑事务。这些掌管上林苑监的太监都是特权地主，对苑户如狼似虎，敲骨吸髓。他们所占用自己掌管的牲地、草场地，英宗正统九年曾诏令："在京内官军民人等侵种良牧署草场及土城外沿河内、外，旧西琉璃窑厂等处官地凡数百顷……俱未起科，至是遣官经量悉令纳税。"[285]其下属的走狗"伴当、御牢名目，过索月钱，节年通计诛求银三十五万余两"。结果苑户虽罄其家产也难以填满这些特权地主的欲壑，"逼死人命数多"[286]。武宗去世以后，没有子嗣，皇太后与大学士杨廷和定策，以遗命传位给兴王即嘉靖皇帝。嘉靖皇帝的父亲是宪宗的儿子、孝宗的弟弟，封在安陆。嘉靖皇帝与去世的武宗是堂兄弟。当时前去迎请的就有太监谷大用、韦彬等人，日后就成了嘉靖皇帝的亲信太监。

嘉靖二年（1523 年），户部奏：上林苑地旧例听牲户开垦为业，只需尽责育牲种蔬以供皇家即可，并不收取苑地租银子粒。孝宗弘治年间，太监宁诚始奏每亩收银三分。嘉靖改元，起初诏命取消苑户子粒，但现在却又由于监管上林苑的太监的请求，复命征收。"各府内官始则侵民田为牲地，终则夺牲地为己业，观其设心，不尽逐四署之民，而专聚一己之利不已也"。户部请求嘉靖皇帝收回近批，恪守前旨。可是嘉靖皇帝明明知道自己没有道理，却不顾是非，把户部的奏疏扣押下来不加回复。同月，给事中解一贯等奉敕查勘马房地土，发现掌管牧地太监肆意侵占百姓、甚至勋戚的土地，于是参奏御马监太监谷大用等"封党蠹政，夺产殃民，宜明正典刑"。户部也支持解一贯的主张。可是嘉靖皇帝却只让把侵占的土地还给原主，谷大用"迎请勤劳，姑贳之"[287]。大学士杨廷和也揭发谷大用"窃弄威权，蛊惑先帝（指明武宗），假勘地之名，混占产业庄田至一万余顷，侵欺子粒官银至百万有余两"[288]。太监于经占夺他人田园，已论罪追赃入官，可是他的弟弟于纶却又夤缘向嘉靖皇帝奏请了这些土地[289]，可见宦官在当时已是如何无所顾忌。

北京自明成祖永乐十九年（1421 年）宣布定为京师以后，除洪熙、宣德年间一度宣布迁都南京（实际上只是改变一下名称，并未实际迁都）外，此后百余年来一直是明朝首都。明前期，政府机构比较稳定，京官任职少则十余年，多则二三十年不替，"故或赐第长安，或自置园囿,率以家视之"[290]。这些官僚所置园囿多为园林,属游娱休闲之所。如万历时,北京园亭之胜有积水潭徐文璧园,称太师囿。城外李宁远囿、张惠安园、万瞻明都尉园、海淀的米仲诏进士园、戚畹李武清园,也都是占地数百亩的名园。这些园林间或也种植些果蔬,但不过是为了给人工园林增添一些野趣,如"王(文安)英有园在(北京)城西北,种植杂蔬……公余与翰苑诸公宴集其地"[291]。这些园林广占地亩,无疑将侵占附近的农田。另外,官僚地主除奏讨之外,也往往在其政治上升时期仗势霸占民田。世宗嘉靖中,权相严嵩在北京附近就广置田园。其子严世蕃"治第京师,连三四坊,堰水为塘数十亩,罗珍禽奇树其中"[292]。严嵩获罪以后,奉旨查抄其家产的籍册中,除列有无数珍宝外,还列有在各处的田产、宅院,共计房 67004 间,地 3 万余亩,据传说,这些数字还只是实际家产的十分之四五,其余则由于严氏家族行贿权要而得以藏匿。虽然如此,严嵩仅在北京一地也有"房屋共一千七百余间……(庄)地一百五十余所亩"[293]。这 150 余处庄田虽然规模大小不一,但其所占耕地总量必也十分可观。

四、明代北京寺庙庄田

明代,佛、道二教已不似金、元时期那样兴盛。当时农民为了逃避繁重赋税相率出家为僧,明政府为了保持财政收入,对僧人私自剃度的惩罚十分严厉,一经发现,多发配充军。同时,一般寺院道观的种种经济特权也不再受到政府的保护。如明英宗正统年间,"弥陀寺僧奏:本寺原种宛平县土地十八顷有奇,近蒙户部委官踏勘,令臣输税。然臣空寂之徒,乞赐蠲免。"英宗曰:"僧既不可输税,其地令没官。"[294]弥陀寺田产因此全部没收。由此可见,至少在明英宗之世,一般寺院地主已丧失了免纳租税的特权,而且有时土地还会遭到封建统治者的剥夺。神宗万历中,房山县香树庵因不堪税粮苛重,土地渐失,几为势家所没。后经"慈圣皇后发帑金赎之,而黄太史辉、王太史肯堂复捐俸钱协助,遂复旧观"[295]。寺院地主的经济来源一旦失去政治实力集团的特殊保护便会大大衰微。然而,以上所说的只是一般寺院道观的情况,对于明朝皇室创建的特定寺院及个别年代久远、根深叶茂的名刹古观来说,则又是另一种情况。如北京朝天宫(今北京白塔寺西)是明朝外地官员进京谒见皇帝之前习礼之处。宣宗宣德十年(1435 年)五月,诏赐朝天宫以通州麦庄田地 87 顷 8.4 亩,并且免征税粮,直至穆宗隆庆五年(1571 年)才开始征收赋银。宣德年间,宣宗还诏赐灵济宫以宛平县夹活庄地 9 顷 74 亩。宪宗成化二十年(1484

年）十月，将宛平县香山乡民人谢真等户土地 5 顷 25 亩赐与寿安寺为庄田，供奉香火。孝宗弘治十二年（1499 年），豁免宛平县香山乡黄村的尼庵顺天保明寺 6 顷 71 亩庄田的税粮[296]。弘治年间卫恭王朱瞻蜓更以所受赐田顺义县地 23 顷有奇，施与大慈恩寺[297]。明武宗崇尚喇嘛教，故对喇嘛寺优礼有加。北京喇嘛寺护国保安寺原有官佃户供寺院役使，正德八年（1513 年）复"令宛平、大兴二县拨佃户二十于护国保安寺，以供洒扫"[298]。

另外就是一些拥有特权的寺庙，如慈寿寺在今海淀区八里庄京密运河西岸，万历六年（1578 年）万历皇帝的母亲宣文皇太后建，万历皇帝敕赐寺名匾额，并钦赐供养庄田 30 顷；万寿寺在今海淀区紫竹院公园以西之广源闸北岸，万历五年（1577 年）敕建，寺后置果园、白地 5 顷 50 亩，又买宛平县香山乡张花村民庄房果园 4 顷 20 亩，共有庄房果园地 9 顷 70 亩。慈寿寺和万寿寺因为都是皇家所建，所以其庄田都享受"差粮俱免"的特权。这比起一般寺院的只免差役，税粮照纳的免差地，待遇自然要优厚得多[299]。此外，明朝太监势力一直很强大，他们虽然身份低贱，但因多年、甚至自幼在皇帝身边服侍，所以往往深得皇帝的信任，甚至可以干政统军。太监为了迎合皇帝的欢心，凡是有点身份的太监又往往以为皇帝祈福的名义在京郊修建佛寺。这些寺庙都可以得到皇帝亲自敕赐的寺名，并能够以瞻养香火的名义使其占有的土地获得优免。如：《宛署杂记·恩泽·田宅》记载：延恩寺系正德八年（1513 年）太监赖义创建，其买香山乡钓鱼台郭鉴地 7 顷 63 亩"请于朝"，随即获得"一应杂泛杂徭悉与优免"的待遇；嘉祥观系正德十三年（1518 年）太监王堂创建，其买宛平县西四里园村等处刘锐等粮地 4 顷 51 亩，也同样获得"杂泛杂徭悉与优免"的待遇。这些土地虽然"地内粮草照数办纳"，但免除差徭已经是去除了主要负担。明代官田赋税重于民田，但官田户不服徭役，民田虽然田赋轻，但要承担无休无止的徭役。特别是没有固定名目的杂泛杂徭，根本没有止境。所以当贫弱农民走投无路时，往往情愿把私人土地让给享有免役特权的地主，例如皇家、太监寺庙或官宦、勋戚、甚至缙绅，自己成为佃户。而那些特权地主既可以白白得到土地，又可以利用特殊身份免除差役，自然愿意接纳。

大觉寺是创自辽代的北京名刹，所以在明代也能享受到皇家的特殊待遇。明代大觉寺曾经过三次重修。其明孝宗弘治十七年（1504 年）所立的《大明敕谕碑》中载明：该庙在宣宗宣德十年（1435 年）获皇家赏赐常乐（今北京海淀区上庄水库西南常乐村）庄地 27 顷 99

亩9分、清河（今北京海淀区清河）庄地8顷、汤山（今北京昌平区汤山）庄地2顷94亩4分、冷泉（今北京海淀区冷泉村）庄地20亩。附属有劳动力昌平县佃户57户、家人16名，并且不必缴纳任何赋税。明宪宗成化十五年（1479年）及其以后又陆续买得顺天府宛平县民地85段总计14顷98亩5分、买得昌平民地85段总计39顷47亩5分，以供该寺日常资用。那些皇家赏赐的土地，可以享受赋役的优免。至于寺院自己购买的地产，其应缴纳的田赋和养马银虽不能完全豁免，但也"俱免征一半"[300]。大觉寺在宛平县买的土地大约每段合17.6亩，在昌平买的土地大约每段合46.4亩，数量都不算少，可见当时土地的买卖还是很活跃的。据《宛署杂记·契税》记载，当时民间田舍交易都必须到官府立税契，并给契单（又称红契）以为凭证，税率是百分之三。大兴、宛平二县衙门原来只负责北京城外的土地交易，但自明神宗万历五年（1577年）以后，都城的典买房契税也从都税司划归二县衙门负责。不过一般自耕农民之间的土地转让和城市一般居民间的的房屋典买，为了减少花费，大抵都是私自请中人书写字据立约，因为上面没有官府的红印所以这种契纸通称白契。

明朝晚期天启之世，大太监魏忠贤权倾天下，路人侧目，内外官僚逢迎巴结，为其建生祠90余所，北京东部朝阳区坝河原有普惠生祠即为其中之一。天启七年（1627年）四月，司礼监秉笔太监涂某禀承魏忠贤之意，乞赐香火地亩，熹宗即将坝河马房新开垦地10顷赐与普惠生祠，"焚修香火，永不征粮"[301]。另外，北京西郊香山望云庵是金朝时章宗所建玩景楼遗址，元朝至顺年间改建为庵，明朝时大太监又屡加修缮。因为该庵有大太监为依恃，其所占田土之广，比之京师诸寺，特为极盛[302]，是明代北京地区最大的寺院地主之一。

应该看到，明代北京地区寺院地主庄田的存在，与明朝自永乐以后宦官势力膨胀有密切关系。按明制，太监年老以后，一般都遣送出宫。因此，大、小太监往往乘自己尚在宫中当差、恃有特权之时预建寺庙，"或以为退后香火，或以为代君后祈福"，以邀上宠[303]。这些寺院也大都因有这种特殊背景而少缴或免缴税粮。这些僧寺道观与勋戚的墓地多选择在北京风景优美的西山名胜之处，故"西山一带形势稍胜者，非赐墓、敕寺，则赐第、赐地。环城百里之间，王侯妃主勋戚护坟香火等地，尺寸殆尽"[304]。

中国封建社会自战国、秦汉以来一直以"崇本抑末"为治国经世的方策。但是，中国封建社会自明朝中、后期起，农业、手工业的生产水平都发展到前所未有的高度，商品货币经济的发展也超过了以往任何时代。就农业方面来说，非常明显的是货币地租在相当程度上代替了实物地租。明朝皇室贵族、勋戚、太监、官僚疯狂占有土地，广设庄田，这与东汉时期封建地主兼并土地，广占庄园，有性质上的不同。因为在商品货币经济发展的情况下，货币在封建社会经济生活中的地位大大上升，甚至可以抵消部分封建特权，贵族地主和特权官僚地主为了满足其穷奢极欲的生活，必然要想方设法寻求大量货币，而恰恰又是发展了的商品货币经济提供了通过农产品和地租取得货币的广阔市场。因此，贵族及其他特权地主、官僚地主无不狂热地占有土地，设置庄田，以取得租银。由于勋戚、太监的特殊身份，他们合法或不合法侵占的官、私土地大多在北京附近或者北直隶地区，这是明代北京地区土地高度兼并和特权、官僚地主广设庄田的根本原因。但是，我们应该看到，特权、官僚地主将取得的租银并不是用于扩大再生产，也不是投资于其他商品生产领域，只是任意挥霍。因此，明代北京地区的各种庄田虽然是在商品货币经济发展的前提下膨胀起来的，但并无促进社会经济发展的进步意义可言。

第四节　明代北京的农产品

据明《顺天府志》（永乐大典本）记载，明宛平县种植的农作物有：粟、黍、稻、大麦、小麦、脂麻、蜀黍、绿豆、黑豆、白豆、荞麦、棉花。果木有：桃、杏、核桃、枣、栗。还有桑、丝、绵、绢、布等与农业经济相关的作物和产品。脂麻即今芝麻，古称胡麻。蜀黍又书蜀秫（又书蜀黍），即今高粱。大兴县种植的农作物与宛平县相仿，为：粟、黍、大麦、小麦、稻、蜀黍、黑豆、白豆、绿豆、脂麻、棉花、丝、绵。果木有：枣、核桃、桃。还有桑、丝、绵。怀柔县因地处山区，农业经济略欠发展，农作物品种也比平原地区略少，有：粟、黍、大麦、小麦、黑豆、绿豆、脂麻、蜀黍、棉花。良乡县农作物有：谷、黍、大麦、小麦、蜀黍、脂麻、豆、棉花、丝、绵。昌平县农作物有：粟、稻、黍、二麦、杂豆、脂麻、蜀黍。果木则有：枣、栗。此外还有山椒。

棉花是明代北京地区与芝麻同等重要的经济作物。棉花引入中国，最初是在西北新疆及广西、广东边缘地区，宋、元以后普遍推广到内陆地区。今北京地区何时开始种棉花，据我们目前看到的资料尚无法确定。但是，元末人熊梦祥所著《析津志》载，元大都手工业中有纺纱碾，"其制甚巧，有卧车立轮，大小侧轮，日可三五十斤"。我们据其形制推测，其所谓纺纱碾大概就是后世所说的纺棉花的纺车。如果推测不误，那么元代大都地区也应该有棉花种植。另外，明《顺天府志》辑自《永乐大典》，其中明确记载明北京大兴、宛平、怀柔、良乡等县都种植棉花，其时距元亡不远，据此也可以推测似乎元末时今北京地区已有棉。只是元末明初时期，棉花在今北京地区大概还属于引种时期，所以在方志记载中"棉花"与"绵花"混书。据《宛署杂记》记载，明万历中，北京地区所产棉花与芝麻同为上供皇家的物品，民间较少享用，所以州县徭赋额中虽有芝麻、棉花，但"系内府上供之物，本色难交"，只得由各州县折银细派，"以均劳逸"。

元代，由于城市消费的需要，今北京地区的蔬菜种植业就已经比较发展，元人黄仲文《大都赋》云："治蔬千畦，可当万户侯。"[305]极言其获利之厚。明代，随着北京城市人口的增加和消费能力的提高，蔬菜种植业就更为发展，北京西郊和南郊水泉丰富的地区都成为著名的产菜区。蔬菜品种大略有丝瓜、黄瓜、姜、豆芽、扁豆、韭菜、苔菜、芹菜、茄子、山药、菠菜、芥菜、白菜、土豆、芫荽、大蒜、葱、茴香、胡萝卜、水萝卜、银苗菜、羊肚菜，等等。为了满足达官显贵穷奢极欲的享受，蔬菜种植方面的温室技术十分流行，"元旦进椿芽、黄瓜、……一芽、一瓜几半千钱"[306]。当时北京城郊生产的蔬菜主要是供应城市居民生活需要，具有鲜明的商品生产性质。贩卖蔬菜的杂菜行成为明北京宛平、大兴二县所编 132 行之一。明万历十年（1582 年）神宗万历皇帝应顺天府所请，免去本少利薄的杂菜、豆腐等 32 行的税银。农民入城卖菜，看守九门各官不得勒索抽分[307]。但是，实际上农民入城卖菜仍不免受到监管太监的盘剥。明人史玄《旧京遗事》记载云："（北京农民负）菜茄人城，乡民亦须于鬓边插钱二文，以凭经税小内使径行摘之，彼此不须相问。"

明代北京所产果木之属，除传统的枣、栗、榛、核桃、杏、李之类以外，还有梨、苹果、桃、沙果、葡萄、樱桃、胡桃、火腊槟、西瓜，等等。其中有些品种可能早在元代就已引入北京，但缺少记载。《旧京遗事》作者明人史玄曾将北京出产的蔬菜、水果和南方做一比较，他认为："京师果茹诸物，其品多于南方，而枣、梨、杏、桃、苹婆（即苹果）诸果，尤以甘香脆美取胜于他品，所少于江南者，惟杨梅、柑桔。而北方又自有榛、栗、松榧三属，韵味清远，不相下而相敌也。菜以黄芽为绝品，北地严寒，初冬之时，覆之以土，阳生气聚，得暖而甲坼，则状如环、色如肪矣。北地土性坟处为物命苞，是以葱才出如角，蒲之生根如丝，三月而菌秀，则豆芽成筐。五月而瓜生，则茄蔬荐俎……果属以杏子为多。刘侗（《帝京景物略》）云：香山，杏花香也。杏花香十里，一红白，士女群游，言西塞诸山之饶于杏矣。苹婆树，城南韦公寺者各高五六丈，花时实时，焰光映日，亦刘侗书所称也。葡萄、石榴，皆人家篱落间物，但不能遍植山谷。其逊于江南者，有樱桃而酸涩也。"史玄是江苏吴江人，他的看法应该说是比较客观的。

在中国封建社会，农村传统的副业是纺织业，所谓"男耕女织"就是其生活写照。但是明代北京的农村，由于城市经济的畸形发展，北京西南郊丰台草桥一带的养花业却成为一项主要副业，并延续数百年不衰。明人刘侗《帝京景物略》记述云："右安门外南十里草桥，方十里，皆泉也……土以泉，故宜花，居人遂花为业。都人卖花担，每辰千百，散入都门。"草桥种植的花卉，种类繁多，每种花卉又有不同品种。入春时的梅花有九英、绿萼、红白缃，山茶花有宝珠、玉茗，水仙花有金钱、重胎，探春花有白玉、紫香。中春时的海棠花有西府、次贴梗、次垂丝，丁香花有紫、白两种，还有桃花、李花。春末时则有牡丹、芍药、李枝。夏季时的花卉，除石榴花外都为草本。花备五色者有蜀葵、莺粟、凤仙，三色者有鸡冠，二色者有玉簪，一色者有十姊妹、乌斯菊、望江南。秋季的花卉则有红白蓼、木槿、金钱、秋海棠、木樨、菊，其中菊花品种最为繁多。百花之中，根茎花叶俱香的要属夏荷秋菊；花期最长，可历春、夏、秋三季的要属长春、紫薇、夹竹桃；花开花谢始终散发香气的要属玫瑰。种花是一项技术性很强的工作，"自春徂夏，辛苦过农事"，但是"圃人废晨昏者半岁，而终岁衣食焉"，收入比务农要丰厚些。

第五节　明代北京地区的自然灾害

据竺可桢先生研究，中国大陆近5000年气候变迁可分4个温暖期和4个寒冷期。1400年至近、现代属第四寒冷期[308]。明朝建国于1368年，1400年正当明建文二年。明初洪武时期（1368年—1398年）则处于第四温暖期向第四寒冷期的转变之中。建文帝在位不过4年，为了叙述简便，也可以说自明成祖永乐以后即进入第四寒冷期。其间，若以降雨量的多寡为标准，又可分为6个少雨期和6个多雨期[309]。其中，第一少雨期的1484年—1535年、第二少雨期的1581年—1643年和第一多雨期的1536年—1580年，分别正当明朝宪宗成化二十年（1484年）至世宗嘉靖十四年（1535年），神宗万历九年（1581年）至毅宗崇祯十六年（1643 年），以及嘉靖十五年（1536 年）至万历八年（1580 年）。也就是说，明朝自成化二十年（1484 年）以下的 160 年间，少雨干旱期占 115 年，多雨期占 45 年，气候以干旱为主。

　　见于明历朝实录及其他有关文献记载的明代北京地区的自然灾害，亦以旱灾居首位，其次是水灾、地震、风灾、蝗灾。此外，火灾、雹灾、瘟疫也不时发生。兹择相关数项，分述如下：

　　旱灾和水灾　《明实录》中北京地区"大风扬尘四塞"的记载不绝于书，甚至河井干涸，航运断绝；另一方面，由于北京地处季风带，为华北地区暴雨中心之一，一年内降雨比较集中，又有出山之后迁徙无常的卢沟河、潮白河，因此又往往引发洪涝灾害。我们将明代文献中对北京地区水、旱的记载及与此有关的淫雨、风霾的记载，按朝代统计如下表[310]。

明北京自然灾害一览表

年代	洪武 1368—1398 年	建文 1399—1402 年	永乐 1403—1424 年	洪熙 1425 年
水 旱 淫雨 风霾	9 4 2		11 1 7	1 1 1
年代	宣德 1426—1435 年	正统 1436—1449 年	景泰 1450—1456 年	天顺 1457—1464 年
水 旱 淫雨 风霾	3 4 4	5 9 4 2	2 4 5 2	1 6 2 4
年代	成化 1465—1487 年	弘治 1488—1505 年	正德 1506—1521 年	嘉靖 1522—1566 年
水 旱 淫雨 风霾	8 16 6 13	6 11 2 8	3 9 2 9	17 29 11 23
年代	隆庆 1567—1572 年	万历 1573—1620 年	天启 1621—1627 年	崇祯 1628—1646 年
水 旱 淫雨 风霾	2 2 2 5	9 29 12 21	1 4 1 5	9 1 11

根据上表，可以看出明成化以前北京地区气候逐渐由湿润转为干旱。洪武、永乐年间，北京地区发生淫雨、水灾的年份远远超过发生旱灾的年份，表明当时北京地区尚处于多雨气候环境中。洪熙、宣德二朝之 11 年中，北京地区发生旱灾与淫雨各为 5 个年份。其中，除有 2 个年份为先旱后涝外，宣德九年（1434 年）为淫雨之年，宣德八年（1433 年）、十年（1435 年）均为干旱之年，显示出干旱趋势在逐渐加强。

正统至天顺间计 29 年，发生旱灾 19 个年份，淫雨有 11 个年份。水灾有 8 个年份。在 19 个旱灾年份中，正统朝有 9 个年份，其中 5 个年份为先旱后涝，4 个年份为完全干旱；景泰朝有 4 个年份，其中有 3 个年份为先旱后涝，1 个年份为完全干旱；天顺朝有 6 个年份，其中只有 1 个年份为先旱后涝，其余 5 个年份均为完全干旱，旱象呈现日益加强的趋势。与旱情加重相应的是风灾日益突出，计有 8 个年份。《明英宗实录》卷六十五载："正统五年（1440 年）三月辛酉，以两京（南京、北京）风雨为灾，遣驸马都尉、西宁侯宋瑛等祭告太岁岳渎等神曰：'……兹春暮北京近甸连旬不雨，烈风屡兴，麦苗将槁，谷种未下。'"这是《明实录》中关于北京地区风灾的首次记载。同书卷七十八又载："正统六年（1441 年）四月己卯，因天灾屡见，遣官祈祷云：'自去冬迄今，远迩之地雨雪稀少，比者烈风屡兴，加有蝗螟萌生，为农之忧。'"卷八十六载：（同年）"闰十一月甲戌，大风有声，扬沙蔽天。"这是一幅典型的干旱气候景象。而且，自此以后直至天顺末年，风灾愈益频繁。如景泰元年（1450 年），北京地区春季"不雨，狂风扬沙，弥月不息，阴霾蔽日，经旬不开"[311]。七年（1456 年）"二月己酉，未时，暴风从东北方起，拔木飞沙，至次日息"[312]。天顺元年（1457 年）四月，"连日烈风大作，甘雨不降，尘盖田苗"[313]。三年（1459 年）"四月以来，连日烈风，麦苗不实"[314]。七年（1463 年）"二月丙寅，卯刻，雨黄霾，四方蔽塞，日晦无光，至未时霾乃散。丁卯，是日大风"[315]。同年十二月，"锦衣卫大门忽为狂风所摧折"[316]。八年（1464. 年）"二月乙巳，晓刻，风起西北，有声，黄尘四塞。壬子，风霾昼晦，既而隐隐有雷声"[317]。成化以后，旱象更为突出。据统计，在宪宗朝的 23 年中，发生水灾和淫雨分别是 8 个年份和 6 个年份，而旱灾却高达 16 个年份，发生风霾亦 13 个年份。其中，8 次水灾和 5 次淫雨均发生在成化元年（1465 年）至十九年（1483 年）间，而此间旱灾高达 13 个年份，风霾达 11 个年份，几乎无岁无之。可见在成化二十年（1484 年）以前，北京地区即已进入少雨期，成化二十年

（1484 年）以后旱象更为严重。明孝宗弘治、正德和武宗之世，旱霾现象均远远超过雨涝现象，气候干旱自不待言。

明世宗嘉靖之世虽然旱、霾仍占优势，但发生淫雨的年份却从弘治、正德时的各 2 个年份增至 11 个年份。弘治、正德两朝计 34 年，嘉靖朝计 45 年，就平均值而言，嘉靖时期降雨肯定比以前频繁。至穆宗隆庆之世，虽然发生风霾的年份仍多达 5 个，几乎岁岁有之，但发生淫雨年份的数目与旱灾相同，均为 2 个年份。这说明当时风霾对旱象形成的影响减弱，气候相对比较湿润。明神宗万历朝计 48 年，发生淫雨和旱灾的年份数目与嘉靖朝相近。综观嘉靖、隆庆、万历三朝的水、旱、淫雨、风霾情况，可以发现嘉靖后期至万历初年为多雨期阶段。

此后，明熹宗天启之世及明毅宗崇祯之世，复进入典型干旱期，发生旱灾、风霾的年份都明显多于淫雨年份。

旱灾严重破坏了农业生产，造成麦苗枯槁，夏粮无收，秋种不播的后果。如万历十二年（1584 年）至十七年（1589 年），怀柔县"俱春旱秋涝，米麦斗价至一钱八分，蜀秫（即高粱）斗价至八九分，城内外争扫草子以食"[318]。万历二十九年（1601 年）"五月丁未，吏部尚书李戴等上言：'自去年（1600 年）六月不雨至今，三辅嗷嗷，民不聊生，草茅既尽。剥及树皮……道殣相望，村室无烟'"[319]。然而，这还只是限于京畿数百里之内。实际上，当时旱灾往往遍及北方。如万历元年（1573 年）四月，"刑科右给事中奏：'去岁三冬无雪……今春徂夏，少雨，风霾屡日……二麦无成。……大江以北将有赤地千里之状'"[320]。特别是崇祯六年（1633 年）以后，连续十余年的旱灾，不但为虐北京地区，而且遍于山东、河南、山西、江西、陕西等地。空前严重的旱灾，迭加蝗灾、瘟疫，灾难尤烈。如崇祯十三年（1640 年）"北京、山东、河南、南京、浙江等地大旱蝗，至冬，大饥，人相食，草木俱尽，道殣相望"[321]；十四年（1641 年）昌平州"大饥，斗米（银）一两，人至相食"[322]。明代田赋苛重，后又加派三饷（辽饷、剿饷、练饷）重课及各种杂役，即使一般殷实富户亦往往因此败家，社会矛盾十分尖锐。这种连年大旱的恶劣自然条件，更逼迫广大农民陷入家破人亡、颠沛流离、辗转沟壑的悲惨境地，加剧了社会矛盾的尖锐化。如万历四十三年（1615 年）七月，"畿辅旱灾，以致饥民群聚抢夺"[323]；崇祯十四年（1641 年）"六月，北京旱蝗，多饥、盗"[324]。崇祯十七年（1644 年）三月，转战十余年并得到各地饥民支持的李自成农民军攻克北京，明亡。

明代北京地区的干旱气候，不但严重影响农业生产，而且还给运河漕运带来极大困难，几乎切断了京师经济生活的命脉。元代郭守敬开凿的自通州（今北京通州）至大都城（今北京）的内漕河——通惠河，明初已经淤废。自明永乐至正德年间，明廷虽对该河屡加疏浚，仍未能通航。嘉靖七年（1528年），御史吴仲疏浚通惠河之白浮、七里泊（今北京颐和园昆明湖）等上源，又对通惠河本身加以改造，增设闸座，才使这条水道通运。各地每年输送北京的 400 万石稻米，除部分留储通州仓外，其余便大多沿这条河道输入京师诸仓。但是，由于水源微弱，这条运河的通航能力仍十分有限。万历二十六年（1598年）意大利传教士利玛窦初次入京时记述云："他们上了岸，不是在码头上（指北京东便门大通桥码头），而是在离北京城一日路程的河岸上（指通州）。这里有一条运河（即通惠河，明代又称大通河），由此通入皇城，但为了防止被船只堵塞，只有运给朝廷的货船才允许使用它。所有其他货品均由马车或驮马或搬运夫运入城内"[325]。元代时，自通州至大都城的漕船，可以直达城内。当时积水潭里舳舻蔽水，盛况空前。但明代该运河的浮运能力已大为衰落，气候干旱当是其中重要原因之一。

明代北京地区，频繁的旱灾固然给农业生产和商业、交通带来巨大危害，但淫雨洪涝的威胁也不容忽视。在相对的多雨期内，淫雨连绵、河水泛涨，造成禾稼尽没、桥路断绝、城池房舍坍塌的灾情也常常发生。如嘉靖十六年（1537年）夏秋"多雨，京城内外房舍倾圮，军民多压死者"[326]。十八年（1539年）"七月（沙河）桥以绵雨水涨冲塌"[327]。二十五年（1546年）"七月戊午，户科给事中李册以京师淫雨，疏请修省。八月壬寅，诏修京师九门城垣，以天雨损坏故也"[328]。三十二年（1553年）"六月，隆庆州永宁县（治今北京延庆县永宁镇）淫雨，大雨坏城，大饥，斗粟银四钱"[329]。是岁，通州"淫雨，运河冲决，张家湾、曲店、皇木厂大水漂流，甚为民害"[330]。怀柔县"大水，平地丈余，禾稼漂失殆尽，西北水与潘家庄观音堂山齐……数月始退"[331]。三十三年（1554年）六月，"京城淫雨，淹没墙垣庐舍"[332]。同月，"水涨卢沟桥，海子（南苑，明代又称南海子）墙颓，浩渺无涯，直至（北京）城下，秋禾尽没，米价十倍，男女疫之过半。密云县大雨经旬，潮、白二河涨，冲塌城东南、西北二角，鱼鳖居人以千数"[333]。通州"禾稼尽没，米贵，大疫"[334]。隆庆州（治今北京延庆县）"大水，坏屋伤稼，杀人畜甚多。居庸关尤甚，崩石塞关门，行者不能取道"[335]。隆庆元年（1567年），"入夏以来，淫雨不止"[336]，"京师大水"[337]。

三年（1569 年）"十一月丁酉，以水灾免……昌平州……房山……、良乡、宛平、大兴……潄……怀柔等县……粮差"[338]。其中，以嘉靖三十三年（1554 年）发生的水灾最为严重。即使在相对的少雨期内，北京地区也往往春旱秋涝，水灾也不可完全避免，而且有时为害更甚。例如，成化十四年（1478 年）七月丙戌，十三道监察御史以灾异上言："南北直隶、山东、河南等处，今年四月以前亢阳不雨，五月以后骤雨连绵，水势泛滥，平陆成川，禾稼淹没，人兽漂流……皆谓数十年来未有此况"[339]。在今北京地区的通州、良乡水灾尤甚，民业荡尽，田禾无成。"自易州（治今河北易县）至彰义门（今北京广安门）桥梁道路俱为水冲成沟渠，往来阻滞"[340]。朱国祯《涌幢小品》卷二十七又载："万历三十五年（1607 年）闰六月二十四等日，大雨如注，至七月初五六等日尤甚，昼夜不止。京邸高敞之地，水入二三尺，各衙门内皆成巨浸，九衢平陆成江，洼者深至丈余，甚至大内紫金（禁）城亦坍坏四十余丈，会通运河（当为大通运河，即通惠河）尽行冲决，水势比甲寅（嘉靖三十三年）更涨五尺。皇木漂流殆尽，损粮船二十三只。……雨霁三日，正阳、宣武二门外，犹然奔涛汹涌，舆马不得前，城堙不可渡。"三十九年（1611 年）四月，昌平州"淫雨，水深五六尺许，苗稼尽损"[341]。五月，通州"大水"[342]。六月，"大雨水，都城内外暴涨，损官民庐舍"，"较之三十三年、三十五年两年，其势尤甚"[343]。甚至在连年干旱的明熹宗之世水灾也有发生，如天启六年（1626 年）闰六月北京淫雨连绵，滂沱如注，城内"塌倒民房七千三百间，损伤男妇二十五名口"[344]。同月，"卢沟水发，从京西入御河（即长河），穿城，经过五闸（即大通河）至通州，民多溺死"[345]。特别是春旱之后的水灾，使得农民夏麦无收，秋禾尽损，全年颗粒不见，因此引发严重饥荒。京畿饥民纷纷拥入京城，明廷虽在五城设粥厂放赈，也只是杯水车薪，无济于事。由此可见，水灾为害之广、之酷，实有甚于旱灾。

风灾 明代的北京地区，自英宗正统五年（1440 年）以后，大风扬尘，风霾蔽日的记载，无论在多雨期还是少雨期间，均十分频繁，而且一年数见。这反映了处在始于 1400 年（建文二年）第 4 寒冷期中的我国大陆气候在整体上逐渐干旱的趋势。

多雨期中的春季是风霾常作的季节。例如，嘉靖二十七年（1548 年）"二月己巳，大风扬尘蔽空，三月丁丑，大风扬尘四塞"[346]。二十八年（1549 年）"三月丙申，风霾四塞，日色惨白，凡五日"[347]。三十年（1551 年）"正月辛卯，大风扬尘蔽天，昼晦。三月丙辰，以雨未沾足，风霾间作，复诏有司祈祷"[348]。在少雨期间，风霾更加频繁，不但春季发生，而且秋、冬也不断。例如，明正德二年（1507 年）"闰正月己丑，是日大风坏奉天门右吻。癸酉，申刻，大风起，黄尘四塞，随雨土霾。三月乙卯，申刻，大风，黄雾四塞。丙寅，申刻，大风扬尘蔽空，日入乃息。十月壬申夜，大风扬尘蔽空"[349]。但是，大风多数年份还是在春季，夏秋大多无雨、冬无雪，或者间以雷雨风雹。例如，崇祯十六年（1643 年）"正月丁酉，大风，五凤楼（在午门上）前门闩风断三截，建极殿（清改保和殿）檐桷俱折"[350]。"二月戊辰，大风雨。戊子，京师大风霾，夜震西长安街石坊"[351]。"五月癸巳朔，雷震通夕不止。次日见太庙神主横倒，诸铜器为火所铄，熔而成灰。六月丙戌，雷震奉先殿鸱吻，槅扇皆裂，铜环尽毁"[352]。十七年（1644 年）"正月庚寅朔，大风霾"[353]。同日，"昌平、密云大风霾，昼晦"[354]。"乙卯，大风霾，登城西望，埃尘涨天。二月丁卯，大风霾。三月丙申，大风霾昼晦。癸卯，风晦。丙午，大雷电风雹"[355]。同月，密云县"大风霾，昼晦"[356]。"七月癸丑，酉刻，大雷电雨雹"[357]。

　　明代北京地区这种风霾常作、黄尘蔽日的气候特点固然主要是由于处在季风带的自然地理位置和当时大气候转入干旱周期造成的，但不可忽视的是，当时人类破坏自然生态环境平衡的生产活动，也是加剧气候恶劣的重要原因。

　　明初，北京地区地旷人稀。明廷在这里广置军屯、民屯，开垦土地，发展农业生产，以供边费。当时除北京郊区诸州县及河北地区蓟州、固安、永清、香河、东安、涿州、武清、遵化一带的土地得到广泛开发外，西北延庆、宣化一带因是关塞要地，驻有重兵，土地也得到广泛开发。此外，明太祖、太宗之世，为了充实北京地区人口，先后数次从山东、山西、江浙移民，每次均达万户。据《北平图经志书》记载：洪武二年（1369 年）北平府编户有 14974 户、48973 口，至洪武八年（1375 年）则编户 80666 户、3234151 口[358]。在短短 7 年时间，人口竟如此迅猛地增长，这当然决非仅仅出于自然增长。其中除有初次统计户口时的隐漏者外，即包含大量徙户。沈榜《宛署杂记》述云："洪武初年，我成祖（即明成祖）以燕王北征，至山后小兴村，得张福等若干人降之，徙入内地，散处宛平黄垡、东庄营等地，听用力开垦为业。"吴长元《宸垣识略》云："采育，永乐二年（1404 年），移山东、西民填之……计营五十八。"林廷举《延庆州城记》又述云："永乐甲午（十二年，1414 年），太宗皇帝巡狩北边，驻跸团山，以斯地厥土旷沃，群山环峙，遂创州治，迁民以实地，命官以莅民"[359]。这种向北京地区移民的活动直至永乐十四年（1416 年）始告停止。北京地区人口的急剧增长，进一步促使土地过度开发。明景泰年间，大学士商辂奏言：宣、大二府边地"其附城堡膏腴，先经在京勋臣等家占作庄田，其余闲田又被镇守总参等官占为业，军士无近便田可耕"[360]，遂不堪重赋，纷纷逃亡。可见这时连过去属于偏僻地区的土地也开垦殆尽。

明代北京自然环境的破坏，还因为出于军事目的人为地砍伐森林。正统、嘉靖之世，蒙古瓦剌、俺答部先后频频犯边，明廷遂纵火焚烧边外森林，以防蒙古突袭。曹学俭《蓟门游记》述云：在边墙外，"我（明军）每年大放军士伐木二次"，"四山尽烧，防有伏者"[361]。蒋一葵《长安客话》亦云："嘉靖中，胡守中以都御史奉玺书行边，乃出塞尽斩辽、金以来松木百万，于喜峰口创建来远楼。"由此而知，北京东北山区林木也遭破坏。弘治十四年（1501 年）七月，自今北京延庆县永宁南至居庸关，东西四十余里，南北七十余里的山林发生火灾，"延烧七昼夜，风大火烈，焚林木略尽"[362]。这样一来，北京西北山林又遭到严重破坏。至于因在北京西山和易州等地伐木烧薪，以供皇家和京师所用而导致的北京及周边地区森林植被的破坏，其状况尤为惨烈，后果更加严重。

明代，由于北京四周土地开发过度，森林植被破坏殆尽，在干旱年月，自然会形成并加剧"黄尘蔽日"的恶劣环境。每当冬、春，季风便挟带大量黄尘、砂粒遮蔽北京上空。成化四年（1468 年）"四月庚子，太常寺奏：'天地坛外墙风沙堆积，几与墙等。内坛及山川坛周围盖瓦俱被风损坏，宜速修治"[363]。康熙《通州志》载："嘉靖二年（1523 年）二月，风霾大作，黄沙蔽天，行人多被压埋。三月，黄沙着人衣俱成泥渍。万历四十七年（1619 年）二月，大风昼晦，雨如黄泥。"这种状况直至清代也无改变。旱风不仅带来黄尘涨天，加重旱情，而且还往往形成拔木摧屋的暴风，给农业生产和城市建筑、人民生命造成危害。北京地区旱暴风为害的记载首见于北魏时期。《魏书·灵征志》记载：北魏宣武帝景明元年（500 年）"二月癸巳，幽州（治蓟城，今北京）暴风，死一百六十一人。"景明三年（502 年）"九月丙辰，幽州暴风昏雾，树倒屋塌。"历一千余年以后，明代北京地区又处在干旱周期中，故干旱暴风又反复出现。嘉靖二十九年（1550 年）三月，密云县"黑气亘天，大风发屋瓦"[364]；怀柔县"恶风大作，飘屋瓦，走砂石，次日方息"[365]。崇祯九年（1636 年）十月，昌平"大风数日，损折陵树无算"[366]。在这种情况下，往往禾稼尽拔，房屋被摧，造成巨大灾害。清代，北京地区旱暴风的现象更有加剧。《池北偶谈》卷二十五载："康熙丙辰（十五年，1676 年）五月初一日，京师大风，昼晦。有人骑驴过正阳门，御风行空中，至崇文门始坠地，人驴无恙。"[367]这是因为清代与明代同处于第 4 寒冷期中，且北京地区的少雨周期比明代时更加延长的缘故。

除旱暴风外，与雨雹同时而来的暴风在天顺、正德、万历之世也时有发生。

蝗灾 元代，大都（治今北京）地区多有牧场，蝗灾时有发生。元廷为了防治蝗灾，令农民在秋季深翻土地，曝死蝗卵。但大都地区，只能深翻一半，另一半收过庄稼的农田仍要暂时充作牧场。明代，北京地区如坝河、阜成门外、东直门外一带仍有草场。干旱的气候环境和春旱秋涝的气候特点，再加上存在大面积杂草丛生、疏于管理的草场，明代北京地区蝗灾乃连连不断。现将明代北京蝗灾情况表列于下：

明北京蝗灾一览表

年代	洪武 1368—1398 年	建文 1399—1402 年	永乐 1403—1424 年	洪熙 1425 年
次数	4		1	
分布	北平府 北平 房山 宛平 密云 昌平 怀柔		通州 顺义 宛平	
年代	宣德 1426—1435 年	正统 1436—1449 年	景泰 1450—1456 年	天顺 1457—1464 年
次数	5	7	2	
分布	京畿 顺天府 顺义 通州 良乡 房山	京畿 近郊 顺义 房山 宛平 延庆 北京	通州 顺天府	

（续表）

年代	成化 1465—1487 年	弘治 1488—1505 年	正德 1506—1521 年	嘉靖 1522—1566 年
次数	1	4	1	9
分布	顺天府 顺义	京畿 密云 通州 北京	京畿	顺天府 顺义 良乡 密云 怀柔

年代	隆庆 1567—1572 年	万历 1573—1620 年	天启 1621—1627 年	崇祯 1628—1644 年
次数		7	2	6
分布		顺义 京畿 通州 昌平	顺天府 良乡	北京 平谷 密云 昌平

　　蝗虫喜炎热[368]，幼虫称蝻，成虫称蝗，成群飞行，遮蔽天日，其所过之处皆成荒野。明代北京地区的蝗灾大多数发生在六、七月，只有个别年份发生在四月或闰三月。这除与蝗虫繁殖规律有关，也与北京地区春旱秋涝的气候特点有密切联系。蝗灾分布的区域，除文献中泛言顺天府者外，经常见于记载的有怀柔、密云、昌平、通州、良乡、顺义、宛平、房山等州县。从地势上看，大多为近山区或低洼之地。在历史记载中，旱、蝗大多同时发生，因此，蝗灾当与干旱气候环境有密切关系。但是蝗虫产卵多选择土质较硬且含有相当湿度的处所[369]，故北京地区的蝗灾往往发生在雨涝的同年稍后数月或次年。例如，洪熙元年（1425 年）北京夏秋雨涝，甚至毁齐化（朝阳）、顺承（宣武）、正阳诸门城垣。次年即宣德元年（1426 年）七月"顺天府顺义县奏，蝗蝻生"[370]。宣德三年（1428 年）夏秋淫雨，四年（1429 年）四月复雨，同年六月顺天府"通州、涿州、霸州并东安、武清、良乡三县，各奏蝗蝻生"[371]。其中，良乡、房山二县完全受灾地亩达 119 顷78 亩。在宣德七、八两年连续干旱之后，九年（1434 年）夏季连雨。同年"七月，两畿（北畿、南畿）、山西、山东、河南蝗蝻，覆地尺许"[372]。十年（1435 年）四月，"顺天府奏，蝗蝻伤稼"[373]。正统年间的7 次蝗灾中，发生在淫雨年有 1 次，淫雨次年有 3 次，发生在旱年有 3

次，这是因为正统四年（1439 年）淫雨之后，五年（1440 年）五月"顺天等府蝗"[374]；此后，六年（1441 年）、七年（1442 年）、八年（1443 年），因前年蝗子未除而连续在三个旱年发生蝗灾。景泰年间的 2 次蝗灾，均发生在淫雨年的次年。成化年间仅见记载的 1 次蝗灾发生在成化二十二年（1486 年），而在前一年通州、蓟州、遵化等地即因久雨成灾，可见同样是淫雨次年发生的蝗灾。弘治年间发生的 4 次蝗灾中，有 2 次发生在淫雨年，1 次发生在淫雨次年。其中弘治七年（1494 年）"三月，两畿蝗"[375]，在北京地区是由于六年（1493 年）的蝗灾延续所致。弘治六年（1493 年）北京大兴、宛平二县及近京地面本属干旱，但其南部永清及顺天府属其他州县却久雨成灾，且当年六月从北京城市上空飞过的蝗群又是自东南向西北方向，可见其发生地当在北京东南部的州县。正德年间仅见记载的 1 次蝗灾发生在正德八年（1513 年）四月，时当连续干旱。嘉靖年间发生的 9 次蝗灾，5 次发生在嘉靖十五年（1536 年）以后的多雨期中。其余发生在少雨期（即嘉靖元年至十五年）中的 4 次蝗灾，1 次发生在淫雨年，1 次发生在淫雨次年，另 2 次发生在旱年。万历年间的 7 次蝗灾均发生在八年（1580 年）以后的少雨期，且集中在十九年（1591 年）以后。其中 4 次发生在淫雨年，1 次发生在淫雨次年，2 次发生在连旱之年。天启年的 2 次蝗灾，发生在雨、旱年各 1 次。崇祯年间的 6 次蝗灾均发生在连续旱年。

综上所述，可以看出，干旱地区在雨涝之后容易有蝗灾发生；即使连旱之年，雨后也易发生蝗灾。因此，素称干旱的非洲有俗语云："大雨之后，蝗虫随之而来。"

明代北京地区的蝗灾规模较大，经常"食禾几尽"，农民颗粒无收。蝗虫群迁徙时，日为之蔽。例如，正统十三年（1448 年）"七月乙酉朔，京师飞蝗蔽天"[376]；弘治六年（1493 年）"六月丙寅，蝗飞过京师三日，自东南向西北，日为之蔽"[377]；崇祯七年（1634 年）"六月戊辰，飞蝗蔽天"[378]。在这样大规模的蝗群袭击下，所过之地，苗禾尽损，树为之秃，田为之荒。旱、涝、蝗是当时对北京地区农民威胁最大的自然灾害。

瘟疫　元末，北京地区曾发生过一次大规模的瘟疫，死者数十万众。据载，元顺帝至正十八年（1358 年）七月，大都（今北京）大水，蝗，民大饥。冬，大都大饥疫，人相食，死者无数，自大都城至卢沟桥掘深坑及泉以葬之，至二十年（1360 年）四月，死者达二十万人[379]。

明代北京城市规模由元代的城方 60 里缩至 40 余里，而人口繁庶有过于元代，在城市排水沟渠失于疏浚、城市垃圾不能外运的情况下，瘟疫蔓延自然难免[380]。每逢荒年饥岁，京畿各州县乃至河北、山东部分百姓纷纷拥入京城，这就更增加了瘟疫爆发的机会。文献中北京地区瘟疫流行的记载始见于成化七年（1471 年），现将成化以后历朝情况表列如下：

明北京瘟疫一览表

年代	成化 1465—1487 年	弘治 1488—1505 年	正德 1506—1521 年	嘉靖 1522 年—1566 年
次数	1			4
分布	京师			京师内外 京畿 顺义
年代	隆庆 1567—1572 年	万历 1573—1620 年	天启 1621—1627 年	崇祯 1628—1644 年
次数	3			4
分布	京师内外 通州 延庆			北京 良乡 通州 昌平 密云

从上表中我们可以知道有记载的疫情有 12 个年份，且大多与水、旱灾和饥荒有关。例如，成化六年（1470 年）北京大水灾。七年（1471 年）春、夏旱，饥民纷纷涌入京城，"五月乙亥，顺天府府尹李裕等言：'近日京城饥民疫死者多……责令本坊火甲瘗其死者。'辛巳，诏京城外置漏泽园。时荒旱之余，大疫流行，军民死者枕藉于路……乃于京城崇文、宣武、安定、东直、西直、阜成六门郊外各置漏泽园一所，以瘗遗尸"[381]。从漏泽园设置的位置来看，这次疾疫主要发生在来自京南地区的饥民当中。嘉靖年间发生的 4 次瘟疫出现在多雨期中的二十一年（1542 年）、三十三年（1554 年）、四十三年（1564 年）、四十四年（1565 年）。但瘟疫发生的时间均在该年雨季之前的春、夏饥馑荒旱之际。如嘉靖二十一年（1542 年）"五月癸巳，巡抚顺天府都御史侯纶言：'顺天府属地方荒旱频仍。'丁酉，礼部左郎孙承恩上言：'迩者盛夏炎郁，散为疫疠，都城内外之民，僵仆相继'"。五月戊戌，大雨数日后，始"禾茂民康"[382]，不久又转为雨涝。嘉靖三十三年

（1554年）春，因上年（1553年）北京大水，至是京畿饥甚，"（通州）民剥树皮以食"[383]。"四月乙亥，都城内外大疫"[384]。六月始淫雨连绵。嘉靖四十三年（1564年）、四十四年（1565年）的瘟疫亦与饥旱有关，一发生在三月，一发生在正月，均属青黄不接，雨泽不沾之时。万历年间的3次瘟疫，发生在少雨期中的十年（1582年）、十五年（1587年）、四十五年（1617年）。而且，发生瘟疫的时间也均在该年的饥旱月份。万历十年（1588年）瘟疫发生在三月，十五年（1587年）瘟疫发生在"天时亢阳"的五月，四十五年（1617年）瘟疫发生在"赤日流金，土焦泉涸"的六月。明崇祯朝虽只有17年，但北京瘟疫流行情况相对来说记载最多。这大概是处于明朝季世，后人敢于秉笔直书的缘故[385]。崇祯十四年（1641年）以后连续4年的大旱，为见于记载的崇祯朝的这4次大瘟疫的流行创造了条件。

　　值得注意的是，万历十年（1582年）北京地区发生的瘟疫与旱风的传播有密切关系。万历九年（1581年）秋、冬，北京地区干旱无雪。十年（1582年）春复大旱。三月，风霾蔽日，"京城内外灾疫流行，人民死者甚众"[386]。据乾隆《延庆县志》载：此次瘟疫系"自怀来渐传京师，明年（1583年）传至江南"。这种流行病传染很快，同月东至通州，"比屋传染，虽至亲不敢问吊"[387]。北京以南的东安、保定、霸州、大城诸州县无一幸免。《古今图书集成·方舆汇编·职方典·顺天府部·纪事》引《东安县志》："万历十年（1582年），春，瘟疫大行……人死无数，甚有绝其门者。"《保定县志》："万历十年（1582年），大头瘟多传染，人死，至亲不敢吊问。"《霸州志》："万历十年（1582年），大疫。"《大城县志》："万历十年（1582年），人患大头疫，死者枕藉。"其传染的方向正与春季自西北而来的黄霾风向相同。明季崇祯之世，北京地区瘟疫为害更烈，甚于旱、蝗。如崇祯十四年（1641年）"七月丁亥，时北京甚疫，死亡昼夜相继，阖城惊悼"[388]。十六年（1643年）自二月至九月，"京师大疫，死亡日以万计"[389]。通州"大疫，名曰疙疸病，比屋传染，有阖家丧亡，竟无收殓者"。同时发生疫情的还有密云、昌平等地，"见（疙疸）则死，至有灭门者"[390]。所谓"疙疸"当是肿胀的淋巴结，依以上描述，似属大规模的鼠疫流行。

　　由于当时缺少防治手段，城市卫生条件又差，人口密集更易于传染，所以，即便一场中等规模的流行病，其被疫者亦在十余万人以上。如万历十五年（1587年）五月北京发生的历时一个月的瘟疫，自五月二十一日至三十日发放银钱共救济患者10699口；自五月十五日至三十日共医治患者 109590 口，这还仅是指城内居民而言。至于"大头瘟"、"疙瘩病"那种遍及京畿的恶性流行病，其被疫丧生者可能当在百万左右。

注释：

1　《明史》卷二《太祖纪二》。

2　《顺天府志》（永乐大典本）卷八"户口"。

3　《明太祖实录》卷三十五，洪武元年十月戊子。

4　《明太祖实录》卷五十，洪武三年三月丁酉。

5　《明太祖实录》卷五十六，洪武三年九月辛卯。

6　《明太祖实录》卷一百三十三，洪武十三年八月辛卯。

7　《明太祖实录》卷一百五十，洪武十五年十一月辛卯。

8　《明太祖实录》卷二百十六，洪武二十五年二月庚辰。

9　《明太祖实录》卷二百四十五，洪武二十九年三月。

10　《明史·食货志一》："明土田之制，凡二等：曰官田，曰民田。"官田，如宋元官田地、没收的土地、学田、皇庄、诸王及勋戚、大臣、内监和寺观赐乞的庄田、百官职田、军民商屯田，通谓之官田。其余为民田。

11　《明太祖实录》卷六十二，洪武四年三月乙巳。

12　《明太祖实录》卷六十六，洪武四年六月戊申。

13　此分县合计数与总数略有出入，户口数大致相符，屯田所多出 15 处。

14　《明太祖实录》卷七十五，洪武五年七月戊辰。

15　《明太祖实录》卷一百六十三，洪武十七年七月丙辰。

16　《明太祖实录》卷一百九十七，洪武二十二年九月甲戌。

17　《明太祖实录》卷四十九，"洪武四年十一月壬申，中书省奏：'河南、山东、北平、陕西、山西及直隶、淮安等府屯田，凡官给牛种者，请十税五，自备者十税三。'诏且勿征，三年后亩收租一斗。"

18　（明）徐光启：《农政全书》卷三《农本·国朝重农考》云："先是，诏：兵兴以来，所在流徙，所弃田，许诸人开垦为业……又诏：陕西、河东、山东、北平等处，民间田土，听所在民尽力开垦，为永业。毋起科。"此与《明史·食货志一》所述略有不同。

19　《明太祖实录》卷三十六，洪武二年正月己酉。

20　《明太祖实录》卷五十，洪武三年三月。

21　《明太祖实录》卷九十一，洪武七年七月。

22　按，此据清代直隶各州县地方志记载，参考方行主编：《中国经济通史·清代卷》，经济日报出版社 2007 年第 181 页。笔者认为，明清时期北方农业生产力变化不大。

23　65　72　182　194　207　《明史》卷七十七《食货志一》。

24　《明史》卷七十八《食货志二》。按，这里所说的数额可能有误，关于洪武时期的官田赋税，还有亩收不过一斗，以及每亩二斗的记载。

25　《明太祖实录》卷一百九十七，洪武二十二年八月甲戌。

26　《明成祖实录》卷十二下载："洪武三十五年九月乙未，命户部遣官核实山西太原、平阳府泽、潞、辽、沁、汾五州丁多田少及无田之家，分其丁口以实北平各府州县，仍户给钞，使置牛具子种，五年后征其税。"

27　《明成祖实录》卷三十三，永乐三年正月庚申。

28　《光绪顺天府志·食货志四·田赋下》将此数计入顺天府田额，实误。

29　《明成祖实录》卷二十下，永乐元年五月癸卯。

30　《明成祖实录》卷二十二，永乐元年八月甲戌。

31　《明成祖实录》卷三十六，永乐二年九月丁卯。

32　《明太祖实录》卷四十六，永乐三年九月丁巳。

33　《明成祖实录》卷一百八十二，永乐十四年十一月丁巳。

34　57　《明成祖实录》卷一百二十，永乐九年十月乙未。

35　42　43　《明成祖实录》卷十二下，洪武三十五年九月甲午。

36　《明成祖实录》卷十二下，洪武三十五年九月乙巳。

37　《明成祖实录》卷二十四，永乐元年十月壬申。

38　（明）孙承泽：《春明梦余录》卷三十三。

39　《明成祖实录》卷八十九，永乐十一年九月庚辰。

40　《明太祖实录》卷二百七，洪武二十四年二月辛酉。

41　《明成祖实录》卷十一，洪武三十五年八月甲子。

44　《明成祖实录》卷二十一，永乐元年八月己巳。

45　《明成祖实录》卷二十四，永乐元年十一月戊戌。

46　《明成祖实录》卷二十四，永乐元年闰十一月甲辰。

47　《明成祖实录》卷十九下，永乐元年五月癸卯。

48　《明成祖实录》卷三十，永乐二年七月己未。

49　《明成祖实录》卷五十六，永乐六年六月辛巳。

50　《明仁宗实录》卷四上，永乐二十二年十一月辛巳。

51　《明宣宗实录》卷二十五，宣德二年二月乙酉。

52　《明宣宗实录》卷二十九，宣德二年七月戊申。

53　《明成祖实录》卷三十一，永乐二年五月辛丑。

54　《明成祖实录》卷四十四，永乐三年七月辛亥。

55　《明成祖实录》卷一百九，永乐八年十月庚子。

56　《明成祖实录》卷一百六十九，永乐十三年十月丙寅，"行太仆寺卿杨砥言：'北京所属郡县土民养马者，免粮之家五户一马，不免粮七户一马。比年有充军事故者，宜令户部、兵部计议，于编发为民种田人户内选殷实之家助养。'从之。遂下令郡县，凡迁发种田者，能用心牧养，悉除其罪，俾为良民"。

58　《明成祖实录》卷十七，永乐元年二月戊辰。

59　61　《明会典》（万历本）卷十八，《屯田》。

60 《明成祖实录》卷二十七，永乐二年正月丁巳。

62 《明宣宗实录》卷三十九，宣德三年三月丙戌。

63 《明宣宗实录》卷五十一，宣德四年二月乙未。

64 《明宣宗实录》卷七十六，宣德六年二月壬子。

66 《明成祖实录》卷一百十九，永乐九年九月壬午。

67 《永乐大典》卷三千五百八十七。

68 康熙《顺义县志》卷二《田赋志》。

69 《明太祖实录》卷五十八，洪武三年十一月辛亥。

70 《明太祖实录》卷六十，洪武四年二月癸酉。

71 《明史》卷八十《食货志四》。

73 83 176 夏言：《勘报皇庄疏》，《皇明经世文编》卷二百二。

74 76 77 《顺天府志》（永乐大典本）卷八《田粮》。

75 （明）王圻：《续文献通考》卷三《田赋考》："国初……北平田土五十八万二千四百九十九顷五十一亩，夏税麦三十五万三千二百八十石，绢三万二千九百六十二匹，秋粮米八十一万七千二百四十石"

78 《明会典》（万历本）卷十九《户口一》。

79 《续文献通考》卷三《田赋考》；《明会典》（万历本）卷十七《田土》。

80 《明会典》（万历本）卷十九《户口一》；《明会典》卷十七《田土》。

81 82 188 190 271 《明会典》（万历本）卷十七《田土》。

84 90 孙承泽：《天府广记》卷三十六。

85 《明史》卷二百二十三《徐贞明传》。

86 《赐闲堂杂记》，引自《日下旧闻》卷二。

87 89 《明史》卷二百四十四《左光斗传》。

88 《明史》卷二百四十二《董应举传》。

91 290 《春明梦余录》卷六十五。

92 《燕都游览志》，引自《日下旧闻考》卷九十八。

93 （明）刘侗：《帝京景物略》卷七。

94 《燕都游览志》，引自《日下旧闻考》卷五十四。

95 《帝京景物略》卷一。

96 《帝京景物略》卷三。

97 《燕都游览志》，引自《日下旧闻考》卷九十。

98 99 引自《顺天府志》（永乐大典本）卷十一至卷十四《田粮》。

100 《宣宗实录》卷六十三，宣德五年二月癸巳。

101 万历《顺天府志》卷三《食货志·田赋》。

102 该县经费出自丁银，故不计入田赋，本项包括柴薪银、扛夫银。

103 邓之诚：《骨董琐记》卷一《银价、米价》载云："按明时折粮，四石可折一两。丰年一两易八九石。"

104 北京平谷区文化委员会编：《平谷石刻》"征编赋役规则碑"，北京燕山出版社 2010 年。

105　此数据出自康熙《顺义县志》卷二《田赋志》，据旧署前断碑所载，惟其地亩数据略有错讹，兹采用以征银额订正过的数字。另外，其书载总地亩与分载数字略有出入，但因尚不妨判断，姑且存留待考。

106　民地田赋中除夏税、秋粮外，还包括均徭、站粮、扛夫等差银和马草银。

107　按，康熙《顺义县志》卷二《田赋志》载："以上通共计地一万一千七百八十一顷零六亩四分，共征银二万六千三百七十一两九钱六分二厘。"此数有误，一来据本书合计数是五千四百七十六顷三十五亩三分，二来据光绪《畿辅通志·经政略·田赋》载，清朝初年圈地之前，顺义县原额地 2486.88 顷，此当为明末顺义县原额。因此，此处总额地亩和征银均按实际合计数计算。

108　康熙《顺义县志》卷二《田赋志》引自旧署前碑："赋役均征总数原额"。

109　《明宣宗实录》卷一百，宣德八年三月甲寅，广东按察司金事曾鼎奏：僧、道二家各奉其教，既已出家，自当离俗。今广东、浙江、江西等处寺观，田地多在邻近州县，顷亩动以千计，谓之寄庄，止纳秋粮，别无科差。

110　（明）何良俊《四友斋丛说·史三》："若钱粮作弊飞洒各区，则是家至户到，无不受其荼毒。"

111　《明太祖实录》卷一百八十，洪武二十年二月戊子，浙江布政使司及直隶苏州等府县进《鱼鳞图册》。先是，上命户部核实天下田土，而两浙富民畏避徭役，往往以田产诡托亲邻佃仆，谓之"铁脚诡寄"，久之，相习成风，乡里欺州县，州县欺府，奸弊百出，谓之"通天诡寄"，于是富者愈富而贫者愈贫。

112　《明穆宗实录》卷之六十八，隆庆六年三月庚子，"南京湖广道试监察御史陈堂奏言：国制，十年大造黄册，凡户口田赋之役，新旧登耗之数，无不备载，所以重国本而存故实也。今……奸吏得以那移豪强，因之影射，其弊不可胜穷。臣尝询之，盖有司征钱粮、编徭役者，自为一册，名曰白册。……有司但以白册为重，其于黄册则推付之里胥，任其增减，凡钱粮之完欠、差役之重轻、户口之消长，名实相悬。"

113　按，三饷加派即明末加派的辽饷、剿饷、练饷三项赋税的总称。辽饷，即万历十一年（1583 年）建州左卫努尔哈赤起兵，最终统治了建州三卫。万历十七年（1589 年），明朝授努尔哈赤为建州卫都督金事。此后在长达 20 余年的战争中，努尔哈赤对其他女真诸部取得巨大胜利，万历四十四年（1616 年）在赫图阿拉城（今辽宁新宾县西南）建立金国，建元天命，史称后金（此后又改国号清）。后金政权建立以后，努尔哈赤于万历四十六年（后金天命三年，1618 年）二月，聚众誓师，以"七大恨"告天，随即对明朝发动大规模进攻。四月，后金军攻占抚顺，明军连连败绩，辽东震动。明朝政治腐败，军队装备很差，作战能力虚弱。同年闰四月，明朝以杨镐为兵部左侍郎兼右佥都御史、辽东经略，掌管辽东军事。同时，在全国征收"辽饷"税银三百万两，从各地调集军队，准备征讨努尔哈赤。此即辽饷由来。辽饷始征于万历四十六年（1618 年），到四十八年（1620 年）止，在全国（贵州除外）平均每亩加征田赋银 9 厘，计 520 万两有余。天启时又增加榷关等杂项商税。崇祯时又将田赋加派由每亩银九厘增加到一分二厘，征银 522 万余两，复加上税关等杂项银，总计 740 余万两。剿饷，即明末崇祯之世，为了镇压农民起义征收的田赋加派，总计 280 万两。自崇祯十年（1637 年）至十三年（1640年）才被迫停止。练饷，即崇祯十二年（1639 年）根据兵部尚书杨嗣昌的建议，声称为加强九边对外防御力量，实际是为了加强镇压农民起义军，总计 730 余万两，其中全国田赋每亩加派银一分，占总数一半以上。

114 《明英宗实录》卷一百九十一，景泰附录卷九，景泰元年四月辛丑。

115 《明英宗实录》卷一百二十，正统九年八月己未，"广西布政使揭稽等奏，近从江西金事夏时言编定均徭图籍，凡民间徭役悉按图更代。然广西地临边徼，人少役繁，难拘定式，请如旧制，相时差遣为便。从之"。

116 《明太祖实录》卷一百八十，洪武二十年二月戊子。

117 《明宣宗实录》卷一百，宣德八年三月甲寅。

118 《明英宗实录》卷一百十八，正统九年七月戊申朔。

119 《明英宗实录》卷一百五十八，《废帝郕戾王附录第十六》，景泰元年十一月乙巳。

120 《明英宗实录》卷二百十六，《废帝郕戾王附录第三十四》，景泰三年五月甲午。

121 《明孝宗实录》卷十，弘治元年闰正月丙寅朔。

122 《明英宗实录》卷二十二，正统元年九月丁巳。

123 《明英宗实录》卷八十三，正统六年九月壬寅。

124 《明英宗实录》卷二百七十三，《废帝郕戾王附录第九十一》，景泰七年十二月丁巳。

125 《明英宗实录》卷一百七十七，正统十四年四月戊辰。

126 《明武宗实录》卷七，弘治十八年十一月乙酉，御马监太监宁瑾等奏："腾骧等四卫勇士、旗军，乃祖宗设立禁兵，以备宿卫、扈从，名为养马，实以防奸御侮也。"

127 《明世宗实录》卷七十一，嘉靖五年十二月己未。

128 215 《明孝宗实录》卷一百五十三，弘治十二年八月丁未。

129 《明孝宗实录》卷一百五十五，弘治十二年十月丙辰。

130 《明太祖实录》卷九十七，洪武八年二月庚申。

131 《明成祖实录》卷十五，洪武三十五年十二月丁卯。

132 《明太祖实录》卷十六，永乐元年正月甲午。

133 《明太祖实录》卷一百六十一，洪武十七年四月癸未。

134 《明太祖实录》卷二百四十一，洪武二十八年九月。

135 《明会典》（万历本）卷二十三《户部·仓庾三·马房等仓》："在京御马监及各马房，皆有仓场，储蓄草料，以供饲秣之用。"

136 《明英宗实录》卷三百二十二，天顺四年闰十一月己未。

137 《明英宗实录》卷一百七十六，正统十四年三月己亥："户部奏：'浙江布政司所属及直隶镇江等府该输马草准令纳银，有延至三四年者，宜令风宪官逮问，所司责限……'上从之。仍令不愿纳银者听其纳草。"

138 《明太祖实录》卷七十九，洪武六年二月辛巳。

139　《明太祖实录》卷二百四十九，洪武三十年正月丁卯。

140　《明成祖实录》卷十七，永乐元年二月庚戌。

141　《明成祖实录》卷一百六十七，永乐十三年八月丙寅。

142　《明成祖实录》卷一百三十七，永乐十一年二月癸亥。

143　（明）沈榜：《宛署杂记》卷九《马政》："永乐十年，令北直隶土民领养孳生马匹，宛平养马自此始。"

144　《明成祖实录》卷一百六十，十三年正月己酉。

145　146　《明成祖实录》卷一百六十九，永乐十三年十月丙寅。

147　《明成祖实录》卷一百七十一，永乐十三年十二月丁卯

148　《明成祖实录》卷一百八十，永乐十四年九月己亥。

149　《明仁宗实录》卷一，永乐二十二年八月丁巳。

150　163　166　167　169　《宛署杂记》卷九《马政》。

151　《明仁宗实录》卷六上，洪熙元年正月庚辰。

152　《明宣宗实录》卷二十三，宣德元年十二月癸亥。

153　《明宣宗实录》卷二十五，宣德二年二月甲申。

154　《明宣宗实录》卷四十，宣德三年三月甲辰。

155　《明宣宗实录》卷七十六，宣德六年二月丁酉"行在兵部奏：北京行太仆寺近岁马大蕃息……请先分给济南、东昌两府人民牧养，然欲如直隶顺天诸府每三丁养牝马一，二丁养牡马一，免其粮刍之半，则所免太多，供给不足"。

156　《明宣宗实录》卷十九，宣德元年七月甲午。

157　《明孝宗实录》卷一百四十四，弘治十一年闰十一月乙亥。

158　《明武宗实录》卷二十二，正德二年闰正月庚午。

159　《明世宗实录》卷六，正德十六年九月甲寅。

160　《明世宗实录》卷七十四，嘉靖六年三月庚子。

161　《嘉靖通州志略》卷四《马政》。

162　《明穆宗实录》卷二十，隆庆二年五月辛未。

164　《明神宗实录》卷一百一十二，万历九年五月辛卯。

165　《明神宗实录》卷一百一十四，万历九年七月壬午。

168　按，明代北京市场上常有卖马尾编织的帽子，往往有人为此盗剪官马鬃尾牟利。

170　《明史》卷九十二《兵志四》。

171　172　《宛署杂记》卷七《黄堡仓》。

173　王圻：《续文献通考》卷六《田赋考·官田》。

174　175　195　196　198　214　237　林俊：《传奉敕谕查勘畿内田地疏》，《皇明经世文编》卷八十八。

177　《明孝宗实录》卷二十八，弘治二年七月己卯，户部尚书李敏等以灾异上疏言："臣惟灾异之来，率由民心积怨所致。切见畿内之地，皇庄有五，共地一万二千八百余顷；勋戚、太监等官庄田三百三十有二，共地三万三千一百余顷。比来官庄官校人等，往往招集无赖群小，称为庄头、伴当、佃户家人名目，占民地土，

敛民财物，夺民孳畜。甚者污人妇人，诬人性命，民心伤痛入骨。少与分辩，辄被诬奏，至差官校拘拿，举家惊憾，怨声交作。"

178 《明世宗实录》卷二，正德十六年五月己卯。

179 180 《明世宗实录》卷三，正德十六年六月乙未。

181 《夏桂洲先生文集》卷十三。

183 185 《明世宗实录》卷八十二，嘉靖六年十一月甲午。

184 顾炎武：《天下郡国利病书》卷二《北直隶上》。

186 187 189 《宛署杂记》卷八《宫庄子粒》。

191 张学颜：《题停取帑银疏》，《皇明经世文编》卷三百六十三。

192 其中包括宛平县太虚观、清河、玉河乡、永安乡庞家庄等处旧庄子粒银418两和香山新庄子粒银558两。

193 包括宛平县乾清官庄田子粒银238两在内。

197 （明）张萱：《西园闻见录》卷七十。

199 《明武宗实录》卷三十，正德二年九月辛丑。

200 此亦见于《明会典》（万历本）卷十七《户部四·田土》。

201 《明宣宗实录》卷十，洪熙元年十月己卯。

202 314 《明英宗实录》卷三百二，天顺三年四月辛酉。

203 《明宪宗实录》卷二十四，成化元年十二月。

204 《明史》卷一百二十《诸王五·潞王翊镠传》。

205 《明神宗实录》卷一百三十七，万历十一年五月甲午。

206 296 《宛署杂记》卷十八《恩泽》。

208 《明宣宗实录》卷九，洪熙元年九月庚戌。

209 《明史》卷一百八十《李森传》。

210 《明史》卷三百《周能传》附周寿传。

211 《明宪宗实录》卷一百九十五，成化十五年十月甲辰。

212 《明宪宗实录》卷二百二，成化十六年四月壬戌。

213 《明宪宗实录》卷二百四，成化十六年六月辛亥、癸丑。

216 《明宪宗实录》卷二百八十八，成化二十三年三月丁卯。

217 《明武宗实录》卷一百五十七，正德十二年闰十二月戊戌。

218 《明英宗实录》卷一百五十二，正统十二年四月庚午。

219 《明英宗实录》卷二百七十六，天顺元年三月丙寅。

220 《明英宗实录》卷一百五十四，正统十二年五月壬申。

221 《明英宗实录》卷二百八十三，天顺元年十月丙申。

222 《明英宗实录》卷三百十四，天顺六年五月辛亥。

223 《明英宗实录》卷三百十九，天顺四年九月癸未。

224 《明孝宗实录》卷二百十，弘治十七年四月甲寅。《明史》卷三百《周能传》附周寿传；《张峦传》附张鹤龄、张延龄传。

225 《明孝宗实录》卷二百十，弘治十七年四月甲寅。

226 《明武宗实录》卷十五，正德元年七月癸未。

227　《明世宗实录》卷二百十一，嘉靖十七年四月丁卯。

228　《明世宗实录》卷二十一，嘉靖元年十二月丙子

229　（明）陈仁锡：《皇明世法录》卷三十九《田土》。

230　《明世宗实录》卷二百五十三，嘉靖二十年九月乙未。

231　（清）许重熙：《宪章外史续编》卷三《嘉靖注略》。

232　邓之诚：《骨董琐记》卷一《田价》载云："《启祯记闻录》言：'崇祯十五年，吴某有祖遗萧泾田六百四亩，得业已六七十载，原价每亩八钱，今则值四五金矣，可知当时田价甚廉。'按，唐甄《潜书》言：'卖田四十亩，得六十余金。'每亩仅值银一两五钱。是时常赋十五，四十亩佃人四十一石，而赋及杂耗二十三石，凶岁则典物以纳，故田价之贱如此。"

233　《明宪宗实录》卷六十四，成化五年闰二月己巳。

234　《明宣宗实录》卷七十七，宣德六年三月戊寅。

235　《明英宗实录》卷一百十九，正统九年闰七月壬辰。

236　《明英宗实录》卷一百五十，正统十二年二月戊午。

238　《明武宗实录》卷四十七，正德四年二月戊子。

239　《明武宗实录》卷十五，正德元年七月癸未、乙未。

240　《明武宗实录》卷十四，正德元年六月癸酉。

241　《明武宗实录》卷十七，正德元年七月。

242　《明武宗实录》卷二十四，正德二年三月丙辰。

243　《明武宗实录》卷五十七，正德四年十一月丙申。

244　《明世宗实录》卷十五，嘉靖元年六月庚子。

245　《明世宗实录》卷二十四，嘉靖二年三月庚申。

246　《明世宗实录》卷四十三，嘉靖三年九月戊辰。

247　《明英宗实录·附景泰实录》卷一百九十四，景泰元年七月癸卯、戊午。

248　《明英宗实录·附景泰实录》卷二百十二，景泰三年正月丙午。

249　《明英宗实录》卷二百七十五，天顺元年二月庚申。

250　《明英宗实录》卷二百七十七，天顺元年四月戊戌。

251　《明英宗实录》卷二百七十八，天顺元年五月丁亥。

252　《明英宗实录》卷二百七十八，天顺元年五月甲申。

253　《明英宗实录》卷二百八十，天顺元年七月壬午。

254　《明英宗实录》卷二百八十一，天顺元年八月辛丑、庚戌。

255　《明英宗实录》卷二百九十七，天顺二年十一月乙巳。

256　《明英宗实录》卷二百九十二，天顺二年六月戊辰。

257　《明宪宗实录》卷七十，成化五年八月丁丑。

258　《明宪宗实录》卷七十一，成化五年九月壬寅。

259　《明孝宗实录》卷十四，弘治元年五月乙亥。

260　《明孝宗实录》卷一百二十四，弘治十年四月丁亥。

261　《皇明世法录》卷三十二《驯政》。

262　《明武宗实录》卷十二，正德元年夏四月癸丑。

263 《明武宗实录》卷三十二，正德二年十一月甲寅。

264 《明武宗实录》卷一百六，正德八年十一月丙戌。

265 《明武宗实录》卷一百七十六，正德十四年七月丙辰。

266 《罪惟录》卷九《土田志》。

267 《明英宗实录》卷七十七，正统六年三月壬寅。

268 《明孝宗实录》卷四十一，弘治三年八月癸未。

269 《明世宗实录》卷三，正德十六年六月戊子、乙未、甲辰。

270 《明会典》（正德本）卷十七《田土》。

272 273 《宛署杂记》卷六《地亩》。

274 《明英宗实录》卷十五，正统元年三月己卯。

275 《明宪宗实录》卷七十六，成化六年二月乙亥。

276 《明宪宗实录》卷九十一，成化七年五月己亥；《明宪宗实录》卷九十九，成化七年十二月辛巳。

277 《明孝宗实录》卷二百十二，弘治十七年五月辛卯。

278 《明世宗实录》卷三十三，嘉靖二年十一月甲申。

279 《明宪宗实录》卷二百九十二，成化二十三年七月辛酉。

280 《明熹宗实录》卷七十六，天启七年二月己亥。

281 286 《天府广记》卷三十一《上林苑》。

282 302 《春明梦余录》卷六十二。

283 《春明梦余录》卷六十四。

284 （清）吴长元：《宸垣识略》卷十二《郊坰》。

285 《明英宗实录》卷一百十九，正统九年闰七月甲辰。

287 《明世宗实录》卷三十一，嘉靖二年九月癸酉、辛卯。

288 （明）杨廷和：《杨文忠三录》卷二《请逮问谷大用疏》。

289 《明世宗实录》卷三十三，嘉靖二年十一月戊子。

291 （明）沈德符：《万历野获编》卷二十四《京师园亭》。

292 《明史》卷三百八《严嵩传》。

293 （明）田艺蘅：《留青日札》。

294 （明）余继登：《典故纪闻》卷十一。

295 《燕都游览志》，引自《日下旧闻考》卷一百三十一。

297 《明孝宗实录》卷一百八十四，弘治十五年二月己未。

298 《明武宗实录》卷九十九，正德八年四月癸亥。

299 《宛署杂记》卷十八《恩泽·田宅》。

300 抄自大觉寺碑。

301 滕艳玲：《普惠生祠香火碑及魏忠贤》，载《北京文博》1977 年第 1 期。

303 《宛署杂记》卷十九《寺观》。

304 《宛署杂记》卷四《山川》。

305 引自《宛署杂记》卷十七。

306 《帝京景物略》卷三《草桥》。

307　《宛署杂记》卷十二《契税》。

308　竺可桢：《中国近五千年来气候变迁的初步研究》，《考古学报》1972 年第 1 期。

309　北京气象台：《北京市近五百年旱涝分析》，载《气候变迁和超长期预报文集》科学出版社 1977 年。

310　同类现象一年发生数次者均只统计一次。

311　《明英宗实录》卷一百九十一，《废帝郕戾王附录第九》，景泰元年四月庚辰。

312　《明英宗实录》卷二百六十三，《废帝郕戾王附录第八十一》，景泰七年二月己酉。

313　《明英宗实录》卷二百七十七，天顺元年四月甲辰。

315　《明英宗实录》卷三百四十九，天顺七年二月丙寅。

316　《典故纪闻》卷十四。

317　《明宪宗实录》卷二，天顺八年二月乙巳。

318　康熙《怀柔县志》卷二《灾祥》。

319　《明神宗实录》卷三百五十九，万历二十九年五月丁未。

320　《明神宗实录》卷十二，万历元年四月甲戌。

321　《明实录附录·崇祯实录》卷十三，崇祯十三年。

322　333　341　366　390　《古今图书集成·方舆汇编·职方典·顺天府部·纪事》引《昌平州志》。

323　《明神宗实录》卷五百三十四，万历四十三年七月己酉。

324　《明实录附录·崇祯实录》卷十四，崇祯十四年六月癸酉。

325　《利玛窦中国札记》下册，中华书局 1983 年。

326　《明世宗实录》卷二百三，嘉靖十六年八月壬戌。

327　《明世宗实录》卷二百二十六，嘉靖十八年七月壬辰。

328　《明世宗实录》卷三百十三，嘉靖二十五年七月戊年；卷三百十四，嘉靖二十五年八月壬寅。

329　335　乾隆《延庆县志》卷一《星野》附灾祥。

330　331　《光绪顺天府志·故事志五·祥异》引《采访册》。

332　《明世宗实录》卷四百十一，嘉靖三十三年六月戊戌。

334　342　345　383　387　康熙《通州志》卷十一《祲祥》。

336　《明穆宗实录》卷九，隆庆元年六月壬辰。

337　352　372　375　《明史》卷二十八《五行志一》。

338　《明穆宗实录》卷三十九，隆庆三年十一月丁酉。

339　《明宪宗实录》卷一百八十，成化十四年七月癸亥。

340　《明宪宗实录》卷一百八十九，成化十五年四月庚戌。

343　《明神宗实录》卷四百八十四，万历三十九年六月壬午；卷四百八十八，万历三十九年十月丁卯。

344　《明熹宗实录》卷七十三，天启六年闰六月乙巳。

346 《明世宗实录》卷三百三十三，嘉靖二十七年二月己巳；卷三百三十四，嘉靖二十七年三月丁丑。

347 《明史》卷三《五行志三》。

348 《明世宗实录》卷三百六十九，嘉靖三十年正月辛卯；卷三百七十一，嘉靖三十年三月丙辰。

349 《明武宗实录》卷二十二，正德二年闰正月；卷二十四，正德二年三月；卷三十一，正德二年十月。

350 《明史》卷三十《五行志三》。

351 389 《明实录附录·崇祯实录》卷十六，崇祯十六年。

353 《明实录附录·崇祯实录》卷十七，崇祯十七年。

354 《光绪昌平州志》卷六《大事表》；光绪《密云县志》卷二十一下《灾祥》。

355 357 《明实录附录·崇祯实录》卷十七，崇祯十七年。

356 光绪《密云县志》卷二之一下。

358 《顺天府志》（永乐大典抄本）卷九《户口》，北京大学出版社 1982 年影印本。

359 《古今图书集成·方舆汇编·职方典·宣化府部·艺文一》引。

360 《农政全书·国朝重农考》。

361 《古今游记丛抄》卷一，转引自于希贤：《北京地区天然森林植被的破坏过程及其后果》，载《环境变迁研究》第 1 辑。

362 《明孝宗实录》卷一百七十六，弘治十四年七月庚申。

363 《明宪宗实录》卷五十三，成化四年四月庚子。

364 光绪《密云县志》卷二之一下《灾祥》。

365 康熙《怀柔县志》卷二《灾祥》。

367 1987 年 6 月 23 日《报刊文摘》转载湖南《爱晚报》报道：湖南祁阳县黄泥塘一青年被飓风在 1 小时左右吹送到直线距离 260 余里以外的郴州而无恙。据气象工作者称，只有在风力达 12 级，风速达 64 海里/小时，才有可能出现上述情况。北京正阳门至崇文门为 1.8 公里左右，康熙十五年（1676 年）北京飓风当比报载飓风之风势略小。

368 中央人民政府农业部植保司编：《蝗虫防治法》载："蝗虫在温度20℃—22℃时才开始爬行；高达 40℃ 以上始停止进食，做不正常活动。"中华书局 1953 年。

369 中央人民政府农业部植保司编：《蝗虫防治法》载："蝗产卵习性……产卵前选择适当地点，一般多喜在土质较硬并含有相当湿度及光线能直接照射的地方产卵，如河边、沟沿、湖堤、田埂、路边、坟头及浅草荒地或退水不久的泛区"。中华书局 1953 年。

370 《明宣宗实录》卷十九，宣德元年七月辛亥。

371 《明宣宗实录》卷五十五，宣德四年六月癸卯。

373 《明英宗实录》卷四，宣德十年四月戊辰。

374 《明英宗实录》卷六十七，正统五年五月壬寅。

376 《明英宗实录》卷一百六十八，正统十三年七月乙酉。

377 《明孝宗实录》卷七十七，弘治六年六月丙寅。

378 《明实录附录·崇祯实录》卷七，崇祯七年。

379 见《元史》卷四十五《顺帝纪八》；卷一百十四《后妃一·完者忽都皇后奇氏传》；卷二百四《宦者·朴不花传》。

380 清初顺治六年（1649 年），摄政王多尔衮以"京城水苦，人多疾病"为由，曾一度计划于京东另建新城。

381 《明宪宗实录》卷九十一，成化七年五月辛巳。

382 《明世宗实录》卷二百六十一，嘉靖二十一年五月丁酉。

384 《明世宗实录》卷四百九，嘉靖三十三年四月乙亥。

385 《明世宗实录》卷一，正德十六年（1521 年）五月丙子：钦天监刻漏博士杜钺言："正德以来，逆瑾擅专，壅惑主听，时五官监候杨源、夏祚并以奏报天象被杖有死者，自后台官多为全身保妻子之计，匿不以闻。"《万历野获编》卷二十九《郊晦大风》条载："成化丙申年（十二年，1479 年）正月十三日，上方南郊，忽阴晦大风，郊坛灯烛俱灭，执幡麾并乐官俱冻死。此祝枝山大父居京师亲见，而《宪宗实录》不载，盖秉史笔邱文庄公讳之也。"可见《明实录》中记事多有隐讳。

386 《明神宗实录》卷一百二十二，万历十年三月辛未。

388 《明实录附录·崇祯实录》卷十四，崇祯十四年。

第十一章　清代北京地区的农业

第一节　清代北京的旗地

一、圈地

清朝顺治元年（1644 年）五月，多尔衮率清军进入北京。六月，定议建都北京。七月，摄政王多尔衮为了稳定社会，颁布谕令：指出前朝弊政，厉民最甚者，莫如加派三饷，因此"自顺治元年为始。凡正额之外一切加派……尽行蠲免"[1]。十月，清顺治皇帝即位于北京，颁即位诏书中再次重申"自顺治元年（1644 年）五月初一日起，按亩征解，凡加派辽饷、剿饷、练饷、召买等项，悉行蠲免"。当时清政府下令兵、民分城而居，八旗官兵居内城，原城内居民一律迁居城外。这样自然给迁居者造成巨大财产损失，清政府为了缓和汉族各阶层的对立，同时宣布"京都兵民分城居住，原取两便，实不得已。其东、中、西三城官民已经迁徙者所有田地、应纳租赋，不拘坐落何处，概准蠲免三年，以顺治三年（1646 年）十二月终为止。其南北二城虽未迁徙而房屋被人分居者所有田地、应纳租赋，不拘坐落何处，准免一年，以顺治元年（1644 年）十二月终为止"[2]。这是为了催促内城汉民立即搬到城外，所以故意规定优免条件以顺治元年（1644 年）十二月为限。然而，由于原居住在内城的百姓无处可去，兵民分城而居的实施过程实际上延续了四五年。顺治五年（1648 年）清政府又规定对迁居者的房屋进行赔偿，房主对原房可以折卖，同时户部每间给银四两[3]。迁居者有田产的，可免一年赋税；没有田产的可免一年的丁银。家有七十以上老人的，可免一人的杂派差役，在家侍养。

与颁布迁徙令的同时，顺治元年（1644 年）十二月丁丑，清世祖诏令："凡近京各州县民人无主荒田及明国皇帝、驸马、公、侯、太监等死于寇乱者，无主荒田甚多，尔部可概行清查，如本主尚存，或本主已死而子弟存者，量口给与，其余田地，尽行分给东来诸王、勋臣、兵丁人等。"[4]于是，空前野蛮的圈占土地暴行席卷京畿各地。八旗贵族圈占土地，驱逐居民等野蛮行径激起当地人民强烈反抗，"自北京以东……关内'土贼'群起，杀害官吏"[5]。

清朝八旗的圈地自顺治元年（1644 年）开始，在顺治二年（1645 年）、三年（1646 年）达到高潮，以后陆陆续续不断有圈补、换地等情况，始终没有稳定下来。其间，虽然清世祖有鉴于八旗野蛮圈地使得京畿大批农民流离失所，相聚为盗，引起社会的巨大震荡，威胁到立足未稳的清政权的生存，于顺治四年（1647 年）三月庚午，谕户部："自今以后，民间田屋，不得复行圈拨，着永行禁止。其先经被圈之家，着作速拨补。"[6]顺治八年（1651 年），再次因八旗贵族圈占京畿大片农田作为畋猎的围场，下令户部"作速行文地方官，将前圈地土，尽数退还原主，令其乘时耕种"[7]。但是圈地的现象始终存在。

顺治十八年（1661 年）清圣祖康熙皇帝幼年即位，朝廷大权控制在辅政大臣鳌拜一伙的手里。康熙六年（1667 年）康熙皇帝亲政，康熙八年（1669 年）五月将鳌拜革职拘禁，一举铲除鳌拜一党势力之后，顺应历史潮流，同年六月宣布永远停止圈占民地，从而最终结束了这场浩劫[8]。在这期间，八旗共圈占土地 153467 顷 16 亩。其中，八旗宗室王公贵族占地 13338 顷 45 亩，八旗官兵占地 140128 顷 71 亩[9]。

八旗圈占土地虽然名义上说只圈"故明赏赉勋戚庄地、及民间无主荒田"[10]，但实际上还是优先考虑土地距京城的远近和土地的肥瘠。例如顺治二年（1645 年）户部尚书英俄尔岱等奏言，满城等地本有计划分给八旗的无主荒地，但考虑到其距京城较远，于是奏请"将易州等县有主田地酌量给兵，而以满城等处无主田地就近给民，庶几两利"[11]。所谓"庶几两利"纯粹是骗人的谎言，实际是只利于八旗，损害的是普通百姓的利益。顺治四年（1647 年）户部代替八旗进一步提出要求，说"去年八旗圈地、止圈一面，内薄地甚多，以致秋成歉收；今年东来满洲，又无地耕种……应于近京府州县内，不论有主、无主地土，拨换去年所圈薄地，并给今年东来满洲。其被圈之民，于满洲未圈州县内，查屯卫等地拨补。仍照迁移远近豁免钱粮四百里者准免二年，三百里者准免一年。以后无复再圈民地，庶满汉两便"。这个要求很快得到朝廷许可，"于是圈顺义、怀柔、密云、平谷四县地六万七百五晌（每晌 6 亩）"，而以延庆、新保安等地的无主屯地拨补；再圈雄县、大城、新城三县地四万九千一百一十五晌，而以束鹿、阜城二县无主屯地拨补；再圈容城、任邱二县地三万五千五十一晌，而以武邑县无主屯地拨补；再圈河间府地二十万一千五百三十九晌，以博野、安平、肃宁、饶阳四县先圈薄地拨补；再圈昌平、良乡、房山、易州四州县地五万九千八百六十晌，以定州、晋州、无极县旧保安、深井堡、桃花堡、递鹗堡、鸡鸣驿、龙门所无主屯地拨补；再圈安肃、满城二县地三万五千九百晌，以武强、藁城二县无主屯地拨补；再圈完县、清苑二县地四万五千一百晌，以真定县无主屯地拨补；再圈通州、三河、蓟州、遵化四州县地十一万二百二十八晌，以玉田、丰润二县圈剩无主屯地及迁安县无主屯地拨补；再圈霸州、新城、漷县、武清、东安、高阳、庆都、固安、安州、永清、沧州十一州县地十九万二千五百一十九晌，以南皮、静海、乐陵、庆云、交河、蠡县、灵寿、行唐、深州、深泽、曲阳、新乐、祁州、故城、德州各州县无主屯地拨补；再圈涿州、涞水、定兴、保定、文安五州县地十万一千四百九十晌，以献县先圈薄地拨补；再圈宝坻、香河、滦州、乐亭四州县地十万二千二百晌，以武城、昌黎、抚宁各县无主屯地拨补[12]。从以上分布可以看出，清朝政府的原则是圈占近京肥沃土地为旗地，而以三四百里之外，甚至山东地区的偏远贫瘠土地拨给被侵占的农民作补偿。因此八旗旗地的分布特点就形成以北京为中心的方圆五百里州县内，虽不尽属顺天府所有，但"以顺天府（治北京）境内圈占为多"[13]。

八旗内部分配圈占的土地，首先是按照本人的爵位和官职高低，分配有差。顺治二年（1645 年）规定：诸王、贝勒、贝子、公等，大庄每所一百三十晌（每晌六亩），半庄每所六十五晌，园每所三十晌。此外，内务府总管、各王府总管、郡王以下府管领也都分有八晌到五晌。除此之外，王以下各官所拥有的壮丁（即家奴），计口给地六晌[14]。后来虽然在分配旗地的数量上又有调整，例如由于入关的壮丁愈来愈多，壮丁地由每口授田六晌减为五晌，等等，但总的分配原则始终不变。因此，八旗贵族地位尊显本来得到的土地就多，再加之有数量众多的壮丁，就可以占有更多的旗地。八旗兵丁由于只有一两个壮丁，劳动力告乏，更何况分了壮丁地以后就不再发给壮丁口粮，所以虽然到手的旗地有限但也成了负担。顺治四年（1647 年）清廷再次重申："拨给甲兵地亩，有告称不能耕种者，不准。"[15]这个问题后来还是通过把旗地非法佃租给汉人等方式解决了，然而这里面已经暗含着旗地制度瓦解的因素。

清代北京地区的旗地，同明代的皇庄、官庄及太监、勋戚庄田一样，也是北京封建农业经济中的特殊现象。它上承金代女真族的猛安谋克户的授田制，是清初满族社会经济中农奴制残余的反映。当时，近京的大兴、宛平两县土地多为旗地官田。康熙《大兴县志》云："今大兴为畿辅首地，旗屯星列，田在官而不在民，故土著者寡而户口稀，无足怪也。"被圈占土地上的农民或被迫远走他乡，或被迫带地投充八旗贵族门下。现将清初圈占顺天府各州县土地情况列表如下：

清初顺天府圈充土地统计表[16]　　　　单位：顷

县　称	原　额	圈　充	实　剩	圈充占原额百分比
大　兴	1909.63	1810.30	99.33	94.80%
宛　平	3272.56	3016.29	256.27	92.17%
良　乡	2918.24	2918.24	无	100%
固　安	4881.76	4524.06	357.70	92.67%
东　安	3242.84	2749.75	493.09	84.79%
香　河	3162.14	3093.30	68.84	97.82%
通　州	7439.77	7365.65[17]	74.12	99.00%
三　河	6327.74	6327.74	无	100%
武　清	2625.94	2585.01[18]	40.93	98.44%
宝　坻	8690.64	6832.69[19]	57.95	99.16%
宁　河	1901.67	1901.67[20]	无	100%
昌平州	2888.70	2885.93	2.77	99.90%
顺　义	2486.88	2486.88[21]	无	100%
密　云	2733.43	2707.91	25.52	99.07%
怀　柔	1392.22	1276.11	116.11	91.66%
涿　州	5273.03	4678.14	594.89	88.72%
房　山	1767.37	1392.05	375.32	78.76%
霸　州	2658.18	2299.95	385.23	86.52%
文　安	3766.66	2205.36	1561.30	58.55%
大　城	2768.37	1441.20	1327.17	52.06%
保　定	555.33	348.87	206.46	62.82%
蓟　州	4348.68	4278.05	70.63	98.38%
平　谷	1124.30	1069.36	54.94	95.11%

从上表可以计算出，清初顺天府原额地共有 81598 顷 57 亩，圈充地（包括少量给剥船地和冲压地）共 75070 顷 26 亩。圈充地约占原额地的 82.2%；其余的 17.8% 即为实际剩余地，仅有 6528 顷 31 亩[22]。就今北京地区而言，大兴、宛平、良乡、通州、昌平、顺义、密云、怀柔、房山、平谷圈充地[23]，再加上延庆（清属宣化府，为延庆州）圈充地[24]，共约为 30337 顷。这些州县圈充地总数约占原额地总数的 93%，远远高于顺天府全府圈充地的平均比例数。这是由于这些州县距京城较近，所以在圈占中首当其冲。良乡、顺义二县土地肥沃，故受害最甚，全县土地被圈占无遗。

清军入关以后，在京畿地区大规模圈占土地先后计有三次（顺治元年、顺治二年、顺治四年），其中尤其以二、四两年圈地规模最大。数量最多。现仅举北京大兴县顺治二年至四年（1645 年—1647 年）圈占土地情况为例。据文献记载：

拨给镶黄旗旗人民地共二百二十二顷零二亩，屯地三十七顷六十八亩七分，牧马地八十四顷六十亩五分；

拨给正黄旗旗人民地共一百九十九顷九十五亩，屯地共五十二顷七十一亩，牧马地共八十一顷三十七亩五分；

拨给正白旗旗人民地一百七十九顷八亩五分，屯地共五十五顷十八亩五分，牧马地共九十一顷十五亩；

拨给镶白旗旗人民地共一百零六顷八十六亩五分，屯地共四十五顷六十四亩五分，牧马地共九十一顷十四亩；

拨给正蓝旗旗人民地共九十五顷六十八亩六分，屯地共四十五顷三十一亩，牧马地共八十七顷八十九亩五分；

拨给镶蓝旗旗人民地共八十四顷零五亩七分，屯地共三十二顷九十三亩六分，牧马地共七十五顷九十三亩二分[25]。

以上六项圈地总计 1669 顷 23 亩。清初大兴县共圈充地 1810 顷 30 亩（见前表）。顺治二年至四年（1645 年—1647 年）的短短 3 年里的圈地数额竟占全部圈充地的 92% 以上。其余的 8%，除投充地外，顺治四年（1647 年）以后也还进行局部的补圈。

清政府把这些圈充地一部分拨为八旗兵丁旗地，一部分拨为皇室、王公贵族庄田。皇庄和贵族旗庄有大庄、半庄和园地、半园的区别。顺治二年定例：大庄，每庄一百三十晌；半庄，每庄六十五晌（每晌六亩）。当时诸王、勋戚、及八旗臣工"俸糈之外，概赐园地。复按所属壮丁，拨给晌亩"[26]。皇室和贵族庄田，每庄都有庄头，负责旗租的收缴和旗地的管理。他们虽然也是奴仆身份，但是凭藉着在旗庄中的特殊身份，往往也作威作福，和农村中的一些地痞、无赖、衙门差役勾结一气，或霸占良民土地，或捏造谣言威胁良民成为旗下投充户。八旗壮丁旗地，初则每人给地六晌，后改为五晌[27]。

北京西郊自海淀至玉泉山一带水泉丰富、土地肥沃的田地除部分立为皇庄外，其余多被满洲贵族占为旗庄。他们私自决水灌田，以致专供京师大内御用的玉泉山水也告枯竭。顺治十七年（1660 年）六月，内大臣伯索尼遵谕上言十一事，其一即"京北玉泉山之水止备上用，其禁甚严。今诸王、贝勒及各官辄皆私引灌田，遂致泉流尽竭，殊干法纪。今后宜严谕禁止，庶泉流不竭矣"[28]。九月，工部议决，"嗣后王、贝勒、大臣家人、官民人等，不许决引泉水灌田，如有违禁者，指名参奏议罪"[29]。

清朝定都北京以后，"沈阳农民皆令移居北京"[30]，将大量从事农业生产的农奴和百姓迁入山海关以里，以致山海关以东地区"有同无人之境"[31]，土地大量抛荒。直至康熙十三年（1674 年），来往东北地区的朝鲜使者尚见"牛庄以西。人丁稀少，家舍空虚"[32]。因此，这场大规模的野蛮的圈占和迁徙，对关内的劳动人民是一场浩劫，对关外的满、汉劳动人民也是一场大灾难。当时北京由于江南漕运未通，米价骤涨，"斗米值银三钱"，而"沈中禾稼颇登，故多有怨苦者"。而且长途跋涉，"自关内至广宁（今辽宁北镇）十余日程，男女扶携，车毂相击"[33]，这对于安土重迁的农民来说更是痛苦不堪。

清初八旗圈占土地，口称只圈无主荒田及前明皇亲驸马公侯内监殁于战乱者的庄田，并以京畿三百里为限，实际上"三百里内不足，则远及五百里无主之地，不足因概及于有主，以致民众失业，苦不忍言"[34]。圈占虽有拨补之例，但所拨多不足额，且均为老荒瘠薄之地。如宛平县地丰干朝臣等人土地被圈后，于天津城东 20 余里之漓河淀拨补 500 余顷，均是"洼薄之地"，"一遇雨水连绵冲决堤口，每致收获无望"[35]。有些被圈迁的农民流落他乡，在当地辛勤开垦的土地复被土豪攘夺。如顺天府通州（治今北京通州）、宝坻等州县民王之臣等人迁徙到山东济南府后，应募开垦商河县荒地。至顺治十二年（1661 年），已"立庄十有余处，集户千有余家，垦地百有余顷"，却被当地土豪张明和、董应夏等人控告府县，并将垦户"高承官吊拷诈银五十两，地土尽行吞霸"[36]。

二、投充户

应该看到，在圈地过程中，那些迁徙到拨补土地的州县重新安排生产的农户,肯定需要一定的资金作为支持。换句话来说,其实只有那些家产比较厚实的地主才有能力迁徙。在圈地过程中,大部分自耕农和小地主为了维持生计和免遭流离失所之苦,就将土地投献旗人奴主门下,称为投充户、带地投充户。带地投充户虽然失去了土地所有权,但仍保留土地有偿使用权,身份为旗人奴主的家奴。还有的无地农民,亦准认领无主荒地投充。康熙时朝臣孙嘉淦奏云:"查民人投充旗下,原非得已,或地已圈,无处栖身,乃投充以种地;或地尚未圈,恐被霸占,因投充以保家"[37]。这实在是道出了投充的本质。但是,在清朝统治者看来,允许投充却是一件善举。顺治二年(1645年)三月,清世祖谕户部云:"闻贫民无衣无食,饥寒切身者众,如因不能资生,欲投入满洲家为奴者,本主禀明该部,果系不能资生,即准投充。"[38]实际上,投充户不但要忍受旗人奴主剥削,而且处境也很悲惨。况且,有些贫民并不是自愿投充,而是被旗人庄头威逼利诱和欺骗才投充的。顺治二年(1645年)谕户部云:"前许民人投旗原非逼勒为奴,念其困苦饥寒,多致失所,致有盗窃为乱,故听其投充资生。近闻或被满洲恐吓逼投者有之,或误听屠民讹言畏惧投充者有之。今欲平定天下何故屠民?且将及一载,虚实已见,有何惊疑?此后有实不聊生,愿投者听,不愿投者毋得逼勒。[39]"投充人是奴仆身份,顺治五年(1648年)规定:"投充人即系奴仆,本主愿卖者听。"[40]顺治八年(1651年)还再次强调"投充者、奴隶也"[41]。虽然带地投充户较少有被转卖的情况,但偶而也有发生。如乾隆五十七年(1792年)通州民人王廷耀等呈控,其高祖王复隆于顺治二年(1645年)间带坐落通州地14顷59亩投充内务府为钱粮庄(皇庄之一种,即纳银钱的庄田),充钱粮庄头,其地仍由王家30余户承种,每年交钱粮银73两。雍正元年(1723年),奉旨拨给怡亲王府。乾隆二年(1737年)怡亲王将此地交给侄儿大贝勒管理。乾隆三十一年(1766年)经府内管事人丈量,该地实为28顷80亩,遂增租至182两。其地实由大贝勒之孙、宗室绵悦管理。乾隆五十七年(792年)绵悦私自将此地连同王氏住房一并卖与十额附为业。王氏认为现有亲丁二三百口,每年除交过租银外,已不敷养家糊口,"将来新业主若将地亩房间收去,我们岂不饿死",因此上诉。此案结局虽然最终由和硕怡亲王府将绵悦私自出卖的旗庄赎回,并将庄头王廷耀领回,但在审理过程中有两点值得注意:一是内务府称"本府并无办过似此案卷",各旗也咨覆"各王府并宗室等,并无卖过此项带地投充人等"。这说明投充户虽然身为家奴,但一般来说,将土地、人口转卖的情况很少。一是户部奏明"嗣后凡投充人丁、地亩，照旗下圈地、家奴，典卖悉由本主自便……呈投充庄头王廷耀等各户，自应照例办理"[42]。这说明，虽然在现实生活中较少发生，但在法律上转卖投充户是允许的。在圈地过程中，旗人奴主因投充户可以带进额外的土地和劳动力，所以也愿意接纳，一时京畿地区投充成风。如通州、怀柔、房山等州县，投充地亩在全部圈充地中一般占六分之一到四分之一左右[43]，比例是相当大的。投充户受到旗主的庇护，"各以旗主为主"，"仅为其主纳赋"[44]。然而，大批农民成为投充户，减少了清朝中央政府的财政收入，"多投充旗下一人，皇上则少一人之税；多投充旗下一地，皇上则减一地之赋"，因此清政府又三令五申，严禁投充。顺治二年（1645年）正月，谕户部："凡包衣大（即内务府管领）等新收投充汉人，于本分产业外妄行搜取，又较原给园地册内所载人丁有浮冒者，包衣大处死不赦。"[45]同年四月，复谕户部："前曾令户部榜谕，贫苦之民，无以为生，愿投充旗下者听，不愿者勿得逼勒，以苦民人……尔部再行晓谕京城内外满洲人等，凡恐吓民人逼胁投充为奴者，许令本人赴部告理，或赴五城御史及顺天府衙门控诉，转送尔部，治以迫胁之罪。距京城三百里内外庄头人等，有逼勒投充为奴及将工匠逼勒为奴者，道府州县官审明，即将受逼之人释放；如有庄头及奴仆人等恃强不从者，该道即行拿解尔部，审明定罪。"[46]顺治四年（1647年）更明确规定："自今以后，投充一事，着永行停止。"[47]但是，这对八旗奴主并没有多少实际的约束力。顺治八年（1651年）八月，睿亲王多尔衮指称其养子多尔博（豫亲王多铎之子）名下亦应投充，遂滥收投充户至800名之多，其中且有借势投充遂占人田地者。顺治皇帝指责他的行为"甚属不合"，并令户部"即查多尔博投充人役册，逐名开写，发回该州县，与平民一体当差。其投充人本身田地仍着留给，如有带投他人田地者，俱着查明，归还各原主为业"[48]。但是，多尔衮并不以为然，数日后又指称自己庄内人数不足，"滥令投充至六百八十余名"，而且"所收尽皆带有房地富厚之家"。顺治皇帝再次命令户部"查照投充原册，逐名开写，发还各州县，照例纳粮当差。其中或有带投他人房地者，俱严责各地方官，确查明白，归还各原主为业"[49]。

在投充过程中，各种弊端纷呈，情况也比较复杂。有被庄头人等胁迫，或为社会上流传的屠杀汉人的流言所恐吓而投充的；也有为谋取某种好处，如以一人之名投充，全家都冒充旗籍，府县无册可查，真假莫辨；也有一家投充，将合族之田全部照旗地待遇开除正项，躲避差徭；还有本无土地，暗以他人之地投充，以及本身土地有限而恃强霸占他人之地一并投充[50]。但无论何种情况，其弊端显而易见。顺治三年（1646 年）监察御史苏京奏言："投充名色不一，率皆无赖游手之人。身一入旗，夺人之田，攘人之稼。其被攘夺者，愤不甘心，亦投旗下，争讼无已，刁风滋甚。"[51]顺治九年（1652 年）户部左侍郎王永吉疏言，指出投充流弊，其害有五："投充翼虎噬人，以致告讦纷争，司农、司寇之堂，哄然如市，甚至鸣冤阙下，捐生禁中，亵朝廷而紊职掌，一也。恶棍坐享丰腴，良民反遭冻馁，平坟伐树，抛家弃产，失畿辅百姓之心，二也。旗下多一投充则皇上少一土地、民人，减户口而亏赋税，三也。诸王大臣赐赍不妨从厚，若滥受投充，有并尊耦国之嫌，四也。旗下厮养，纵横乱法，督抚不敢问，有司不敢诘，废国家之成宪，五也。"[52]顺治十二年（1655 年）正月，左都御史屠赖等奏言："近闻八旗投充之人，自带本身田产外，又任意私添，或指邻近之地据为己业，或连他人之产隐避差徭，被占之民既难控诉，国课亦为亏减，上下交困，莫此为甚。"[53]投充和反投充反映出清朝中央政府与八旗贵族之间争夺土地和劳动力的矛盾。

三、圈占的结束

清初圈地"俱凭满洲大人不论官民地土，总以圈足方止，又无旗色可核"[54]，混乱异常。州县官吏对于界内旗地数额，所属牛录、旗色，俱无所知。旗人奴主庄头、家人蒙混多占土地是十分普遍的现象。清政府虽然也有清查旗地的措施，却遭到旗人奴主、庄头的抗拒和抵制，难以贯彻执行。如顺治十七年（1660 年），昌平州知州蔡廷辅申称："卑州几番虚心挨问其牛录主子姓名……无奈抗不理答。"顺义县知县周骏声申称："现种地土之庄头有诈称喇嘛及公与虾并王子、皇姑等项，原无牛录者；有称即系本人之地，原无主子者；多圈惧露，抗不服查者。种种苦情难尽申说。"大兴县清查圈占前明马房杂地及苜蓿地，由于庄头的抗拒，从顺治十三年（1656 年）至十七年（1660 年），花费 5 年时间也未能查清[55]。

在圈地过程中，庄头、家人恃势横行不法，肆意圈占，更加重了人民的苦难。顺治二年（1645 年），诏云："今闻各处庄头人等辄违法禁，擅害乡村，勒价强买，公行抢夺。踰房垣，毁仓廪，攘其衣服、赀财，少不遂意即恃强鞭挞。甚至有捏称土贼，妄行诬告。且狡猾市侩甘为义子、豪仆，种种不法肆行横恶，殊为可恨。"如户部圈占城内菜地时，光禄寺菜户张汝源、马二等人，"或强占圈地，吞霸菜苗；或拆毁房基，推坏墙屋；或夺坟地，而破冢殃民；或踞官井，而勒钱买汲；或私课租银，至十两、二十两之多；或抢掠器具及家伙日用之细，逐民诈赃，不一而足"。张汝源强占彰仪门（今北京广安门）内张玄地20 亩、葱韭 111 畦、柴 1 堆、粪 540 余车、蜂 1 窝，井板 4 块，最后连仅有的一口锅、一领席、一只看园狗也尽行抢去，又将张玄逐出。马二强占民人李迎春地 30 亩、白菜 600 畦。此外，张汝源、马二还合伙强占枣林后街（在今北京宣武区报国寺南）民人宋福园地 380 畦，强迫宋福每畦纳银 2 分 6 厘租种；又封园中水井，逼卖水人打水一车纳钱 180 文。他们还将枣林街后巷民人翟世廉房身、坟地 100 畦，顾进孝、顾进贤护坟地 5 亩，尽行圈占，"民坟圈作官圈，地主反为租户"[56]。从上例中，我们可以看到清初圈地中，庄头、家人趁社会混乱之机，恃势横行的状况。顺治二年（1645 年）十二月，顺天府密云县（今北京密云）民郑守和等奏言："密云山僻，叠遭兵荒，流离迁徙。寥寥数千小民，已供加派喂马鹰手粮料四千石。今又追完元、二两年（1644、1645 年）民间旧欠豆石，势难措办。祈敕免征，民命攸赖"[57]。顺治三年（1646 年），顺天府巡抚宋权疏言："密云地瘠民贫，叠罹灾祲，田土半归荒芜，生齿日就流移。若不急行蠲赈，势必逃亡殆尽。"户部议覆："应如抚臣所请，将荒地逃丁派征钱粮，悉为除豁。"[58]密云县老百姓走投无路，冒死面见皇帝求救，以及其后顺天府尹上疏乞赈，或说地方迭遭兵荒，或说叠罹灾祲，其实顺治二年（1645 年）、四年（1647 年）正是八旗在京畿圈地最为猖狂的时候，这才是地方官府不便直说的密云百姓生活不下去的真正原因。

　　清朝统治者野蛮的圈地政策激起京畿百姓的激烈反抗，对于刚刚入主中原的满洲贵族十分不利。为此，在顺治四年（1647 年）正月第三次大规模圈地之后，同年三月宣布"自今以后，民间田屋不得复行圈拨，着永行禁止，其先经被圈之家，着作速拨补"。[59]但是实际上，仍然还有圈占土地的现象，拨补土地也有很多没有落实。顺治十六年（1659 年）闰三月，左都御史魏裔介上言："直隶顺、永、保、河等府之民，自圈地圈房之后，饥寒迫身，遂致起而为盗，请敕该抚按察明无碍官地拨给，令其栖止。至京师内城失业之民，既给与官地，宜令永业，勿复圈为园囿，致使转徙流离。"[60]清政府的圈地政策已经威胁清朝政权的稳定。康熙皇帝即位之初，权臣鳌拜当政。康熙五年（1666 年）鳌拜借口镶黄、正白两旗圈换土地，企图重新恢复圈地政策，遭到户部尚书大学士苏纳海、直隶总督朱昌祚和巡抚王登联的一致反对。朱昌祚疏言："臣等履亩圈丈，将及一月，而两旗官丁，较量肥瘠，相持不决。且旧拨房地，垂二十年，今换给新地，未必尽胜于旧，口虽不言，实不无安土重迁之意。至被圈夹空民地，百姓环愬失业，尤有不忍见闻者。若果出自庙谟，臣何敢越职陈奏，但目睹旗民交困之状，不敢不据实上闻，仰祈断自宸衷，即谕停止。"直隶巡抚王登联也随即上奏疏言："旗民皆不愿圈换。闻命后，旗地待换，民地待圈，皆抛弃不耕，荒凉极目，亟请停止。"[61]同年十二月，鳌拜以抗旨罪名。杀苏纳海、朱昌祚、王登联三大臣。康熙八年（1669年）康熙皇帝亲政以后将鳌拜革职拘禁，铲除其党羽势力，同年六月，谕户部："比年以来，复将民间房地圈给旗下，以致民生失业，衣食无资，流离困苦，深为可悯。自后圈占民间房地，永行停止，其今年所已圈者，悉令给还民间。尔部速行晓谕。"[62]至此，这场持续二十余年的浩劫才算基本结束。不过，八旗强占民田的野蛮行为也不是自此就断然停止。康熙二十四年（1685年）顺天府尹张吉午[63]还在疏请"自康熙二十四年（1685年）始，凡民间开垦田亩、永免圈取"，而且户部商议以后的答复竟然是"应不准行"。康熙皇帝向大学士等人再次强调，民间开垦田亩永不准圈，"如旗下有当拨给者，其以户部见存旗下余田给之"[64]。可见禁绝八旗圈占京畿是一个多么艰难的过程。康熙皇帝断然停止了八旗圈占京畿民田的措施，稳定了京畿的社会和经济秩序，这为康熙中、后期京畿地区农业经济的恢复和发展奠定了基础。

圈地对京畿农业和社会经济造成巨大破坏。例如《康熙怀柔县新志·赋役》云"怀邑被圈，士民失业"。《民国良乡县志·田赋》云："我良田地自被圈占而后，赋额盖寥寥焉。""吾良虽弹丸小邑，而地近京畿，差徭繁剧，民力久不能支。由前清入关之初，膏腴之田尽被圈入，竟将阖县民粮全行缴销"。《康熙顺义县志·田赋》云："顺壤四向环山，而封内偏饶平芜……腴田正自不乏，但以旗庄圈残，所余无几，本邑正供，受补邻封各县，岁入不偿所出。"

不过，圈地作为一项政策虽然停止，但由于封建制度的腐朽和专横，封建贵族和皇室内务府仗势非法霸占民田的情况仍时有发生。而且，除此之外，更为常见的是庄头仗势侵占比邻的民田，欺诈勒索。光绪二十二年（1896年）有人奏报，内务府庄头私将毗邻地亩冒称旗地混报，其中以顺天府顺义县（今北京顺义）情况最为严重。光绪皇帝命直隶总督等人率领下属官员严查，"各庄头如有借端霸占地亩讹索钱文情事，即由该地方官惩究，以儆刁顽"[65]。

四、旗地制度的瓦解

清初，八旗兵丁在京畿地区虽有旗地，但土地的耕种却成了实际问题。顺治十一年（1654年）都察院奏云："满洲兵丁虽分给地土，而历年并未收成"，因旗兵本人不惯农耕，而家中仅有的几个壮丁还要随军充差，无暇顾及耕种，"往往地土旷废，一遇旱涝，又需部给口粮"，于是建议家中壮丁在 4 人以下的，将旗地退出，由国家多给钱粮月米和喂马银，退出的旗地仍交汉民耕种。"在满洲有钱粮可望，乐于披甲而又无瘠地之苦；至民间素知地利，复不至于荒芜"。[66]但是要满洲旗人将霸占的旗地退出，这当然是不可能的，所以此后的实际变通办法是旗地多由旗人地主招汉族农民佃种，收取租粮或租银[67]。至于内务府皇庄和贵族旗庄，则主要是使用八旗壮丁。皇庄中的粮庄，旧例，每所纳粮一百石。康熙五十年（1711 年）规定：头等庄纳仓石二百五十，二等庄纳仓石二百二十，三等庄纳仓石一百九十，四等庄纳仓石一百二十。所纳之粮俱为谷子，每一石谷折小米五斗。还规定：半庄每庄纳仓石六十[68]。皇庄中的钱粮庄俱由畿辅带地投充户所立，以投充户为庄头，每年纳银为租，又称银庄。顺治、康熙时，每庄每年征收银 200 两[69]。至乾隆时，计有纳银钱粮庄 132 处，按田地多少肥瘠分等定则，大致每亩征租银 1 钱 1 分至 1 钱 9 分不等。种植蔬菜的畦地的租银最高，每亩竟达 1.5 两。一些分散的纳银投充户，每亩租银 3 分[70]。

皇庄利益受到清政府的严格保护，触犯者将被判重罪。乾隆四十九年（1784 年）昌平州地主赵廷仓为陷害赵子孝，以白银 70 两贿通内务府笔帖式福德，向内务府诬告赵子孝霸占昌平皇庄地亩。内务府承审郎中海绍任意枉断，以致威逼赵子孝之弟赵子明自杀身亡。后经刑部衙门判明，主犯赵廷仓绞刑，福德发往乌鲁木齐充当苦差，海绍则纳银赎罪[71]。赵廷仓企图借皇家势力害人，自食恶果。

作为封建统治血腥掠夺的产物，旗地制度自清中期以后最终不可避免地走上土崩瓦解的道路。对于八旗兵丁来说，旗地制度瓦解的原因有三：其一，顺治四年（1647 年）规定，八旗官兵旗地，"凡拨给地亩，以现在为准，嗣后增丁不加，减丁不退。各官虽升迁不加，已故降革不退"[72]。年月既久，八旗兵丁人口繁衍，租银已不敷开支，清政府又明令禁止京旗谋取其他职业。旗人谋生无计，只好"或指地借银，或支使长租"，"显避典卖之名，阴行典卖之实"[73]，出卖旗地。其二，旗丁下乡收租均有规定假期，最长不过十天半月，佃户如设法拖延，旗人地主只好空手而归。这种情况一直到清末道光时期仍然存在，例如道光元年谕云："旗人本有近京田地，惟因出京例有假限，多被佃户勒掯侵渔。"[74]因此，旗人地主为了免去讨租的麻烦，索性将土地出卖，这样反而可以得到地价银两[75]。其三，满洲旗丁因"旧人（指从辽东带进关内的壮丁）逃亡，将投充人随带出征"[76]，家里缺少劳动人手，因而出卖旗地。

对于内务府皇庄和贵族旗庄来说，旗地制度瓦解的主要原因则是壮丁的大量逃亡。顺治十一年（1654 年）"一年间逃人几及三万"[77]。清朝政府立法严惩，"逃人三次始绞，窝主一次即斩，又将邻右流徙"[78]。但是，壮丁以及投充户不堪旗人奴主压迫，仍多逃亡。在这种情况下，清朝统治者为了保护自己的经济利益，只好放弃旗地的农奴庄田制，改为封建租佃制。在今北京西山一带的内务府稻田庄，雍正二年（1724 年）奏准，只留功德寺和瓮山二处水田共 15 顷 50 亩官种，其余六郎庄、北坞、蛮子营、黑龙潭、石景山等处水、旱地，以及功德寺头圈水田、瓮山旱地，均租与附近居民佃种，按水、旱地分别征租[79]，这是旗地庄田中封建租佃关系的进一步发展。乾隆年间，内务府稻田庄共有水田 180 顷 9 亩有余，其中官种稻田只有 15 顷 90 余亩，其余额中有 92 顷 9 亩属招民佃种[80]。封建租佃关系在内务府掌管的皇家庄田中已占统治地位。

总之，旗地制度瓦解的根本原因，在于它代表落后的生产关系，不适应现有的生产力水平。其直接原因则是农奴的反抗和逃亡。此外，旗地本身的缺陷也加速了这一制度的瓦解。不过，我们说旗地制度的瓦解，主要是就其作为农奴庄田制的经济形态被封建租佃制代替而言。旗地本身，尤其是皇庄、贵族旗庄却自始至终都一直存在。据乾隆时统计，畿辅地区有皇庄 322，共分四等（一等庄 57，二等庄 16，三等庄 38，四等庄 211）。此外，还有半（分）庄 71、豆粮庄 6、稻田庄 3[81]。待到清朝末年光绪年间，已有萎缩，连半分庄、豆粮庄、稻田庄在内共有 373 所。其中，一至四等庄只有 135 所，比乾隆时期减少一半以上[82]。值得注意的是，乾隆时四等庄有 211 所，半分庄有 71 所，而光绪时四等庄只有 38 所，而半分庄却增至 228 所。这说明可能自乾隆至光绪期间有大量四等庄萎缩为半分庄。清代的皇庄分布于今河北全境。就北京地区而言，大兴、宛平、昌平、延庆、房山、良乡、顺义、怀柔、密云、平谷各地均有设置。

五、典卖

旗地制度松解，一般旗人地主典卖旗地成风。为了挽救这一局面，历朝清统治者陆续修改、增订了有关的规定。这样，旗地制度的实际瓦解过程中就形成了几个阶段。

清初严禁买卖旗地。清圣祖康熙九年（1670 年）规定："官员、甲兵地亩，不许越旗交易，其甲兵本身种地，不许全卖。"[83]也就是说，旗地允许在本旗内买卖，至于分属不同旗分的旗地，只能典，而不能卖。至清高宗乾隆二十三年（1758 年）因为旗地"明典暗卖"已成普遍之势，于是规定"照八旗买公产例，不拘旗分买卖"[84]，虽然比原先的规定退了一步，然而也只允许在旗人之间买卖，违者议罚。但是，在旗人地主欲卖旗地时，往往寻找不到旗人地主收买，或者欲得善价而相应的旗人买主不肯出高价收购，于是就出现了平民典买旗地的现象，即旗人与民人串通，顶名冒买。如乾隆年间，镶白旗察哈尔佐领旺对想要将良乡县王家庄田地 4 顷 80 亩"典给霍、阎二姓，伊等因系民人，不便承典旗地，阎淳即与霍文达商令妻兄正黄旗包衣杨世泰出名承典"[85]。

由于旗地的所有权或使用权在转让过程中受到法律的种种限制，所以在民间实际转让时往往使用含混辞句立契。据刘谨桂先生研究，其过目的 41 件北京郊区清代旗地转让契约，立契时使用的名目竟达 20 余种、如退契、退兑契、退与契、出退契、推契、推兑契、推与契、推让契、出推契、出租契、租契、典契、转典契、转兑契、指借契、出当契、让契、出过契、卖契、杜绝契、杜绝推地契，等等。其中，卖契、杜绝契、杜绝推地契等很明显为买卖土地契约，但是租契和典契中，其实有些属于"长租"或"明租暗卖"、"明典暗卖"，情况也很复杂。现据刘谨桂先生所制"旗契简表"简介如下：[86]

首都博物馆藏清代旗地契约简表

年代	地区	立契人	原因	契名	面积	土地来源	受契人	地价	双方责权利	备注
乾隆十年九月二十一日		正蓝旗满洲佟宁牛录下护军六十一	无钱使用	转典	二十亩	承典	曹某	银二十两	银当日笔下交足，有不清之处，保人一面承管	
乾隆四十年正月十六日	通县喇嘛庄	董国恒	因手乏	退地（白契）	长17丈	本身旗地	张永智	通州九六净钱[87]十九吊	钱当面交清，置主盖房、秧树自使，不许弃主干涉，永无反悔、舛错。历年三、六、十月交租共四百文	按，契纸空白处书云：永远为业

（续表）

年代	地区	立契人	原因	契名	面积	土地来源	受契人	地价	双方责权利	备注
乾隆五十五年		正白旗黑大子佐领下李四德	因乏手	认地（白契）	一段	祖遗	戴成义	清京钱二十五千文	两家情愿，各无反悔，反悔者罚白米三石入官公用，有亲族争论，李四德一面承管	限期十三年
乾隆五十七年二月二十四日	东马各庄	正黄旗衡林佐领下内务府包衣人丘八十	因无钱使用	典地（白契）	三十亩	本身老佃	正蓝旗达春佐领下哈蒙阿	二百七十吊	钱笔下交足，两家情愿，如有亲族人等竞争，丘八十一承管	
嘉庆二年正月	采育南包头营	正蓝旗蒙古都察院笔帖式塔斯哈	因无钱使用	典地（白契）	六十亩	自置	百成	清钱一百千文		限期八年
嘉庆八年十二月	大兴凤河营	镶白旗包衣佐领下闲散李自然	因乏手	卖地（红契）	六亩三分	祖遗园地	本旗隆福佐领下闲散刘成义	银十四两		按，此为官契，系满汉两文执照
嘉庆十二年九月二十四日	采育南包头营	镶白旗包衣万禄佐领下三等护卫百成		转典（白契）	六十亩	承佃	镶白旗包衣塔河阿管领下闲散继安	银一百五十两		限期八年
嘉庆十三年	朝阳门外水碓村东头	正白旗满洲四甲喇佛拉青厄佐领下永保等		卖地（白契）	三亩半	祖遗	徐某	清钱[88]一百吊		

（续表）

年代	地区	立契人	原因	契名	面积	土地来源	受契人	地价	双方责权利	备注
嘉庆十六年八月初一日	朝阳门外水碓村东头	正白旗满洲四甲喇富敏泰佐领下马甲永保	因手乏	卖地（白契）	三亩	祖遗	正白旗汉军四甲喇徐佐领下闲散人徐景德	清钱一百五十吊		
嘉庆十七年八月十六日		正蓝旗蒙古七甲喇景文太佐领下护军额勒阿图	乏手，无钱使用	指借（白契）	三十五亩	有地	张某	清钱三百八十吊	钱无利息，地无租价，钱到回赎	限期十五年
嘉庆十八年十月初十日	顺义县寨辛庄西北徐家坟	镶黄旗兆山管领下周得炳	乏手，无钱使用	卖地（红契）	四亩		徐琨	东制钱[89]一百另二吊	自卖之后，买主过割契税，与卖主无相干	按，民国二十九年始契税，换买契成红契
嘉庆二十一年八月初五日	通县王家场西	王永福	手乏	杜绝退地（红契）	十八亩	本身旗地	刘起林	钱三百六十吊是一吊钱六百六十六文	认佃交租，历年交足租钱	按，契纸空白处书云："永远为业"
嘉庆二十一年十二月二十九日	东直门外北臬村西	镶黄旗庆口佐领下笔帖式广口	因手乏	卖地（白契）	三亩	祖遗	王某	京钱六十吊		
嘉庆二十二年九月二十一日	通县高古庄西北	李天合	急需	推兑契（红契）	三十六亩	祖遗旗花户地	李三元	制钱[90]二百吊	每亩历年交现租制钱六百文	按，契纸空白处书云："永远为业"
嘉庆二十二年二月二十九日	苏家坨村东河东代子坟南	杨铎	手乏，无钱使用	指借（白契）	五亩	本家旗地	李天禄	市钱[91]五十一吊	钱到回赎	限期三年
道光五年九月二十五日	通县郝家府庄北	郝起龙	因手乏，无钱使用	杜绝卖地（红契）	四亩	祖遗旗地	杨老	六十吊	每年交小租八百文	
道光九年十一月十二日	通县高古庄	张洪金	手乏，无钱使用	退兑（红契）	五十亩	本身旗地	李永善	京制钱二百五十吊文	历年共交现租九八制钱二十七吊文	按，契纸空白处书云："永远为业"

（续表）

年代	地区	立契人	原因	契名	面积	土地来源	受契人	地价	双方责权利	备注
道光十一年	佟家营村	屈永祥	手乏，不便	出当（白契）	九亩	自己老旗地	张文秀	京钱二十吊	钱到取赎，赎地交租	道光二十四年十一月初三日，屈成又找京钱十吊，将地卖死于张文秀。原限期五年
道光十四年九月二十四日	采育西营	杨永安	手乏	退与（白契）	一段	自认黄旗地	周若澄	清钱三十六吊	受主每年交租钱八百文与黄庄梁国安	
道光十七年十一月初三日	通县侉子店庄	白长福	日用困乏	推租与（红契）	十三亩	本身祖遗旗地	王胜乔	租价东钱三百八十五吊		按，契纸空白处书云：永远为业
道光十九年二月十七日	七级庄东	梁得明	手乏，无钱使用	卖地（白契）	六亩	本身旗地	梁君有	通钱[92]三十吊		
道光二十二年正月廿五日	采育西营	周若澄		退与（白契）	一段	黄旗地	（业主）叔父	卖价京钱一百五十吊	每年交黄庄租钱九百五十文	
道光二十二年九月十三日	德胜寺前小桥西	王辅功	正用	退与（白契）	十亩	本人自种旗地	王开明	二百二十五吊	永不许回赎，得业者认名交租，每年交齐天庙租钱六吊，交龙泉庵租钱六吊	
道光二十四年二月十六日	通县大周易村	刘兴集	手乏，无钱使用	出退（红契）	四亩	佃种旗地	刘玉峰	京制钱四十四吊	认佃交租，永远为业	

（续表）

年代	地区	立契人	原因	契名	面积	土地来源	受契人	地价	双方责权利	备注
道光二十七年正月二十日		张佩	手乏	出当（白契）	二亩半	二圈坟地	高永旺	当价六千文		按，原限期三年。咸丰三年，张佩又借五吊，此地永不赎回
道光二十八年九月十五日		李铨祥	手乏，无钱使	兑与（白契）	十亩	本身花户旗地	邢门胡氏	押租京钱九十五吊	历年交现租八千二百文	
道光二十八年十二月初二日	通县邢各庄西	张自富	手乏。无钱使用	卖地（红契）	五亩	本身祖遗旗粮地	王亮（本庄）	卖价八十四吊		
道光二十九年十一月二十日	通县大搞村西南洼	田俊	手乏无钱	兑与（红契）	二十三亩	祖遗花户旗租地	邢寿卿	铜制钱二百七十六吊	每年每亩交现租钱六百二十文	
道光三十年十二月初二日	北小分	栾进财	无钱使用	出过（白契）	三亩	本身旗地	沈奉仙	过价京钱三十吊		
咸丰五年十一月二十九日	张家场东边	李文成等	手乏	兑与（白契）	三十亩	自己花户旗地	王裕德	京通钱[93]二百九十六吊	历年交现租钱七百六十文	
咸丰五年	通县耿大家楼庄后	工魁、王瑞	手乏	出推与（红契）	八亩	自种旗地	苏进财	东钱一百四十吊	历年九月十五日交现租东钱八吊	
咸丰九年十月十一日	通县	冷门张氏	因交不上地租	转兑	十亩	本身旗花户地	李永善	清钱五百一十吊	历年交现租清钱五吊，若契主拖欠陈租，与置主无干	

（续表）

年代	地区	立契人	原因	契名	面积	土地来源	受契人	地价	双方责权利	备注
咸丰八年九月二十日	通县公家庄	刘仲茂	急需	推让（红契）	七十七亩	自置旗地	刘玉玺	九六净钱九百吊	永远耕种，不准回赎，无逼成，两情愿。置主历年九月初一交现租钱每亩七百三十文	
咸丰五年九月初九日	郭家店	李洪顺	手乏，无钱使用	推地（白契）	二亩二分五厘	本身受分老佃	李洪裕（族兄）	通钱四十吊	两家情愿，置主自便，永不与弃主相干	
咸丰四年正月十九日		刘起龙	缺用	退地（白契）	十亩	本身自种旗租地	荣文德	铜钱一百六十吊文	两家情愿，随地交租	
咸丰五年九月二十四日		刘二	手乏	典地（白契）	八亩	本身马军地	周某	京钱九十吊	期满刘姓退钱，周姓交地。钱不到，周姓长种。钱无利息，地无租价	按，原限期六年。咸丰七年二月十五日，刘二指地借钱十吊，周姓续种三年
咸丰八年九月二十九日	郎家甫	徐士瑄		出租（白契）	九亩	本身官圈旗地	张登云	押租东钱三十六吊	历年交现租东钱三吊六百文，永不许转租另典；永不许拖欠，两家情愿。	

（续表）

年代	地区	立契人	原因	契名	面积	土地来源	受契人	地价	双方责权利	备注
咸丰三年九月二十日		胡显扬等		租地（白契）	二十五亩	本身花户旗地	邢宽	押租京钱二百零六千文	历年九月十五日交现租京钱十六千五百文，钱到回赎地归本主，两家情愿。	按，原限期五年。咸丰七年九月初六日，又指地借到邢姓押租九八通票六十千文，又许种五年。五年后，胡姓留地
咸丰八年正月廿四日		樊国英	手乏用	认地（白契）	四亩	民典旗租地	荣文德	九八通钱[94]八十吊文	两家情愿，无债负，折准	
咸丰八年十月二十五日	通县邢各庄	柴刘氏等	乏用	杜绝推地（红契）	十亩	庄头旗租地	宋庄王诚仁	铜钱一百吊整	两家情愿，地任王姓自便，永不与柴姓相干，如有亲族人等争论，推主、中人承管	
咸丰十一年十一月二十四日	潮邑三堡村	镶白旗满洲五甲普佐领下孀妇关宋氏	呈控找价	杜绝地（白契）	一顷六亩	本身旗地	张海生	找价京票一百五十吊文	按，起初，张姓从苏姓处转典关宋氏地一顷六亩，用京钱一千吊文。至此，关宋氏又向张姓赵家一百五十吊文，将地过割给张姓	

271

　　以上表格内容中，有几点需要注意：其一，这些旗契大部分是民间私自立书的"白契"，只有少数是经过官府用印、税契的"红契"。这是当事人为节省税契费用并符合当时民间私法的立契形式，并不能说明白契就一律都是违反旗地转让规定的契约。如嘉庆十二年（1807年）九月十四日镶白旗包衣万禄佐领下三等护卫百成典地六十亩给镶白旗包衣塔河阿管领下闲散继安，嘉庆十六年（1811年）八月初一日正白旗满洲四甲喇富敏泰佐领下马甲永保卖地 3 亩给正白旗汉军四甲喇徐佐领下闲散人徐景德，均属符合规定的同旗色内旗地的转让，但均使用白契。立书白契，需要中人做保。其二，有些卖地契虽然契约形式是"杜绝退地"，有的还写上"永远为业"，但实际转让的只是旗地的租佃权即使用权，并非是土地所有权。在这些土地契约中，所谓"本身旗地"应该是"本身旗租地"，所谓"祖遗旗花户地"应该是"祖遗旗租花户地"。花户是清代京、通二仓里的差役，负责收、放仓粮，晾晒、倒囤等事项，往往父子兄弟相承为业。清政府为了稳定花户和北京里、外漕河（即通惠河和北运河北段）上剥船户的数额，专门在通州一带拨有剥船地和花户地，取其租以为剥船户和花户的薪饷。这些契约中的"业主"实际上是旗租地或花户地的佃户，买主即受契人在买到该地的使用权的同时，也就承担起按时缴纳旗租的义务。因此，在这类契约中，都要写明受地者每年交租钱若干。如嘉庆二十一年（1816年）八月初五日王永福将位于通州王家场西的"本身旗地"8 亩立"杜绝退地契"，以钱 360 吊转让给刘起林，由于这块地实际是"本身旗租地"，所以刘起林自受地之日起即要"认佃交租"。又如嘉庆二十二年（1817年）九月二十一日李天合将位于通州高占庄西北的"祖遗旗花户地"36 亩立"推兑契"，以制钱 200 吊转让给李三元，由于这块地实际是"祖遗旗租花户地"，所以李三元自受地之日起即要每亩每年交租制钱 600 文。再如道光十四年九月二十四日杨永安将位于今北京大兴县采育西营的"自认黄旗地"一段立"退与契"，以清钱 36 吊转让给周若澄。契约中写明受主周若澄"每年交租钱八百文与黄庄梁国安"。这说明，黄庄的梁国安才是这块旗地的真正业主，立契人杨永安只不过持有这块旗地的使用权，周若澄以清钱 36 吊只不过买到使用权而已，仍然要每年向真正的业主黄庄梁国安交纳租钱。从表中可以看到，道光二十二年（1842年）正月二十五日周若澄又把这块旗地立"退与契"以京钱 150 吊转让出去。由于转让的仍是使用权，所以新的受地者仍要每年向黄庄交租钱 950 文。这种情况在咸丰四年（1854年）正月十九日刘起龙所立"退地契"中说得最为明白。刘起龙将"本身自种旗租地"10 亩立"退地契"，以通钱 160 吊转让给荣文德，"两家情愿，随ములగ交租"。荣文德在取得了土地使用权的同时，也承担起交租的义务。其三，道光二十二年（1842 年）九月十三日王辅功将位于德胜寺前小桥西的"本人自种旗地"10 亩立"退与契"，以钱 225 吊转让给王开明。虽然立契人王辅功永远不得回赎，但受契人即得业者需"认名交租，每年交齐天庙租钱六吊，交龙泉庵租钱六吊"。这说明齐天庙、龙泉庵才是这块旗地的业主。

除此之外，也有旗庄庄头将当差地亩私自典卖的情况。清制，供庄头耕种的当差地亩也是旗地，庄头只有使用权而无所有权。如果庄头私自典卖当差地亩，"民人明知官地擅行典买者，一经察出，或被受告，即将地亩撤出，于庄头名下追出原价入官，照盗买盗卖之例将民人、庄头一并治罪"[95]。乾隆五十二年（1787 年）荣恪郡王绵亿府护卫正柱呈称，该府通州庄头韩三元呈报亲丁私自盗典旗地 5 顷有余，正柱前往查地，佃户刘七等人将庄头殴伤，并将被收旗地认呈一并抢走[96]。乾隆皇帝传谕查明办理。经直隶总督刘巇查核，事实真相是庄头韩三元"将座落通州大荆垡村等处差地捏作民粮（地），陆续得价典卖与旗人段四、民人刘三等六顷，均立有契纸，每年应交粮银交韩三元代完"[97]。韩氏典卖的即是自己领有的庄头差地。虽然在形式上仍由他出面缴纳差地粮银，但实际上该地亩的所有权已经转移，由官田变为私田。清政府对庄头私卖庄田的行为严厉惩罚，《大清律例》中规定："盛京家奴、庄头人等，如有因伊主远在京师，私自盗卖所遗田产至五十亩者，均依子孙盗卖祖遗祀产例，发边远充军。"这对于北京盗卖旗庄田地的庄头也一样适用。

旗人私卖旗地究竟始于何时，史书缺乏明确记载。雍正七年（1729 年）谕云："八旗地亩原系旗人产业……今竟有典卖与民者，但相沿已久，着从宽免其私相授受之罪。"[98]从"相沿已久"四字推测，最晚恐怕也在康熙中、晚期。估计甚至可能在康熙八年（1669 年）停止圈地以后不久便开始出现这种情况。雍正、乾隆年间，京畿旗人私卖旗地的现象已十分严重。典卖出去的旗地，因阅年久远，大多成为民产。清政府屡屡动用内帑赎回旗地。乾隆三十六年（1771 年）清查赎回的旗地竟达 14000 余顷[99]。

六、旗民交产

清朝统治者为了维护旗地制度虽然煞费苦心，但旗地制度还是无可挽回地瓦解了，咸丰年间，清初所圈占的 15 万余顷地亩"除王公庄田而外，尚未典卖与民者盖亦鲜矣。"至于被典卖的旗地，"既不向旗人交租，复不向国家纳课"[100]，也就是说，对于原旗人业主来说，它已是他人产业，而对于封建国家来说，它仍是免纳赋税的旗地，成为实际的"无钱粮"地亩。咸丰皇帝指出"向来旗民交产，例禁綦严，无如日久弊生，或指地借钱，或支使长租，显避交易之名，阴行典卖之实。此项地亩，从前免纳官租，原系体恤旗人生计，今既私相授受……若仍照旧例禁止。殊属有名无实"。在这种形势下，清朝统治者为了增加国家财政收入，咸丰二年（1852 年）诏令：除奉天（今辽宁沈阳）一地以外，"嗣后坐落顺天直隶等处旗地，无论老圈自置，亦无论京旗屯居及何项民人，俱准互相买卖，照例税契升科。其从前已卖之田，业主售主、均免治罪。"[101]。这条法令使私典旗地由无粮黑地变成向国家纳税的民粮地，增加了封建国家的财政收入，但更重要的是，它最终承认了旗地在社会上进行买卖的合法性，史称"旗民交产"。当年十二月，户部制订出旗民交产章程：一、查出私买旗地，免追花利。一、清查各项旗地，划除民地。一、民人呈报升科，宽予期限。一、带地投充等弊，严行杜绝。一、应报升科地亩，不准徇隐。一、从前典当旗地，改立卖契。一、借名私买旗地，改归买主。一、屯居各项旗人，分别办理。一、补纳税课银两，先行解部。一、新升旗产科则，酌中定额。一、新卖旗地，设法稽查。一、奏销考成，从严核定。一、每岁钱粮，定期解部。一、随地庄园，准其并售。一、旗产归旗，照旧纳粮。一、责成州县办理，分别劝惩[102]。

劳乃宣《直隶旗地述略》云："旗地之制度为八项旗租，犹（唐代之）口分、世业之转为夏税、秋粮；再变而为旗民交产，犹分田授井之转为听民买卖。"这个比喻是十分恰当的。"旗民交产"使得私典旗地正式在法律上成为纳粮民田。联系到清末一般旗人地主多不保有旗地的情况来考虑，可以认为"旗民交产"是对旗地制度最致命的一次打击。但是要使一项旧制度退出历史舞台也不是那么容易的事情。在三十余年以后的光绪十五年（1889 年），户部奏议，提出"旗民交产，请恢复旧制"，认为自民人典买旗地开禁以来，"民人置买甚多，将来旗产，势必日见其少，仍请申明例禁"。光绪皇帝也认为旗地存亡是关系到清朝统治根本的大事，应该"培元气而固根本"，决定"嗣后宗室八旗京屯田产，无论老圈自置，永远不准卖与民人。如有违例私自买卖，即行照例惩办。至从前民置旗地，已经升科报部者，仍准执业；其已投税升科，尚未报部，及已经交产有契，尚未投税升科者，均自此次降旨之日起，予限六个月，一律升科"[103]。两年以后，光绪十七年（1891年）再次强调"旗民交产尚未呈报升科案件，请展限至本年十二月底止，一律清结，限外不准补报"。[104] 看来民间对这件事情并不踊跃，因为所谓旗民交产补办契约，其实只不过是对已经发生的典卖行为的追认，对于土地的使用并没有实际意义。同时，补办税契对原旗人业主徒添麻烦，没有丝毫好处；对于现有的汉民业主来说，不但要补交税契费用，而且自此以后土地性质将改变，从过去混充的不纳田赋的旗地，改为交纳赋税的民田，即所谓"投税升科"，增加了一大笔开支，他们自然也是能拖就拖。

旗民交产的后果，就是以顺天府为中心的京畿地区的实际民地数量大幅度增加。以良乡县为例，"前清入关之初，膏腴之田尽被圈入，竟将阖县民粮全行撤销，而民间每年缴纳之旗租之数十万缗之多……前清中叶以还，民间开垦报粮，又兼两次准旗民交产，报粮升科，我良始有粮地千余顷"。民国四年（1915年）统计，民地则为三千顷[105]。

综上所述，我们可以看到旗地制度自创始以来经历了"八项旗租"、"旗民交产"两次大的本质性的变革。旗地制度的瓦解是生产关系的变化，标志着清朝社会经济的成熟和发展。

七、八项旗租

清朝统治者动用内帑银两赎回私典旗地始于雍正年间。当时将赎回的旗地发还本旗，以一年为限，令原旗人业主赎回，过期则允许本旗或外旗人承买。可是，由于旗地屡赎屡典，为了旗人的生计着想，乾隆初年清政府又改为赎回旗地仍令原农户佃种，而将征收的租银发给各旗，是谓旗租。据文献记载[106]，按着这些赎回出佃的旗地的来源不同，旗租计有八项：

一曰存退。圈地分赏存剩曰存；因事退回者曰退；丈出余地曰余；绝产入官曰绝；四项均交州县收租，名曰存退。

二曰庄头。内务府庄头革退，将退出庄头地交州县收租，名曰庄头。

三曰屯庄。雍正年间，霸州、固安、永清、新城四州县，有入官旗地，由八旗派出旗人一百户，每户给地一百二十五亩，试办井田。乾隆年间，因无成效，改为每亩输谷一斗，由州县征收，名曰屯庄。

四曰另案。八旗官员亏欠公帑，作抵之地；因案查抄入官之地；内务府交出圈余地。三项于雍正七年（1729年）另立一案，名曰另案。

五曰公产。定例旗地不得私行典卖与民。有私行典卖者，查出撤地入官，另行招佃，由州县征租，名曰公产。

六曰三次。乾隆十年（1745 年）至十二年（1747 年）、十三年（1748 年）至十五年（1750 年）、十六年（1751 年）至十八年（1753 年），共三次发内帑赎回私典旗地，归官招佃承种纳租，由州县征收，名曰三次。

七曰四次。乾隆十九年（1754 年）至二十五年（1760 年），第四次赎回私典旗地，由州县征租。在民人名下赎回者，名曰四次。

八曰奴典。乾隆十九年（1754 年）至二十五年（1760 年），第四次赎回私典旗地，由州县征租。在家奴名下赎回者，名曰奴典。

自乾隆初年以后，清政府动用内帑赎回的旗地，令佃户继续租种，将收取的租银发给各旗，称为旗租。如前已述，旗租计有八项，故又称八项旗租。以下是顺天府所属州县旗地、旗租统计。

顺天府所属州县旗地、旗租统计表[107]　　　单位：顷、两

县　称	旗地（顷）	额定旗租（两）	扣纳民粮银（两）	应征租银（两）
大　兴	258.33	2926.72	2.32	2924.40
宛　平	224.04	2117.41	9.11	2108.30
通　州	726.63	5885.53	16.93	5868.60
潞邑（附）	5.86	42.03	22.52	19.51
三　河	2059.21	11268.02	1.64	11266.38
武　清	1435.41	11225.49	14.12	11211.37
宝　坻	1382.74	15233.17	23.17	15210.00
固　安	530.36	6500.40[108]		6500.40
永　清	777.16	8699.97		8699.97
东　安	920.30	8602.25		8602.25
良　乡	180.73	2403.37		2403.37
房　山	213.44	2713.64	49.01	2664.63
蓟　州	1617.50	16995.32	19.78	16975.54
宁　河	52.25	63.13	9.65	53.48
霸　州	406.06	6391.87[109]		6391.87
保定县	41.65	312.87		312.87
文　安	657.14	5755.12		5755.12

（续表）

县　　称	旗地（顷）	额定旗租（两）	扣纳民粮银（两）	应征租银（两）
大　城	113.15	451.19		451.19
涿　州	648.61	9471.34		9471.34
昌平州	358.05	3590.78	0.60	3590.18
顺　义	861.02	7391.34		7391.34
怀　柔	173.82	1846.40		1846.40
密　云	230.87	2179.82	3.27	2176.55
平　谷	136.26	1867.29	0.09	1886.20
香　河	419.20	4555.00		4555.00

从上表中可以计算出顺天府八项旗租地计有 104429 顷 79 亩，共征旗租银 138316 两有奇。现在北京境内的大兴、宛平、通州、都邑、良乡、房山、平谷、顺义、昌平、怀柔、密云、延庆等地[110]，当时共计有 4069 顷，征租银 38752.46 两、租谷 31.79 石。如果所收租谷不计在内的话，平均每亩旗租大约为银 9 分 5 厘。其中多的可到 1 钱以上，少的可到三分。我们知道，明代宛平县官庄子粒银一般是每亩收三五分左右，只有瓮山脚下少量水田沃土的子粒银才达到 1 钱以上。清代北京地区的旗租显然比明代北京地区的宫庄子粒银要高出数倍。不过，这恐怕也和清代的物价水平有关。顺治元年，承明末多年战争饥荒之乱，北京的粮价"每石四五两不等"[111]，至康熙三十四年（1695 年）密云县饥荒时高粱一斗三百钱。清制，制钱每千钱折银一两。一斗三百钱的价格就是每石银三两。后来经过官方减价发粜，粮价平减以后是每斗一百钱，即每石银一两[112]。也就是说，康熙时期北京地区平价时的高粱是每石银一两，那么推及米价应当是一两以上。清高宗乾隆十六年（1751 年）北京市场上的平价米每石银一两六钱至二两不等。清人钱枚《随园随笔》卷十五引（明）《金罍子》："'嘉靖癸丑（1553 年），京师大饥，人相食，米每石二两二钱。'盖今日（按，指清乾隆、嘉庆时）之平价也。"指出乾隆、嘉庆时期北京日常生活中的粮价已比明代大饥荒年代还要高。清末道光年间，北京米价"每石竟需制钱四千数百文"[113]。按照清制，每银一两折钱一千计算，这时的米价已经是每石四两有余。粮价高，土地的价格和租银自然也会提高。康熙五十二年（1713 年）时谕户部云："先年人少田多，一亩之田，其值银不过数钱。今因人多价贵，一亩之值，竟至数两不等。即如京师近地，民舍市廛，日以增多，略无空隙。"[114]不过，如果超过合理的范围，土地租

银越重，农民所承受的剥削也越严重，这样使得农业陷入负经营的恶性状态。实际上，乾隆中期，官田租银就已达 1 钱以上，旗租一般要高达银一二钱至三四钱不等[115]。如"乾隆三十六年（1771 年）清查赎回旗地一万四千余顷，岁征旗租银三十一万五千两有奇"[116]，平均每亩租银即达 2 钱有余。至于一般旗人地主将旗地出租招佃，起初地租有实物租和货币租两种。旗人地主为了获取更高的利润，后来也纷纷强迫佃户纳钱。如乾隆四十六年（1781 年）十二月，承德佃户范玉功、范玉信兄弟租种旗人范纯旗地 1 顷 60 亩，原每年缴纳租粮 6 石 5 斗（每亩 4 升），后范纯以粮食质量不好为由，强迫范玉功每年改缴租钱 5 千大钱（约每亩银 3 分）[117]，并将范玉信打伤致死[118]。当时在农业发达，地少人多的地区，佃户往往使用预交租金的办法以稳定土地使用权。如乾隆二十六年（1761 年）北京顺义县东疃村与密云县红寺村相邻，故东疃村民王三租种红寺村民高德文地 26 亩，每年预交地租小数钱 35 千[119]。旗人地主为了早日获取地租，也多采取预收租钱的方式。如乾隆三十年（1765 年）遵化州中门庄曹九会为内务府包衣，有当差地 40 亩，原以佃户杨瑞每年预交京钱（又称制钱）36 千（每亩银 9 钱）佃种，后因将租钱用尽，无法进京向内务府缴租，就复将土地租给旧佃户王起风，租价仍为 36 千。由于曹九会一地两租，且都预取了租钱，造成杨、王两家佃户争殴，以致人命[120]。农民租种旗地一般都是自己耕种，但也有将旗地再次转租的。如乾隆元年（1736 年）北京昌平州正黄旗豪山佐领常正家人张国义将其主常正名下旗地 10 亩租给刘四佃种，刘四复将该地转租给赵成富[121]。这种转租行为一般是由于原佃户无力耕种而将全部或部分租地转租出去，并不存在加租的情况。而且，这种转租行为，一般也是经过地主同意或默许的。如乾隆五十一年（1786 年）北京大兴县农民杨大向正白旗翰林检讨德文家租得 53 亩，每亩租价为京钱 800 文（银 8 钱）。因自己无力全部耕种，杨大复将其中 28 亩转租给同村宋四，租价仍为每亩京钱 800 文，且由杨大每年收齐后转交给地主。乾隆五十九年（1794 年）宋四一时无钱交租，杨大恐地租缴纳迟延，地主将土地收回，自己无地可种，遂与宋四生衅[122]。从上例中可以看出，佃户转租土地，一般不存在剥削关系。然而，对于旗人地主来说则不然。乾隆五十六年（1791 年）和坤掌户部，公然废除旗地不许增租夺佃的祖制，旗人地主纷纷强行加租，每亩租银竟高达五六钱至七八钱不等[123]。在这样的重负下，旗地佃户或占地抗租，或挺而走险武力反抗。如乾隆六十年（1795 年），内务府镶黄旗掌仪司住顺义县果园庄头李文芝在郭家庄有当差地 68 亩，被佃户郭宏理、郭福德等人"硬霸皇产"，"执持器械，将所种麦子抢去四亩有余"[124]，顺义县旗地佃户吴文辉、史四、程义等人租种正黄旗郭王氏"祖遗老圈地六十五亩"。由于郭王氏强行加租，佃户吴文辉等人"自乾隆五十九年（1794年）起不但不给租子，且将郭王氏之祖遗圈地，指称系伊等承种官地"，"尽行霸种"[125]。反抗的形式尽管各种各样，但其目的都是要摆脱或减轻旗人地主的剥削和压迫。嘉庆五年（1800年），清政府慑于人民反抗斗争的威力，下令"改照旧例，禁止增租夺佃"[126]。清朝自此以后，旗租大概也就是每亩银二钱左右。不过，旗人地主私自加租的情况还是时有发生，只不过经常是以家人出面。清宣宗道光七年（1827年），通州百姓王文弼等，向朝廷呈递封章，控告满洲大臣、协办大学士英和的家人张天成增租扰累。朝廷遣尚书托津查办的结果，奏报英和当初置买通州旗地的时候并不知道原来地租多少，是家人张天成遽加地租，当遭到民人王文弼的反抗以后，又勾结在官人役徐永祥出名把王文弼等告到宛平县，以势压人。虽然托津在这件事情中把英和的责任减轻，但道光皇帝仍然免去他的协办大学士职务，降职处理[127]。可见自嘉庆以后，对于旗人地主私自加租的行为还是管理的比较严格。不过，清政府更严格保护旗人的经济利益，每次强调不许增租夺佃的同时，都严厉禁止佃户抗租。例如，咸丰元年（1851年）宣布禁止增租夺佃规章时，就强调"租项永远照数征收，与旧庄头数目相等，以免日后庄佃抗租之弊"，"内务府计亩收租，新旧佃户，俱毋得藉词妄希轻减"。"其佃户自二十九年抗欠租项不交者，应檄饬各该地方官查明如何抗欠，分别办理"，"嗣后……如仍有佃户抗欠……或控告到部，或被内务府查出，一经审实，即照定例分别治罪"。[128]至于皇庄，雍正元年（1723年）雍正皇帝曾谕令礼部，将北京先农坛的一千七百亩农田分出二百亩给坛户种植嘉蔬，以供四时祭祀。其余一千五百亩招民佃种，每年交租银三百两。这些国家大典的祭祀庄田是属于内务府皇庄性质，如此计算，皇庄每亩租银也应是二钱左右。当然，这些农田的条件也比较好，土质肥沃，水利条件优越，而且绝大多数是菜田，获利也比种植粮食作物的大田多得多。另外这些招佃的农户还有服役的性质，每种地十亩，还得令修天坛内外墙若干[129]。清朝的旗地是一种特殊形态的土地制度，其规定也有特殊之处。除以上说的不允许私自加租以外，每逢灾年，一般的民田可以根据灾情申报蠲免一定数额的田赋，甚至全免。但是旗地不然，不管灾情多么严重，旗地从来没有全部蠲免的例子。按照清朝统治者的逻辑，认为旗地是旗人的主要生活来源，如果佃户不缴旗租，旗人就无法生活。因此无论灾情多重，旗地佃户也得想办法缴纳一定数量的租子出来。嘉庆六年（1801 年）北京地区发生五百年来罕见的大水灾，直隶地区被淹 128 州县，占全部行政区的百分之九十。北京城就像一座孤岛，漂浮在汪洋大水之中。这次大灾造成了人民生命和财产的巨大损失，直隶总督颜检等官员首先宣布蠲免租赋的措施。嘉庆八年（1803 年）嘉庆皇帝谕内阁云："旗租一项与民粮不同，向来蠲免例内，本无全免之条。即如嘉庆四年（1799 年）恩免大兴、通州各州县钱粮，旗租即系照定例办理。"但是由于直隶总督颜检已经颁布旗租也和民地田赋一样全免的政令，嘉庆皇帝也就不好再下令补征，只好责怪颜检"奏请本觉含混"，"将颜检同藩司瞻柱一并交部议处"。另一方面又只好承认既成事实全部蠲免，但"此后不得援以为例"。嘉庆皇帝所说的"定例"，就是旗租最多只能减免十分之五[130]。内务府管理的皇庄也是如此。同治十年至十二年（1871 年—1873 年）北京地区连续遭受水灾，同治十二年给事中陈鸿翊奏请蠲免租赋，并举报顺天宝坻等县各项旗租，因本年秋禾被灾，奉旨蠲免分数，可是听说内务府庄头等仍向各县民佃催索，令照足额旗租交纳，以致被赈灾民，将所领银米折变交租，甚至迁徙灾民不敢归里领赈[131]。不过，对于宗室贵族的王庄，清廷历来优待。王庄蠲免的份额，从来都是由王庄根据情况自己规定，其他方面不得干涉。例如，光绪六年（1880 年）御史朱以增奏：据称顺天直隶境内的王府庄田，每遇灾荒，并不执行国家的蠲免规定，各王府依旧派人征收。王庄的庄头等人，仗势迫令贫佃交足地租，否则就送到官衙追比，并且从中侵吞中饱，以致贫佃受累[132]。起初，光绪皇帝同意嗣后遇灾，"所属王庄租额，查照灾分轻重，酌减成数。或将庄田佃租，由地方官代为征解"。直隶总督李鸿章老于官场，他知道各王府贝勒都是得罪不起的，所以奏称："顺天直隶各属王贝勒等府庄田坐落五十余州县之多，若由地方官代为征租，则地亩必须逐一清量，徒滋纷扰，事属窒碍难行。"简单一句话，此事办不了。光绪皇帝于是只好下令，今后遇灾，所有王公贝勒等府坐落附近京畿州县庄田，仍著循照旧章办理，遇灾应该减收多少地租，"由各该王府等自行酌办"[133]。光绪十四年（1888 年）京畿地区发生严重水灾，受灾四十余州县。永定河在房山、涿州、大兴泛滥。今北京门头沟区（时属宛平县）发生数起泥石流。因北京周围遍布旗地，所以在赈灾过程中，直隶总督李鸿章疏请讨论京旗各府庄田灾年减收地租规章，朝廷答复"仍遵前旨，自行体察情形办理。所请豫议章程之处，着毋庸议"。[134]因此，清朝王庄地租灾年减收数额都是由各王府自己决定。光绪十六年（1890 年）京畿地区遭遇五百年罕见的大水灾，九十八州县遭灾。北京城又像一座漂浮在汪洋大水中的孤岛，禾稼全没，居民死亡无数。李鸿章再次"请将京旗各府庄田。照案减收租"。面对这罕见的巨灾，光绪皇帝降旨："所有王公贝勒各府并各京旗庄田，着即自行体察灾歉情形，将如何减收租数之处，行知坐落州县出示晓谕。不准庄头、揽头等将已减之租，蒙混舞弊。其内务府各项地租，步军统领衙门地租，并着查照成案。一体减收。"[135] 我们看到，就是遭到灭顶之灾，清朝廷对王庄也只能是"着即自行体察灾歉情形"，把自愿减免的比例通知州县衙门。清廷同时把责任一律归咎于庄头、揽头将已减之租蒙混舞弊，而从不谴责王室贵族的不仁不义。其实宗室贵族虽然大多不亲自管理家业，一味听信家仆、家丁肆意妄为，但也都很贪婪。例如光绪二十一年（1895年）康熙皇帝之子的后裔辅国公毓森在永清县置买旗地二三十顷，听信家丁荣华峰勒增租钱加至数倍。当时京畿连年水灾，百姓困苦已极，无力纳租，毓森复遣家仆连升到永清县诬告佃户抗租，强命关押佃户佟会如等六十余家。此事当时震动京畿，光绪皇帝派直隶总督孙家鼐率顺天府尹等官员直接干预，才释放了百姓[136]。

　　清朝旗地制度代表着落后的生产关系，是满洲入关前后社会经济中奴隶制残余的反映。在先于清朝旗地制度 500 余年以前，由满洲贵族的先人女真族建立的金朝也曾在今北京地区及黄河以北地区推行猛安谋克户的授田制。清朝旗地制度与金朝授田制若干基本点上有着惊人的相似之处，其根本原因就在于它们具有相似的经济基础。由于他们在进入中原地区之际未能完全摆脱奴隶制生产关系残余的束缚，未能很快适应中原地区发展的生产力水平，反而企图采用暴力手段把发展的封建农业经济装入它们习惯的落后的生产关系模式中去，因此造成社会的巨大震荡，社会生产力的大破坏。但是，历史的发展终究是不以任何人的主观愿望为转移的。随着社会经济的发展，落后的旗地庄田制度不可避免陷于瓦解，封建租佃制的地主经济在以北京为中心的京畿地区最终获得了发展，还是占据了统治地位。在这个基础上，北方的封建农业经济重新获得了发展。

第二节　清代北京寺庙庄田

　　清朝寺院的田产大致来自以下几个方面：一是寺院自有的田产。二是寺院置买的田产。三是信徒或清朝宗室贵族的施舍。寺院拥有的旗地大多来源于王公贵族向寺院的施舍或换地。金启琮先生是乾隆皇帝第五子荣纯亲王永琪后裔，他在《清代王公府属旗地》中写道："北京寺庙在京郊都有许多香火地。我五世祖奕绘（多罗贝勒）在房山县大南峪修建园寝时，看上了法源寺下院天台寺的香火地，就用府中采育（今北京南苑）地二千亩换得，比原地亩数多三倍有奇。这种换地，寺庙是非常高兴的。"[137]不过，但凡换地，有需求的一方往往会主动把条件提的优厚一些，以达到交换成功的目的。据《北京图书馆藏历代石刻拓片汇编》收藏的清代北京寺庙碑记中，咸丰二年（1852年）关帝庙茶棚碑就记载，乾隆年间崇宅以双槐树村北地一顷六十三亩，兑换得位于海淀西钓鱼台恩济庄关帝庙在八宝庄民地五十二亩，作为茔地。兑换的比率相当于三比一。又如，雍正八年（1730年），雍正皇帝计划在河北易县修建陵寝时，太平峪恰在规划范围之内，雍正皇帝谕令：所有占用的民间田亩，加倍赏给。所有在规划范围内的需拆除的寺庙一律择新址重建。寺庙有香火田地的，亦着将新建寺庙附近地亩，加倍拨给[138]。

兹据《北京图书馆藏历代石刻拓片汇编》有关庙产的记载表列如下。

清代北京寺庙田产简表[139]

寺庙	地址	碑名	内容提要
显圣宫	八宝山	康熙显圣宫香会碑	自置香火地五段九十二亩
净因寺	东城华丰胡同	康熙净因寺碑	御前总管梁九功等置地施舍十顷
天庆庵	门头沟南官园	雍正天庆庵舍地碑	史贵将祖业施舍，生则养老，死则掩埋
紫极阁	昌平城北	雍正紫极阁香火地碑	昌平州将查出档外余地二十亩施舍
岫云寺（潭柘寺）	门头沟栗园	康熙五十三舍地碑	旗人五十三置稻田一顷施舍
岫云寺（潭柘寺）	门头沟潭柘寺	乾隆岫云寺置地碑	怡亲王府总管李天福等以银六百五十两，合置稻田三顷十亩施舍
潭柘寺	门头沟潭柘寺	乾隆大悲胜会置地碑	该香会自置地六十二亩施舍，价银一百二十二两

（续表）

寺庙	地址	碑名	内容提要
潭柘寺	门头沟潭柘寺	乾隆潭柘寺募置香火田碑记	雍正八年至乾隆三十年自置及民、旗人自舍田一百五十顷。请于户部免于查丈。
潭柘寺	门头沟潭柘寺	道光愣严圣会碑	朝阳门内外旗民善众以五百吊置地施舍
潭柘寺	门头沟潭柘寺	光绪吕祖圣会碑	以银一千一百两置地八顷八十亩施舍
云居寺	房山云居寺	乾隆云居寺地产碑	乾隆四年西域寺僧买地二顷十四亩。
云居寺	房山居寺	乾隆施地供众碑记	和硕额驸福增格将典地银五千两施舍
云居寺	房山云居寺	乾隆吴王氏施地碑	会首吴王氏以银三十两置地三十亩施舍
云居寺	房山云居寺	乾隆置地斋僧功德碑	僧人净如等施舍地九十八亩
云居寺	房山云居寺	乾隆刘王氏舍地碑	民人刘王氏率孙施舍祖业地一顷八十亩
云居寺	房山云居寺	嘉庆赐田土碑	嘉庆皇帝赐稻田三百余亩
云居寺	房山云居寺	嘉庆建本功德碑	房山龙凤庙住持建本施钱一千三百余吊
云居寺	房山云居寺	道光赵培润舍地碑	赵培润地一百四十亩，舍后自种，每年施租银十两
云居寺	房山云居寺	咸丰胡铭施地碑	民人胡铭舍新城民地二十余顷（价银八千余两）
戒台寺	门头沟戒台寺	乾隆广善米会置地碑	该香会施舍四十四亩，每年租银十六两
戒台寺	门头沟戒台寺	乾隆冯天寿舍地碑	民人冯天寿舍地一顷二十亩
戒台寺	门头沟戒台寺	乾隆旗人常福保舍地碑	原碑漫漶不清。
戒台寺	门头沟戒台寺	光绪谭鑫培舍地碑	谭氏资助地藏会，舍地三顷五亩于寺内
戒台寺	门头沟戒台寺	乾隆如意老会置地碑	西单如意老会施舍银三百两，置地二顷

（续表）

寺庙	地址	碑名	内容提要
和平寺	昌平花塔村	乾隆和平寺香火地碑	自有香火地数段一顷二十七亩
极乐庵	东城羊管胡同	乾隆关福里施地碑	舍昌平自置地二顷六亩
圣文寺	昌平沙河文庙	乾隆圣文寺香火地碑	旗人赵仝与子舍地十亩
白云观	西城白云观	嘉庆白云观捐产碑记	民人蔡永清捐银六千两，舍地四十五顷
白云观	西城白云观	道光白云观布施勒名碑记	旗人、员外郎鉽林捐银六千七百两；上泽田三顷，岁收租银四百两施舍。
白云观	西城白云观	道光捐修真君殿碑	置地八十七亩，施舍岁收租五十二吊余
白云观	西城白云观	光绪刘素云道行碑	太监刘素云捐银三千两，购上泽田十五顷，岁租银三百三十两施舍
白云观	西城白云观	光绪玉清观田产碑	白云观下院玉清观受施、自置地四十四亩
白云观	西城白云观	光绪白云观碑	旗、民人施舍地计一百六十三顷余。
白云观	西城白云观	光绪皇经坛香火碑记	吕祖宫住持叶合仁施舍地一顷二十三亩
万寿寺	海淀万寿寺	道光通济禅师置地碑	高僧通济自置民地八十九亩为寺产
万寿寺	海淀万寿寺	咸丰僧阔如舍地碑	僧阔如以京钱二千吊置地五十亩施舍
观音庵	东城观音庵	道光王运洪舍地石碣	民人王运洪施舍祖遗地六段计四十亩
白衣庵	房山南韩继	道光白衣庵碑	捐香火地四十亩
清真寺	海淀清河镇	光绪清真寺碑	寺产十五亩
静福寺	海淀香山	光绪玉皇顶静福寺碑	寺产二十二顷
花神庙	丰台花神庙村	光绪花神庙施地碑	康熙第二子后裔毓炤施地

从上表中可以看到，北京地区寺庙的地产大多是来自施舍。一般来说，愈是著名的大寺庙愈容易获得资助和施舍，而且有的施主的经济力量还很雄厚，一次施舍的土地数量即以数顷计。相反，一些小寺庙却很少获得施舍的机会，每次获得的施舍数量也不多，只不过几亩或几十亩。有些则是庙宇住持用自己多年积攒的银两购置寺产，以维持寺庙的活动。庙产土地的来源大多是施舍人单独或集资出银钱购置，也有旗人和民人的自置地，还有的是祖业遗产。这些土地捐给寺庙以后，由寺庙出租招佃，每年的地租银用以维持寺庙各项开支。这里有两个情况比较特殊：一件是雍正二年（1724 年）天庆庵舍地碑中记载，史贵将祖业舍与天庆庵，"本身一人随人常住，生则养老，死则掩埋"。看来史贵是一个孤老，这种施舍实际是以土地换得养老的待遇，是一种交换。另一件是道光三年（1823 年）云居寺赵培润舍地碑记载，赵培润将己业十一段计一百四十亩施舍，然而特别强调"此地舍后系功德主自种，每年交香资租银十两"。笔者计算了一下，舍地后赵培润每年交给云居寺的租银是每亩七分一厘。按照雍正以后的制度，民地每亩每年田赋是银三分，摊入的丁银是每亩五厘，总计三分五厘。表面看起来赵培润交的香资租银似乎比土地归己时缴的正赋还多，但是清代的养廉制度，在雍正以后实行了还没有多少年，额征火耗之外的种种巧立名目的加派就又出现了，农民每亩实际的负担仍然达到正赋的数倍，需要银两数钱不止。赵培润的一百四十亩薄田，竟分散为十一段，可见是一个比较贫弱的自耕农民，其此举实际是借改变土地的性质，以规避衙门的横征暴敛。当然，寺庙的香火地也是要缴纳赋税的，但以其在当地的特殊身份，肯定可以避免正赋三分五厘之外的各种苛捐杂税，这就是云居寺愿意接受赵培润有条件的施舍的原因。据《康熙大兴县志·田赋考》："康熙二十二年实在香火地六十五顷一十六亩一分五厘，实在征银一百一两九分六厘。"每亩征银一分六厘，其在民地、屯地、牧马地、拨补地等各项中，额赋接近最低的数额。再据《康熙宛平县志·田赋》："僧道香火地共三十一顷八十八亩，每亩征银二分八厘七毫。"在民地、屯地、新开荒地、受补地等各项中，其额赋和其他持平。不过，寺庙香火地和其他性质的土地一样，在不同的地区略有差别。

如上所述，清代北京寺庙自置和接受施舍的香火地都要照章缴纳田赋，顺治六年（1649 年），境内有众多庐山寺庙的江西南康府就明确要求寺庙田产"虽系十方布施收买，田属僧业，仍应照例纳粮"[140]。清朝满族统治者的宗教信仰是萨满教，对于道教、佛教的政策主要是从有利于政治统治出发。对于佛教，清朝政府还是限制很严格的，例如康熙皇帝在批复左都御史赵申乔奏疏时说："近见直隶各省创建寺庙者甚多。建造寺庙，则占踞百姓田庐；既成之后，愚民又为僧道日用，凑集银钱，购买贫人田地给与，以致民田渐少。"他看到了寺庙兼并农村土地的不正常现象，这虽然不影响国家税收但影响到农村社会秩序的稳定，于是下令"各省督抚及地方官，除原有寺庙外，其创建增修，永行禁止"。[141]乾隆皇帝即位之初，就令"传谕步军统领，及顺天府五城地方官，并外省督抚，出示晓谕"，鼓励各地修复旧寺旧庙，"庶令琳宫永焕。庙貌常新"。但是严格限制建立寺庙，凡新建的都要事前得到地方最高军政长官批准，"若不俟题请，擅为兴造者，必加究治。"[142]

关于寺庙香火地的田赋，有特殊情况是可以蠲免的。一是皇帝亲自赐予的土地，例如嘉庆时期嘉庆皇帝赐与云居寺稻田三百余亩，这些土地是豁免赋税的。再有就是旗地本是没有赋税的，可是旗人购买的民地却是要缴纳赋税的。所以，在旗人施舍的土地中，如果是购自民人的民地，寺院接受以后还要负担这部分土地的田赋，但如果是自己本身的旗地或在同旗及其他旗分购买的旗地，施舍后只要不报税升科就可以仍旧享受旗地的待遇，不缴纳赋税。这虽然是违法的，但当时确实是比较普遍存在的情况，这和社会上旗地制度的瓦解也有密切关系。

雍和宫是清朝在北京唯一的皇家寺庙，其前身是雍正皇帝还是皇子时居住的雍王府，及其即位以后改称"雍和宫"，作为行宫。雍正皇帝卒后，其子乾隆皇帝即位，停其灵柩于雍和宫，乾隆元年移棺于河北易县的清西陵。乾隆皇帝出生于雍和宫，所以和雍正皇帝一样对雍和宫有着深厚的感情。乾隆九年，乾隆皇帝因这个府第是他们父子的"龙潜禁地"，非可亵越，于是正式改为藏传佛教的喇嘛教寺院，选高行梵僧司守，并特派总理事务王大臣管理本宫事务，一般都是亲王身份。自乾隆皇帝以后的历代清朝皇帝，每年至少要到雍和宫礼佛三次，即分别每年乾隆皇帝生日、忌辰和夏至。雍和宫的田产是北京寺庙中最多的，可称是首富，据说多达四百余顷。据《民国良乡县志·杂征》记载：雍和宫在良乡有香灯地，自乾隆十五年起历次置买并续拨各项入官地三十一顷四十四亩九分，"每年征租由内务府委员牌取"。也就是说，雍和宫的田产无论是自己置买的还是朝廷拨给的，都是属于皇庄性质的官地，所以没有缴纳田赋的义务。

第三节　清代北京地区农业的恢复和发展

顺治初年，清政府残酷圈占土地，激起农民强烈反抗，"（山海）关内土贼群起，杀害官吏"[143]。在旗人奴主的迫害下，大批农奴也纷纷逃亡，所谓"八旗以俘获为奴仆，主遇之虐辄亡去；汉民有愿隶八旗为奴仆者，谓之投充，主遇之虐亦亡去"[144]。顺治十一年（1654年），旗下奴隶"一年间逃人几至三万，缉获者不及十分之一"[145]。在人民的反抗斗争下，清朝统治阶级在谋求自己利益的过程中，被迫走上了历史为它指定的道路，旗地庄田中的农奴制残余逐渐转变为封建租佃制。

康熙初年，清朝政府为了缓和民族矛盾和阶级矛盾，除停止圈占土地以外，又宣布："以直隶废藩田予民"，且免缴租，"视民田输纳正赋"[146]，曰更名田。北京地区是清朝首都，大部分明代王庄已被占为官庄、旗地，因此真正可供分配给农民的"更名田"极少。虽然如此，由于康熙皇帝减轻了赋税，又制订法令限制贵族的残暴行为，如"禁八旗以奴仆殉葬"[147]等，北京地区的农业经济终于重新恢复和发展。这主要表现在以北京为中心的顺天府地区，荒地开垦量大为增加。

清初，经过大规模圈占以后，"顺天府实剩民田仅仅有六千五百二十八顷三十九亩"[148]。然而到了康熙十九年（1680年），顺天府"新增、退出、开垦并清查地共二万八千四百七十五顷六十六亩"[149]。这其中，除去清查和退出地亩外，新增加的开垦地也应在万顷左右。而在此以前的顺治十八年（1661年）统计，顺天府所属州县仅"共垦田一千三百三十九顷六十九亩"[150]。那么康熙即位以来的这十八、九年间，顺天府新开垦的土地当在八千余顷以上，耕地面积的扩大确实是十分迅速的。嘉庆二十五年（1820年），"顺天府耕地达六万二千一百二十一顷四十七亩"[151]。光绪七、八年间更"增达六万六千二百零九顷八亩"[152]。以上是就清代顺天府民地数额而言。清末，顺天府八项旗租地计有 14429 顷 77 亩，内务府稻田 108 顷 9 亩。将旗地和部分官庄地亩与民地相加，总计有 80746 顷 94 亩，与明代水平基本相同[153]。如果再加上大量皇庄、贵族庄田，耕地数量显然要超过明代时的水平。

明末三饷加派，田赋奇重。英宗天顺以后，明顺天府旧额定税粮 14000 石，崇祯末年竟增至 66730 石[154]。然而，耕地面积并没有相应增长，所以每户分摊的税粮奇重，当时人皆以有地为累。康熙初年，减省赋役，据《古今图书集成》所载，"康熙十九年（1680年）（顺天府）实在行粮地七万五百二十六顷六十九亩四分……并畦地内，该征银一十五万一千一百四十二两六钱"[155]，平均每亩租银不过2分，显然无论与明代相比还是与清朝后世相比，都是比较低的。康熙之世，由于寡取于民，使百姓从前明的重赋下解脱出来，康熙五十一年（1712年）又宣布"见今征收钱粮册内有名人丁，永为定数，嗣后所生人丁，免其加增钱粮"。[156]这项措施减轻了百姓丁银的负担，得到广泛欢迎，故"民无思汉心"[157]。经过激烈的民族纷争之后，又一次大规模的民族融合形成了。京畿地区的农业经济在经过一次历史性的大冲击之后，重新稳定卜米。

清朝自康熙中期以后，社会经济有所恢复和发展，乾隆之世达到鼎盛时期。康熙皇帝对于农业生产非常重视，经常出城观稼，劝督农耕。如康熙十一年（1672年）五月丙寅，"幸德胜门外观麦"；七月丙辰，复"出德胜门观禾"[158]。康熙十二年（1673年）三月，"驾幸郊外，阅视麦苗"[159]；四月辛丑，"幸郊外观禾"[160]；八月甲子，复"幸郊外观获"[161]。康熙十四年（1675年）闰五月癸巳，"幸玉泉山观禾"[162]。康熙十七年（1678年）五月甲寅，"幸西郊观禾"[163]。康熙十八年（1679年）五月壬寅，"出阜成门观禾，驻跸潭柘寺"；壬戌，"出朝阳门观禾"[164]。康熙十九年（1680年）四月甲申，"幸西山一带观禾"[165]。当北京地区遇到灾害性气候的时候康熙皇帝更要派侍卫或者亲自出城视察农作物生长情况，如康熙十年（1673年）三月己亥，由于北京地区霖雨大作，康熙皇帝派"一等侍卫对泰等出郊看视田苗"[166]。康熙二十九年（1690年）四月，北京地区遭遇春旱后，连日大雨，四野沾足，康熙皇帝"出正阳门，至南苑观禾"[167]。他在出巡时，严格要求随从人员爱护农田，对于民间饥苦，也知体恤。如康熙十五年（1676年）二月，他在从北京城至沙河巩华城的道上，对扈从诸大臣及侍卫等说："朕周视沿途，田间春麦正当盛长。着传谕扈从官员人等，悉循路而行，勿得蹂践春田，其严禁之。"[168]康熙三十四年（1695年）八月癸巳，他出巡驻跸北京密云县，见当地庄稼歉收，对大学士说："去岁，朕见此处高粱结实者少，枇者多，米价腾贵，高粱一斗几三百钱，故将通仓米，令运一万石至此处，五千石至顺义县，减时价发粜，米价稍平，一斗百钱，民以不困。北地寒冷，米谷多至失败。今（潮白）河水方盛，着将通仓米运至密云、顺义各一万石，令贮仓备用。"[169]他要求地方官员廉洁从政，不得盘剥百姓。康熙三十八年（1699年）他南巡后回到北京，对众大臣说："朕南巡至浙江，见百姓生计大不如前"，其原因就在于地方府州县官吏，为了巴结上司，向百姓私派索取，苛剥无已。而"畿辅近地，因朕不时巡察，故无私派侵取等弊"[170]。康熙皇帝比较注意保护农民的生产积极性，对于农民私自开垦的土地，鼓励自首起科，对于私自开垦土地以后，隐瞒不报，逃避赋税的则严惩不贷。康熙二十八年（1689年）昌平州民冯三等人自首出历年开垦私地121顷。直隶巡抚于成龙疏报，认为隐瞒私地不报，例应治罪，但今冯三等人既然主动自首到官，可以免于惩罚，但应征田赋钱粮应自私自开垦之日计算，地方官亦应受失察处分。康熙皇帝认为，如果追征钱粮，农民难免立时破产丧家，今后恐怕很难再有农民主动出首私地，于是传旨："冯三等既行自首，免其按年追征，该管官员不必查取职名。嗣后民人自首地亩，不必拘定年限，俱自出首之年起科，该管官员亦免议处"[171]。这样，自首的农民可以继续保有自己开垦的土地，清政府也可以由此增加在编土地数量，增加田赋等国家财政收入。

清初一切制度或沿袭明朝旧制，或在草创之中，很多事情没有定规。康熙六年（1667年）顺天府尹李天浴[172]上疏称："百姓不苦于正额之有定，而苦于杂派之无穷。"清朝政府由此重申每年赋税仍然按夏秋两税征收，"夏税定于五月六月，秋粮定于九月十月"。[173]

康熙皇帝还亲自参加农业生产实验活动。当时南方稻田亩产量最高可达三四石，而北京最肥沃的玉泉山稻田亩产量也只不过一石。康熙皇帝虽然承认这与自然条件即所谓土脉地气不同有关，但他认为自然因素是可以改造的。康熙三十一年（1692年）四月，他在巡视通州一带田禾之后回到北京城，在西苑瀛台内丰泽园澄怀堂召见尚书库勒纳、马齐，指着澄怀堂后院栽种的修竹和前院盆内栽种的人参和各种花卉，对他们说："北方地寒风高，无如此大竹，此系朕亲视栽种，每年培养得法，所以如许长大。由此观之，天下无不可养成之物也。"[174]康熙四十六年（1707年），他在比较内地和边外地区农作物生长状况时说："边外地广人稀，自古以来从未开垦。朕数年避暑塞外，令开垦种植，且禾苗有高七尺，穗长一尺五寸者……内地之田，虽在丰年，每亩止收一二石，若边外之田，所获更倍之。"他承认这是"地方不同"的缘故，但更强调"然人力亦不可不尽也"[175]。他还注意吸收南方的生产经验，出巡南方时注意到农人船中满载猪毛、鸡毛，询问用途，得知"福建稻田以山泉灌之，泉水寒凉，用此（猪毛、鸡毛）则禾苗茂盛，亦得早熟"。康熙皇帝回到北京后，"将玉泉山泉水所灌稻田亦照此法，果早熟丰收"[176]。其实，这次是康熙皇帝受了欺骗。笔者曾遍询水稻方面的专家，都从来不知道有这样的方法。况且猪鬃、鸡毛都是很不容易腐烂的东西，撒到水田中也不会增加腐殖质。这肯定是康熙身边的人知道他关心农业，编造谎言来取悦他的。康熙皇帝从南方带回北京的稻谷、菱角在京西玉泉山试种，由于"无南方池塘蓄养之水，且又霜旱"，均未成功，但是他在丰泽园苑田内利用玉田稻种进行的改良却获得成功，选育出一种早熟、米色微红、粒长气香而味腴的优良品种，名之曰"御稻米"。虽然"御稻米"的产量也不是很高，但稻米的品质比旧品种已有很大进步，而且成熟期早，对于北方降霜期较早的地区来说也是一大优点。康熙《几暇格物篇》记述云："丰泽园中有水田数区，布玉田谷种，岁至九月，始刈获登场。一日，循行阡陌，时方六月下旬，谷稻方颖，忽见一科，高出众稻之上，实以坚好。因收藏其种，待来年验其成熟之早否……从此生生不已，一岁取千百。……口外种稻，至白露以后数天，不能全熟，惟此种可以白露前收割，故山庄稻田所收，每岁避暑用之，尚有赢余。曾颁给其种与江浙督抚织造，令民间种之。"

清朝前、中期比较重视京畿水利。康熙四十三年（1704 年），天津总兵蓝理题请于天津等处开垦水田，疏奏说："直隶沿海旷地，丰润、宝坻、天津等处洼地，可仿南方，开为水田栽稻，一二年后，渐成肥沃。臣愿召募闽中农民二百余人，开垦一万余亩。倘可施行，召募江南等处无业之民，安插天津，给与牛粮，将沿海弃地，尽行开垦，限年起科。"[177]蓝理是康熙朝的一代水师名将，因为他是福建漳州人，对水田了解较多，所以信心十足。康熙皇帝虽然勇于试验，但对蓝理的建议却不看好。他说，过去直隶巡抚李光地请求在直隶开垦水田时我就认为此事不可轻易办理，原因在于北方的水源不易积蓄，下雨即骤涨，入夏则立涸，例如北京附近的琉璃河、莽牛河、易河，莫不如此。在蓝理的一再坚持下，朝廷最终还是同意让蓝理试办。可是试办的结果并不成功，康熙四十五年（1706 年）十月，内务府和户部官前往查视，发现所开垦的 150 顷水田多被水淹，无法设立屯庄[178]。康熙四十九年（1710 年）直隶巡抚赵弘燮奉命查勘，当时蓝理已经调任，由参将蓝珠料理接种，赵弘燮等人发现 150 顷中，有 50 顷洼地属水淹，不能耕种；50 顷是高地，不宜种稻，只能种些杂粮，供给农工。"其可作水田种稻者，止五十顷。康熙四十八年内，蓝珠所种稻谷，据报收二千五百余石。"则每亩产量五斗。康熙皇帝谕令："此开垦田地，着交与赵弘燮，有情愿耕种人民，拨与耕种。"[179]总之，康熙年间由天津总兵蓝理发起的这场开垦京畿水利的工作，最终归于失败。根据蓝理的奏疏，我们还可以知道当年他还从家乡福建漳州招募了 200 余农民到天津种稻。

雍正皇帝也很重视农业生产，雍正二年（1724 年）大学士等奏言：皇上躬耕的丰泽园田内，收获之稻，一茎四穗者五本、一茎三穗者四十五本、一茎二穗者二百三本，皆穗长盈尺，珠粒圆坚。前耤田之内，既见瑞谷之登；今御苑之中、复睹嘉禾之获[180]。雍正三年（1725 年）十二月，怡贤亲王允祥（康熙第十三子）总理京畿水利。他受任以后，除建议于京东诸水汇集之处疏浚河道、筑减水坝、开减水河分流之外，又"请于京东滦、蓟、天津，京南文、霸、任丘、新、雄诸州县设营田专官，募农耕种"[181]，化水害为水利。他的具体规划是：京东白河是漕运河道，不可取水灌田，因开河、分流、筑坝，引凉水河以溉田畴。宝坻县则利用潮河支流的八门城河（在县城东南），并于蓟运河下游筑堤，"壅水而升之，注于两岸．以资灌溉"。京西则利用拒马河、胡良河、涞水诸河。"胡良河所经，地称膏腴，扩而广之，房、涿之间皆稻乡也"。拒马河至房山分为两派，一入涿州，一入涞水。"涞水一派，石亭、赤土楼村，杭稻最盛"。其总体设计即开渠引流，延长诸河流程以扩大灌溉面积。由雍正四年（1726 年）二月至十月，共营水田 714 顷 93 亩。

雍正五年（1727 年），应怡贤亲王允祥之请，清政府在水利营田府下又分设京东、京西、京南、京北四局，加强对京畿水利的开发和管理。"愿耕水田者，皆给以农本"。京东局管辖丰润、玉田、蓟州、宝坻、平谷、武清、滦州、迁安八州县，京西局管辖宛平、涿州、房山、涞水、庆都、唐县、安肃、新城、霸州、任丘、定州、行唐、新乐、满城十四州县，京南局管辖正定、平山、井陉、邢台、沙河、南和、磁州、永平、平乡、任县十一县，天津道管辖天津、静海、沧州三州县。京东局管辖的平谷县，置闸疏渠，引洵河及山泉溉田，当年即开成稻田 6 顷 11.5 亩，其中官营 5 顷 35 亩，民营 76.5 亩。雍正九年（1731 年），又将旱田 3 顷 50 亩改成水田。京西局管辖的宛平县，于卢沟桥西北的修家庄、三家店等处引永定河水灌田，不粪而沃，雍正六年（1728 年）营造稻田 46 顷。涿州则利用督亢旧河，引拒马、胡良河，共成稻田 3000 亩。房山县则引玉塘泉（在县治西南）和挟活河、拒马河诸水，"开渠置闸，随取而足，十余里塍禾相望"，当年即营造稻田 23 顷 15.4 亩，其中官营 20 顷 43.6 亩，民营 2 顷 72.8 亩。雍正六年（1728 年）又于房山县城西南的良家庄、长沟村，营造稻田 3 顷 29 亩，其中官营 2 顷 89 亩，民营 40 亩[182]。

从以上列举的数字中，我们可以发现，清代京畿农田水利主要是由官府开发，民间开发甚少。京畿稻田在明代本来属于皇庄、王庄、贵族勋戚者居多，入清代以后主要控制在满洲皇室、贵族和旗人地主手中。如北京南部的丰台，"水清土肥"，"诚北地难得之佳壤"。但此地除公主、贵族、官僚花园、别业外，"自柳树、俞家村、乐吉桥一带，有水田，俱旗地……刘村西南为礼部官地，种粟米、高粱及麦"[183]。这也是清代北京农业经济中的另一特点。

乾隆之世，清朝国力经半个多世纪的经营达到鼎盛。清政府为了便于京师"浮漕、利涉、灌田"，曾对京西海淀一带的水系加以整顿。乾隆十四年（1749年）动工疏浚昆明湖，"芟苇茭之丛杂，浚泥河之隘塞"[184]，使诸泉汇于昆明湖一区，增加湖区容量，提高湖水的水位，使之更畅通地流入京城，并充济京东通惠河水量[185]。在此之前，北京护城河深不盈尺，功成之日，深"则三尺"[186]。昆明湖以东的海淀地区，因重新获得充足的水源而"水田日辟矣"[187]。长春园（在圆明园之东，属圆明三园之一），东门外的大石桥之北，又有"新开水田，畦畛弥望"。[188]

乾隆三十八年（1773年），清政府又疏浚右安门外凉水河，"自凤泉至马驹桥（即明宏仁侨），浚河八千余丈，修葺桥闸凡九，新建闸五……其河旁稻田数十顷，既垦且辟，益资灌溉之利"[189]，这对发展丰台、大兴、通州地区的农业生产很有益处。

清代，北京效区的农民在生产劳动中发挥自己的聪明才智，或引水溉田，或引水改造盐碱土质，均获得显著成效。据《光绪顺天府志·水利》记载，水利营田成效著于顺天府者，还有今北京地区的房山、顺义、怀柔、昌平、平谷等县。《房山志》曰："坝儿河会诸山涧溪，于周口店作沟洫，浸灌园畦。"《顺义志》曰："灵迹泉涌出西流，溉稻田五十余亩。"《清一统志》曰："宝带渠在怀柔县城外，县人钟其漾凿渠引水，碱土遂成水田。"《昌平志》曰："黑泉在治东南西山口，乡人开渠引流，莳粳稻菱藕之属。百泉庄、马池口、凉水河村、大小汤山、芹城、暴榆泉、黑泉、太舟务、渤海所俱有稻田。"《平谷志》曰："灵泉出县治东北二十里，灌溉田园，多赖其力。"

北京地区气候春、夏偏旱，又靠近永定河河道，因此历代皆有开引利用之议。乾隆初年，石景山有修姓庄头"引浑河（即永定河）灌田，比常农亩收数倍"[190]。不过，这毕竟是个别事例。另外，据说咸丰年间，科尔沁亲王僧格林沁在天津大沽海口一带兴办水田，得稻田四千二百余亩。嗣经崇厚督员经理，使斥卤之区，成为沃壤，民利赖之[191]。

清代自乾隆时期以后北京地区气候以旱涝兼作为主，不过春旱比较突出，以至于乾隆皇帝慨叹"十年九忧旱"。另外，乾隆时期中国人口急剧增长，由乾隆初期的一亿四千万达到乾隆后期的三亿一千万。人口的增长也增加了自然资源的消耗。就北京地区而言，乾隆以后，京西一带的水泉开始呈现枯衰之势。乾隆二十七年（1762 年），乾隆皇帝对军机大臣们说："昆明湖一带地方，试种稻田，水泉最为便利，而蓄洩旺减，不时灌溉，已难遍及。"[192]一方面指出京西昆明湖一带仍然是适合种水稻的地区，可是指出这里的水资源也发生了困难，"不时灌溉，已难遍及"。

第四节　清代北京农业的赋役

一、清代北京的田赋

清朝的赋役制度起初是沿袭明朝的旧章，只不过减轻了为社会所诟病的三饷加派等苛捐杂税。顺治元年（1644 年）七月，清军进入北京以后，摄政王多尔衮谕北京官吏军民曰："自顺治元年（1644 年）为始。凡正额之外一切加派……尽行蠲免。"[193]可见清朝政府实行的赋役制度和租税额基本是沿袭明朝正式的课赋。十月，顺治皇帝在北京即皇帝位时，即位诏中再次强调："地亩钱粮俱照前朝会计录原额，自顺治元年（1644 年）五月初一日起按亩征解。凡加派辽饷、剿饷、练饷、召买等项，悉行蠲免。"[194]因为明朝的三饷加派是从万历四十六年（1618 年）以后才开始的，所以顺治三年（1646 年）清朝户部就稽核天下钱粮在明神宗万历时的原额，编汇成为《赋役全书》，以明朝正常时期的赋税额作为清朝征收赋税的依据。也就是说，清初的田赋是和明代万历时期基本一样。

对于封建王朝来说，田赋是国家的基本财政收入，所以从清军进入北京的顺治元年（1644 年）开始，清朝就开始对京畿百姓征收赋税。当时八旗正在京畿地区进行大规模的土地圈占，可是无论土地被圈占与否，原来的田主还得依原样缴纳田赋。而且一开始的时候，田主原地被圈占，拨补到百里以外的穷乡僻壤之后，还得长途返回到原居住地的州县缴纳田赋。更为不合理的是，明、清时期民田土地田赋都是按照土质优劣评为等则，征收数量不等的田赋，而京畿农民和地主自己原来的肥沃土地被八旗圈占，拨补的只是贫瘠荒地或河滩地，却还要依照原来的良田等级税额缴纳田赋。直至顺治五年（1648 年），清政府才提出"新补之地较原地瘠薄不堪者俱照新地等则纳粮。"[195]顺治七年（1650年）才允许"拨补民田有远在三四百里之外者，仍向原籍纳粮，往返繁费，请于拨补之处就近办纳"。[196]自顺治元年到康熙八年（1644年—1669年）八旗圈占土地的活动基本结束以后，京畿尤其是北京周围州县的农田几乎被圈占殆尽，圈占后改变性质的旗地是不纳田赋的公田性质的土地，剩下的可征收田赋的土地数量很少，主要是漏网的民田和出租的官荒地。据康熙《大兴县志》记载："大兴田赋至少，而地亩头绪纷纭。"[197]计有民地圈剩地、原明屯地圈剩地、原明牧马地圈剩地、原明马房地圈剩地、原明良牧署地圈剩地、原明海户地圈剩地、原僧道香火地圈剩地、拨补地、新开垦荒沙地和历年清查出的隐瞒土地等项。该县志记录到康熙二十二年（1683年）。前面我们提到，虽然康熙八年（1669年）已经下令禁止圈占，可是直到康熙二十四年（1685年）顺天府尹张吉午还在疏请自康熙二十四年（1685年）始，民间开垦的土地永免圈占。可见在此期间，京畿地区小规模的圈占、圈补从没有间断。康熙二十二年的大兴县知县张茂节称："官此土者，每日惟拨给地亩奔走不暇……田亩之拨给一日不休，则民间之赋税一日不定，吏治之劳顿一日不息也。"[198]

清朝的田赋额既然是继承的明朝正额旧制，那就应该也是每亩征银三分。但实际上，根据土质的优劣和缴纳田赋的土地来源不同，征收的赋额并不相同。

康熙二十二年大兴县田赋额一览表[199]

名　目	实在地亩数	实征银	平均每亩征银
圈剩民地	28顷64亩	132两8分5厘	4分6厘
圈剩屯地	53顷39亩9分	169两9钱2分7厘	3分2厘
圈剩牧马地	33顷41亩1分	100两6钱3分	3分
圈剩拨补马房地	38顷60亩	171两6钱6分2厘	4分4厘
圈剩拨补良牧署地	60顷82亩4分	60两3钱5分8厘	1分
圈剩海户地	11顷31亩9分	28两4钱3分1厘	2分5厘
圈剩僧道香火地	65顷16亩1分	101两9分6厘	1分6厘
圈剩新开垦荒沙地及退出地	991顷56亩5分	2211两8钱1分	2分2厘
受补地	262顷31亩7分	741两9钱9分8厘	2分8厘

据上表可以看出，民地和马房地田赋最高，平均每亩征银4分4厘至6厘，几乎接近每亩征银5分。良牧署和僧道香火地田赋最低，只有银1分左右。其他都接近每亩征银3分。

据与康熙《大兴县志》同时修成的康熙《宛平县志》记载，康熙二十二年（1683年）宛平县田赋额如下。

康熙二十二年宛平县田赋额一览表[200]

名　　目	实在地亩数	实征银	平均每亩征银
圈剩民地	358 顷 22 亩 9 分	1041 两 3 钱 6 分 6 厘	2 分 8 厘—2 分 9 厘
圈剩屯地	104 顷 46 亩 8 分 7 厘	313 两 4 钱 6 厘	3 分
新开垦荒地及清查地	408 顷 95 亩 6 分 5 厘	1281 两 3 钱 1 厘	2 分 9 厘—3 分 1 厘
圈剩香火受补地	37 顷 48 亩	118 两 1 钱 3 分 6 厘	2 分 9 厘—3 分 1 厘
僧道香火地	31 顷 88 亩	92 两 6 钱 6 分 5 厘	2 分 8 厘—2 分 9 厘
受补河间县地	92 顷 89 亩	135 两 9 钱 8 厘	1 分 4 厘

从上表中可以看到，清朝宛平县的民地、屯地、新开垦地、圈剩香火受补地、香火地田赋基本都达到每亩征银3分左右，只有受补河间县地是按"彼处粮则"，每亩只征银1分4厘。总体上看，宛平县的田赋略低于大兴县的水平。这主要是因为大兴县属平原地区，比较适于耕作；宛平县却有很多山区、半山区，土质比较贫瘠，而且是永定河主要行经的地段，经常遭到大水灾的袭击，所以相对来说农业生产水平比较落后。康熙《宛平县志》的作者也承认其地"赋额较轻，钱粮易办"[201]。

康熙时期顺天府田赋一览表[202]

县　　称	实在地亩数	实征银	平均每亩征银
大　兴	1545 顷 23 亩 6 分[203]	3822 两 3 钱 7 分	2 分 5 厘
宛　平	1445 顷 87 亩 5 分	4069 两 7 钱 8 分	2 分 8 厘
良　乡	1925 顷 57 亩	3952 两 3 钱 5 分 9 厘	2 分 1 厘
固　安	1752 顷 38 亩 9 分	4914 两 1 钱 1 分	2 分 8 厘
东　安	2988 顷 38 亩 5 分	6694 两 2 钱 7 分	2 分 2 厘

（续表）

县　称	实在地亩数	实征银	平均每亩征银
香　河	1787 顷 77 亩 4 分	2798 两 3 钱 1 分 8 厘	1 分 6 厘
通　州	1948 顷 23 亩 5 分	3577 两 2 钱 7 分	1 分 8 厘
三　河	2031 顷 45 亩 4 分	3538 两 5 钱 8 分	1 分 7 厘
武　清	4271 顷 68 亩 1 分	9145 两 8 钱 2 分	2 分 1 厘
宝　坻	6108 顷 44 亩 8 分	10275 两 2 钱 8 分	1 分 7 厘
昌平州	1804 顷 31 亩 8 分	4701 两 9 钱 4 分 9 厘	2 分 6 厘
顺　义	1279 顷 80 亩 6 分 8 厘	2613 两 2 钱 2 分	2 分
密　云	1669 顷 52 亩 7 分 5 厘	3172 两 7 钱 1 分	1 分 9 厘
怀　柔	640 顷 95 亩 1 分	1917 两 6 钱 9 分	3 分
涿　州	3728 顷 67 亩 9 分	7876 两 7 钱 3 分 4 厘	2 分 1 厘
房　山	1208 顷 55 亩 1 分	5715 两 3 钱	4 分 7 厘
霸　州	2523 顷 92 亩 1 分 5 厘	8694 两 6 钱 1 分	3 分 4 厘
文　安	2559 顷 87 亩 5 分 3 厘	8644 两 3 钱 7 分	3 分 4 厘
大　城	1946 顷 57 亩 5 分 9 厘	9490 两 7 钱 6 分	4 分 9 厘
保　定	408 顷 58 亩 5 分	1379 两 7 钱 9 分	3 分 4 厘
蓟　州	4145 顷 60 亩 6 分	7920 两 1 钱 7 分	2 分
平　谷	665 顷 31 亩 7 分 3 厘	1310 两 7 钱 2 分	2 分

从上表中可以看到，康熙时期除了房山、大城等少数县分外，顺天府绝大多数州县的田赋水平是在每亩征银 2 分到 3 分的水平。

清代，乾隆、嘉庆时期直隶地区农民开垦土地的热情比较高涨，新开垦的土地经官方认可以后即可以按照民田缴纳田赋，永远为业。例如，乾隆十四年（1749 年）四月甲午，直隶总督那苏图疏报：乾隆十三年（1748 年）通永、霸昌、永平等道属，劝垦水旱荒地一十三顷四十三亩。应征银两，照例升科。壬寅，直隶总督那苏图疏报：乾隆十三年（1748 年）霸昌、热河、二道并天津、正定二府暨遵化州属，劝垦水旱荒地二百二十八顷一十亩，应征额赋，照例升科[204]。乾隆二十六年四月乙酉，直隶总督方观承疏报：勘实乾隆十五年分蓟州、良乡报垦熟地二顷六十一亩有奇[205]。乾隆三十三年（1758 年）三月己亥，直隶总督方观承疏报：霸州、固安、永清、东安、涿州、良乡、宛平、香河、滦州、卢龙、迁安、昌黎、乐亭、文安、大城、任邱、交河、故城、吴桥、东光、天津、青县、静海、沧州、南皮、盐山、庆云、清河、高阳、正定、元氏等三十一州县，垦种淀泊河滩新淤地五百四十八顷九十七亩有奇[206]。乾隆四十七年（1782 年）三月戊午，前署直隶总督英廉疏报：顺天府属宛平、三河、武清、宝坻、蓟州等五州县报垦荒地一百一十七顷三十三亩有奇[207]。乾隆五十五年（1790 年）三月甲午，直隶总督杨廷璋疏报：顺天、永平、河间、天津、宣化、遵化、易州七府州，新垦荒地百四十顷有奇，升科如例。戊戌，直隶总督杨廷璋疏报：顺义、卢龙、抚宁、迁安、西宁、涞水、阜平等七县，垦水旱荒地五顷六亩有奇，升科如例[208]。乾隆六十年四月壬午，直隶总督梁肯堂疏报：乾隆五十九年东安、香河、宛平、顺义、怀柔、三河、武清、宝坻、天津、宣化十县，共垦地二百一十六顷二十亩有奇[209]。清仁宗嘉庆三年（1798 年）四月癸丑，直隶总督梁肯堂疏报：大兴、武清、顺义、怀安、遵化、丰润、栾平、昌黎八州县，并桃林口，开垦地六十八顷八十亩有奇，照例升科[210]。嘉庆四年（1799 年）五月癸未，直隶总督胡季堂疏报：三河、武清、香河、宛平、卢龙、迁安、天津、静海、滦平九县，开垦地八十一顷九十二亩。照例升科[211]。嘉庆五年（1800 年）闰四月癸酉，直隶总督胡季堂疏报：三河、大兴、宛平、昌平、昌黎、新安、栾平、丰润、易州九州县，开垦地八十五顷二十四亩，照例升科[212]。嘉庆八年（1803 年）四月戊辰，直隶总督颜检疏报：宛平、香河、安肃、天津、丰润五县开垦地二百十八顷三十亩有奇，照例升科[213]。嘉庆十年六月乙卯，直隶总督颜检疏报：宝坻、香河、宛平、天津、怀安、丰润六县，开垦田一百顷五十二亩有奇，照例升科[214]。嘉庆十一年（1806 年）四月戊戌，直隶总督裘行简疏报：房山县开垦地六十亩有奇，照例升科[215]。嘉庆十二年（1807 年）六月乙酉，署直隶总督温承惠疏报：宛平、房山、香河、乐亭、天津、沧、丰宁、遵化八州县，开垦田七十顷九十八亩有奇，照例升科[216]。另外，有一些沙压淤覆的河滩地，清政府也允许民人认领，投税升科。例如清宣宗道光二年（1822 年）直隶各项荒地共九万四百五十一顷有奇，其中历年勘报升科及试垦尚未限满议租地计一万六千三百七十九顷有奇。其余难以耕种的荒地计七万三百六十四顷有奇。顺天府民人陈香谷等于道光二年（1822 年）赴户部认垦大兴、宛平两县荒地六十余顷。可是该县带同陈香谷前去勘丈的时候，却发现除了可垦地四顷四十余亩之外，其余都是沙石积盖、无法耕种的荒地，于是又不想认领，当即咨部销案[217]。不过，这些允许投税升科的荒地只是那些极其恶劣的土地，一般的淤覆地清政府还是收复国有，然后出租。例如今北京石景山南厂的一百余顷淤覆地，经道光十五年（1835 年）、同治七年（1868 年）、光绪十一年（1885 年）历次会勘，至光绪十八年（1892

年）才做出决定。起初，礼部侍郎启秀建议把这些土地由"地方官办理升科"，可是光绪皇帝认为升科之地就成了百姓的私产，是"使私种之人，据官地（一般旗地、皇庄、王庄均称官地）为己产，势必夤缘冒领，流弊滋多"。最后决定，这次查勘出的淤覆地全部交礼部收租管理，其余现有荒地也由礼部招垦起租[218]。

不过，也确实存在农民开垦土地以后，隐瞒而逃纳田赋的情况。这些土地因为不在国家征收赋税的簿册之内，所以又称黑地。清穆宗同治皇帝即位以后，因国家财政困窘，一度对查勘民间欺瞒黑地的事情十分重视。清穆宗咸丰十一年（1861 年）昌平州知州潘爵查出升科黑地四百四十余顷[219]，次年（1862 年）户部尚书宝鋆奏报，查出顺天昌平州（今北京昌平区）黑地三百八十三顷七十一亩有奇，请照例升科[220]。对于查出黑地的处理办法，还是继承康熙时期的旧规。清穆宗指出："至黑地一项……凡自种黑地业户旗人，赴该管都统衙门呈报；民人赴该管州县呈报，俱各查明段落四至，勘丈属实，照例升科，由户部颁给执照，准其永远为业。其从前盗种黑地之罪，及地方官失察处分，均予宽免。"不过，对于拒不申报的，清穆宗又有了更加严格的政策，即"如一年以内不行自首。经他人告发到官审明，即治以盗种黑地之罪。各州县黑地交课若干，按亩征收年清年款，不准丝毫拖欠"。[221]这新规定的惩罚就是对一年之内不出首者加以盗种之罪，同时追缴历年欠缴的田赋。但是同治初年查勘黑地并不成功。本来查勘黑地是交由地方州县衙门进行，可是由于百姓并不了解详情，不知这是皇帝亲自交待下来的差事，于是皇庄庄头人、内务府低层官员和王府护军人等这些和皇室关系较近的人便把查勘黑地变成营私舞弊的机会。例如，清穆宗咸丰十一年（1861 年），涿州奸民吴某伙同深州等地的恶势力，赴内务府举报，造谣声称涿州有 190 余顷被人侵占的无粮黑地，企图借皇家内务府的势力将这些本属民田的土地霸占，然后自己充当内务府的庄头。如果这个诡计得以实现，原来的土地主人就都成了内务府的佃户了[222]。虽然其计谋没有得逞，但类似这样的事情，在京畿地区是经常发生。清穆宗同治元年（1862 年）太医院王庆连等赴内务府呈称直隶各州县、盛京（今辽宁沈阳）等处无粮黑地及八旗报效地十余万顷，请按额升科。朝廷当即派户部尚书宝鋆率直隶总督、顺天府尹督令地方官查办。王庆连还带同民人张达呈报，大兴县田家营等处民人吴自有等隐种黑地。可是经宝鋆等派令委员会同该县查明，皆系有主之地，并非无粮地亩。至于他说的直隶、盛京等地的黑地也多不属实。王庆连因此被革去太医院九品官衔，交地方官严加管教[223]。

同治二年（1863 年），内务府候补笔帖式锡山、镶黄旗护军校吉存等人，伪称所有查出黑地一律归内务府庄田，由内务府从民人中选派庄头，并私刻戳记，伪造文件，进行撞骗，在宝坻、蓟州共骗得贿银1200 余两[224]。后来事发，均被判流放。另外，王府的家人、护军等屑小之辈也借王府的身份招摇撞骗，勒索百姓。例如，北京南苑原来是八旗练兵和皇帝检阅八旗军的地方，清末趋于荒凉。咸丰初年御史嵩龄曾有开辟南苑闲地之议，被户部否定。咸丰四年（1854 年）内阁侍读学士德奎又上奏折，请于南苑开垦屯田，办理团练。咸丰皇帝指出，这明显是受人怂恿，巧藉团练之名，以遂其牟利营私之举，下令严惩[225]。同治元年（1862 年）御史刘有铭奏请开垦南苑荒地，朝廷认为一来南苑土地有限，价值不大；二来南苑历来为朝廷肄武之地，不应随便改变历代成宪，所以还是没有同意。可是和慈禧皇太后关系密切的醇王府的护军、甚至太监，却借此事在社会上大肆蒙骗，假"称承办南苑地亩，索诈钱文"。朝廷追查结果，计牵连到该王府头等护卫寿锟、头等护卫德泰、包衣参领凤昌、已革护军校德凌阿、太监王衍庆等[226]。同治三年（1864 年）御史奏报"升科黑地，流弊滋多"，详述书吏敲诈，从中向百姓索费。奸民又仗势把农民的土地强认是自己的黑地，报官升科，从而达到霸占他人地产的目的。地方无赖和衙役勾结，黑势力盘根错节，地方官畏难苟安，甚至沆瀣一气，并不向朝廷奏报。同治皇帝令直隶总督率顺天府尹等官查核，由此又查出一大批贪官污吏。同治五年（1866 年）朝廷因办文宗咸丰皇帝丧葬大典，下令蠲免大兴（治今北京大兴）等州县沿途御路附近地亩赋税。通州（治今北京通州）衙门户书李钧、杨升、黄钊、王荣、王剀、于一等……串唆该州知州，将御路两旁地亩，概行征收[227]。同治六年（1867 年）直隶怀柔县知县陈斯棨放任潘姓门丁，出面向无辜百姓索取呈报黑地使费；勒索面行商人指办团练；更换户书；无不敛钱肥己[228]。甚至劫盗各案，闻报不理。更有人揭发，该知县于本县荒政，漫不经心，迫绅商议捐办赈，饥民争食，该县辄令兵役开枪轰击，毙命甚多。又藉均粮为名，追出粮价，尽行入己[229]。

　　清末吏治非常腐败，这和清朝实行的捐纳制度有很大关系，例如顺天候补知州王堃，本是个店铺的伙计，积攒了一些银两，先是捐纳了个不入流的县典史，后来又加大了本钱捐纳了通判知州。令人叫奇的是，捐纳官一般很难得到实缺，只不过是光鲜表面的门面，可是王堃竟然历署治中等缺十余次，有了实缺就有了办差的机会，当然也就少不了捞钱，这就无怪乎他能在通州（今北京通州）开设店铺[230]。清末的吏治和康熙时期大大不同，那时由于康熙皇帝时时督察，京畿吏治相对清明，可是清末即使天子近边的京师地区，也是污吏横行。例如，咸丰皇帝刚刚即位的道光三十年（1850 年）十二月，有人举报，顺天府属怀柔县知县姚培基，巧立名目，需索税契使费，并任用家丁于二，押责庄户，勒出门牌钱文。他还令家丁于姓、郭姓、杨姓向已经结案的密云县道士吓诈银两。而各种不法行为，只要肯缴银贿赂，都可以放过[231]。清德宗光绪三年（1877 年），顺天府良乡县（治今北京房山区良乡镇）典史陈国祥声名狼藉，置买庄田，买卖粮石，重利盘剥商民，还开设洋药局，并强买民女为妾[232]。光绪五年（1879 年）候补通判石赓臣于署宛平县知县后，在顺义县置买田产。候补知县蒋嘉泉，在京师开设茶行[233]。光绪六年（1880 年），有内务府官员奏报昌平明陵附近有人"开垦宫墙左右地亩十数余顷之多"[234]，疑为黑地。光绪七年（1881 年），德宗命顺天府尹督令昌平知州纠察禁止。光绪八年（1882 年），直隶总督张树声等官官相护，声称"查明各地户均领有契纸，议粮升科，并无私垦蒙混影射等弊"。事实上，是该内务府官员横行不法"屡向州民勒交私租，任意讹索，并自行革充陵户，收地取租，反诬以他人侵种"[235]。同年，御史英俊举报：顺天府所属州县吏役，扰害乡民，每当地方发生案件就向当事人多方需索，并与科房门幕勾结舞弊。宁河县（治今河北宁河）差役赵福盛、李国祥任意招摇，怙恶不悛；房山县（治今北京房山）承发房李心藻、代书张江、狼狈为奸，把持公事[236]。光绪十七年（1891 年）顺天府房山县（治今北京房山）知县杨增卑鄙贪婪，将被灾豁免钱粮，征收入己。又将修理衙署官款中饱私囊，至于工程所需材料和人工，都苛派地方，私加差役。还听任家丁巧立名目，向百姓勒索钱文。并徇私枉法，纵令奸人包揽词讼，仅马祥一案就勒索银至四百五十两[237]。

二、清代北京的徭役

清代的徭役起初也是沿用明朝的旧规，计丁授役，起初每三年一核查，后来改为每五年一核查，即所谓编审。乡间凡一百一十户为一里，里有里长十人，推丁多者为之，每年一人轮值，分管催办钱粮、勾摄公事。里下分十甲，每甲十人，也是推丁多者十人为甲长。起初，征派徭役的办法并不统一，有的地区是按一条鞭法折银征派，有的是随地亩征派，有的则是按人口摊派。一般来说，按各户资产的多少，分为三等九则，征收不同的数额。有的地区每丁征银一分五厘，有的地区则每丁征银四钱有余。据康熙《大兴县志·户口考》记载，康熙二十二年（1683 年）大兴县实在人丁二千八百九十二，实征银一千二百三两一钱一分。平均每丁征收四钱二分。又据康熙《宛平县志·户口》记载，康熙二十二年（1683 年）宛平县实在人丁九千五百三十，实征银三千六百六十八两八钱八分。平均每丁征收三钱九分。康熙《通州志·田赋志·人丁》则记载，康熙三十六年通州每丁征银一钱。前已述及，康熙时北京地区田赋一般是每亩征银 2 分至 3 分，最多的也不过是 4 分。将田赋与丁银相比，每丁的丁银竟是每亩田赋的 10 倍以上。可见清初，对于农民来说徭役负担比田赋更为沉重，这也是从明代以来一直存在的情况。由于丁银负担苛重，富户大多与胥吏勾结想办法以多报少，贫户则因无力缴纳而破产逃亡，所以清初一直统计不出比较准确的全国户口数字。康熙五十一年（1712 年）二月，康熙皇帝谕大学士、九卿云："今国帑充裕，屡岁蠲免，辄至千万，而国用所需，并无遗误不足之虞。故将直隶各省见今征收钱粮册内，有名人丁，永为定数。嗣后所生人丁，免其加增钱粮。但将实数另造清册具报。"[238] 众大臣会议的结果，决议"五十年以后，谓之盛世滋生人丁，永不加赋。仍五岁一编审"。[239] 自此以后，清代统计的人口数中就有了两个数字，一个是人丁户口，就是以康熙五十年的丁口为全国固定的丁口额数，以后的丁银都比照这个数额征收；一个是滋生人丁永不加赋，也就是康熙五十年以后新统计增加的丁口，不再计入征收丁银的数额之内。例如，《清实录》记载：康熙五十年，全国丁口二千四百六十二万一千三百二十四[240]，康熙五十一年就依然还是此数；康熙五十二年全国丁口人丁户口，二千三百五十八万七千二百二十四，又永不加赋滋生人丁六万四百五十五[241]；康熙五十三年全国丁口二千四百六十二万二千五百二十四，又永不加赋滋生人丁十一万九千二十二[242]；康熙五十四年全国丁口二千四百六十二万二千五百二十四，又永不加赋滋生人丁十七万三千五百六十三[243]。但是我们看到，所谓滋生人丁永不加赋也只是相对而言，当《实录》上康熙五十二年（1713 年）第一次正式记载永不加赋丁口时，征银丁口数曾从历来的二千四百六十二万减少到二千三百五十八万，后来又恢复到二千四百六十二万的旧额。可是从康熙五十五年（1716 年）以后又增长到二千四百七十二万[244]，到康熙六十年（1721 年）更增加到二千四百九十一万[245]。不过，盛世滋丁永不加赋虽然不是绝对的，但毕竟将全国丁口额数稳定在二千四百万的基数上，这对无地或少地的农民还是有一定好处的。因为丁银相对固定以后，农民虽承受丁银沉重负担，但是总算相对有了底线，可以避免由于官府衙役无止境的追逼丁银而到处流亡，可以过上比较稳定的生活。然而这个政策虽然对清朝的役法作了改进，但并不完善。例如，清制只有 16 岁至 60 岁的成年男子才缴丁银，当超过 60 岁以后就不再缴纳，称为除丁，那么按规定出现的"缺额人丁，以本户新添者抵补；不足，以亲戚丁多者补之；又不足，以同甲粮多之丁补之"[246]。由此可以想见，每丁的除、补不会都那么恰如其分。清末人吴振棫《养吉斋余录》云："盖滋生丁既永不加赋，而额丁子孙多寡不同，或数十百丁承纳一丁；其故绝者，或一丁承一二十丁；或无其户，势难完纳。"这样一来各户缴纳丁银的数目就仍然多寡悬殊，达不到均派丁银的目的，更何况奸吏再从中上下其手，其弊病更多，各种私派仍不时有增无减。康熙、乾隆时期著名学者、官僚李绂在康熙末年曾上疏云："民间派费甚多"，造册之费、饭食之费、黄绫纸张之费、夹板绳索之费，无止无休，总计起来甚至超过丁银数倍，"各省皆然，直隶尤甚"[247]。所以清世宗雍正皇帝即位以后，雍正元年（1723 年）七月直隶巡抚李维钧折奏：直属丁银请摊入田粮[248]。其实，康熙末年实行滋生人丁永不加赋的时候，就已经有人看出了其中的弊病，康熙五十三年（1714 年）御史董之燧就提出"统计丁粮，按亩均派"，可是被户部否定。当雍正元年（1723 年）直隶巡抚李维钧再次提出此议时，清世宗开始还不以为然，认为可以稍缓，甚至对继后再次提出摊丁入亩的山东巡抚黄炳大加斥责。这是因为，农村中富户地产多，而丁口少，并且即使不少，因为丁银负担重，也会通过贿赂胥吏少报丁口；而贫户地产少，而相对来说丁口数多，所以丁银摊入地产征收，肯定对富户不利，而对贫户有好处。李维钧在奏疏中也明确指出："摊入田粮内，实与贫民有利……但有力之家，皆非所乐。"[249]然而，当时各地农村中丁银之累已经成为社会矛盾的激化点，"州县差徭，巧立名色，恣其苛派，竭小民衣食之资，供官司奴隶之用"，[250]是明摆着的事实。在开明官僚的呼吁下，雍正皇帝对李维钧的奏议的态度也从开始的排斥，转为支持。雍正元年（1723 年）九月户部议覆："直隶巡抚李维钧请将丁银摊入田粮之内。应如所请。从雍正二年（1724 年）为始，将丁银均摊地粮之内，造册征收。"摊丁入亩既减轻了贫民的负担，也使得征收丁银的工作变得易于实施，自然受到地方官府和贫民的拥护。嗣后，山东、山西、福建首先得到批准，仿照直隶将丁银并入地粮。不过，山西的情况有些例外，因当地"富户田少，贫民种地，代纳丁银不服"[251]，摊丁入亩反而遭到农民的反对。但是在北京所在的顺天府地区，富户田连阡陌，贫户只有少量土地，甚至没有土地，所以摊丁入亩的政策确实减轻了京畿农民的负担。从雍正二年（1724 年）

开始，直隶地区"丁银随地起征，每地赋一两，摊入丁银二钱二厘"[252]，统称"地丁"。据《大清会典事例》记载，当时全国的情况是每亩派银一厘一毫至六分二厘不等。由于各州县丁口、地亩比例和原来的丁银负担情况不同，所以各地摊派的数额也不完全一样。兹根据《光绪顺天府志·田赋上》记载将清末顺天府属内部分州县摊派的数字表列如下。

光绪时期顺天府部分州县摊丁入亩统计表

州　县	雍正二年以后地丁银	地　亩	地　赋	每亩折摊丁银	每两地赋折摊丁银
大　兴	850 两 8 钱 4 分 1 厘	1832 顷 36 亩 1 分	4109 两 7 钱 4 分 5 厘	4 厘 6 毫	2 钱零 7 厘
宛　平	751 两 4 钱 2 分 1 厘	1497 顷 48 亩 6 分	3629 两 5 钱 6 分 4 厘	5 厘	2 钱零 7 厘
良　乡	222 两 6 钱 9 分 9 厘	487 顷 91 亩 2 分	1051 两 7 钱 6 分 1 厘	4 厘 6 毫	2 钱 1 分 2 厘
固　安	611 两 4 钱 6 分 4 厘	915 顷 52 亩 7 分 4 厘	2953 两 6 钱 2 分 8 厘	6 厘 7 毫	2 钱零 7 厘
永　清	1090 两 9 钱 9 分 1 厘	1280 顷 39 亩 7 分 9 厘	5268 两零 6 分	8 厘 5 毫	2 钱零 7 厘
东　安	2058 两 8 钱 8 分 3 厘	3659 顷 68 亩 4 分 1 厘	9957 两 6 钱 7 分	5 厘 6 毫	2 钱零 7 厘
通　州	1399 两 8 钱 4 分 1 厘	2941 顷 89 亩 4 分	6763 两 1 钱 8 分 9 厘	4 厘 8 毫	2 钱零 7 厘
昌　平	678 两 1 钱 6 分 4 厘	1362 顷 79 亩 6 分 8 厘	3323 两 6 钱 8 分 9 厘	5 厘	2 钱零 4 厘
顺　义	180 两零 9 分 6 厘	649 顷 78 亩 8 分 1 厘	872 两 3 钱 6 分 8 厘	2 厘 8 毫	2 钱零 6 厘
密　云	300 两 2 钱 9 分 7 厘	612 顷 16 亩零 9 厘	1439 两 3 钱 6 分 2 厘	4 厘 9 毫	2 钱零 9 厘
怀　柔	143 两 5 钱 8 分 5 厘	179 顷 9 亩 4 分 8 厘	693 两 5 钱 4 分 4 厘	8 厘	2 钱零 7 厘
房　山	716 两 6 钱 7 分 9 厘	558 顷 65 亩 3 分 2 厘	3461 两 7 钱 6 分 3 厘	1 分 3 厘	2 钱零 7 厘
蓟　州	1880 两 9 钱 6 分 3 厘	4527 顷 62 亩 8 分	9906 两零 7 分 6 厘	4 厘 2 毫	1 钱 9 厘
平　谷	213 两 4 钱 2 分 9 厘	477 顷 7 亩 4 分 1 厘	1031 两 1 钱 3 分 7 厘	4 厘 4 毫	2 钱零 7 厘

　　根据以上统计，可以看到顺天府内所属州县在今北京行政区内的地区，从雍正二年（1724 年）实行摊丁入亩政策之后，实际每亩均摊丁银 4 厘至 5 厘，每两地赋均摊丁银 2 钱 7 厘，这和当初估算的数字基本比较接近[253]，可见推行还是比较成功的。不过，盛世滋丁永不加赋和摊丁入亩虽然对明代以来的赋役制度进行了重要改革，在一定程度上减轻了农民的徭役负担，但是州县衙门的私派和加派仍然是无法彻底消灭的痼疾，这是制度性的弊病。因为从表面上农民缴银以后就不再出役，官府需要的差役都出银招募，这只是指固定的衙门皂隶、门子、马快、斗级、膳夫等等。至于临时需要的差役，还是需要额外从农民中征调，这就使贪官污吏仍能从中上下其手。另外，在摊丁入地的过程中，"富者地多可以隐匿，贫者分厘必科，杂乱无章，偏枯不公"。同时，缙绅按例可以优免本人或家人的差役，他们再勾结胥吏涂改册牍，"有绅办三而民办七者，有绅不办而民独办者，小民困苦流离，无可告诉"。例如雍正五年（1727 年）"署直隶总督宜兆态等疏参：大城县知县李先枝贪婪成性，罔念民瘼，将地亩人丁，于额征之外，加派私收，苦累小民。请革职究审"。[254]乾隆二十五年（1760 年）御史丁树田举奏：自雍正二年以后，本来丁银已经摊入地亩，凡有差徭、军需都由官府出银招募，按路程远近和服役的时间长短计价，并且给付应募民夫完成差役以后返乡的回空路费，"近日州县衙门每于上司迎送、同寅往来，以及搬运私物，辄出票封拿车船，奸役藉票勒派"，而且所给价钱还不及市场价钱的一半，至于返乡路费更是一文都没有[255]。嘉庆中有人建议仿照雍正时期摊丁于亩的方法，减差均徭，每亩摊银一分，无论绅、民，按地均摊。直隶总督颜检认为各种加派弊病产生的根源不在这里，而是沿袭积久的各种陋规，陋规不除，那么按地摊差银之后，只不过使得官吏借机增收田赋，各种巧立名目的徭役加派还是不免，仍然是重累百姓，于是此议遂罢[256]。可见，摊丁入亩虽然在一定程度上限制了贪官污吏的加派私收，但并不能从根本上杜绝各级封建统治者对农民巧立名目，格外勒索。

　　自明代实行一条鞭法以来，赋役从实物转向货币。至清雍正二年（1724 年）实行摊丁入亩以后，明清赋役演变成货币的过程彻底完成。州县从农民手中收上来的零碎银子缴纳到国库需要按要求熔炼成一个个重量统一的元宝。在熔炼的过程中免不了会出现一些损耗，这就叫火耗。按规定，火耗由纳税人承担。州县派衙役征收赋税的时候，与实际额定的数目之外加征火耗银，加征的数量没有一定。有的州县官吏如果清廉或知寡取于民，就会把火耗定的低一些，至于贪得无厌的官吏就会定得很高，甚至每两正赋加收六七钱银子的火耗，最甚者则火耗甚至超过正赋。所以说，火耗是明清以来赋税制度中的痼瘤。这个问题之所以长期存在，就因为明清时期官吏的薪俸奇低，而官场上又存在各种陋规，所以各级官吏搜刮民财的办法就乘机而起。例如，下级官员对上级官员有节寿礼，即除了上级的特殊家庆日之外，每逢三节四季都要送礼，上至上级官员本人，下至其仆人、幕僚，都要一一送到。官员过境，要送程仪。新的上司上任，要送卯规，以得主官欢心。京官虽然不经手钱粮，无法直接搜刮民财，但地方官到京城述职，离京时要对在京的有关官员和同年、同乡送别敬，以求将来依靠。此外，外地官员每年还要对京官送炭敬（即冬季的取暖费）、冰敬（即夏季消暑费），这些花销都不是小数。可是明清官员的薪俸都十分微薄，康熙时期"总督每年支俸一百两，巡抚一百三十两，知州八十两，知县四十五两。若以知县论之，计每月支俸三两零，一家一日，粗食安饱……一月俸不足五六日之费"[257]，这样州县官吏就从经手的赋税中想方设法的搜刮。例如，离任的时候有意减轻赋役税额，人们当然乐意缴纳，所收的数千两乃至万余两银子就全落到离任官吏的口袋，亏损的赋税让新任官吏日后想办法补偿。州县官吏的正当收入连养家都不够，应酬官场陋规的办法就是官府征收赋税时的各种搜刮陋规，例如浮收，也就是任意多收，一个州县官一年可以多到数万两。勒折，也就是在钱、银折算比例上多收。市场上每银一两折制钱 1000 文，可官吏收税时却要求每 2000 文制钱才抵一两银子的赋税，等于赋税多收了一倍。当然，最常见的就是火耗。清朝廷也知道这种情况，可是又不愿意拿出更多的财政支出养活这些官吏，所以也任陋规长期存在。例如康熙二十七年（1688 年），康熙皇帝对即将到山东去任布政使的卫既齐说："朕闻州县火耗止在附近孔道严行禁革，似乎分文无有，而穷乡僻壤火耗偏重，是徒欲掩饰人耳目也。"[258]康熙三十六年（1697 年）平灭新疆噶尔丹叛乱之后，他又对臣下说：比年用兵，"各府州县官员借端私征，重收火耗。督抚、布政使等官，又不仰体朝廷恤民至意，纠察贪污，禁革加派，反多瞻徇曲庇。又或该督抚庸懦懈弛，因而笔帖式及衙门人役无所忌惮，擅作奸弊，以致民生滋蹙"[259]康熙四十八年（1709 年）他对即将上任的河南巡抚鹿祐说："所谓廉吏者，亦非一文不取之谓。若纤毫无所资给，则居官日用及家人胥役，何以为生？如州县官止取一分火耗，此外不取，便称好官。"[260]可见在康熙皇帝看来，州县官吏收取火耗本是正当的，只有火耗加派、重收火耗达到十分之六七的才是非法的行为。同年他又对大学士说："凡事不可深究者极多。即如州县一分火耗，亦法所不应取；寻常交际一二十金，亦法所不应受，若尽以此法一概绳人，则人皆获罪，无所措手足矣。"[261]康熙六十一年（1722年）他对扈从的大学士等人说："火耗一项，特以州县官用度不敷，故于正项之外，量加些微，原是私事。朕曾谕陈瑸云，加一火耗，似尚可宽容。陈瑸奏云，此乃圣恩宽大，但不可明谕许其加添。朕思其言，深为有理。"[262]陈瑸是康熙朝的名臣，被称为"清廉中之卓绝者"。君臣之间的这番对话，把康熙朝官场中的腐败作风和朝廷的宽容态度揭示得淋漓尽致。还是这一年，陕西府库因多年积欠出现巨大亏空，巡抚噶什图密奏，请加火耗以补亏空。康熙皇帝说：你这个折子我要是批准了，你们就会宣称朝廷已经同意，任意加增火耗；如果我不批准，你们也会说已经向朝廷报告过了，从而私自加派。朝廷制度，加派火耗属于重罪。"火耗一项，特以州县官供应甚多，故于正项之外，略加些微，以助常俸所不足。原属私事。"如果答应了你们的要求，听任州县任意加添，势必使衙役们更加肆无忌惮，像正赋一样催缴火耗，加重百姓负担[263]。也就是说，在康熙皇帝看来，征收火耗是一件可做而不可说的事情。因为官员薪俸太低，不收火耗无以养家，可是朝廷明说了又会使得贪官污吏借机肆无忌惮鱼肉百姓。事实上，愈是经济比较发展的地区，额定的正赋较多，所以每两正赋稍加一二钱的火耗，州县就可以在正赋之外收上来一笔数目可观的银两供他们私分。可是贫苦地区地亩较少，额定的正赋也少，所以州县官吏要想得到预期的银两，就必须加大每两正赋上征收火耗的比例。火耗重达正赋的十分之六七的，大多是这些地区。雍正皇帝即位以后，决心整治吏治，雍正元年（1723年）正月，雍正皇帝谕各省布政司云："今钱粮火耗，日渐加增，重者每两加至四五钱。民脂民膏，朘剥何堪。至州县差徭，巧立名色，恣其苛派，竭小民衣食之资，供官司奴隶之用。尔试思户版税籍，谁为职掌？私派横征，谁任其咎？顾可失于觉察乎。"又谕知府云："近闻州县火耗，任意加增，罔知顾忌。"又谕知州云："今州县火耗，任意加增，视为成例，民何以堪乎。嗣后断宜禁止。"[264]雍正元年（1723年），诺岷擢内阁大学士，受命巡抚山西。他对雍正皇帝指出，各省征赋时往往于正赋之外任意加收耗羡，多寡没有一定，百姓冤苦无告。州县官除了从这些耗羡中拿出部分钱财巴结上司，其余大多则进入自己口袋。康熙皇帝时，有人提出将耗羡归公，但康熙皇帝考虑到官俸过薄，恐怕官吏失去耗羡以后将更加巧立名目压榨百姓，只好作罢。诺岷这是首次提出耗羡归公的主张。次年，雍正二年（1724年）诺岷建议将各州县征收的火耗一律提解到省布政司库，除留补历年积欠亏空以外，其余在岁终发给各级官员作为养廉银。七月，山西布政使高成龄建议正式推广至全国，将明朝以降的"耗羡"附加税改为法定正税，并制度养廉银，以打击地方官吏的任意摊派行为。他说，历来火耗都是由州县征收，由此州县加派横征，除了自己贪污，还以节礼的名义分送上司。州县上司的各种开销也都取给于州县，以致于除了耗羡之外，种种馈送名目繁多。因此州县正是以这些上司的应酬为借口而公开肆行贪婪，上司对此也曲为容隐，建议由省级的督抚将州县收缴上来的火耗提解到省布政司库，岁终督抚将这些火耗银，分为地方公费、官吏养廉银、留补亏空等不同用途拨给州县，并一一陈列上报。这样，一来可避免州县横征火耗，二来也可以避免不肖上司借机提解。雍正皇帝认为此议有道理，"与其州县存火耗以养上司，何如上司拨火耗以养州县"？[265]于是批准了这一建议，决定全国各地自雍正二年（1724年）以后实行耗羡归公制度，并且明确规定耗羡只能是正赋百分之十到十五，从而在实际上减轻了农民赋役加派的负担。雍正四年（1726年）雍正皇帝再次解释："钱粮之有火耗，原非应有之项，但以相沿日久，地方官员，非此无以养赡，故姑且存之。而各省旧例，亦有轻重之不同。倘地方官员，于应取之外，稍有加重者，朕必访闻，重治其罪。"火耗归公的实质是"将各官应得耗羡，归之于公，以为酌补亏空之计。又恐各官无以养廉，以致苛索于百姓，故于耗羡中酌定数目，为日用之资。以官员之羡余，补官员之亏空，既可完帑，亦不累民，实权宜得中之善策也"。从实际操作上看，各省提解上来的火耗，其总数的十分之六到十分之五是作为养廉银分给州县官僚，其余十分之四左右用来补偿历年亏空和各种公费。补偿历年亏空的银两提交北京户部，其余则存于地方省级布政使的司库即藩库中以备养廉、公费之需。当时各省总督正俸155两，养廉银是18000两。知县正俸45两，养廉银是1000至1800两。实行火耗归公以后，各级官员如果品质清廉的话，其正俸加上养廉银基本可以满足生活了。而且养廉银以后又经过多次调整，知县的养廉银有的地方达到2000余两，达到正俸的数十倍，成为官员的主要收入。乾隆五年（1740年），乾隆皇帝说，雍正皇帝实行火耗归公以来，"俯允直省督抚所请，将旧有耗羡一项，酌定额数，用资各官薪水，及地方办公之需。名虽提解耗银，而较之从前私派私收，固已轻减数倍矣。自奉行之后，官员无拮据之忧，百姓免需索之累"。[266]火耗归公的规定是在摊丁入亩之前一年，这两个措施的先后出台当时确实起到了遏制州县私派和横征暴敛的势头，对于此后清朝经济的恢复和发展起到积极作用。不过,火耗归公制度推行年月既久,随着政治制度的松弛和腐败的滋生,封建官吏很难长久满足养廉银的收入。特别是乾隆时期全国物价波动,而养廉银却和正俸一样成为官员固定收入,就渐渐失去了其原来的作用。各级官员将耗羡"视同正课,又得于耗羡之外巧取殃民"[267]。州县征收火耗的时候,借口银子的成色不足、饭费、路途使费等杂费名目,又恢复任意在规定的羡余之外加收火耗。乾隆朝以后,清朝贪官污吏又成为普遍的社会现象。例如著名贪官、大学士和珅被查抄后,传说家财竟达八万万两,相当于当时政府十年的财政收入,这显然不是养廉银可以达到的收入。

第五节 清代北京的农产品

元、明、清三代都是中国封建社会发展过程中比较稳定的时期,国家统一,与外界的经济交流也很频繁。北京作为元、明、清三代的都城,社会经济得到了空前的发展。如前所述,元、明时期今北京地区的农产品种类就已十分丰富,这不能不说是得益于与各地的经济交流。

清代,今北京地区的农产品种类更加丰富,现据《光绪顺天府志》所载,分谷、蔬、果三类分别叙述。

谷类即今所谓粮食作物。据乾隆时兵部侍郎雅尔图所称:"直隶民食首重高粱、粟米,其次则春麦、莜麦。"[268]可见高粱、粟米、小麦、莜麦是清代北京地区主要的粮食作物,其中又尤以高粱、粟米为重。这恐怕是因为北京地区春、夏常旱,高粱、粟米又属耐旱作物的缘故。高粱古称"秫",今高粱秆仍称"秫秸秆",方志中又称"蜀(蜀)秫"。它是中国北方起源甚早的一种谷类作物。粟,其果实称粟米,俗称小米,唐代也泛称为米,也是中国传统农作物,其与高粱一样,既可以煮粥又可以做饭。粟与高粱同样起源甚古,在中国北方新石器遗址中曾有发现。小麦分冬小麦和春小麦两种。冬小麦在秋季播种,第二年夏季收获。春小麦在春季播种,当年收获。北京两种小麦都有种植。小麦和大麦统称二麦,在清朝实录和方志中,常可以看到有关北京地区春、夏亢旱以至二麦无收的记载,即指小麦和大麦而言。莜麦是一种耐旱、耐寒的农作物品种,生长期短,立秋下种,寒露收获。由于莜麦的产量较低,所以在北京平原地区,它常被作为夏季遭水、旱、雹灾后的补种品种。稻分水稻、旱稻两种,除个别水源充足的地方外,北方大多种植旱稻。北京地区的旱稻有红、白二种,水稻则有本地特产的玉塘稻、马尾稻、玉样白等品种，还有糯、粳二稻。清代北京地区种植的大豆类，分青大豆、黄大豆、黑大豆、白大豆、褐豆、虎斑豆、紫豆；小豆类，分黄小豆、白小豆、赤小豆（今称红小豆），黑小豆、绿豆。此外还有刀豆、豇豆，今皆菜食。唐代幽州（治今北京）地区已经广种胡麻，即今芝麻。明代北京郊区各州县大多种有芝麻，但面积并不大，与棉花同为上供内府之物。清代北京地区芝麻的种植比明代更为普遍，除食用外，也用来做照明用，当然这须是富贵之家。杂粮中的穄子虽然不是主要的粮食作物，但在灾年也常做为补种的农作物品种。乾隆二十一年（1756 年）北京地区春、夏亢旱，六月直隶总督方观承奏称："宣（化）、延（庆）未种之地，如于伏前普得透雨，尚可补种穄子、晚豆"[269]。晚豆大概是由于播种期较晚而得名，又书豌豆，取其谐音而雅化。

　　明、清两代，中国农业史上最大的事件莫过于玉米和甘薯在中国的传入和推广。玉米和甘薯原产于美洲大陆，明朝中期传入中国，清代时得到广泛推广，并成为劳动人民的主食。笔者目前尚未看到明代北京地区种植这两种作物的记载，但推测应该有少量种植。玉米原产于美洲大陆，明朝中期传入中国，清代时得到广泛推广。玉米因其叶茎近似蜀黍即高粱，所以又称玉蜀黍。"玉"原为"御"，大概最初曾是进贡之物，所以又别称"御麦"、"御米"。今玉米即御米之俗写。明人李时珍《本草纲目》称玉米的根、茎皆可入药。徐光启《农政全书》记载："玉米或称玉麦，或称玉蜀秫，盖亦从他方得种。其曰米、麦、蜀秫，皆借名也。"清代，玉米在今北京地区已有广泛种植，地方志中均有记载，如光绪《昌平州志》云："昌平物产之著名者……玉蜀秫有黄、白二色，俗呼玉米。"在清前期的北京地方志中不见有关玉米的记载。不过，笔者以为，以明代人对玉米之熟悉，清前期北京地区不可能没有玉米种植。只不过其时该作物之名尚未确定，故方志中大约将其列入"稷"之属而不再单出。光绪《顺天府志》中把玉米归入"稷"属，这是取其外貌和高粱相似而定。民间又称包谷、包米、棒子。

　　甘薯作为一种度荒作物引进北京，是明、清之际北京农业史上的又一件大事。甘薯在北京又称白薯，其传入中国大陆是在明万历二十年（1593 年），由海商陈振龙自文莱引进。甘薯以其自海外番地传入，故又称番薯，此外，又称红薯、米薯、地瓜、金薯、白薯。其种植技术传入北京地区的过程，起初是明朝万历三十八年（1610 年）徐光启自上海家乡引进了北京试种，但尚没有解决薯种过冬问题。他于万历四十四年（1616 年）的家信中写道："番薯种只是难传，可闷。"[270]不过，他在《农政全书》中认为：北京地区有冬季窖藏菜果和暖棚植花的技术，"其收藏薯种，当更易于江南耳"[271]。清朝雍正八年（1730年）福建海关监督准泰知道雍正皇帝关心京畿农业，派人把甘薯苗送到北京，可是由于技术上的原因还是没有能够推广，据《清内务府档案》，"雍正八年（1730 年）四月二十七日，福建海关监督准泰呈进番薯苗六桶……奉旨：番薯苗交圆明园该管处栽种，其随来会种番薯苗之人俱留下，着伊等指教本处人栽种，其所用饭食，尔等好生照看，俟本处人于种法通晓时再令伊等回南"[272]。内务府掌管的是皇庄，看来甘薯初进京时，其身份与玉米一样，都是皇家的御用品。从事后的反映来看，送秧苗的福建农民还是像徐光启一样没有掌握甘薯在北方地区的生长规律，所以也就无法让本处人通晓种法。甘薯在北京地区最终试种成功，还是清乾隆十四年（1749 年）方观承由浙江巡抚迁任直隶总督时的事情。方观承"购种雇觅宁、台能种者二十人来直，将番薯分配津属各州县，生活者甚众"[273]。方观承在乾隆年间将甘薯从南方推广到北方直隶民间各州县，对北方农业的发展是很有意义的，其功不可没。光绪《保定府志》云："红薯一种，乾隆间，直督方恪敏公饬各属劝民种植，以佐食用。"甘薯耐旱，宜在沙地生长，所以北京大兴、房山、良乡等沙壤地多的州县都有种植。乾隆《宁河县志》云："薯有红、白二种……良乡、涿州俱有，宜广种植。"《通州志》记载："乾隆二十三年（1768 年）官饬民种，今每年长发利民。"《畿辅见闻录》载："〔方观承〕购种，雇觅宁、台能种者二十人来直，将番薯分配津属各县，生活者甚众。"值得一提的是，在北京地区推广甘薯种植的过程中，明代把甘薯首先引进中国的海商陈振龙的六世孙陈世元应清政府之召，于乾隆二十二年（1757 年）派儿子陈云、陈树兄弟在京师齐化门（今朝阳门）外教授当地农民种植甘薯，成绩显著，使得方观承敢于在次年（1758 年）发布种植甘薯的政令，陈氏家族的贡献是重大的[274]。乾隆五十年（1785 年）七月，已经年逾八十的陈世元又自愿到河南去推广甘薯，得到乾隆皇帝的嘉奖，赏举人职衔。可惜的是十月他抵达河南以后感受风寒，一病不起[275]。

北京的水稻品种在清代最终形成著名的京西稻。京西稻是专指北京西郊昆明湖、玉泉山周边地区生产的优质粳型稻米。米粒圆润，晶莹明亮，富有油性。如前所述，北京西部地区由于水泉丰富，自古以来就重视种稻。不过，今海淀地区种稻的规模，其基础大约还是始于元代。《元史》中记载，元世祖时期很多蒙古贵族霸占今昆明湖一带的水源种植水稻，以致下游通州至元大都（今北京）通惠河的漕运发生了困难。明代，这里更成为勋戚、太监、权势霸占的目标。明代北京著名的几处私人园林也都位于这一带。明代，海淀地区因水泉丰富而成为建筑私家花园的最佳选择。当时最著名的就是皇亲武清侯李氏（按，明万历皇帝的母亲李太后之父李伟在万历之世被封为武清侯。天启、崇祯之世，其子李文全、孙李铭诚、重孙李国瑞等先后袭爵）李园和官至太仆的米万钟的米园。明人刘侗等《帝京景物略》中记述：海淀分北海淀、南海淀，"远树绿以青青，远风无闻而有色。巴沟自青龙桥东南入于淀。淀南五里，丹陵沜。沜南，陂者六，达白石桥，与高梁水（今长河）併。沜而西，广可舟矣，武清侯李皇亲园之，方十里"，园中有亭、有堂、有桥、有假山、荷花塘，还有牡丹、芍药等奇花异卉，争奇斗艳。"山水之际，高楼斯起，楼之斯台，平看香山，俯看玉泉。"园中水程十数里，坐船可到达各处园景。酷似真的自然风景的假山有百座。乔木以千记，竹以万记，花以亿万计。米万钟的米园在李园的西面，又称勺园（在今北京大学西部），方圆百亩，虽然规模不能和李园相比，但米万钟性喜奇石，文化修养远远高于武清侯，所以米园有隐蔽屈折的特点，除了园中有各种松、柳、槐、竹等花木外，还有堂楼亭榭。最绝妙之处是"望园一方，皆水也，水皆莲，莲皆以白……水之，使不得径也；栈而阁道之，使不得舟也，堂室无通户，左右无兼径"，经过万般曲折，幽林石径，小桥流水，回绕反复，才到达园门，其中的景致常有"山穷水尽疑无路，柳暗花明又一村"的效果，使人在迷失和忘却时光的景况下欣赏各种美境。而凭窗远望园外的千顷稻田，又更加强了园内景色的天然野趣。当时人评价说："李园壮丽，米园曲折。米园不俗，李园不酸。"明代海淀地区的私家花园为清代建造皇家园囿奠定了基础。

清代，西郊成为皇家园林——三山五园和六郎庄、北坞、蛮子营、黑龙潭、瓮山（今昆明湖）等皇家稻田庄的所在。不过，说京西稻始于北京西部地区，这仅是指自然环境而言，其实就京西稻的水稻品种来说，应该说是在康熙皇帝培育的御稻米的基础上开始的。康熙皇帝在紫禁城内丰泽园苑田从玉田的稻种中培育成功质优、早熟的御稻米后，就在玉泉山一带皇家稻田庄试种，产量达到每亩一石，虽然低于南方水稻，但在北方算是高产的了。康熙皇帝还通过苏州织造、江宁织造、两江总督等衙门把御稻种分发到江苏、浙江、江西地区，进行推广。由于这是一种早熟的品种，所以在南方就可以达到一年两熟，成为双季稻的优良品种，其产量无疑比单季稻要高。雍正皇帝也是一位勤政的皇帝，他在丰泽园中也一直试种水稻，并且关心水稻的分蘖情况，经常派人查看。乾隆皇帝在位期间也像康熙皇帝一样，曾先后六下江南。史籍记载，明代万历皇帝时期曾从江南迁来江南农民在今昆明湖一带种植稻田。据今海淀六郎庄一带老一辈农民口碑相传，清朝的乾隆皇帝也在一次南巡中将江南十三家农民迁徙到北京玉泉山东南的蛮子营居住，并耕种六郎庄、巴沟一带的稻田。相传就是在这次移民中，带来了南方的优良稻种——紫金箍。这样看来，现在的京西稻应该兼有御稻和南方的优良水稻品种的品质。京西稻具有籽粒饱满，晶莹透明，富有油性，蒸出的米饭光滑洁白，清香适口。如果用来煮粥，香气四溢，盛在碗里，顷刻就会结成一层青绿色的透明的粥皮，恰似琼浆玉液。乾隆后期，京西稻的面积已达到一、二万亩[276]。

　　蔬类即指蔬菜之属。清代北京地区的蔬菜有葱、韭、蒜、蒜苗、香菜（胡荽）、白菜（有青、白二种）、唐白菜、油菜、瓢儿菜（为白菜之别种，形似瓢，心黄，叶浓绿）、甜菜、苦荬菜（有野生、家种两类）、莴苣菜（即莴笋）、扫帚菜、蕨、蔓菁（即山介菜）、苋、白花菜、黄花菜、菠菜、茭白、芹菜、茄、辣椒、蘑菇、苤蓝、萝卜、薯蓣（即土豆）、芋、百合、香椿芽、莙头菜（昌平、房山产之）、豆苗菜、笔管菜、木兰菜、木耳、龙须菜、苜蓿菜、甘露。清代，北京城内外有很多规模不等的官、私菜园。如今北京西城区官园在清代即为官菜园。北京广安门内枣林街一带也有菜园，清初被光禄寺菜户强占，成为官菜园。蔬菜的温室栽培技术在清代北京仍很时兴，这和明、清两代北京城市官僚、富贾的消费需要有密切关系。清人夏仁虎《旧京琐记》云："蔬果之属以先时或非时为贵，香椿、云豆、菱藕之类皆是也。有所谓洞子货者，盖于花洞中熏培而出，生脆芳甘，其价尤巨。王瓜（即黄瓜）一茎，食于岁首或值一二金。戚家蒋氏昔为御果商，方其盛时以王瓜作馈岁之品，一盘之价至数十金，几至破产。至今人呼曰'王瓜蒋'云。"

　　果类即所谓水果之属。北京地区自古就以枣、栗闻名于天下。据明人蒋一葵《长安客话》记载，明代北京地区出产的诸种水果中，最著名的属文官果（即文冠果）、林檎（即海棠）、苹婆（即苹果）、秋子、杏、八旦杏、李、胡桃、白樱桃。清代，随着北京与各地经济关系的密切和发展，水果的品种更加丰富，有樱桃、桃、果、虎喇槟（即火腊槟）、苹婆果、林檎、柿、松子、山楂、桑葚、阳桃（即猕猴桃）、无花果、文官果、莲子、藕、菱、芡、慈姑、荸荠、铁梨、葡萄。北京地区原有葡萄分紫、白两种。据《房山县志》称红玛瑙、白玛瑙。清初又从今新疆地区引种新的葡萄品种，今称马奶葡萄。康熙皇帝《圣祖御制文集》云："近得哈密各种葡萄，植于苑中，结实有白者、绿者，长如马乳者。又一种大葡萄，中间有小者，名公领孙；又一种小者，名琐琐葡萄，种类虽殊，食皆甘美。"《皇朝通志》称该葡萄是"西域平后，自回部移植于禁苑"。《蓟州志》亦称该地所种牛奶葡萄"自从回部移植京师，物遂其生，民间遂得增果实之利"。按，清平西域回部事在康熙三十六年（1697 年），北京地区引种新疆地区的葡萄品种应当在此后一二年之内。此外，清代北京地区还从外地引进了香瓜和西瓜的优良品种，对本地品种加以改良。清人沈太侔《东华琐录》记旧京遗闻云："畿南一带（今北京大兴）有瓜节，市瓜者先与种瓜人预购一年，先后摘取，惟约定后即有劣败，瓜主人已售出，即不任咎也。俗以瓜为甜瓜，亦名香瓜，有羊角密、葫芦酥、青皮脆、金陵坠诸名。别有蛤蟆酥者，皮青似翠，瓤赤如火。西瓜自六七月后，方于街市叫卖，有红沙瓤、黄沙瓤、三白。三白者，谓皮、子、瓤皆白也。初皆哈密、榆次种，以后则多内地所出瓜果矣。"

随着清代北京官僚、士大夫集团的膨胀，城市消费水平的进一步提高，北京郊区花卉种植业比明代更加繁荣。京郊花卉的产地仍集中在今北京西南的丰台一带。清人钱泳《履园丛话》云："丰台在京城西便门外，为京师看花之所，凿池开沼，无花不备，而芍药尤胜于扬州。"《光绪顺天府志》亦云："今草桥居人种花为业如旧，惟梅花无大本，仅置盆中，为几席玩。"这是为迎合官僚、士大夫的赏玩趣味而培育出的新品种。由于花卉消费极大，在北京城内形成以宣南槐树斜街为首的花卉市场[277]。清人何刚德《话梦集》云："土地庙在宣南下斜街……左近花厂林立，资本颇钜，秋间卖菊以千万盆计。"劳之辨《上元杂咏》亦云："灵祐宫前市，鳌山万树花。千金争索价，卖入五侯家。迎春花早发，满担入铜街。二八谁家女，贪看落鬓钗。"[278]清代北京地区种植的花卉种类：梅花（分红、白二种）、腊梅（分九英、磬口、檀香三种）、榆叶梅（俗名粉团）、杏花、桃花、碧桃、夹竹桃、桂花、石榴花、海棠花（分西府海棠、铁茎海棠数种，秋海棠分红、白二种）、紫薇（又称百日红、紫荆花）、木槿（分红、白二种，又有紫和粉红）、小绣花、八仙（又称洋绣球花）、牡丹花（荷包牡丹又名朝鲜牡丹、鼓子花）、丁香花（分紫、白二种）、瑞香花、迎春花、探春花（分白玉、紫香二种）、金雀花、蔷薇花、十姊妹花、荼蘼和刺蘼（同类微别，刺蘼又称野蔷薇）、芍药、玫瑰（分红、黄二种）、紫藤花、红花、向日莲、转枝莲、金莲花、荷花、玉簪（分黄、白、紫三种)、晚香玉（其种出西洋，清代京师多种之)、月季（分红、白、淡红三色)、合欢（俗名马缨，又名夜合)、青棠、山丹花（即红百合花，卷丹与山丹同为百合的别种)、凤仙（即指甲草，花有红、黄、白、紫等数种)、鸡冠花（分红、黄、白数种)、金钱花（黄色，其白色者称银钱花)、石竹花（有数种)、草茉莉（分红、黄、紫、白各色)、剪春萝、剪秋萝、杜鹃、映山红、爬山虎、马兰花、琼花（又名向日葵)、米囊花（即罂粟之别种)、金银花、兰枝花、珍珠花、菊花（分红、黄、白数种，变种最多，惟以黄色为正)、甘菊、金铃、敷地锦、棣棠、牵牛花、水仙花（分金盏、银盏二种)、胡蝶花、仙人掌，等等，数不胜数。温室种植技术不但用于种蔬菜，更用于种花。清人《燕台口号一百首》有云："大街明月小车迴，灯市人从菜市来。最是唐花遍烂缦，却烘地窖借春开。"自注云："花匠于冬月烘开春花，每得善价，即所谓唐花也。"[279]

清代北京各郊区州县的农作物大致相类，但根据具体地理环境又略有不同。康熙《顺义县志》载，该县物产中五谷类有：谷（各色俱有)、黍、稷（即粟)、水稻、红旱稻、白旱稻、大麦、小麦、莜麦、薏苡、蜀秫（即高粱)、豆（各色俱有)、秔（红、白二种)、稗子、芝麻、胡麻（亚麻的一种)、苏子（即紫苏)、白麻；花果类有：小绣球、玫瑰、敷地锦、甘菊、爬山虎、菊、莲、葵、芍药、鸡冠、榴、玉簪、碧桃、探春、百日红、海棠、穿枝莲、江西腊、罂粟、地棠、凤仙、蜀葵、十姊妹、蔷薇、剪秋罗、十样锦、石竹、月月红，以及梨、桃、核桃、栗、樱桃、葡萄、枣（红、白二种)、柿、杏、李、无花果、沙果、苹果、荸荠、郁李、酸枣；蔬菜类有：冬瓜、西瓜、南瓜、丝瓜、王瓜（即黄瓜)、甜瓜、芥、葱、蒜（紫、白二种)、瓠、葫芦、水萝卜、韭、胡萝卜、芹、红萝卜、茄、苋菜、莴苣、蔓菁、长豆角、短豆角、菠菜、黄芽菜、箭杆菜、绿豆芽、黄豆芽、豆苗菜、杏叶菜、白花菜、蘑菇（有各色)、屈麻菜。康熙《怀柔县新志》载，该县物产中谷类有：水稻、旱稻、黍（有各种)、大麦、小麦、高粱（有各种)、荞麦、黄豆、黑豆、赤豆、绿豆、芝麻、苏子（取油用)、观音粟；蔬菜类有：扁豆、豇豆、豌豆、蚕豆、黄芽菜、白菜、莴苣、山药、蘑菇、蔓青、萝卜（红、白二种)、葫芦、苋菜、茄子、蕨菜、芥菜、芹菜、龙牙菜、韭菜、蒜、葱、黄瓜、丝瓜、瓠、生瓜、南瓜、冬瓜；水果类有：杏、李（有各种)、沙果、樱桃、郁李、苹婆果、槟子、桃（有各种)、柿（有各种)、梨（有各种)、核桃、枣、酸枣、瓶儿枣（其比平常枣大而圆，顶部突起如瓶之有盖)、栗、葡萄（有绿色、白色、牛奶、玛瑙各种）、琐琐葡萄、杜梨子（一名倒挂果）、榛、香瓜、西瓜；花类有：牡丹、芍药、迎春、十姊妹、碧桃、蔷薇、月季、剪春、百日红、玫瑰、玉簪、千叶莲、石榴、六月菊、八仙、山丹、珍珠、凤仙、夜落、金钱、鸡冠、金盏、石竹、丁香、葵、菊、萱、扁竹、木槿。乾隆《延庆县志》载，该县物产中，谷类有：谷、黍、稷、稻、粱、粟、麦、秋、黑豆、黄豆、绿豆、小豆、荞麦、胡麻；蔬菜类有：葱、韭、蒜、瓠、茄、芹、蕨、薇、芥、苋、蘿、葫芦、豇豆、扁豆、豌豆、白菜、莴苣、菠菜、胡荽、山葱、山韭、龙芽、木耳、黄花、白萝卜、红萝卜、山菠菜、玉蔓青、拳头菜、王瓜、菜瓜、丝瓜、南瓜；瓜果类有：西瓜、甜瓜、桃、杏、李、梨、枣、榛、胡桃、沙果、葡萄、忽喇毕、苹婆；花类有：菊、葵、莲、芍药、萱草、鸡冠、玉梅、腊梅、蜷丹、山丹、松丹、金盏、凤仙、石竹、蔓枝莲、珍珠花、丁香花、六月菊、金雀花、吴丝菊、水红花、白玉簪。雍正《密云县志》载，该县物产中谷类有：谷（各色）、黍（各色）、稷（二种）、稻、大麦、小麦、荞麦、粱、革黍、蜀秋、豆（各色）、粳米、稗、芝麻、苏子、麻子（二种）、薏苡米；经济作物还有棉花。光绪《密云县志》中的有关记载可为补充，谷类有：谷（其种不一）、黍（其种不一）、稷（二种）、大麦、小麦、莜麦、粱、草麦、蜀秋、豆（其种不一）、芝麻、麻子（二种）；蔬菜类有：芥、葱、菠菜、白菜（即菘）、山药、瓠、蒜、韭、芹、茄子、葫芦、萝卜、苋、瓜（各种）、莴苣、蔓青、黄花、龙芽、椿芽、葱（充贡品）、薇蕨菜（充贡品）、木耳、蕈、猴头蘑、米心菜。《光绪昌平州志》载，该县物产中，谷类有：粟、黍、稷、水稻、旱稻、粱大麦、小麦、蜀秋、玉蜀秋（有黄、白二种，俗呼为玉米）、荞麦、豆（有五色，又有大小之分）、芝麻、苏子；蔬菜类有：芹（有园芹、野芹之分）、白菜、菠菜、菁、荼、蔓青、萝卜、胡萝卜（有黄、紫二色）、蕨、芥、山药、葫芦、瓠、莴苣、黄瓜、稍瓜、南瓜、倭瓜、冬瓜、茄、丝瓜、木耳、葱、蒜、薇、花椒、秦椒、土芋（一名土豆）、茴香、薛蘑菇、人荇菜、笔管菜、茨椿头、乐利菜；果类有：苹婆果、沙果、杏、梨、核桃、葡萄、枣（白浮、白羊城、崔村枣树最多）、栗、榛、杜梨、桃、李（皂角屯贡李最佳）、石榴、樱桃、山楂、柰子、槟子（俗名虎喇槟）、柿子、羊枣、白果、无花果、桑葚、香瓜、甜瓜、西瓜、瓯梨、文官果、山葡萄、阳桃；花卉类有：芍药、秋海棠、荷、榆叶梅、丁香（有紫、白二色）、菊、玉簪、迎春、凤仙、探春、长春、金钱、金银藤、木瓜海棠、黄刺梅、荷包牡丹、石竹、木槿、月季、金盏、玫瑰、十样锦、紫荆、郁李、蝴蝶花、马兰、江西腊、红蓼、转枝莲、鸡冠、北茉莉、百日红、莴苣莲、琼花、虞美人、翠雀、墨葵、夹竹桃、鼓子、望江南、八仙、珍珠花、翠蛾眉、蜷丹、合欢。

第六节 清代北京地区的自然灾害

如前所述，自 1400 年至近、现代，我国大陆气候进入了第四寒冷期，至今已有 500 余年。据竺可桢先生所绘的气候变化曲线图，这近 500 余年的气候又可细分为四个冷期和三个暖期。就清代而言，大致处于第二冷期（1620 年—1720 年）、第二暖期（1720 年—1830 年）、第三冷期（1830 年—1890 年）之中。若以降雨量为标准，则处于第二多雨期（1644 年—1657 年）、第三少雨期（1658 年—1692 年）、第三多雨期（1693 年—1727 年）、第四少雨期（1728 年—1769 年）、第四多雨期（1770 年—1825 年）、第五少雨期（1826 年—1870 年）、第五多雨期（1871 年—1894 年）、第六少雨期（1895 年—1948 年）之中。如果把以上冷暖期的年限和北京地区多雨、少雨期的年限对照一下，虽然不能呈现出整齐的对应性，但大致可以看出冷期中的北京地区气候以干燥为主，暖期中的北京地区气候以多雨为主。如第二冷期（1620—1720 年）共 101 年，包括北京地区的第二多雨期（1644 年—1657 年）的 14 年和第三多雨期（1693 年—1727 年）的前 28 年，共计 42 年；以及第二少雨期（1581 年—1643 年）的后 24 年和第三少雨期（1658—1692 年）的 35 年，共计 59 年。显然在这一冷期中少雨期占优势。第二暖期（1720 年—1830 年）共 111 年，包括北京地区第三多雨期（1693 年—1727 年）的后 8 年和第四多雨期（1770 年—1825 年）的 56 年，共计 64 年；以及第四少雨期（1728 年—1769 年）的 42 年和第五少雨期（1826 年—1870 年）的前 5 年，共计 47 年。显然在这一暖期中多雨期占优势。第三冷期（1840 年—1890 年）共 51 年，包括北京地区的第五少雨期（1826 年—1870 年）的后 31 年及第五多雨期（1871 年—1894 年）的前 20 年。显然在这一冷期中又是少雨期占优势。

当然，以上也是仅就北京地区近 500 余年来气候变迁的大趋势而言。具体情况亦容有例外，如某些大水灾发生在少雨期内，但大多数大水灾是发生在多雨期内，这也是事实。据北京市气象台绘制的近 500 年北京地区旱涝曲线图，可以看出，近 500 年中的后 250 年内，多雨周期由 56 年（1770 年—1825 年），依次降为 24 年（1871 年—1894 年）、

16 年（1949 年—1964 年）；少雨周期则由 42 年（1728 年—1769 年），依次上升为 45 年（1826 年—1870 年）、54 年（1895 年—1948 年）。显然，这反映了自明朝以来，北京地区气候日益干旱的趋势。

清代北京地区的自然灾害以洪涝、干旱灾害对农业生产的危害最为严重，其次还有蝗灾、地震、瘟疫等自然灾害，也为害甚巨。现分述如下：

水灾　清朝后期北京地区水灾多于前期，这其中既有自然的因素，也有社会的因素。

清朝初年承明末之旧，北京地区水灾发生虽多于明末，但有相当一部分年份表现为先旱后涝。在第二多雨期（1644 年—1657 年）的 14 年中，有 4 个年份是先旱后涝，有 4 个年份纯属洪涝。在这个阶段中，尤以顺治十年（1653 年）水灾为甚。顺治十年（1653 年）春夏，北京地区初旱，"三春不雨，入夏犹旱"。但是，自六月以后，"淫雨匝月""都城内外，积水成渠，房舍颓坏，薪桂米珠……甚者倾压致死"。闰六月戊子．户科给事中周曾发奏："数月以来，灾祲叠见……近又淫雨连绵，没民田禾，坏民庐舍，露处哀号，惨伤满目，此实数十年来未有之变也"。通州（治今北京通州）、密云、昌平等县受灾最重[280]。这场大水灾和清初的圈地活动结合在一起，对北京地区农业经济的破坏就尤为严重。次年（1654 年）二月，顺治皇帝谕户部云："畿辅重地，房屋田土多经圈占，加以去年（1653 年）水荒特甚，尤为困苦。"三月，又云："近京地方米价腾贵，饥民得银犹恐难于易米。"[281]严重的灾荒造成农民大量流亡，达到十之六七的程度。兵科左给事中刘楗奏云："此时（顺治十年三月）近畿百姓逃亡就熟者十已去其六七，中有未即去者，或牵于室家，或顾恋故产，亦不过剥取树皮拾草叶搀糠合枇，苟且充腹，忍死以俟有秋。水涝之后，间有脱出地亩，乘其湿润，尽可耕种，但菜色之氓，既无牛只，又无赀种，徒有望南亩以兴嗟，抚犁锄而长叹。"[282]这段话详尽地描述出京畿百姓在水灾之后的困窘境况。此后，在经历了长达二三十年的少雨期后，在第三多雨期（1693 年—1727 年）中，虽然自康熙三十二年（1693 年）至康熙三十五年（1696 年）连续 4 年发生雨涝，但并没有因此引发大的水灾，为害程度有限。封建统治者对于水灾颇为重视。康熙皇帝在清朝诸帝中算得上是一位有科学头脑的君主，他注意观察事物，穷究其理。他曾对群臣说："昔言壬辰、癸巳年应多雨水。去岁（康熙五十一年，1711 年，壬辰）幸而未涝。观近日雨势连绵，山水骤发亦未可定。"又说："朕记太祖皇帝时壬辰年涝，世祖皇帝癸巳年（顺治十年，1653 年）大涝，京城内房屋倾颓。明成化时癸巳年（成化九年，1473 年）涝，城内水满，民皆避居于长安门前后，水至长安门，复移居端门前。其今淫雨不止……田禾岂不有损耶？"[283]康熙皇帝虽然经验地将一些偶然现象当成普遍规律来分析北京地区水涝灾害，不可能得出真正科学的认识，但我们也可以从中看到水涝灾害对于当时北京地区农业生产的危害是严重的。此后，又在经历了 20 余年的少雨期后，自乾隆十几年（1754 年）至嘉庆十五年（1810 年），北京地区水涝频繁，间隔年份最多不超过 5 年，一般间隔 1—2 年。这个阶段包括了第四少雨期（1728 年—1769 年）的末期和第四多雨期（1770 年—1825 年）。在这个阶段中，尤以嘉庆六年（1801 年）北京地区发生的水灾最为严重。这年春、夏，降雨适时，禾稼茂盛。但自六月初一日起，连降大雨 5 日夜，造成永定河水暴涨至水深六七米，卢沟桥洞宣泄不及，漫溢两岸。其东一股自拱极城（今称宛平城）西北向东南下流，一股自西向东穿过拱极城而出。另外，永定河又于卢沟桥北 6 里、石景山南之庞村决口，直泻东南，侵及水屯村、衙门口、砖瓦窑、大井、五里店、看丹、丰台、草桥、黄村等村，田禾庐舍俱淹。据称，当时永定河两岸决口 4 处，北京城西南隅几成泽国。4 处决口：一为石景山南 14 号堤岸（即庞村），冲开 30 余丈，其水入大井村、草桥、南苑一带；一为卢沟桥南岸、南东岸二十三号堤，冲开七、八十丈，其水顺流京南至庞各庄（今北京大兴境内）一带；一为卢沟桥西北岸，税局后冲开堤岸四、五十丈，其水直至长辛店以南；一为卢沟桥南西岸二号大石堤，冲开 40 余丈，其水直至长辛店以南。这四处决口，以前二处决口为害最大。特别是第一处决口，造成永定河水自石景山经丰台，至南苑的大泛滥。北京阜成门、广安门、右安门、左安门、永安门外，浊浪排空。俱成泽国。这个决口造成了永定河自石景山以下的改道，水势浩瀚，直夺正溜，向东南横流而下。洪水在丰台、大兴县一带又分为二支：一由石景山、大井、丰台、王爷坟、角儿堡、马家堡，入于凉水河，直达南顶；一由蔡户营、铁匠营亦入凉水河，直通于南苑大红门内，横穿南苑（海子），由东红门出，入于凤河。南顶大石桥栏杆、大红门东面的南苑围墙 200 余丈俱被冲毁。永定门外洪水一至黄村入运河，一由南顶经黄村、青云店，由礼贤镇入东安境内。南苑（又称南海子）东南之水由采育、凤河营东南流。南苑团河行宫四面水围。与此同时，潮白河、温榆河亦由于降雨过多而泛滥，造成顺义、昌平、密云、怀柔、通州地区的水灾。顺义县由于上承密云、怀柔县之潮白河和昌平之温榆河，在六月中旬接连大雨之后，河身狭窄，不能承纳来水，以致泛滥，村庄过水者十居五六，禾稼伤损。总之，以受灾程度而论，房山、良乡、顺义县最重，昌平州次之，怀柔、平谷又次之，密云县最轻。距永定河最近的近郊县大兴、宛平，受灾更为惨重。宛平县被灾 120 余村庄，田禾房屋俱遭水淹，被灾人口总计 8700 余口，死亡 35 口，冲毁房屋 2300 余间。大兴县黄村地方街道直冲洪水大溜，房屋倒塌。青云店、采育、礼贤镇等处附近各村庄俱被水患，田禾淹浸，涸出地亩被淤泥压没一二尺至四五寸不等。被水所淹村庄广阔，人数众多，情形与宛平县相当。良乡县被灾 9800 余口，冲塌房屋 2810 余间。通州东南一带率成巨浸，平地水深五六尺至八九尺不等。据该年九月统计：大兴县农田八成无收，二成有收，秋禾约收三分；宛平县农田八成无收，二成有收，秋禾约收四分；良乡县农田八成无收，二成有收，秋禾约收五分；房山县农田八成无收，二成有收，秋禾约收五分；通州农田七成无收，三成有收。秋禾约收六分；昌平州农田六成无收，四成有收，秋禾约收六分；顺义县农田八成无收，二成有收，秋禾约收六分；怀柔县农田三成无收，七成有收，秋禾约收六分；密云县农田二成无收，八成有收，秋禾约收七分；平谷县农田二成无收，八成有收，秋禾约收九成；延庆州农田二成无收，八成有收，秋禾约收七分。被水淹浸农田占八成的大兴、宛平、良乡、房山、顺义诸县及占七成的通州均属受灾九、十分的地区。昌平州被水淹浸农田占六成，属受灾六、七、八分地区。平谷、密云、怀柔、延庆则属于轻灾区[284]。清政府按受灾的轻重而给予数额不等的赈济和蠲免赋税。

嘉庆十五年（1820 年）至咸丰三年（1853 年）虽然也间有水涝灾害，但不够集中。自咸丰三年（1853 年）以后，洪涝灾害又比较集中，以咸丰三年（1853 年）至同治十三年（1874 年）为一段，共发生 7 次洪涝；以光绪六年（1880 年）至宣统三年（1911 年）为一段，共发生 18 次洪涝。前　阶段包括第五少雨期末和第五多雨期初，后一阶段基本处于第五多雨期中。在前一阶段中，以同治十年（1871 年）至同治十三年（1874 年）连续 4 年的水涝最为突出。同治十年（1871 年）八月，京畿地区久雨不晴，水涝成灾，顺天、保定、天津、河间各属被淹尤广。北京地区通州、大兴、宛平、良乡、房山、平谷、顺义、延庆均发生水灾。平谷县大水，凡山居者水势尤猛，人被冲溺者甚多，田地冲毁。延庆州大雨，平地水深数尺[285]。次年（1872 年）六月下旬，北京地区又大雨连绵，西北口外山水下注，以致永定河水暴涨，决堤而出，房山、宛平、大兴县被洪水淹浸。同时，田于降雨过多，河水涨溢，地势低洼的通州也发生水灾。平谷县淫雨大水，洼地秋禾亦损。密云县潮白河涨水，淹及密云县城，白河石堤冲塌三十余丈[286]。再次年（1873 年）闰六月，北京地区昼夜大雨倾盆，永定河、温榆河、潮白河俱涨溢泛滥，大兴、宛平、房山、通州、顺义、良乡、怀柔等州县俱发生水灾。据统计：通州富河等 83 村成灾八分，辛安屯等 163 村成灾七分，后屯等 42 村成灾六分，沟渠等 58 村成灾五分；顺义县李遂店等 84 村成灾八分，鲁各庄等 37 村成灾七分，小店村等 44 村成灾六分，东疃村等 80 村成灾五分；怀柔县年丰庄等 4 村成灾六分，南房庄等 7 村成灾五分，霍各庄等 2 村歉收四分；宛平县赵村等 18 村成灾五分，新直村等 8 村歉收四分；良乡立教村等 8 村成灾五分，保定庄等 11 村歉收四分，老君堂等 7 村歉收一分；房山县双柳树等 5 村歉收四分[287]。该年温榆河、潮白河水患甚于永定河，故受灾最严重的是通州和顺义县地区。再次年（1874 年）六月，夏雨连绵，潮白河上游山水暴发，河流盛涨，又决于去年（1873 年）东岸旧口的平家疃，东入箭杆河。其漫流情况比去年为甚，洪水下流，造成通州地区水灾。由于潮白河自顺义县牛栏山以下至通州 70 余里，沿途从无堤埝，因此河水易漫。为此，直隶总督李鸿章于是年筑长堤，自顺义县安里村，南至通州北寺庄，长 2475 丈；又筑护堤，北自安里村，南至平家疃，长 854 丈[288]。在这连续 4 年的洪涝灾害中，以第三年（1873 年）的水灾最为严重，为害范围最广。在后一阶段中，以光绪十六年（1890 年）水灾最为严重。该年北京地区"自五月二十九日起至六月初六日，大雨狂风通宵达旦，山水奔腾而下，势若建瓴。各河盛涨，惊涛骇浪，高过堤巅。永定河两岸，并南、北运河……先后漫溢多口，上下数百里间一片汪洋，有平地水深二丈余者。庐舍民田尽成泽国，人口牲畜淹毙颇多，满目秋禾悉遭漂没，实为数十年来所未有"[289]。"嘉庆六年（1801 年）永定河水陡发，大兴、宛平地面多被水患。永定门、右安门等处灾民多至二万余人……今京城被水情形与嘉庆六年大略相似"。[290] "顺天所属各州县以至津、沽，数百里汪洋浩瀚，皆在水中。耆老咸言，自嘉庆六年以后，水灾无有大于本年者"。[291] 实际上，根据以上记载，这次水灾的严重程度已经超过了嘉庆六年的水灾。只是光绪皇帝君臣囿于天人合一之说，把自然灾害看作是上天示儆，因此只肯承认与嘉庆六年水灾大略相似而已。当时，房山县六月初一至初三日连降大雨，山水涨发，冲入永定河。卢沟桥上水深一尺左右，永定河南三工决口达数十丈，奔涛骇浪，滚滚向南，席卷看丹村、草桥村、六卷村、樊家村、纪家庙、黄村、马驹桥、采育镇、礼贤镇、九州镇、张家湾等村镇，淹毙人口不计其数。北京城外西南一带尽成泽国。彰仪门（今广安门）、右安门外，平地水深丈许，泛流所淹浸之处，室庐十不一存。大水倒灌永定、左安、右安门，城门壅闭数日不得开启。大水还冲塌南苑围墙达数十丈，穿苑东流，入东安、武清境内，东注天津。右安门外南至大兴县黄庄，皆成巨浸，桥梁冲断，人畜漂没，随波而下。北京城内，由于连日降雨，沟渠壅塞，又造成城内房屋被淹的局面。自五月二十日连降大雨后，前三门外由于缺乏排水设施，居民家中已有积水，房屋倒塌。二十九日以后，大雨如注4昼夜，京城内家家室内进水，墙倒屋塌，大清门左右部院寺各衙门，亦皆浸灌雨水。由于城外大水，城内积水亦无法外泄，以至城内水深埋轮，浅处亦及马腹。良乡县山水冲入县城，城内外居民、村庄俱遭水淹，平地水深数尺，路断行人。房山县山水涨发，大石河一带平地水深七八尺，羊头岗等村庄房舍田地，尽行冲坏，沿河村庄多被水淹。通州马驹桥一带受永定河泛滥之害，被淹村民附木登屋，呼号求救。顺义县受潮白河漫溢之害，沿河低洼各村俱被淹，大水入县城北门。密云县五月二十日夜间，骤雨倾盆，一连5昼夜，山水暴注，河水涨发，与潮河连成一片，街市成河，一片汪洋，房屋倒塌十分之七。据统计，在这次水灾中：大兴县被灾256村，宛平县被灾136村，良乡县被灾106村，房山县被灾150村，通州被灾340村，顺义县被灾236村，密云县被灾27村，怀柔县被灾48村，平谷县被灾5村。若以受灾轻重程度而论：通州张辛庄成灾十分，海子洼等165村成灾九分，仓头等78村成灾八分，王家场等95村成灾七分，燕郊等57村成灾六分，碱场等45村成灾五分，小张各庄等51村歉收四分；大兴县黄村镇等61村成灾八分，西黄村等57村成灾七分，南北顿垡等60村成灾六分，大张本庄等69村成灾五分；宛平县看丹村等42村成灾八分，河南村等18村成灾七分，北岗洼等95村成灾六分，皮各庄等35村成灾五分，安宁村等13村歉收四分，西北旺等63村歉收三分；良乡县南拜村等27村成灾八分，琉璃河等22村成灾七分，兴礼村等16村成灾六分，南上岗等8村歉收四分，张谢村等5村歉收三分；房山县马各庄等10村成灾八分，河南村等18村成灾七分，双孝村等13村成灾六分，双磨村等34村成灾五分，饶洛甫等25村歉收四分，顾册等56村歉收三分；顺义县李遂店等97村成灾九分，英各庄等39村成灾七分，头营等39村成灾六分，杨各庄等110村成灾五分；怀柔县高两河等18村成灾八分，葛各庄等17村成灾七分，大屯庄等9村成灾六分，史中务等4村歉收四分；密云县大河槽等6村成灾八分，小周各庄等4村成灾七分，仙台等5村成灾六分，王各庄等6村成灾五分，荆栗园庄等4村歉收四分，西栗园庄等 2 村歉收三分。以上是受灾较重的州县。平谷县受灾较轻，仅有下纸案等 5 村成灾五分，张各庄等 6 村歉收三分。在此次大水灾之后仅隔一年，光绪十八年（1892 年）自六月初五日起，至二十五六日，北京地区多次大雨，通宵达旦，势如倾盆。永定河水势骤涨，决口多处。据当时测量，石景山水志 2 丈 2 尺，历届以来没有漫过，而此次涨水竟高出水志 3 尺。水势之大，历时之久，实为罕见。与此同时，通州、顺义、房山、良乡也遭水灾。据统计：通州南许家场等 63 村成灾六分，梁各庄等 153 村成灾五分，土桥等 60 村歉收三分；大兴县石柱子 1 村成灾七分；宛平县稻田村等 27 村成灾八分，高陵村等 24 村成灾七分，董公庵等 24 村成灾五分，前辛庄等 19 村歉收四分；顺义县北关外等 13 村成灾八分，寨辛庄等 26 村成灾七分，马头庄等 26 村成灾五分，衙门等 7 村歉收四分，武家卷等 10 村歉收三分；良乡县水念屯等 21 村歉收四分；房山县坨头村等 7 村歉收四分[292]。次年（1893 年）北京地区自四月即阴雨不晴，雨势连绵。六月初八日起至十二等日，复大雨倾注，昼夜不息，加以西北、东北边外山水暴涨，奔腾下注，永定、潮白等河同时狂涨，惊涛骇浪，处处高过堤顶。永定河在六月二日涨至 2 丈 3 尺，已有全河莫容之势。复雨势益疾，风力亦狂，永定河浪高卢沟桥顶达 1 丈有余，河堤数处同时决口。水头所至，人口牲畜房屋尽被漂没。此次大水已高过石景山水志数尺，水势比往年更大。顺义县潮白河、孙河同时涨发，平地水深丈余，田庐并淹，县城进水。通州城内外水势浩大，房屋倒塌，伤毙人口，不计其数。房山县大石河涨溢，下游洼地被淹。西山下的龙泉务村 70 余所房屋，因山水下注，尽行漂没，所有街道，冲作大河。百姓皆逃至山坡野地，暂行栖止。北京城右安门外，洪水横流，直灌南苑西红门，注于大兴县黄村等处，下流通州，所有西大营附近村庄人民俱被淹没。由于六月十一日起连降三日大雨，北京城内雨水不能及时排泄，造成水患。前三门水深数尺，不能启闭。城内官宅民居房屋穿漏、墙垣坍塌，不计其数；人口被墙压毙及被水淹溺者亦为数不少。仅八旗人口即城内死亡 4 口，城外死亡 9 口，倒塌房屋 1400 间左右。由于南城距永定河泛流最近，且地势最低，所以每逢水灾时南城受害最重，东、西城次之，中城、北城再次之。这次水灾中以大兴、宛平、良乡、通州、顺义诸州县受灾最重，房山县次之[293]。

清末，由于政治腐败，国力空虚，河工弊端甚多，所以水灾频繁。自幼生活在北京的清人震钧云："光绪丁亥（1887 年）七月，京东大水，通州水几冒城，自是无岁不水……而以庚寅（1890 年）为最甚。

京师自五月末雨至六月中旬，无室不漏，无墙不倾，东舍西邻，全无界限，而街巷至结筏往来。"又云："畿辅自癸未（1883 年）以后，无岁不水，且年甚一年。[294]"

以上所述顺治十年（1653 年）、嘉庆六年（1801 年）、光绪十六年（1890 年）、十八年（1892 年）、十九年（1893 年）的洪水是清代北京地区最严重的几次水灾。这几次大水灾都发生在多雨期中。但是，在史料分析中，我们也看到有些水灾发生的集中期是跨在少雨期和多雨期之间的。这是因为水灾的发生虽然和降雨频繁程度有密切关系，但与瞬间的降雨量有着更密切的关系。短时间内暴雨，更容易造成山水暴涨，河流漫溢，造成大水灾。清代康熙七年（1668 年）和乾隆二年（1737 年）的两次大水灾即均处于少雨期中。康熙七年（1668 年）处于第三少雨期，乾隆二年（1737 年）处于第四少雨期。康熙七年（1668 年）春夏，北京地区干旱，虽是五月，仍风霾日作，禾苗枯槁。但是，自七月初一日起，通州连雨七日，东、西两河涨溢，没城墙九尺，民多溺死。永定河也泛滥，冲决卢沟桥及堤岸。密云县大雨 5 昼夜，潮白河溢，冲坏城北隅。昌平州大雨，漂没民舍，禾稼尽损。延庆州淫雨 7 日夜，大水淹没民居田亩[295]。北京城内沟渠壅塞，排泄不及，街道成河。据《客舍偶闻》记载："戊申（康熙七年）六月，京师大旱……俄而大澍。至六月杪入都，初秋雨甚，崩垣圮屋，昼夜声相闻。""浑河水决，直入正阳、崇文、宣武、齐化诸门。午门浸崩一角。五城以水灾压死人数上闻。北隅已报民亡一百四十余人。""宣武门水深五尺，冒出桥上，雷鸣峡泻。有卖蔬人，乱流过桥下，人担俱漂没。有乘驼行门下，驼足不胜湍激，随流入御河，人浮水抱树得免，驼死水中。宣武、齐化诸流尸往往入城。父老言：'万历戊申（1608 年）都门亦大水，未若今之尤甚。'"城墙在城郊发大水时，可以闭城以保护城内居民，但是另一方面，由于城市排水设施落后，排水能力低下，在遇大雨时也容易由于积水而造成水患。乾隆二年（1737 年）北京发生的水灾与康熙七年（1668 年）情况相仿。乾隆二年（1737 年）四五月间北京地区大旱，二麦无望。然而，六月十三日以后大雨时降，至七月初一日已是连阴大雨如注，城内房屋倒塌，永定河水泛滥，卢沟桥、长辛店、良乡一带被洪水浸淹。昌平、良乡、房山等县由于雨水过多，山水骤发，建瓴而下，老人称数十年来所未有。良乡、卢沟桥、房山一带滨河地亩多被水淹。卢沟桥两岸官民房屋及商货、牲畜各项被洪水漂没无存。拱极城门被洪水冲开，城内水深四五尺不等。通州河水涨溢，近河低洼田亩被淹。昌平州沙河地区民房倒塌，洼地村庄地亩被淹。延庆州关沟（今居庸关关沟）石路冲损 10 余丈，西新堡城和永宁城西水门也被洪水损坏。房山县拒马河水发，吉阳村被淹，附近数村低田同时受损。顺义县境内大水。这一年，北京大兴、宛平、良乡、房山、通州、顺义诸州县均为重灾区[296]。

洪水发生以后，人民的生命财产及农业生产资料都受到很大损失，清朝政府一般采用蠲免赋税、旗租和发米煮粥、设厂赈济的方法以稳定社会秩序。康熙、雍正、乾隆三世还借贷粮种，帮助农民补种。北京地区有"头伏萝卜，二伏菜，三伏种荞麦"之说，这既是指不同作物的不同播种季节，也是指根据水灾发生期不同来补种不同品种的作物。洪水挟带大量泥沙，水退之后农田往往被泥沙所淤盖，厚达一尺至四五寸不等，影响耕作。北京地区农民采用翻耕的办法，把淤沙底下的耕土翻到地面，使沙压地重新变成良田。如光绪二十三年（1897年），因连年水灾，沿河地区沙压地甚多。国子监司业黄思永上奏，建议翻沙压地以免久荒，称：大兴、宛平、永清三县正当永定河泛滥时大溜冲要，积沙甚厚，……惟有翻耕之法，可以播种[297]。

旱灾　清代北京地区干旱或偏旱气候比较集中的时期是在顺治十七年（1660 年）至康熙三十年（1691 年）的 30 余年间，大约每隔 1 年左右出现一次旱或偏旱气候，有时连续二三年干旱。这个阶段也正是北京地区的第三少雨期（1658 年—1692 年）。康熙四十一年（1702 年）至雍正元年（1723 年）是北京地区旱或偏旱气候的第二个集中期，旱情比前一阶段稍缓，间隔时间略长。旱情大多在春季或夏初出现，对农业生产的危害不太严重。这个阶段处于北京地区的第三多雨期（1693 年—1727 年）中。自雍正七年（1730 年）以后，北京地区虽然也不断发生旱灾，但没有显著的集中期。

北京地区的地理环境决定了该地区春旱秋涝的气候特点。由于干旱和雨涝一样对于农业生产有着直接的影响，所以封建统治者对此也颇为重视。康熙皇帝曾针对北京地区的气候特点说："大约冬雪多则春雨必少，春雨少则秋霜必多。"[298]他还亲自观察气候变化。康熙五十年（1711 年）四月，康熙皇帝对大学士等人说："去岁冬雪应时，入春以来雨泽沾足，无风。朕即向众谕云：交夏必旱，秋月转恐雨水过多。今观天时果旱，云气方起，即继以风。[299]"他还指出："京师雨泽，每年至四月或略愆期。[300]"他总结说："京师初夏每少雨泽。朕临御五十七年，约有五十年祈雨，每至秋成悉皆丰稔。"[301]康熙皇帝将秋收有成归结于祈雨，当然是荒谬的。但是，从中却反映出当时北京地区春和初夏多旱的事实。一般来说，春季的干旱会影响冬小麦的返青和成长，同时还会妨碍其他作物如高粱、春小麦、小米、大麦、玉米的播种。康熙五十七年（1718年）二三月间北京地区气候亢旱，以致"麦苗枯黄，且有妨耕作"[302]。乾隆之世，北京地区气候没有多大改变，乾隆皇帝仍指出："向来北方四月内干旱，祈雨之时甚多。"[303]还说："京师地居燕朔，春夏自来少雨，而幅员既广，则天灾流行亦所时有。"他还具体指出："京师自元年（1736年）以至今，无一年不于春夏之交，朕焦劳望雨。"[304]他慨叹道："朕以德凉，十年九忧旱。[305]"

清代北京地区旱灾的第一个集中期（1660年—1691年）中，以康熙十八年（1679年）至康熙二十八年（1689年）的11年间旱情最为严重。康熙十七年（1678年）春夏，北京地区即严重干旱，六月上半月尚未降雨，"天气亢旱，雨泽维艰，炎暑特甚，禾苗垂槁，农事堪忧"[306]。康熙十八年（1679年）春夏，又遇干旱，三月尚"天气久旱，农务方兴，雨泽未降"[307]，直至四月仍"雨泽未降，久旱伤麦，秋种未下．农事堪忧"[308]，七月二十八日即发生了北京历史上百年不遇的大地震，城楼房屋倒塌，死亡无数。当年的这场旱灾由于大地震的发生而更加重了其危害性。次年（1680年），由于上年冬季无雪，"今春雨泽愆期，天气亢旸"，故而久旱伤麦，秋种未下。五月，康熙皇帝尚曰："向以亢旸，（近）虽雨泽薄降，四野田畴尚未沾足。今兹不雨，为时又久，旱魃为灾。[309]"由于前一年的大地震和连续两年的旱灾，造成大批农民失业，饥民聚集在京师者众。康熙二十年（1681年）和二十一年（1682年）仍然是春、夏干旱，特别是二十一年（1682年）直至六月才降透雨，不但夏粮受损而且秋粮无望，同时，造成京城内和通州地区的瘟疫流行。康熙二十二年（1683年）六月以前和二十三年（1684年）四月以前，北京地区气候都非常干旱。伴随着干旱气候，康熙二十四年（1685年）北京地区发生大风沙。当年正月，通州雨红沙，昼晦，张灯火，自辰刻至明晚乃止，家家輂沙十数石。同年五月，密云县也发生风灾[310]，表现出干旱气候的征象。二十五年（1686年）六月，北京地区气候仍干旱，且发生蝗灾。二十六年（1687年）春、夏之际，北京地区久旱多风，农事堪虑，直至五月丁酉才降第一场雨。清人董含《三冈识略》载："丁卯（康熙二十六年），京师亢旱，自正月至五月大风时作，而雨泽不降……至二十五日（丁酉）乃雨。"虽然当年九月，直隶巡抚于成龙进嘉禾，以庆秋收有成，但夏粮作物的成长和秋粮作物的播种肯定都受到了严重的影响。二十八年（1689年）北方旱情进一步恶化。当年四月，直隶、山西、山东以至于江南、浙江皆旱。北京地区虽然在五月间有降雨，但雨量仍不足以解除旱情。

七月，康熙皇帝尚云："今岁天气亢旸，雨泽鲜少，畿辅地方虽间已得雨，然或甘澍未敷，或播种已后，收获失望。"最终到九月份旱灾造成的损失已成定局，"播种愆期，年谷不登，小民艰食"[311]。这一年的旱情，其严重性超过了以往任何一年，达到登峰造极的地步。

清代北京地区第二个旱灾集中期（1702 年—1723 年）中，旱情比较严重的是康熙六十年（1721 年）的北京地区旱灾。康熙之世，春季干旱多风的现象比较普遍，甚至连举行庆典都要虑及气候方面的因素。康熙六十年（1721 年）三月，群臣请求举行庆贺康熙皇帝登基六十年的大典。康熙皇帝答曰："诸臣请庆贺六十年，朕心深为不怿。因将朕衷略言大概……况值暮春清明时，正风霾黄沙之候，或遇有地震日晦，幸灾乐祸者将借此为言，煽惑人心。"[312]故而决定不举行庆贺仪。该年春季，京师黄雾四塞，霾沙蔽日，旱情遍及直隶、山东、河南、山西、陕西，小麦绝收，民多饥馁。

在雍正八年（1730 年）以后的历次旱或偏旱年份中，以嘉庆十九年（1814 年）、二十二年（1817 年），道光十一年（1831 年）、十二年（1832 年），同治六年（1867 年），光绪三年（1877 年）、二十五年（1899 年）发生的旱灾比较引人注目。嘉庆十九年（1814 年）冬、春，北京地区虽然也曾降雪、降雨，但降水量很少，入夏以后持续干旱。五月时，北京近郊麦苗黄萎，收成不过在二三分之间。六月时统计，旱灾最严重的有大兴、宛平、通州三州县[313]。嘉庆二十二年（1817 年）春、夏持续干旱，自五月以后虽时有降雨，但雨量微薄，旱灾范围遍及直隶，尤以顺天府为重。直至该年六月，尚云："今夏亢旱，未得甘霖。"其后东北方向密云等处有充分降雨，旱情得以解除，但近京地仍形旱燥。由此造成当年大兴、宛平、通州、良乡等地旱灾[314]。道光十一年（1831 年）二月初，北京地区出现寒潮，永定河解冻后复又冻结，二月初七后再次解冻，水势浩瀚，如同秋汛情景，历时 9 日之久，"为数年来凌汛所罕见"[315]。春季，北京地区雨水亦尚称匀调。然而，入夏以后天气转为亢旱，以致于大兴、宛平等县夏粮歉收。六月至八月，北京地区持续干旱，八月以后才得缓解。道光十二年（1832 年）北京地区春夏再度干旱，且严重程度超过上年。六月，北京地区尚无降雨，"节届大暑，未沛甘霖"[316]。饥民为了求生，离乡寻食。北京东直、朝阳等门，日进贫民数百人。通州、怀柔、良乡、房山、大兴、宛平、昌平、密云、顺义等州县同时干旱，禾稼枯萎。永定河的某些河段也出现干涸。直至六月二十七日始降雨，然仍嫌微薄。七月十五日以后才降大雨，旱情得以解除，但是旱灾的危害已经形成。平谷县春、夏大旱，至七月始得雨，秋禾至九月未熟，经霜而枯，岁大饥。密云县大旱年，次年（1833 年）六月雨始足，饿殍无数。昌平州春大旱，六月始雨。雪上加霜的是，这一年入秋后连降大雨，顺义、通州、怀柔、密云、平谷、延庆等州县又出现先旱后涝局面，全年无收。入冬后，降雪亦少，麦苗出土稀疏，直接影响冬小麦的成长。北京地区农民颗粒无收，难以生存，春来觅食，有些地区出现抢粮事件。光绪时期清朝政府已经衰败，财政空虚，上下无能，天灾人祸就更加重了人民的苦难。当年七月初三日直隶总督琦善奏本云："直隶各属，入夏以来，亢旱日久……近日东直、朝阳等门，日进贫民……顷阅邸抄，知大兴、宛平二县已蒙恩先行开粜，舆情自可安贴。恐外间贫乏游民一闻此信，进京觅食者必多，而被旱之区如顺天府属之蓟州、平谷、通州、三河、昌平、密云一带情形俱重……无如各州县仓贮空虚，平粜既无谷可支，赈恤又格于成例，而南粮尚未截卸，臣亦无从筹拨。"[317]与这一年旱情相似的还有同治六年（1867 年）北京地区旱灾。这年春夏，自正定县以南地区虽然也很干旱，但初春时曾经降雪，农田尚可播种；而自保定以北，冬雪既少，春季又日炎风燥，入夏尚不降雨，农务失时。六月，节逾小暑，仍未降透雨。直至七月二十五六日，北京地区才降大雨，旱情得以解除。但是，旱灾造成的损失已经形成，通州、宛平、房山、顺义、良乡、昌平等州县受灾严重。昌平州夏大旱；密云县春、夏大旱，斗米千钱；通州春旱，秋涝；延庆州春旱。

前已言之，北京地区一年间气候变化的通常情况是春旱，秋涝。但是，偶尔也与此相反。光绪三年（1877 年），北京地区春季雨水充沛，平谷县还因五月份大雨如注而发生泥石流。但是自六月以后即形干旱，很少降雨。这次干旱发生的范围很广，山西、河南、陕西等省也同时出现严重旱情。北京地区直到九十月份仍在祈雨。这场旱灾造成北京地区秋粮歉收，京帅粮价昂贵。因为北京地区农业生产中秋粮作物是大宗，秋粮收成占全年农业产量的三分之二左右，所以夏秋旱灾的危害性比春旱更为严重。这种情况在光绪二十五年（1899 年）再次重演。该年六月，北京地区大雨倾注，山水暴涨，"南赴京城、良乡之沙河，东往顺义、怀柔之麦庄，北至居庸之狼窝，各河水势盛涨"[318]。但是，到了秋季，已逾秋分，北京地区却降雨稀少，农田待泽孔殷。九月，光绪皇帝谕内阁曰："本年夏秋以来，雨泽愆期，近畿一带旱象将成。"[319]该年旱情直至霜降也未缓解。这次旱灾以京城附近的近畿地区灾情最重，范围更广及直隶、山东、河南、山西四省。这一年总的气候变化情况是：自春徂夏，雨水调匀，麦收丰稔。……六月初旬，大雨时行……入秋以后，雨泽愆期，旱田间有受伤，晚禾大半被旱。北京宛平、昌平、房山、顺义等州县受灾较重。

蝗灾 清代，由于北京地区水旱不调，所以蝗灾也时有发生，但是不像明代——尤其是明朝末期——那样严重。

乾隆十六年（1751 年）北京地区气候基本正常，只是秋季降雨略多，大兴、宛平、昌平、通州地区发生雹灾和水灾。转至乾隆十七年（1752 年）四月，北京以南的东光、武清等地势低洼地区首先出现蝗蝻（即蝗虫幼虫），逮及五月，通州、固安等地也相继发现。清政府派员督查捕蝗，但由于自六月以后畿辅地区雨泽短少，增加了捕蝗的难度，七月时大城、文安等地尚有蝗虫续生。北京城近郊的宛平县卢沟桥东南洼地也出现蝗虫。次年（1753 年），北京地区春、夏间再度干旱，直至五月十二日才得透雨。这种条件便于蝗虫繁殖，首先天津等地发生蝗虫，六月时北京西北郊的宛平县白家疃（今北京海淀区温泉）、韩家川（今北京海淀区韩家川）等村落及其以北的昌平州已发现飞蝗。同时，北京南郊大兴县南苑一带也发现成群飞蝗。由于捕捉及时，这几次蝗害都没有造成严重后果。乾隆皇帝和康熙皇帝一样，对农业生产颇为重视，当蝗害发生时往往派出贴身侍卫督促捕灭。乾隆二十四年（1759 年）北京地区春、夏旱，直至六月十二日以后才得透雨。七月，直隶总督方观承奏曰："直属自七月初旬得雨沾透，禾稼可望丰收。近因发生好蚄，如顺天、永平各属……等处，晚谷多被损伤。[320]"好蚄是尺蠖之一种，系水稻的害虫，体绿色，显然与蝗虫不是一类。若据方观承所言，损伤晚禾的是好蚄而非蝗虫。但事实并非如此。第二年（1760 年）五月，乾隆谕军机大臣等曰："据方观承奏，直隶并无蝻子（蝗虫的幼虫）发生之处，惟宛平县宋家庄间有数块，据土人云，实是土蚂蚱，现已搜捕全净，等语。现在甘雨应时，蝻孽料已稀少，但不可因目前如此，遂不加意防范，即如去岁（1759 年）该督曾奏捕蝗已尽，而朕驻热河时闻京师左近仍有飞蝗经过。昨因南海子（即南苑）中蝻孽萌生，遣侍卫等到彼扑灭，此岂非去年（1759 年）而遗未净之明验乎？且所称土蚂蚱并非蝗蝻，何所取辨？此皆地方有司捏词支饰。[321]"又说："今年蝻子萌生，即上年（1759 年）顺义、怀柔、密云等处而遗余种。"可见，所谓好蚄、土蚂蚱云云，实际都是蝗虫。该年（1760 年）北京通州、大兴、宛平、延庆、顺义、怀柔、密云等州县发生蝗灾，尤以地势低洼的通州为重。

如前所述，蝗虫的滋生、发育、为害与自然界的水、旱灾害有密切关系。如乾隆二十八年（1763 年）八月，乾隆皇帝谕旨中指出：

"今年直隶各属雨旸时若，秋收颇为丰稔。惟近京州县中，上年（1762年）被水之区，间有蝗蝻发生。"[322]所谓近京州县即包括北京通州和顺义县。由于官府派遣官弁追捕蝗虫往往蹂躏禾稼，其为害有时更甚于蝗虫，所以当蝗虫初起，规模尚不大时，地方官往往并不据实禀报，以致于贻误灭蝗时机。如乾隆三十九年（1774年）北京南郊海子（即南苑）南红门外磁各庄等处生有蝗蝻，经查询，系上年九月间蝗群飞过所遗，"彼时因庄庄收获，遂未报官"[323]。对于玩忽职守的官员，如果造成损失重大则要受到重罚。乾隆五十七年（1792年）夏季，北京自古北口以南之密云、怀柔、顺义、昌平、房山、通州、良乡、大兴、宛平等州县发生大规模蝗灾，乾隆皇帝谕曰："蝗蝻蚀伤禾稼，最为民害……从前乾隆二三十年间，节经严示惩创……近因并无蝗蝻，二十余年未复降旨饬训……（此次）所有议以革职拿问之署三河县事、州判陈馨珊、昌平州知州李棠、顺义县知县陆显增及虽经立时扑灭，不即时禀报之宛平县知县马光晖、房山县知县任衔蕙、署良乡县知县汪应桂，俱着革职，免其拿问。"[324]

清朝治理蝗虫的办法与前代并无两样，除捕打外，还采取秋耕将蝗虫卵曝死的方法。如乾隆二十八年（1763年）秋季顺义县发生大面积蝗蝻，便令地方官督率百姓乘秋凉时翻犁除治，次年（1764年）顺义县农业果获丰收。这种灭蝗方法与元代大都（治今北京）地区每年秋耕以灭蝗的方法一样。只不过在元代这是一种制度化的做法，而在清代则是做为发生蝗虫灾害以后采取的一种临时性措施。嘉庆八年（1803年），由于上年（1802年）北京昌平、顺义、大兴、房山、良乡等州县发生水灾，而该年春季北京又逢干旱，使蝗虫有了滋生的条件。七月初旬，平谷县飞蝗蔽天，秋禾歉收。这个事件只见载于民国《平谷县志》，而不见于正史。笔者认为其真实性当属可靠，而且受灾区域也不会只限于平谷一县。

清末道光、光绪之世，清朝统治者对于北京地区的蝗灾好像已经有些麻木不仁了。这可能是因为蝗虫屡捕屡生，无可奈何的缘故。如道光元年（1821年）六月，命顺天府属地方设粥厂，收买蝗蝻，以钱米易蝗[325]。这种情况，依推测蝗灾规模应当不小，但是在史籍中却除此之外再看不到其他记载。同样，咸丰五年（1855年）九月，密云县飞蝗蔽天[326]。咸丰六年（1856年）平谷县八月初七日至初十，飞蝗蔽天，自南大至，晚禾伤损[327]。咸丰皇帝谕内阁曰："省南州县得雨稀少，间有蝗蝻，尚未捕除净尽……昨日亲见飞蝗成阵，蔽空往来……京畿一带农田被灾，谅必不少。"[328]同年，昌平、顺义都发生蝗灾。但均不见清政府采取什么灭蝗措施，只不过是秋后蠲免赋税而已。实际上，这一年的蝗灾十分严重。次年（1857年）咸丰皇帝尚曰："上年（1856年）近畿一带蝗旱成灾，至今民困未苏。"[329]而且直至咸丰八年（1858年），北京昌平、顺义、平谷及近畿各州县的蝗灾仍十分严重。

泥石流 北京地区除南面是平原地带以外，其他三面都是山区和丘陵地带，同时本地区又是多暴雨地带，所以在水土保持状况日益恶化的情况下，每逢暴雨时节在山区很容易发生泥石流或山体滑坡。由于泥石流发生在山区，且来势凶猛，不同于一般的山洪，所以古人称之为"蛟"。如光绪三年（1877年）五月，平谷县大雨如注，"山中蛟水涨发，县东村庄漂没人口数十，房屋冲毁。雨后远眺，凡山腰出蛟处，皆灰白不生草木"[330]。这是典型的泥石流景象。光绪十四年（1888年）北京地区夏季大雨倾盆，造成宛平县和房山县发生泥石流，二县"山中猝然发蛟，水势异常涌猛，倒屋伤人，灾状在六分以上者情形甚重。宛平县山中于七月初五日夜，山水陡发，以致千军台等二十四村被灾。房山县亦因山水暴注，居民猝不及防，淹毙浮尸有顺流至涿州、良乡一带"。[331]据震钧《天咫偶闻》卷九记载："戊子（光绪十四年）七月，房山县发蛟，没四十九村。发以夜，适河北村有村民盥手于河，见水逆流，上山大呼水至。时雨势如注，村民已睡，多从梦中惊起，上山避水，水亦随人而上，至山半骤下，村舍如洗。又过前山，亦如之……有数村只有树在，庐舍荡为平地，石子埋至尺余，伤人不以数计……北方从未闻发蛟之说，有之，自此年始。"不过，泥石流虽然危害严重，使人们难以躲避，造成所经地区人民生命财产的严重损失，但其范围有限，不会影响大地区的农业生产。

地震 清代是北京地区地震多发期，其中尤以康熙十八年（1679年）地震最为严重。当年北京地区春、夏旱，时值四月夏令，雨泽未降。七月庚申（二十八日）北京地区发生大地震。这次大地震的震中在河北大厂夏垫附近，震级达到8级。由于极震区在三河县和平谷县，所以又称三河——平谷大地震。这是京、津、唐地区有史以来最大的一次地震灾害。据记载，平谷县该日"忽地底如鸣巨炮，又似数千马飒沓而至。始而庐舍摇荡，如舟在风浪中，继则全然倾圮，压毙者无算。其生者亦咸破颅折体。顷又闻地且沉，争登高以避，盖地裂丈余，黑水兼沙从底涌泛。……邑东山多崩陷，海子庄东南有山长里许，名锯齿崖。参差畴立，形如锯齿，盖地震摇散而未崩陷者。其他断如刀切而存其半者，皆崩而陷入地中者也。又大辛寨庄南有砖井歪斜，人呼搬倒井，亦地震移动之所致。是时城乡房屋塔庙荡然一空，遥望茫茫，了无障碍，黑水横流，田禾皆毁，人多无食，阖境人民逃之逾半。至八月初六日，帝遣员到县放赈，每户银一两。九月十五日，又给压毙之男女每名棺殓银二两五钱，并将本年钱粮蠲免。……地震所及，东至奉天之锦州，西至豫之彰德，凡数千里。平谷、三河极惨"[332]。就北京近郊而言，接近平谷的通州受灾最为严重。当时"从西北至东南，如小舟遇风浪然，人不能起立，凡雉堞、城楼、仓厫、儒学、文庙、官廨、民房、楼阁、寺院，无一存者。……周城四面地裂，黑水涌出丈许，月余乃止。压死人民一万有余"[333]。与此同时，延庆、良乡、顺义、密云等县也发生民舍倒塌、地裂的现象。京城内外官军民死者不计其数，飞沙扬尘，黑气障空，不见天日，人如在波浪中，无不倾跌。德胜门下涌黄流，天坛旁地裂出黑水，官民震伤不计其数，亦有满门覆没者，积尸如山，莫可辨识。除康熙十八年（1679 年）大地震外，康熙四年（1665 年）和雍正八年（1730 年）地震也属于北京地区较严重的地震。康熙四年（1665 年）三月戊子，以通州为震中发生 6 级以上地震，从西北至东南，连动数十次。通州城雉堞、东西水关俱圮。民房圮塌三分之一。城北 2 里外，地裂，黑水涌出。这次地震影响到北京城内、昌平、顺义等地。顺义县地震，有声如雷，房歪墙倒，洼地水出[334]。雍正八年（1730 年）以北京西北方向为震中，发生 6 级以上地震。时间为八月乙卯（十九日），北京城内外房屋倒塌，尤以西北方向为重。大震之后经一月有余，尚有余震。安定门、宣武门城墙出现裂缝。北京四郊之中，尤以接近震中的沙河、昌平及西山相近村庄房屋倒塌严重。人口亦有伤亡。

雹灾 雹灾是由于地面热空气对流造成的自然灾害，多发生于地形复杂的山区，如今北京西北山区延庆县（清延庆州）即为冰雹多发区。不过，像昌平、顺义、平谷地区，因傍近燕山和军都山脉，热空气至此受山体阻挡，急剧抬升，也容易出现雹灾。如嘉庆元年（1796年）五月，平谷县大雨雹。"大如鸡卵，无麦秋"[335]。最严重的是道光十七年（1837 年）的雹灾。当年六月二十三日，延庆雹灾，永宁镇贾家楼雹积高达丈许，月余始消[336]。"七月十三日，平谷县又发生严重雹灾，雹大如碗如卵，由城西二十余里接连三河县界，秋禾尽毁"[337]。次年（1838 年）"七月十八日，平谷县再次发生雹灾，雹大如卵，城东之南北长二十余里，东西宽五六里，秋禾尽损"[338]。雹灾虽然面积有限，但给农作物带来的破坏往往是毁灭性的。

社会的腐败、停滞和落后使得农民生活陷入赤贫化，加大了自然灾害的破坏力。清德宗光绪五年（1879 年），张之洞《畿辅旱灾请速筹荒政折》云："直隶素称贫瘠，民鲜有盖藏。去年（1878 年）至今屡遭荒旱，惟附京三四百里内秋收尚有数成，余则保定以西，河间以南，旱蝗相乘，灾区甚广……大率一村十家，其经年不见谷食者，十室而五；流亡转徙者十室而三。逃荒乞丐充塞运河官道之旁，倒毙满路。[339]"在光绪九年（1883 年）出版的资料中，外籍人士记述当时京畿直隶农民的贫困状况云："直隶农民虽然大部分都很贫穷，但无法维持最低生活的人还比较少。只有在荒年，他们经常以野菜为食，甚至连野菜都找不着而成群饿死，正像一八七八年和一八七九年的情形那样（按：即指光绪四年、五年大旱）。在最好的年头，他们也是吃最低级的食物，穿着朴素的衣服。他们的食物几乎完全是同大豆或豆腐渣混合起来的高粱、玉米及小米。一块白面馒头便是一种特别的款待，当然更难吃到任何肉食。一位贫农在叙述皇帝豁免田赋时说：如果他是皇帝，他将每天都吃大饼，吃饱了就躺下休息。这就是贫农对生活享受的最高理想。另一位贫农似乎也这样说过：如果他是皇帝，他将随他的意愿把面条吃个饱。对于以高粱为主食的农民来说，毫无限制地吃面条，就是一种理想的生活。[340]"美国公理会传教士明恩溥自同治十一年（1872 年）来到中国，游历天津、山东，后留居北京通州，在中国生活了近半个世纪之久。他在光绪二十五年出版的《中国乡村生活》中详细记载了清末北方农民的生活状况。他指出"在中国北方，白面馒头和酒被认为是最高档的食物。"中国的农村是由许多贫苦的个体农民组成的，"很少有哪个农夫的农地是一整块的，不到 80 亩的农地可能由 5 块到 15 块地组成，且分布在村庄的不同地方"。"到处都有许多贫困的人，他们的唯一资源就是偷窃。"他还指出，由于农村的穷人太多，以至于无论哪个地方都有一条规则，"即田地拥有者不要把田地里的农作物收的太仔细。这样，田地里经常将留下一些剩余的农作物，这对许多穷人来说，是非常重要的事情。"在一些种植棉花的地方，从某个时候开始，穷人将被特许去任何一个地方捡拾地里没有收干净的棉花，"首次法定不区分田地捡棉花的日子是穷人们非常高兴的日子，叫做'松绑'，因为再不会被处以罚金了"。"收获季节的庄稼地饱含湿气，这个时候在地里过夜经常导致疟疾、风湿、肺炎，以及其他多种疾病，但生活需求是最要紧的，为此所有这些危险都顾不得了，否则一年都没有吃的"[341]。即使风调雨顺的年头，当时的农村里还是这么一幅惨景，一遇到些许灾害，大批的农民势必将加入到饥民的队伍里去，形成浩浩荡荡的灾民大军。

余　论

数千年以来，北京的先民们在这块土地上胼手胝足、辛勤劳作，推动了北京地区农业经济的发展，为北京地区的社会发展奠定了坚实的经济基础。

反观今日的北京，现代化城市的不断扩大使得农田大面积缩小，过去的城郊都开发成了栋栋高楼。曾令北京人骄傲的京西稻在传统的农区玉泉山、六郎庄等地已经濒临灭绝，只剩下海淀上庄一小片稻田。过去的京郊九县现在也城镇化了，建制大都改成了区。农村人口大量外流，耕地面积大量缩小，造成了现在北京农业的萎缩。过去人们在报纸上常见的加强冬小麦墒情管理、春季抗旱、三夏大忙等口号，现在已经看不到了。能够看到的每年抗旱防涝措施也大多是指城市的管理和城市居民、工业用水的供应，农业在北京现代社会经济部门中地位的一再削弱已是不争的事实。或许这是城市发展历史过程中必须付出的代价，但我们在研究北京历史的时候却不可以忽视农业的重要作用，因为这是数千年来支撑北京地区发展到现代的主要经济力量，是北京历史、文化赖以生存的基础。

农业生产比其他生产部门更明显地表现出人与自然界的关系，它既得益于大自然的慷慨赐与，又往往受害于恶劣自然环境的肆虐。北京是华北多灾害地区之一，历史上屡屡发生的风灾、干旱、洪涝、蝗灾等都给农业生产带来严重打击，有时甚至颗粒无收、饿殍遍野。我们的先民以坚韧不拔的精神与各种自然灾害作斗争，兴修水利以防旱涝，翻地深耕以灭蝗害，改良品种以适应环境，经过千百年的实践总结出宝贵的农业生产经验，足以为今日农业生产借鉴。

考古资料证明，战国时期铁制农具的出现和迅速普及，极大地提高了农业生产力的水平；耕地面积扩大，耕作技术更加精细，农作物产量的极大提高，使得燕国发展成为当时的七雄之一。

在以后的千百年中，农业生产工具又有不断的改进，汉代的铁足耧车，辽、金时的活刃铁犁铧，等等，都是当时先进的农业生产工具。铁制农具的出现和广泛使用，使得农业经济发生革命性的飞跃，由此带动了生产关系的变革，由奴隶社会进入封建社会。而此后生产工具的不断革新，又使得封建经济不断得到巩固和加强。

北京地区农业经济的发展，在封建社会前期，为巩固当时封建国家的东北边地做出了极大贡献；在封建社会后期，为北京成为统一封建国家的政治中心奠定了坚实的经济基础。当然，无庸讳言，作为封建国家的首都，其经济支持需要依靠漕运来取得全国各地的贡纳，汉、唐时的都城长安、洛阳无不如此，但是如果本身的经济基础十分薄弱，政治中心的地位也是不可能形成的。

　　除了农业生产工具的进步推动了经济发展外，北京地区农业经济的发展还在于不断冲破落后生产关系的束缚，为自己开辟前进的道路。在北京历史上，金代猛安谋克的授田制、元初的退耕还牧政策和清初的圈地政策，都是生产关系的大倒退，一度给北京农业经济带来巨大灾难。汉代的豪强地主庄园、明代的皇庄和勋戚、太监庄田，对农民实行超经济的剥削和压榨，造成农业经济的停滞和衰退。然而，在劳动人民前赴后继、不屈不挠的反抗斗争下，北京农业经济沿着曲折的道路最终还是取得了长足的发展，为创造中华民族的文明谱写了光辉的篇章。

注释：

1　111　《清世祖实录》卷六，顺治元年七月丁亥。

2　《清世祖实录》卷九，顺治元年十月乙卯朔。

3　《清世祖实录》卷四十，顺治五年八月辛亥："谕户部等衙门：'凡汉官及商民人等尽徙南城居住，其原房或拆去另盖，或贸卖取价，各从其便。朕重念迁徙累民。着户、工二部，详察房屋间数。每间给银四两。'"

4　《清世祖实录》卷十二，顺治元年十二月丁丑。

5　《朝鲜李朝仁祖大王实录七》二十三年条，引自吴晗：《朝鲜李朝实录中的中国史料》（下同）。

6　59　《清世祖实录》卷三十一，顺治四年三月庚午。

7　《清世祖实录》卷五十三，顺治八年二月丙午。

8　《清圣祖实录》卷三十，康熙八年六月戊寅："谕户部：'比年以来、复将民间房地圈给旗下，以致民生失业，衣食无资，流离困苦，深为可悯。自后圈占民间房地，永行停止。其今年所已圈者，悉令给还民间。'"

9　72　73　100　115　（光绪）《畿辅通志》卷九十五《经政略·旗租》。

10　《清世祖实录》卷十三，顺治二年正月辛卯。

11　《清世祖实录》卷二十二，顺治二年十二月辛丑。

12　《清世宗实录》卷三十，顺治四年正月辛亥。

13　《光绪顺天府志》卷五十三《食货志五·旗租》。

14　15　83　《八旗通志初集》卷十八《土田志一》。

16　据《畿辅通志》（光绪）卷九十四《经政略·田赋》所载数字计算、编制。

17 18 19 包括给剥船地。

20 包括圈充分补地。

21 包括河压地。

22 （光绪）《畿辅通志》卷九十四载："顺天府原额地八万一千五百七十五顷八亩九分零，内除圈充冲压外，实剩地六千五百二十八顷三十九亩九分零。"据此计算，圈充冲压地应为 75046 顷 69 亩，与此表分县合计数大致相符。

23 据上表计算，共为 26928 顷 72 亩。

24 （光绪）《畿辅通志》卷九十四载："延庆州原额地四千六百七十三顷九十四亩六分零，内除圈充冲压外，实剩地一千二百六十五顷六十六亩九分。"据此计算，圈充冲压地应为 3408 顷 27 亩 7 分。

25 《八旗通志初集》卷十九《土田志》。

26 《八旗通志》卷十八《土田志一》；卷十九《土田志二》。

27 （清）劳乃宣：《直隶旗地述略》；《清世祖实录》卷一百十七，顺治十七年六月壬子。

28 《清世祖实录》卷一百三十七，顺治十七年六月壬子。

29 《清世祖实录》卷一百四十，顺治十七年九月丙寅。

30 33 《朝鲜李朝仁祖大王实录七》二十四年条。

31 《朝鲜李朝显宗改修实录》十一年条。

32 《朝鲜李朝肃宗实录一》即位年条。

34 顺治三年二月二十二日《向玉轩题畿辅地圈拨将尽，民众失业者不忍言事本》，《清代档案史料丛编》（四），中华书局 1979 年。

35 顺治六年《巴哈纳题宛平拨补土地水灾情形本》，《清代档案史料丛编》（四），中华书局 1979 年。

36 顺治十八年五月《王之臣奏通州等县被圈地迁鲁垦荒复被夺占事本》，《清代档案史料丛编》（四），中华书局 1979 年。

37 （清）孙嘉淦《孙文定公奏疏》卷六。

38 《清世祖实录》卷十五，顺治二年三月戊申。

39 《清世祖实录》卷十五，顺治二年四月癸亥。

40 《八旗通志》卷三十一《旗分志》。

41 《清世祖实录》卷五十八，顺治八年七月丙子。

42 《内务府来文》，引自《清代的旗地》，中华书局 1989 年，第 48—49 页。

43 雷大受：《清初在北京的圈地》表（2）。

44 顺治十年正月初十日《噶达洪题投充之大害事本》，《清代档案史料丛编》（四），中华书局 1979 年。

45 《清世祖实录》卷十三，顺治二年正月庚戌。

46 《清世祖实录》卷十五，顺治二年四月辛巳。

47 《清世祖实录》卷三十一，顺治四年三月己巳。

48 《清世祖实录》卷五十九，顺治八年八月辛酉。

49 《清世祖实录》卷五十九，顺治八年八月癸酉。

50 《清世宗实录》卷六十五，顺治九年五月乙未。

51 《清世祖实录》卷二十五，顺治三年四月辛卯。

52 《清世祖实录》卷七十，顺治九年十二月辛亥。

53 78 《清世祖实录》卷八十八，顺治十二年正月丙午。

54 55 顺治十七年十月《祖重光为清查牧马草场地亩事揭帖》，《清代档案史料丛编》（四），中华书局1979年。

56 顺治十七年十月二十五日《杜立德题查审户部圈占彰仪门内民房园地事本》，《清代档案史料丛编》（四），中华书局1979年。

57 《清世祖实录》卷二十二，顺治二年十二月乙酉。

58 《清世祖实录》卷二十四，顺治三年二月辛巳。

60 《清世祖实录》卷一百二十五，顺治十六年闰三月丙子。

61 《清圣祖实录》卷二十，康熙五年十一月丙申。

62 《清圣祖实录》卷三十，康熙八年六月戊寅。

63 张吉午：顺治十三年，以知县升御史；十五年十月，巡按甘肃；康熙二年，浙江道御史；三年，长芦巡盐御史；二十一年正月，金都御史；六月，顺天府尹；二十五年，通政司布政使；二十七年，以失职，命原官休致。

64 《清圣祖实录》卷一百二十，康熙二十四年四月戊戌。

65 《清德宗实录》卷三百九十四，光绪二十二年八月壬申。

66 《清世祖实录》卷八十，顺治十一年正月乙卯。

67 《孙文定公奏疏》卷四《八旗公产疏》云："我朝定鼎之初，虽将民田圈给旗人，但仍系民人输租自种。民人自种其地，旗人坐取其租，一地两养，彼此相安，从无异说。"

68 （雍正）《大清会典》卷二百二十八《内务府三·会计司》。

69 （康熙）《大清会典》卷一百五十《内务府二·会计司》。

70 （乾隆）《大清会典》卷八十七《内务府一·会计司》。

71 《清高宗实录》卷一千一百二十，乾隆四十九年十二月丙戌。

74 《清宣宗实录》卷二十一，道光元年七月壬戌。

75 《清高宗实录》卷一百七十二，乾隆七年八月乙未："'兵部议覆，王大臣等会议顺天府府尹蒋炳奏称，旗庄地亩，俱在近京五百里内，八旗官兵人等，各有当差执事，不得自资佃耕种，收取租息……近年以来，旗人下乡取租，黠佃多方刁蹬支吾。旗人情急，将该佃送官究治。乃州县中，有以抑挫旗人，为不畏强御者。有以祖护民人，为善于抚字者。遇此案件，大都置之不理。请嗣后旗人取租、召佃、赎地等事，如佃户将租计亏难，及串通霸占，故意勒掯，告发到官，应令该地方官，速为秉公审理。如任意迟延，有心偏祖，令该上司提讯，将奸民按律惩治，州县查参议处。再，旗人以地亩事件，告假下乡，原非十日半月所能猝办。应令该旗宽给限期，俾得从容办理。庶不致为奸民掯勒等语，均应如所请。'从之。"

76 顺治十年正月二十五日《噶达洪题会议投充人丁土地情形本》，《清代档案史料丛编》（四），中华书局1979年。

77 145 《清世祖实录》卷八十五，顺治十一年八月甲戌。

79　《八旗通志》卷六十八《土田志》。

80　《日下旧闻考》卷七十。

81　《（乾隆）大清会典》卷八十七《内务府一·会计司》。

82　（光绪）《大清会典》卷九十四《内务府》。

84　《清高宗实录》卷五百五十七，乾隆二十三年二月甲戌。

85　乾隆五十年七月二十六日《南京办事大臣等奏审拟甄国栋控民占旗地情形折》，《清代档案史料丛编》（五），中华书局1980年。

86　刘谨桂：《从首博馆藏"旗契"看清代京郊旗地转让的几种形式》，载《北京文博》1997年第3期。

87　九六净钱：净钱又称清钱、铜制钱、京钱，是清朝在北京所设的宝泉局、宝源局铸造的官方钱币，成色足，分量重，区别于民间私铸的低劣杂钱。九六：即以九十六文当一百文，九百六十文为一吊（足钱当为一千文）。

88　清钱：又称京钱、制钱、净钱，清官方制造的钱币。

89　东制钱：又称东钱，是指京城以东山海关一带使用的小钱，以一百六十五文为一吊。

90　制钱：又称京钱、京制钱、净钱、清钱、铜钱，清朝官方铸造的钱币。

91　市钱：指市面流通的钱币，其中大多混杂着数量不等的低劣私钱。

92　通钱：清朝前期，虽然各地方也铸钱，但都是以省为单位。以通县区区弹丸之地不可能有自己铸造、流通的货币。通钱疑即铜钱的误写。民间立契人大多文化不高，地名也有误写的。

93　京通钱：当即京铜钱的误写。

94　九八通钱：通钱当即铜钱之误。九八：即以京制钱九百八十文为一吊（又称一贯），一般为当铺专用。

95　《内务府奏销档》，引自《清代的旗地》，中华书局1989年，第1354页。

96　《清高宗实录》卷一千二百八十七，乾隆五十二年八月乙卯。

97　乾隆五十二年九月十九日《和坤等奏审拟正柱呈控佃户霸地庄头典卖旗地情形折》《清代档案史料丛编》（五），中华书局1980年。

98　（清）王庆云：《石渠余记》卷四《圈地·红册》。

99　《石渠余记》卷四《旗人生计·附官庄旗租》。

101　《清文宗实录》卷六十二，咸丰二年五月丁丑。

102　《清文宗实录》卷八十，咸丰二年十二月癸卯。

103　《清德宗实录》卷二百七十九，光绪十五年十二月己亥。

104　《清德宗实录》卷三百五，光绪十七年十二月乙巳。

105　《民国良乡县志》卷三《赋役志·田赋》。

106　《直隶旗地述略》。

107　据（光绪）《畿辅通志》卷九十五《经政略·旗租》所载数字编制。

108　另征租谷484石2斗5升。

109　另征租谷40石4斗9升

110　（光绪）《畿辅通志》卷九十五《经政略·旗租》："延庆州旗地七百顷七

十亩，共征租银五千八百九十二两九钱八分，粮三十一石七斗九升。"

112 《清圣祖实录》卷一百八十六，康熙三十四年八月癸巳。

113 《清宣宗实录》卷二百三十一，道光十三年二月乙卯。

114 《清世祖实录》卷二百五十六，康熙五十二年十月丙子。

116 《石渠余记》卷四《旗人生计》。

117 按，清康熙朝，铸造铜钱分大小数种，重钱即大钱每千文兑银一两，轻钱即小钱每千文兑银七钱。这和咸丰年间为了应付经济危机铸造的当十、当百大钱不同。

118 119 120 121 122 《清代地租剥削形态》，中华书局1982年，第197、287、297、601、714页。

123 《八旗通志》卷六十五《土田志》。

124 125 《档案·内务府来文》，引自《康雍乾时期城乡人民反抗斗争资料》上册，中华书局1979年。

126 《石渠余记》卷四《旗人生计·附不许增租夺佃》。

127 《清宣宗实录》卷一百二十，道光七年六月癸巳；卷一百二十二，道光七年七月己未。

128 《清文宗实录》卷四十二，咸丰元年闰八月丁未。

129 《清世宗实录》卷九，雍正元年七月甲申。

130 《清仁宗实录》卷一百八，嘉庆八年八月戊辰。

131 《清穆宗实录》卷三百六十，同治十二年十二月戊子。

132 《清德宗实录》卷一百八，光绪六年正月壬辰。

133 《清德宗实录》卷一百十七，光绪六年八月壬寅。

134 《清德宗实录》卷二百五十三，光绪十四年三月癸酉。

135 《清德宗实录》卷二百八十八，光绪十六年八月壬戌。

136 《清德宗实录》卷三百六十一，光绪二十一年二月戊申。

137 《爱新觉罗氏三代满学论集》，远方出版社1996年，第235页。

138 《清世宗实录》卷九十三，雍正八年四月戊午。

139 参考刘小萌：《清代北京寺观的地产》，载《清史论集—庆贺王钟翰教授九十华诞》，紫禁城出版社2003年。

140 释德清纂，周宗建增补：《庐山归宗寺志》。

141 《清圣祖实录》卷二百四十八，康熙五十年十二月丁卯。

142 《清高宗实录》卷三，雍正十三年九月。

143 《朝鲜李朝仁祖大王实录七》二十三年条。

144 《清史稿》卷二百四十四《李裀传》。

146 《清史稿》卷四《世祖本记一》。

147 《清史稿》卷四《世祖本记一》。

148 （光绪）《畿辅通志》卷九十四《经政略·田赋》。

149 《古今图书集成·方舆汇编·职方典·顺天府部·汇考》。

150 《清圣祖实录》卷二，顺治十八年四月癸未。

151 梁方仲：《中国历代户口、田地、田赋统计》乙表 77，上海人民出版社 1980 年。

152 《光绪顺天府志》卷五十一《食货志三·田赋上》。

153 弘治十五年，顺天府官民地计六万八千七百二十顷十四亩；万历六年，顺天府官民地计九万九千五百八十三顷。又据（光绪）《畿辅通志》记载，万历中，顺天府原额地八万一千五百七十五顷。

154 《中国历代户口、田地、田赋统计》乙表 43、45，上海人民出版社 1980 年。

155 该地亩数字包括外府州县拨补地，不尽是顺天府地亩。这里只是为了考察每亩租银额而予引用。

156 《清圣祖实录》卷二百四十九，康熙五十一年二月壬午。

157 《朝鲜李朝显宗改修实录》七年条。

158 《清圣祖实录》卷三十九，康熙十一年五月丙寅、七月丙辰，

159 《清圣祖实录》卷四十一，康熙十二年三月丁丑。

160 《清圣祖实录》卷四十二，康熙十二年四月辛丑。

161 《清圣祖实录》卷四十三，康熙十二年八月甲子。

162 《清圣祖实录》卷五十五，康熙十四年闰五月癸巳。

163 《清圣祖实录》卷七十三，康熙十七年五月甲寅。

164 《清圣祖实录》卷八十一，康熙十八年五月壬寅、壬戌。

165 《清圣祖实录》卷八十九，康熙十九年四月甲申。

166 《清圣祖实录》卷四十一，康熙十二年三月己亥。

167 《清圣祖实录》卷一百四十五，康熙二十九年四月己丑。

168 《清圣祖实录》卷五十九，康熙十五年二月癸酉。

169 《清圣祖实录》卷一百六十八，康熙三十四年八月癸巳。

170 《清圣祖实录》卷一百九十三，康熙三十八年五月丙戌。

171 《清圣祖实录》卷一百四十，康熙二十八年四月丁亥。

172 李天浴：顺治九年，刑部启心郎；康熙六年正月，以右通政升顺天府尹；七月，为通政使司通政使；康熙七年，云南巡抚；康熙十年，疏请终养，获允。

173 《清圣祖实录》卷之二十二，康熙六年六月己卯。

174 《清圣祖实录》卷一百五十五，康熙三十一年四月辛丑。

175 《清圣祖实录》卷二百三十一，康熙四十六年十月己亥。

176 《清圣祖实录》卷一百五十九，康熙三十二年六月庚子。

177 《清圣祖实录》卷二百十八，康熙四十三年十一月戊午、十二月乙酉。

178 《清圣祖实录》卷二百二十七，康熙四十五年十月甲寅。

179 《清圣祖实录》卷二百四十四，康熙四十九年十月乙酉。

180 《清世宗实录》卷二十三，雍正二年八月己亥。

181 《清世宗实录》卷四十一，雍正四年二月辛卯。《清史稿》卷百二十《诸王六·允祥传》。

182 《光绪顺天府志》卷四十八《河渠志十三·水利》。《清世宗实录》卷四

十一，雍正四年二月甲戌："怡亲王允祥等疏言：直隶兴修水利，请分诸河为四局，专官管辖，以便稽查。"

183　（清）励宗万：《京城古迹考》"丰台"。

184　《日下旧闻考》卷八十四。

185　侯仁之：《步芳集》，北京出版社1981年，第28页。

186　《日下旧闻考》卷八十四。

187　《日下旧闻考》卷八十四。

188　《日下旧闻考》卷九十九。

189　《日下旧闻考》卷一百一十。

190　《光绪顺天府志》卷四十八《河渠志十三·水利》。

191　《清穆宗实录》卷一百五十八，同治四年十月丙辰。

192　《清高宗实录》卷六百七十三，乾隆二十七年十月己酉。

193　《清世祖实录》卷六，顺治元年七月壬寅。

194　《清世祖实录》卷九，顺治元年十月甲子。

195　《清世祖实录》卷四十一，顺治五年十一月辛未。

196　《清世祖实录》卷五十，顺治七年九月甲子。

197　198　199　康熙《大兴县志》卷三《食货·田赋考》。

200　康熙《宛平县志》卷三《食货·田赋》。按，此实征银数中包括闰银和加增银。

201　康熙《宛平县志》卷三《食货·田赋》。

202　此系据《康熙顺天府志》编纂。该书是由当时的顺天府尹张吉午纂修。张吉午从康熙二十一年六月由金都御史升任顺天府尹，康熙二十五年十二月复由顺天府尹升任通政使司布政使。《康熙宛平县志》、《康熙大兴县志》分别成稿于康熙二十三年、二十四年，《康熙顺天府志》当即二十五年成稿。

203　《康熙顺天府志》原记大兴县原额一千九百九顷六十三亩七分九厘，圈剩后实存各项地亩共五千五百四十六顷五十亩，通共征银三千八百二十二两三钱七分。有误。据康熙《大兴县志》康熙二十二年，大兴县各项地亩征银三千八百二十二两三钱八分，与《康熙顺天府志》相同，而实存地亩合计数是1545顷23亩6分。

204　《清高宗实录》卷三百三十九，乾隆十四年四月甲午、壬寅。

205　《清高宗实录》卷六百三十五，乾隆二十六年四月乙酉。

206　《清高宗实录》卷八百六，乾隆三十三年三月己亥。

207　《清高宗实录》卷一千一百五十三，乾隆四十七年戊午。

208　《清高宗实录》卷八百九十五，乾隆五十五年三月甲午、戊戌。

209　《清高宗实录》卷一千四百七十六，乾隆六十年四月壬午。

210　《清仁宗实录》卷二十九，嘉庆三年四月辛丑。

211　《清仁宗实录》卷四十五，嘉庆四年五月癸未。

212　《清仁宗实录》卷六十五，嘉庆五年闰四月癸酉。

213　《清仁宗实录》卷一百十一，嘉庆八年四月戊辰。

214　《清仁宗实录》卷一百四十五，嘉庆十年六月乙卯。

215　《清仁宗实录》卷一百五十九，嘉庆十一年四月戊戌。

216　《清仁宗实录》卷一百八十一，嘉庆十二年六月乙酉。

217　《清宣宗实录》卷一百二十八，道光七年十月庚寅。

218　《清德宗实录》卷三百九，光绪十八年三月丁亥。

219　《光绪昌平州志》卷十三《会计簿》。

220　《清穆宗实录》卷十九，同治元年二月癸酉。

221　《清穆宗实录》卷三十二，同治元年六月丁丑。

222　《清穆宗实录》卷八，咸丰十一年十月辛巳。

223　《清穆宗实录》卷三十二，同治元年六月丁丑。

224　《清穆宗实录》卷七十，同治二年六月丙戌；卷八十五，同治二年十一月乙卯。

225　《清文宗实录》卷一百三十，咸丰四年五月庚戌。

226　《清穆宗实录》卷十五，同治元年正月癸巳。

227　《清穆宗实录》卷一百八十二，同治五年八月乙未。

228　《清穆宗实录》卷二百四，同治六年五月戊寅。

229　《清穆宗实录》卷二百十二，同治六年九月壬申。

230　《清德宗实录》卷一百二，光绪五年十月庚申。

231　《清文宗实录》卷二十四，道光三十年十二月乙亥。

232　《清德宗实录》卷四十六，光绪三年正月壬戌。

233　《清德宗实录》卷一百二，光绪五年十月庚申。

234　《清德宗实录》卷一百十九，光绪六年九月甲戌。

235　《清德宗实录》卷一百四十八，光绪八年六月甲戌。

236　《清德宗实录》卷一百五十四，光绪八年十一月癸未朔。

237　《清德宗实录》卷三百，光绪十七年八月庚戌。

238　《清圣祖实录》卷二百四十九，康熙五十一年二月壬午。

239　《清史稿》卷一百二十一《食货志二·赋役》。

240　《清圣祖实录》卷二百四十八，康熙五十年十二月。

241　《清圣祖实录》卷三百五十七，康熙五十二年十二月。

242　《清圣祖实录》卷二百六十一，康熙五十三年十二月。

243　《清圣祖实录》卷二百六十六，康熙五十四年十二月。

244　《清圣祖实录》卷二百七十，康熙五十五年十二月。

245　《清圣祖实录》卷二百九十五，康熙六十年十二月。

246　《清史稿》卷一百二十一《食货二·赋役》。

247　（清）李绂：《穆堂初稿》卷三十九下《请通融编审之法疏》。

248　《清世宗实录》卷九，雍正元年七月己丑。

249　《雍正朱批谕旨》第二函，雍正元年六月，李维钧奏。

250　《清世宗实录》卷三，雍正元年正月。

251　（清）吴振棫《养吉斋余录》卷一。

252　《清史稿》卷一百二十一《食货志二》。

253　《清史稿·食货志二》记载，"每地赋一两，摊入丁银二钱二厘"。《光绪顺天府志·食货志三》记载，"雍正元年，改令顺天府属丁银，自二年始摊入地粮，每两摊银二钱七厘有奇"。

254　《清世宗实录》卷九十，雍正五年八月己丑。

255　《清高宗实录》卷六百十六，乾隆二十五年七月戊申。

256　《清史稿》卷一百二十一《食货二》。

257　（清）蒋良骐《东华录》卷九，康熙八年六月。

258　《清圣祖实录》卷一百三十四，康熙二十年三月甲戌朔。

259　《清圣祖实录》卷一百八十三，康熙三十六年四月戊戌。

260　《清圣祖实录》卷二百三十九，康熙四十八年九月乙未。

261　《清圣祖实录》卷二百四十，康熙四十八年十一月丙子。

262　《清圣祖实录》卷二百九十九，康熙六十一年九月戊子。

263　《清圣祖实录》卷二百九十九，康熙六十一年九月甲寅。

264　《清世宗实录》卷三，雍正元年正月辛巳朔。

265　《清世宗实录》卷二十四，雍正二年九月甲寅。

266　《清高宗实录》卷一百九，乾隆五年正月乙丑。

267　《清高宗实录》卷七，雍正十三年十一月辛亥。

268　《清高宗实录》卷二百十四，乾隆九年四月庚申。

269　《清高宗实录》卷五百十五，乾隆二十一年六月甲寅。

270　《徐文定公家书墨迹》第十二通。

271　《农政全书》卷二十七"树艺·蓏部·甘薯"。

272　中国第一历史档案馆藏：《清内务府档案》，转引自杨乃济：《白薯传入北京应在雍正八年》。

273　（清）黄可润：《畿辅见闻录》。

274　（清）陈世元《金薯传习录》卷上。

275　《清高宗实录》卷一千二百三十五，乾隆五十年七月甲子；卷一千二百三十九，乾隆五十年十月壬午。

276　以上引自李增高：《京西稻的形成与发展》（打印稿）。

277　（清）夏仁虎：《旧京琐记》云："市间花事，城外旧集于崇外之花市、宣外之土地庙，城中则东为隆福寺，西为护国寺。"

278　《北京风俗杂咏》，北京古籍出版社 1982 年。

279　引自《清代北京竹枝词》，北京出版社 1962 年。

280　《清世祖实录》卷七十四，顺治十年四月壬子；卷七十六，顺治十年闰六月庚辰；卷七十八，顺治十年十月己卯。

281　《清世祖实录》卷八十一，顺治十一年二月丙戌；卷八十二，顺治十一年三月月丙申。

282　中国社会科学院经济研究所图书馆藏：《清代题本》（抄本）：顺治十一年三月十五日兵科给事中刘楗题本。

283 《清圣祖实录》卷二百五十四，康熙五十二年六月己丑。

284 《清代海河滦河洪涝档案史料》（以下简称《洪涝档案史料》），中华书局 1981 年第 261—283 页。

285 《清穆宗实录》卷三百十七，同治十年八月甲子；卷三百二十三，同治十年十一月丁亥；民国《平谷县志》卷三《灾异》；光绪《延庆州志》卷十二《祥异》。

286 《洪涝档案史料》第 469 页；光绪《密云县志》卷二之下《灾祥》；民国《平谷县志》卷三《灾异》。

287 《洪涝档案史料》第 472 页 475 页；《清穆宗实录》卷三百五十八，同治十二年十月庚寅。

288 《洪涝档案史料》第 476 页；民国《顺义县志》卷十六《杂事记》。

289 290 291 292 293 《洪涝档案史料》第 543、538、545、559—563、569—573 页。

294 震钧：《天咫偶闻》卷八、卷九。

295 见康熙《通州志》卷十一《褆祥》；《光绪昌平州志》卷六《大事表》；光绪《密云县志》卷二之一下《灾祥》；乾隆《延庆县志》卷一《星野》附灾祥

296 见光绪《通州志》卷之首《恩泽》；民国《顺义县志》卷十六《杂事》；乾隆《延庆县志》卷一《星野》附灾祥；《洪涝档案史料》第 73—74 页

297 《清德宗实录》卷四百，光绪二十三年正月戊午。

298 《清圣祖实录》卷二百九十二，康熙六十年四月乙酉。

299 《清圣祖实录》卷二百四十六，康熙五十年四月丁丑。

300 《清圣祖实录》卷二百七十二，康熙五十六年四月乙未。

301 《清圣祖实录》卷二百七十五，康熙五十六年十二月癸酉。

302 《清圣祖实录》卷二百七十八，康熙五十七年四月庚辰。

303 《清高宗实录》卷一千四百二十七，乾隆五十八年四月庚寅。

304 《清高宗实录》卷三百六十五，乾隆十五年五月己未。

305 《清高宗实录》卷二百四十，乾隆十年六月辛酉。

306 《清圣祖实录》卷七十四，康熙十七年六月壬午。

307 308 《清圣祖实录》卷八十，康熙十八年四月甲戌。

309 《清圣祖实录》卷九十，康熙十九年五月癸卯。

310 康熙《通州志》卷十《褆祥》；光绪《密云县志》卷二之一下《灾祥》。

311 《清圣祖实录》卷一百四十一，康熙二十八年七月丙辰。

312 《清圣祖实录》卷二百九十一，康熙六十年三月乙丑。

313 《清仁宗实录》卷二百九十二，嘉庆十九年六月己卯。

314 《清仁宗实录》卷三百三十一，嘉庆二十二年六月甲戌；卷三百三十四，嘉庆二十二年九月丙辰。

315 《洪涝档案史料》第 412 页。

316 《清宣宗实录》卷二百十四，道光十二年六月己亥。

317 中国社会科学院经济研究所图书馆藏：《清代题本》（抄本），道光十二年七月初一日直隶总督琦善题本。

318 《洪涝档案史料》第 609 页。

319 《清德宗实录》卷四百五十，光绪二十五年九月丁未。

320 《清高宗实录》卷五百九十三，乾隆二十四年七月。

321 《清高宗实录》卷六百十二，乾隆二十五年五月乙卯。

322 《清高宗实录》卷六百九十二，乾隆二十八年八月甲午。

323 《清高宗实录》卷九百五十六，乾隆三十九年四月乙酉。

324 《清高宗实录》卷一千四百十一，乾隆五十七年八月甲申。

325 民国《顺义县志》卷十六《杂事记》。

326 光绪《密云县志》卷二之一下《灾祥》。

327 330 332 335 337 338 民国《平谷县志》卷三《灾异》。

328 《清文宗实录》卷二百六，咸丰六年八月壬寅。

329 《清文宗实录》卷二百十九，咸丰七年二月癸巳。

331 《洪涝档案史料》第 528—530 页。

333 康熙《通州志》卷十一《禩祥》。

334 康熙《顺义县志》卷二《样异》；康熙《通州志》卷十一《禩祥》；《光绪昌平州志》卷六《大事表》。

336 光绪《延庆州志》卷十二《禩祥》。

339 （清）张之洞《张文襄公奏稿》卷一《畿辅旱荒请速筹荒政折》。

340 《北华捷报》第 136—137 页，转引自李文治编：《中国近代农业史资料》第一辑，三联书店 1957 年。

341 （美）明恩溥：《中国乡村生活》（陈午晴等译），中华书局 2006 年，第 144、125、127、128、129 页。

主要参考文献

一、正史、群经、编年

（晋）杜预注、（唐）孔颖达等正义：《春秋左传正义》，

（汉）孔安国传、（唐）孔颖达疏：《尚书正义·禹贡》，中华书局《十三经注疏》影印本。

（汉）郑玄注、（唐）贾公彦疏：《周礼注疏》，中华书局《十三经注疏》影印本。

（汉）司马迁：《史记》，中华书局标点本。

（汉）班固：《汉书》，中华书局标点本。

（南朝、宋）范晔：《后汉书》，中华书局标点本。

（晋）陈寿：《三国志》，中华书局标点本。

（唐）房玄龄等：《晋书》，中华书局标点本。

（南朝、梁）沈约：《宋书》，中华书局标点本。

（北齐）魏收：《魏书》，中华书局标点本。

（唐）李百药：《北齐书》，中华书局标点本。

（唐）令狐德棻：《周书》，中华书局标点本。

（唐）魏征等：《隋书》，中华书局标点本。

（唐）李延寿：《北史》，中华书局标点本。

（后晋）刘昫等：《旧唐书》，中华书局标点本。

（宋）欧阳修等：《新唐书》，中华书局标点本。

（宋）薛居正等：《旧五代史》，中华书局标点本。

（元）脱脱等：《宋史》，中华书局标点本。

（元）脱脱等：《辽史》，中华书局标点本。

（元）脱脱等：《金史》，中华书局标点本。

（明）宋濂等：《元史》，中华书局标点本。

（清）张廷玉等：《明史》，中华书局标点本。

（宋）司马光：《资治通鉴》，中华书局标点本。

（宋）李焘：《续资治通鉴长编》，上海古籍出版社影印本。

二、实录、金石

《明实录》，中央研究院影印本。

《清实录》，中华书局影印本。

吴晗编：《朝鲜李朝实录中的中国史料》，中华书局标点本 1980 年。

中国国家图书馆善本部藏：崇庆元年四月二十二日《奉先县禁山榜示碑》拓片。

中国国家图书馆善本部收藏：至元十九年季春三月十五日《双泉院地产碑》拓片。

北京平谷区文化委员会编：《平谷石刻》"征编赋役规则碑"，北京燕山出版社 2010 年。

（清）鄂尔泰等编：《雍正朱批谕旨》，北京图书馆出版社影印本 2008 年。

（清）蒋良骐：《蒋氏东华录》，中华书局标点本 1980 年。

三、政书、类书、会要、别史

（元）马端临：《文献通考》，中华书局影印本 1986 年。

（清）陈梦雷：《古今图书集成》，中华书局影印本 1986 年。

（唐）徐坚：《初学记》，中华书局标点本 1962 年。

（唐）杜佑：《通典》，中华书局影印本 1984 年。

（唐）许敬宗：《文馆词林》，中华书局标点本 2001 年。

（宋）王应麟：《玉海》，上海古籍出版社影印本 1988 年。

《大唐六典》，中华书局标点本 1992 年。

（宋）王钦若：《册府元龟》，中华书局影印本 1960 年。

（宋）王溥：《唐会要》，中华书局标点本 1955 年。

（宋）叶隆礼：《契丹国志》，上海古籍出版社标点本 1985 年。

（宋）宇文懋昭：《大金国志》，中华书局标点本 1986 年。

（宋）徐梦莘：《三朝北盟汇编》上海古籍出版社影印本 1987 年。

（元）苏天爵：《国朝文类》，上海古籍出版社影印本 1993 年。

（元）王祯：《农书》，农业出版社影印本 1981 年。

（明）沈榜：《宛署杂记》，北京古籍出版社标点本 1980 年。

（明）徐光启：（石声汉校注）《农政全书校注》，上海古籍出版社 1979 年。

（明）申时行等修：《万历明会典》，中华书局影印本 1989 年。

《永乐大典》，中华书局影印本 1986 年。

（明）陈子龙等编：《皇明经世文编》，中华书局标点本 1962 年。

（明）王圻：《续文献通考》，现代出版社影印本 1986 年。

（清）孙嘉淦：《孙文定公奏疏》敦和堂刻本。

（光绪）《畿辅通志》，河北人民出版社标点本（1985 年—1989 年）。

《八旗通志初编》，东北师范大学出版社标点本 1985 年。

《钦定八旗通志》，吉林文史出版社标点本 2002 年。

（清）王庆云：《石渠余记》，北京古籍出版社标点本 1985 年。

（清）劳乃宣《直隶旗地述略》，光绪十五年刻本。

（清）陈世元：《金薯传习录》，农业出版社标点本 1982 年。

（清）张之洞《张文襄公奏稿》，民国石印本。

中国人民大学清史研究所等编：《清代的旗地》，中华书局标点本 1989 年。

中国第一历史档案馆等编：《清代地租剥削形态》，中华书局标点本 1982 年。

中国人民大学清史研究所等编：《康雍乾时期城乡人民反抗斗争资料》，（上下册），中华书局标点本 1979 年。

梁方仲：《中国历代户口、田地、田赋统计》，上海人民出版社 1980 年。

中国社会科学院经济研究所图书馆藏：《清代题本》（抄本）

中国第一历史档案馆：《清代档案史料丛编》（四），中华书局标点本 1979 年。

四、笔记、诗文集

（晋）嵇康：（戴明扬校注）《嵇康集校注》人民文学出版社标点本 1962 年。

（唐）陈子昂：《陈伯玉文集》，《全唐文》上海古籍出版社影印本 1990 年。

（唐）杜甫：《杜工部诗集》，《全唐诗》上海古籍出版社影印本 1986 年。

（宋）周辉：《清波杂志》，中华书局标点本 1994 年。

（宋）范成大《范石湖集》，上海古籍出版社标点本 1981 年。

（金）元好问《元遗山集》，商务印书馆影印本 1937 年。

（元）程钜夫《雪楼集》，中国书店影印本 2011 年。

（元）王恽《秋涧集》，上海涵芬楼《四部丛刊》影印本。

（明）刘侗《帝京景物略》，北京古籍出版社标点本 1980 年。

（明）杨廷和：《杨文忠三录》，文渊阁四库全书刻本。

（明）沈德符：《万历野获编》，中华书局标点本 1959 年。

（明）田艺蘅：《留青日札》，上海古籍出版社点校本 1992 年。

（明）余继登：《典故纪闻》，中华书局标点本 1981 年。

（明）徐光启：《徐文定公家书墨迹》，土山湾印书馆影印 1933 年。

（清）王士祯：《池北偶谈》，中华书局标点本 1982 年。

（清）赵翼：《竹叶亭杂记》，中华书局标点本 1982 年。

（清）法式善：《陶庐杂录》，中华书局标点本 1984 年。

（清）李绂：《穆堂初稿》，北京出版社影印本 2005 年。

（清）吴振棫：《养吉斋丛录》，北京古籍出版社标点本 1983 年。

（清）黄可润：《畿辅见闻录》，乾隆十九年刻本。

（清）夏仁虎：《旧京琐记》，北京古籍出版社标点本 1986 年。

（清）励宗万：《京城古迹考》，北京古籍出版社标点本 1981 年。

（清）震钧：《天咫偶闻》，北京古籍出版社标点本 1982 年。

（今人）孙殿起：《北京风俗杂咏》，北京古籍出版社标点本 1982 年。

（今人）路工：《清代北京竹枝词》，北京出版社标点本 1962 年。

五、志书

（北魏）郦道元撰、（清）王先谦校：《水经注》，巴蜀书社影印本 1985 年。

（宋）乐史：《太平寰宇记》，据清光绪八年金陵书局刻本影印本。

（清）麻兆庆：《昌平州外志》（姜纬堂校），北京燕山出版社标点本 1991 年。

（元）熊梦祥著，北京图书馆善本部辑：《析津志辑佚》，北京古籍出版社标点本 1983 年。

（明）沈应文编纂：《万历顺天府志》，中国书店出版社标点本 2011 年。

（清）缪荃孙：《光绪昌平州志》，北京古籍出版社标点本 1989 年。

（清）李钟伟：《乾隆延庆县志》，乾隆七年刻本。

（清）吴存礼、陆茂腾：《康熙通州志》，康熙三十六年刻本影印本。

（清）吴景果：《康熙怀柔县志》，康熙六十年刻本影印本。

（清）朱一新：《京师坊巷志稿》，北京古籍出版社标点本 1982 年。

（清）朱彝尊：《日下旧闻》，刻本。

（清）于敏中等增补：《钦定日下旧闻考》，北京古籍出版社标点本 1981 年。

（清）孙承泽编著：《天府广记》，北京古籍出版社标点本 1982 年。

北京图书馆善本部藏：《顺天府志》不分卷。

（清）孙承泽编著：《春明梦余录》，北京古籍出版社标点本 1992 年。

（清）缪荃孙辑：《顺天府志》（永乐大典本），北京大学出版社影印本 1983 年。

（清）周家楣、缪荃孙等编纂：《光绪顺天府志》，北京古籍出版社标点本 1987 年。

（清）黄成章等编纂：《康熙顺义县志》，民国四年重印本。

（清）吴长元：《宸垣识略》，北京古籍出版社标点本 1981 年。

王仲荦：《北周地理志》，中华书局 1990 年。

周志中修：《民国良乡县志》，民国十三年铅印本。

张茂节修，李开泰纂：《康熙大兴县志》，据康熙二十四年刻本、传抄本影印。

王养濂修，李开泰、张采纂：《康熙宛平县志》，据康熙二十三年刻本、传抄本影印。

张吉午纂修：《康熙顺天府志》，刻本。

水利水电科学研究院水利史研究室编：《清代海河滦河洪涝档案史料》，中华书局 1981 标点本。

沈锽编纂：《光绪通州志》，光绪二年刻本。

李芳等监修：《民国顺义县志》，据民国二十二年铅印本影印。

周志中修，吕植、见之深纂：《民国良乡县志》，据民国十三年铅印本影印。

李兴焯修、王兆元纂：《民国平谷县志》，据民国二十三年天津文竹斋铅印本影印。

六、今人论著

北京气象台：《北京市近五百年旱涝分析》，载《气候变迁和超长期预报文集》，科学出版社 1977 年。

霍亚贞主编：《北京自然地理》，北京师范学院出版社 1989 年。

吴汝康等著：《北京猿人遗址综合研究》，科学出版社 1985 年。

北京市文物研究所：《北京考古四十年》，北京燕山出版社 1990 年。

文物编辑委员会：《文物考古工作三十年》（1949—1979），文物出版社 1979 年。

中国社会科学院考古研究所：《新中国的考古发现和研究》，文物出版社 1984 年。

梁思永：《梁思永考古论文集》，科学出版社 1959 年。

文物编辑委员会：《文物考古工作十年》（1979—1989），文物出版社 1990 年。

邹衡：《夏商周考古学论文集》，文物出版社 1980 年。

李根蟠：《中国农业史上的多元交汇》，载《中国经济史研究》1993 年第 1 期。

北京市文物研究所编：《平谷杜辛庄遗址》，科学出版社 2009 年。

翁俊雄：《唐初政区与人口》，北京师范学院出版社 1990 年。

北京图书馆、中国佛教文物图书馆合编：《房山云居寺石经题记汇编》，书目文献出版社 1987 年。

罗振玉：《京畿冢墓遗文》，刻本。

陈述：《契丹社会经济史稿》，三联书店 1963 年。

陈述：《全辽文》，中华书局标点本 1982 年。

邓之诚：《骨董琐记》，中国书店标点本 1991 年。

侯仁之：《步芳集》，北京出版社 1981 年。

李文治编：《中国近代农业史资料》第一辑，三联书店 1957 年。

（美）明恩溥：《中国乡村生活》（陈午晴等译），中华书局 2006 年。

陈高华、史为民：《元代大都上都研究》，中国人民大学出版社 2010 年。

七、杂志、报刊

文物编辑部：《文物》（1950—2014）。

考古编辑部：《考古》（1955—2013）。

中国文物报社：《中国文物报》。

考古学报编辑部：《考古学报》（1953—2013）。

北京文博编辑部：《北京文博》（1996—2014）。

后　记

　　1998 年我曾经写过一本《北京农业经济史》，由京华出版社出版。多年以来使我耿耿于怀的是，由于种种原因，这本书写得并不满意，我感到有些篇章不太完整，有些问题的讨论也没有充分展开。但学术著作出版本来就不易，再想修改实在也是奢想。我退休多年，这件事一直萦绕在心。历史所王岗所长为此向院领导提出申请，在院、所领导的大力支持下，终于将修改稿《北京农业史》付梓。在此，本人向北京市社会科学院各级领导表示深深的感谢。

　　本书从开始撰写到再次修改，已历二十余年，在此漫长过程中，原北京文物研究所齐心所长、首都博物馆刘谨桂先生及其他先生始终都给予了热心的帮助，在此也一并致谢。

　　另外，在我多年研究北京农业史的过程中，得到北京农业科学院水稻专家李增高先生的无私帮助。几十年的交往，成为挚友。在本书付梓之际，本人特向李增高先生表示感谢。

于德源　2014 年 9 月 22 日

图书在版编目（CIP）数据

北京农业史 / 于德源著 .
– 北京：人民出版社，2014
（北京专史集成 / 王岗主编）
ISBN 978-7-01-013886-2

Ⅰ . ①北… Ⅱ . ①于… Ⅲ . ①农业史 – 北京市 Ⅳ . ① F329.1

中国版本图书馆 CIP 数据核字（2014）第 200240 号

北京农业史

BEIJING NONGYE SHI

丛书主编：王　岗
作　　者：于德源
策划编辑：张秀平
责任编辑：张秀平
封面设计：曹　春　汪　莹

人民出版社出版发行

地　　址：北京市东城区隆福寺街 99 号金隆基大厦
邮政编码：100706　http://www.peoplepress.net
经　　销：新华书店总店北京发行所经销
印刷装订：永恒印刷有限公司
出版日期：2014 年 11 月第 1 版　2014 年 11 月第 1 次印刷
开　　本：730 毫米 ×960 毫米　1/16
印　　张：22.75
字　　数：450 千字
书　　号：ISBN 978-7-01-013886-2
定　　价：75.00 元